Beiträge zur Wirtschaftsinformatik

Band 1: L. Alkier
Zukunftsweisende Konzepte für die EDV-Ausbildung
1992, ISBN 3-7908-0568-8

Band 2: U.L. Küsters
Entwicklung von regelbasierten Expertensystemen in APL2
1992, ISBN 3-7908-0589-0

Band 3: R.J.N. Hildebrand
Betriebswirtschaftliche Schwachstellendiagnosen im Fertigungsbereich mit wissensbasierten Systemen
1992, ISBN 3-7908-0594-7

Band 4: G. Walpoth
Computergestützte Informationsbedarfsanalyse
1993, ISBN 3-7908-0648-X

Band 5: G.A. Kainz
Computergestützte Distribuierung von Informations- und Kommunikationssystemen
1993, ISBN 3-7908-0664-1

Band 6: D. Steinmann
Einsatzmöglichkeiten von Expertensystemen in integrierten Systemen der Produktionsplanung und -steuerung (PPS)
1993, ISBN 3-7908-0665-X

Band 7: J. Walther
Rechnergestützte Qualitätssicherung und CIM
1993, ISBN 3-7908-0684-6

Band 8: O. Petrovic
Workgroup Computing – Computergestützte Teamarbeit
1993, ISBN 3-7908-0705-2

Band 10: H. Schüle
DV-Unterstützung beim Planen und Einführen von CIM-Lösungen
1994, ISBN 3-7908-0741-9

Band 12: T. Myrach
Konzeption und Stand des Einsatzes von Data Dictionaries
1995, ISBN 3-7908-0822-9

Band 13: J. Schmalzl
Architekturmodelle zur Planung der Informationsverarbeitung von Kreditinstituten
1995, ISBN 3-7908-0840-7

Band 14: D. Schreiber
Objektorientierte Entwicklung betrieblicher Informationssysteme
1995, ISBN 3-7908-0846-6

Band 15: B. Reuter
Direkte und indirekte Wirkungen rechnerunterstützter Fertigungssysteme
1995, ISBN 3-7908-0850-4

Band 16: S. Hesse
Strategische Datenbanken
1996, ISBN 3-7908-0884-9

Band 17: M. Rundshagen
Computergestützte Konsistenzsicherung in der objektorientierten Systemanalyse
1996, ISBN 3-7908-0903-9

Band 18: H. Boden
Multidisziplinäre Optimierung und Cluster-Computing
1996, ISBN 3-7908-0935-7

Band 19: Z.-Y. Xu
Prinzipien des Entwurfs und der Realisierung eines Organisationsinformationssystems
1996, ISBN 3-7908-0936-5

Herrad Schmidt

Objektorientierte Entwicklung wiederverwendbarer Bausteine für betriebliche Anwendungssysteme

Mit 19 Abbildungen

Physica-Verlag

Ein Unternehmen
des Springer-Verlags

Reihenherausgeber
Werner A. Müller
Peter Schuster

Autor
Professor Dr. Herrad Schmidt
Universität GH Siegen
FB Wirtschaftswissenschaften, Wirtschaftsinformatik
Hölderlinstraße 3
D-57068 Siegen

ISBN-13: 978-3-7908-0976-3 e-ISBN-13: 978-3-642-46996-1
DOI: 10.1007/978-3-642-46996-1

Die Deutsche Bibliothek – CIP-Einheitsaufnahme
Schmidt, Herrad: Objektorientierte Entwicklung wiederverwendbarer Bausteine für betriebliche Anwendungssysteme / Herrad Schmidt. – Heidelberg: Physica-Verl., 1997
(Beiträge zur Wirtschaftsinformatik; Bd. 20)

NE: GT

SPIN 10551914 88/2202-5 4 3 2 1 0 – Gedruckt auf säurefreiem Papier

Inhaltsverzeichnis

Abbildungsverzeichnis

1 Einleitung

Die Methoden der objektorientierten Anwendungsentwicklung sind zu einem wesentlichen Instrumentarium der Wirtschaftsinformatik als „Wissenschaft von Entwurf, Entwicklung und Einsatz computergestützter betriebswirtschaftlicher Informationssysteme“[1] geworden. Gerade weil die Wirtschaftsinformatik eine Brücke schlägt zwischen den betriebswirtschaftlichen Anwendungsbereichen und dem Software-Engineering kommt ihr die Objektorientierung besonders entgegen, denn die Durchgängigkeit der Begriffswelt, der Sichtweisen, der Methodik und Systembildung über alle Phasen des Software-Entwicklungsprozesses hinweg unterstützt diese Zielsetzung.

Darüber hinaus erleichtern die Methoden der Objektorientierung die Entwicklung wiederverwendbarer Software-Bausteine, die zur Effizienzsteigerung des Software-Erstellungsprozesses im betrieblichen Bereich dringend benötigt werden. Diese Bausteine werden zu Klassenbibliotheken zusammengestellt und dienen als Basis zukünftiger Implementierungen betrieblicher Anwendungssysteme. Der Einsatz objektorientierter Klassenbibliotheken kann als ein Weg aus der Polarität zwischen der kostenintensiven, vollständigen Neuentwicklung eines Systems und des Einsatzes eines nur unzureichend auf die betrieblichen Gegebenheiten passenden Standard-Softwaresystems gesehen werden.

In dieser Arbeit wird die Entwicklung einer *objektorientierten Klassenbibliothek* dargestellt, die sich durch eine strukturelle Affinität zu betrieblichen Anwendungsystemen auszeichnet. Die sich aus der objektorientierten Analyse und dem Design ergebende Klassenbibliothek ist in C++ implementiert. Dabei wurden Lösungen grundsätzlicher Art entwickelt, die für die objektorientierte Softwaretechnologie im Bereich der betrieblichen Anwendungssysteme wegweisend sein können.

Die Klassenbibliothek ist von generischem Charakter. In ihr sind neben den grundlegenden Datenstrukturen die prinzipiellen Funktionalitäten abgebildet, die in vielen betrieblichen Applikationen benötigt werden. Das System der Klassen liefert in einer komplexen Hierarchie mit Mehrfachvererbung und unter Einsatz von Polymorphie eine Fülle von Bausteinen, die zu einem Gebäude eines betrieblichen Anwendungssystems zusammengefügt werden können. Das Ziel der Wiederverwendung ist für die vorliegende Konzeption von essentieller Bedeutung. Damit wird erreicht, daß die Klassenbibliothek für alle von der Struktur her ähnlichen betrieblichen Anwendungssysteme zu benutzen ist. Für dieses Ziel müssen die Grundmuster der betrieblichen Anwendungssysteme erkannt und in der Klassenbibliothek abgebildet werden.

[1] [Sch94c, S. 1]

Das Ziel dieser Arbeit besteht zum einen darin, diese Grundmuster und Strukturanalogien aufzudecken, zu modellieren und zu implementieren. Zum anderen soll damit auch gezeigt werden, daß die Durchgängigkeit von der Modellierung bis zur Implementierung durch das objektorientierte Vorgehen gegeben ist. Gerade der Implementierung wird besondere Bedeutung beigemessen, denn diese ist eigentlich das Ziel jeder Modellierung. Letztendlich zeigt nur sie die Eignung des Modells im Hinblick auf die fachlichen Anforderungen, die Realisierbarkeit, die Vollständigkeit und die Konsistenz.

Der Ansatz für die Entwicklung ist induktiv. Ausgangspunkt für den Entwurf der Klassenbibliothek sind Modelle der Plankostenrechnung als ein spezieller betrieblicher Anwendungsbereich, der innerhalb der Informationsverarbeitung im Unternehmen von zentraler Bedeutung ist. Durch Abstraktion werden daraus die Grundmuster für diese Modelle selbst, aber auch grundsätzliche Strukturen für verwandte Anwendungen herauskristallisiert und die dafür benötigten Klassen entwickelt. Bei deren konkreter Ausgestaltung wird streng darauf geachtet, daß sie verallgemeinerte Strukturen und Verarbeitungsmuster abbilden, so daß die Klassen generischen Charakter erhalten und für die Entwicklung anderer Anwendungssysteme effizient wiederverwendet werden können.

Die Arbeit beinhaltet Ausführungen zum Anwendungsbereich der Plankostenrechnung, zur objektorientierten Analyse, dem Design und der Implementierung der Klassenbibliothek, zur Anwendung derselben in verschiedenen Gebieten und zu ihrer Handhabung.

Die Darstellung der Plankostenrechnung folgt im wesentlichen der von KILGER, wobei allerdings eine durchgängige Formalisierung der Verfahren vorgenommen wird. Die ausführliche, vollständige, formale Darstellung ist für die Offenlegung der grundsätzlichen Strukturen und Verarbeitungsvorgänge unerläßlich. Der an diesen Ausführungen nicht interessierte Leser kann sie auslassen, ohne daß das Verständnis der anderen Teile erschwert wird.

Danach werden die objektorientierte Analyse und das Design ausführlich dargestellt. Als Ergebnis der Modellierung entstehen Klassen für die interne Objektorganisation, Klassen für Bestandsobjekte, eine für dimensionsbehaftete Maßzahlen und deren Arithmetik, Klassen für arithmetische Operationen und solche zur Erzeugung persistenter Objekte.

Es folgt die Beschreibung der Architektur der Klassenbibliothek sowie der interessanten Aspekte der Implementierung. Im Rahmen der Konstruktion der Klassenbibliothek sind einige Prinzipien der objektorientierten Softwareentwicklung konkret umzusetzen und zu diskutieren. Die Lösungen haben allgemeingültige Bedeutung. Sie betreffen u.a. die Themenbereiche Mehrfachvererbung, Polymorphie, overloading, aber auch die Bildung von Containerklassen, Iteratoren, die Umsetzung des Client-Server-Prinzips und die Persistenz von Objekten.

Am Beispiel des Modells der Grenzplankostenrechnung wird gezeigt, wie die Klassenbibliothek zu handhaben ist. Dem Anwender steht sie wie ein vollständiges Baukastensystem zur Verfügung, das wegen seiner Strukturkonformität äußerst einfach anzuwenden ist. Er benötigt nur Kenntnisse über die Schnittstellen, aber nicht über die interne Organisation der Daten, die Such- und Zugriffsverfahren oder wie die Verfahren und Operationen implementiert wurden. Die Nutzung ist so konzipiert, daß nahezu eine 1:1-Abbildung zwischen der algorithmischen Darstellung des Modells der Kostenrechnung und dem Programm möglich ist. Modellvariationen sind leicht zu realisieren.

Anschließend wird die Klassenbibliothek für die Implementierung weiterer betrieblicher Anwendungen herangezogen, um die Verwendbarkeit im Sinne der Zielsetzungen zu demonstrieren. Es wird eine Reihe von Grundmustern für betriebliche Anwendungen entwickelt und anhand von Beispielen konkreter Applikationen nachgewiesen, wie unter Verwendung der Klassenbibliothek diese schnell und effizient zu implementieren sind.

Die Kapitel über die Implementierung und über die Anwendungen auf die Plankostenrechnung und weitere Bereiche beinhalten eine Reihe von Programmbeispielen. Der nicht an Implementierungsdetails interessierte Leser kann diese ohne weiteres übergehen.

Die Arbeit schließt mit konkreten Handlungsanweisungen für die Benutzung der Klassenbibliothek sowie der Beschreibungen der Klassen. Dieses Kapitel ist in erster Linie für den Programmierer, der die Klassenbibliothek einsetzen will, von Interesse, aber auch für denjenigen, der sich mit der Dokumentation von Klassenbibliotheken befaßt.

2 Klassenbibliotheken

Die Entwicklung der in dieser Arbeit vorgestellten Klassenbibliothek OBAS (Klassenbibliothek für **o**bjektorientierte, **b**etriebliche **A**nwendungs**s**ysteme) erfolgt durchweg nach den Prinzipien der Objektorientierung[1]. Im Software-Engineering bildet die Objektorientierung heute und in Zukunft ein grundlegendes Konzept zur Entwicklung komplexer Anwendungssysteme[2].

Ein wesentliches Ziel der objektorientierten Softwaretechnologie ist die Entwicklung einer Technik zur Effizienzsteigerung und Qualitätsverbesserung von Softwaresystemen. Dabei steht der Gesichtspunkt der Wiederverwendung im Vordergrund.

Während sich anfangs die Objektorientierung nur auf die Implementierung bezog, hat inzwischen auch in den Entwicklungsphasen Analyse und Design das objektorientierte Paradigma Einzug gehalten. Damit wird eine durchgängige Konzeptionierung über alle Phasen des Software-Entwicklungsprozesses hinweg möglich. Man erhält ein geschlossenes Modell sowohl bezüglich des Begriffssystems der Diskurswelt als auch bezüglich der Darstellung des Entwurfs. Die Implementierung kann sich unmittelbar am Ergebnis des objektorientierten Designs orientieren.

Die objektorientierte Entwicklung muß dem Aspekt der Wiederverwendbarkeit, die sich nicht schon allein aus der Verwendung objektorientierter Methoden und Techniken ergibt, in besonderem Maße Rechnung tragen. Für eine konsequente und systematische Form der Wiederverwendung bedarf es eines besonderen Konzepts. Gebraucht werden Techniken, um die Gemeinsamkeiten der Grundmuster verschiedener Anwendungsbereiche zu erfassen und in generischer Form in der Gestalt von standardisierten, wiederverwendbaren Klassen zu implementieren. Diese Klassen werden zu *Klassenbibliotheken* zusammengefaßt. Klassenbibliotheken sind Sammlungen von Klassen, die über eine dokumentierte Schnittstelle benutzt werden können. Sie bilden die Grundlagen für die weitere Softwareentwicklung[3].

Vom Einsatz einer Klassenbibliothek erwartet man zum einen eine Effizienzsteigerung, weil eine Neuentwicklung nicht „bei Null“ beginnt. Zum anderen soll eine bessere Qualität der Software erzielt werden, denn bereits

---

[1] Bezüglich der Darstellung des objektorientierten Ansatzes in den verschiedenen Phasen des Software-Entwicklungsprozesses wird auf die inzwischen zahlreiche Literatur zu diesem Thema verwiesen. Die im Rahmen der Objektorientierung verwendeten Begriffe werden als bekannt vorausgesetzt.

[2] In Anlehnung an SINZ/FERSTL wird hier unter Anwendungssystem der automatisierte Teil eines Informationssystems verstanden, vgl. [FS91b, S. 5].

[3] Einen Überblick über C++-Klassenbibliotheken und deren Design findet man in [Str94, Kapitel 8].

entwickelte und getestete Bausteine bieten in einer neuen Entwicklung Zuverlässigkeit und Fehlerfreiheit. Ein höherer Aufwand für die Erstellung der Klassenbibliothek, der zu einer Qualitätsverbesserung führt, ist berechtigt, da der Nutzen nicht auf eine Anwendung beschränkt bleibt.

Generell gilt, daß Klassenbibliotheken über generische Funktionalität verfügen müssen, damit sie vielseitig anwendbar sind. Für eine konkrete Anwendung werden dann die passenden Klassen herangezogen und gegebenenfalls durch Vererbung solche für den konkreten Fall abgeleitet. Die in den Klassen der Bibliothek vorhandene Funktionalität braucht nicht erneut codiert zu werden, sie kann in der abgeleiteten Klasse ergänzt werden. Durch das Prinzip der Vererbung und Polymorphie muß aber nicht in die schon vorhandenen Klassen eingegriffen werden. Das Baukastenprinzip in der Form von *Klassenbibliotheken* ermöglicht leichte Erweiterbarkeit und einfache Modifizierbarkeit.

Die Verwendung von Klassenbibliotheken führt dahin, daß ein höherer Grad von Standardprogrammierung erreicht wird, als bei einer „version full of undocumented local modifications."[4] Eine gewisse Beschränkung für Innovation und Weiterentwicklung kann allerdings darin liegen, daß durch die Gestaltung und Nutzung von Klassenbibliotheken das Design zukünftiger Anwendungen vorgeschrieben wird[5].

Um eine wiederverwendbare Klasse herzustellen, muß man eine viel weitere Perspektive berücksichtigen, als bei „normaler" Software-Erstellung. Während die momentane Verwendung einer Klasse offensichtlich ist, ist es schwierig, die zukünftigen Anwendungsfälle vorauszusehen. Zur Entwicklung von Klassenbibliotheken bedarf es deshalb „sorgfältig geplanter Engineering-Maßnahmen"[6] und entsprechender Vorgehensmodelle.

Die Vorgehensweise bei der Entwicklung einer Klassenbibliothek ist je nach Ziel, Ausgestaltung und Komplexität unterschiedlich. Generell sind zwei verschiedene Ansätze zu beobachten.

Zum einen werden Systeme von Klassen unabhängig von der konkreten Anwendung entworfen und implementiert. Dabei handelt es sich meist um Klassenbibliotheken, die im systemnahen Bereich von Bedeutung sind. Solche Klassenbibliotheken werden als *Foundation Libraries* bezeichnet. Sie werden unterschieden in horizontale und vertikale Foundation Libraries[7]. Zur ersten Gruppe gehören solche, die eine Menge von Basisklassen umfassen, die Datenstrukturen, wie Strings, dynamische Arrays, assoziative

[4] [Gib90b, S. 93].
[5] Vgl. [Gib90b, S. 96].
[6] [Mü93, S. 58].
[7] Vgl. [Str94, S. 242].

Arrays, Containerklassen, Listen, Bäume, Iteratoren etc. realisieren. Diese Klassen sind zwar i.d.R. aufeinander abgestimmt, sind aber nicht unbedingt in einem gemeinsamen Beziehungsgeflecht miteinander verwoben und können deshalb unabhängig voneinander benutzt werden. Klassen einer vertikalen Foundation Library bilden ein Rahmenwerk, um für einen bestimmten Bereich, wie ein Window-System oder Graphiken, bestimmte Dienste zur Verfügung zu stellen, die unabhängig von einem konkreten Anwendungsbereich benötigt werden[8].

Zum anderen werden Klassenbibliotheken im Rahmen der Software-Engineering-Tätigkeit der Unternehmen erstellt, wobei die Wiederverwendung erklärtes Ziel sein muß. Diese Vorgehensweise ist üblich, wenn domänenspezifische, wiederverwendbare Anwendungsklassen aufgebaut werden sollen. Beispielhaft wird hier die Strategie der Firma Siemens Nixdorf referiert[9].

Bei Siemens Nixdorf wurden zunächst einheitliche Methoden zur Modellierung der jeweiligen Projekte eingeführt. Auch bereits existierende Lösungen werden auf den Aspekt der Wiederverwendbarkeit hin untersucht und ggfs. nachmodelliert. Im nächsten Schritt werden branchenspezifische, hierarchische Klassenbibliotheken gebildet, indem projektspezifische Modelle derselben Branche auf Ähnlichkeiten hin untersucht und abstrakte bzw. generische Basisklassen entwickelt werden. Dann werden die branchenspezifischen Klassenbibliotheken auf Ähnlichkeiten branchenübergreifender Natur hin verglichen. So entsteht eine „allgemeine Klassenbibliothek für kommerzielle Anwendungsentwicklung“[10].

Aus den Klassen der jeweiligen branchenspezifischen Bibliotheken, allgemeinen kommerziellen Klassen und applikationsunabhängigen Klassen entsteht ein sogenannter *Applikationsrahmen* für die jeweiligen Branchen. Zur Vorgehensweise gehört eine aussagekräftige und einheitliche Beschreibung der Klassen.

Ein Applikationsrahmen kann als eine Weiterentwicklung von Klassenbibliotheken betrachtet werden und zwar in dem Sinne, daß die Klassen einen hohen Zusammenhang aufweisen und die allgemeinen Strukturen und Me-

[8] STROUSTRUP [Str94, S. 242] listet eine Reihe von Foundation Libraries auf. Einer der wichtigsten Wegbereiter auf diesem Gebiet waren GORLEN, K.E., ORLOW, S.M. UND PLEXICO, P.S. [GOP90] deren NIH Class Library im Rahmen eines Projekts entstand, das die Autoren für das National Institute of Health (USA) durchführten. Die Klassen wurden in C++ geschrieben und sind denen von Smalltalk-80 nachempfunden. Die Klassenbibliothek besteht aus 60 Klassen. Von großer praktischer Bedeutung ist die Foundation Class Library (MFC) von Microsoft. Sie unterstützt die Programmierung von Windows-Applikationen. Sie bildet einen Applikationsrahmen für die Integration des user interface einer Windows-Applikation mit dem Rest der Applikation.

[9] Vgl. im folgenden [Mü93, S. 62].

[10] [Mü93, S. 62].

chanismen des Anwendungsbereichs abbilden. Oftmals wird der Begriff des Applikationsrahmens (application framework) auch als Repräsentation des abstrakten, objektorientierten Designs eines Anwendungsbereichs verstanden[11]. Die Abgrenzung zum Begriff Klassenbibliothek ist nicht eindeutig vorzunehmen. Die hier vorgestellte Klassenbibliothek OBAS kann als Applikationsrahmen verstanden werden. Da sich aber das Ergebnis als Sammlung von Klassen in C++ manifestiert und nicht nur ein abstraktes Modell darstellt, wird am Begriff Klassenbibliothek festgehalten.

Entsprechend dem Entstehungsprozeß von Klassenbibliotheken gibt es verschiedene Quellen. Einige sind im Leistungsumfang der Compiler enthalten. Standardmäßig ist das bei Smalltalk der Fall. Die Klassen gehören zur Systemumgebung. Für C++ werden von den Compiler-Herstellern oder von unabhängigen Softwarelieferanten Klassenbibliotheken angeboten. Die Klassen verschiedener Anbieter sind meist nicht miteinander kompatibel. Außerdem werden –wie bei Siemens Nixdorf– von den Software-Entwicklern in Unternehmen solche für eigene Zwecke erstellt. Diese sind meist unternehmensspezifisch.

Während für den systemnahen und anwendungsunabhängigen Bereich bereits eine Reihe von Klassenbibliotheken existiert, sind im Bereich betrieblicher Anwendungssysteme bisher erst wenige Ansätze für domänenspezifische, also anwendungsbezogene Klassenbibliotheken, die im folgenden auch als *fachliche Klassenbibliotheken* bezeichnet werden sollen, zu finden. Im Aufbau und der Entwicklung derselben wird noch erheblicher Forschungs- und Entwicklungsbedarf gesehen[12]. Die Unternehmen gehen vielfach noch eigene Wege, wie z.B. Siemens Nixdorf in der oben beschriebenen Art und Weise. Ein wichtiges Ziel der Wissenschaft ist die Entwicklung allgemeingültiger Prinzipien für die Entwicklung fachlicher Klassenbibliotheken.

Eine für betriebliche Anwendungssysteme zu konstruierende Klassenbibliothek muß in dem Sinne von generischer Natur sein, daß die grundsätzliche Datenstrukturierung und die prinzipielle Funktionalität für die Objekte der ökonomischen Welt in den Klassen abgebildet sein müssen. Diese können für alle gleichartigen fachlichen Anwendungen verwendet werden. Es müssen also die Grundmuster der betrieblichen Anwendungssysteme erkannt und in der Klassenbibliothek abgebildet werden. Nur dann ist sie für eine große Bandbreite betriebswirtschaftlicher Anwendungen nutzbar und damit in hohem Maße wiederverwendbar.

Dieses Ziel muß bereits bei der Konzeption berücksichtigt werden. Ein Ansatz besteht darin, daß man die generischen Strukturen durch die Untersu-

[11]Vgl. [HS93, S. 55].
[12]Vgl. [HS92b, S. 191] und [EU92, S. 258].

chung von Strukturanalogien herauszukristallieren sucht (so z.B. BECKER[13]) und für die so gefundenen dann Klassen konzipiert. Ein anderer – hier gewählter – induktiver Ansatz geht bei der Entwicklung von einem bestimmten Anwendungsbereich aus, um durch Abstraktion von dessen Strukturen zu generalisierten zu gelangen.

Der Anwendungsbereich, der im eben dargestellten Sinne als „Richtschnur" bzw. Vorstellungsbild für die Entwicklung von OBAS dient, ist das Gebiet der Plankostenrechnung. Die Modelle der Plankostenrechnung lassen sich von den Eingangsdaten bis zu den Ergebnissen vollständig algorithmisch mit den Mitteln der Matrizenrechnung beschreiben. Die durch Abstraktion gewonnenen Klassen werden dann zur Erstellung einer Plankostenrechnung als Grenzplankosten- und Deckungsbeitragsrechnung verwandt und zum Nachweis der Wiederverwendbarkeit zur Entwicklung weiterer betrieblicher Applikationen herangezogen.

Für die Nutzung einer Klassenbibliothek ist es i.d.R. notwendig, eine adäquate Beschreibung der Klassen zu finden und ein Retrievalsystem anzubieten. Hierzu sind bereits einige Beiträge geliefert worden[14]. Auch existieren inzwischen —allerdings wenige— Werkzeuge zum Aufbau und Einsatz von Bibliotheken zur Software-Wiederverwendung[15].

Die in dieser Arbeit entwickelte Klassenbibliothek benötigt kein Retrievalsystem, da die Klassen in einer sachlichen Beziehung zueinander stehen und anhand von Anwendungsmustern gezeigt wird, welche Klassen wie zu nutzen sind. Aus dieser Beziehungsstruktur, den Mustern und den Beschreibungen der Klassen ergibt sich unmittelbar die Auswahl der Klassen für eine neu zu entwickelnde Applikation.

---

[13][Bec95, S. 133ff].

[14]Vgl. u.a. [HS92a], [Rie92], [Gib90b], [Beu89].

[15]Vgl. [ZG94].

3 Darstellung des Anwendungsbereichs

3.1 Auswahl des Anwendungsbereichs

Es ist das Ziel, die Klassenbibliothek so zu gestalten, daß sie für eine möglichst große Bandbreite betriebswirtschaftlicher Anwendungen nutzbar ist. Es ist aber nicht sinnvoll, sie so zu projektieren, daß sie für alle Informationssysteme dienlich ist. Das würde zu so großer Allgemeinheit führen, daß für das konkrete, neu zu implementierende System ein zu hohes Maß von zusätzlicher Funktionalität einzubringen ist, also die Wiederverwendbarkeit der Klassenbibliothek zu rudimentär wäre.

Bei der Entwicklung ist demzufolge eine bestimmte Vorstellung über einen Anwendungsbereich vonnöten, selbst wenn das Konzept der Klassen weitere Anwendungen vorsehen muß. Durch die Wahl des richtigen Abstraktionsgrads wird die Wiederverwendung erreicht, aber eine Vorstellungswelt muß zunächst gegeben sein, um eine Abgrenzung und Konzeption zu ermöglichen.

Ausgangspunkt für die hier vorgestellte Entwicklung sind *Modelle der Kostenrechnung*. Dieser Bereich des internen Rechnungswesens ist im Rahmen von betrieblichen Informationssystemen von hinlänglich großer Bedeutung. Vor allem zeichnet er sich durch große Variationsmöglichkeiten im Modell aus. Die Kostenrechnung ist z.B. als Plankostenrechnung in der Ausgestaltung als Voll- oder Grenzkostenrechnung implementierbar, starr oder flexibel. Die Bezugsgrößen können direkte oder indirekte sein, Verrechnungssätze können auf verschiedene Arten bestimmt werden etc. Die Kostenrechnung kann auch um eine Primärkostenrechnung ergänzt werden. Neuere Strömungen tendieren zur Prozeßkostenrechnung.

In der betrieblichen Praxis zeigt sich, daß die Kostenrechnungen in sehr unterschiedlichen Ausformungen realisiert sind. Es ist somit eine erhebliche Variationsbreite gegeben, und zwar sowohl in den Datenstrukturen als auch in den Verarbeitungsprozessen. Für alle diese Modellversionen und Variationen soll die Klassenbibliothek das Instrumentarium zur Implementierung liefern.

Dieser Anwendungsbereich läßt sich in geschlossener Form, also von den Eingangsdaten bis zu den Ergebnissen vollständig algorithmisch mit den Mitteln der Matrizenrechnung beschreiben. Die Bearbeitungsmethoden sind bekannt, so daß für diese keine speziellen Analyse- oder Design-Phasen notwendig sind. Es reicht eine algorithmische Deskription.

3.2 Die Modellvorstellung

3.2.1 Bestehende Ansätze

Die meisten betrieblichen Anwendungsbereiche werden in der Praxis als Datenbankanwendungen realisiert. Damit ist eine grundsätzliche Orientierung an der Systemarchitektur der —meist relationalen— Datenbanksysteme gegeben.

So entwirft SCHEER ein konzeptionelles Schema einer Datenbank für das innerbetriebliche Rechnungswesen[1]. Diese Abhandlung stellt wichtige Überlegungen zur Datensicht und den Datenstrukturen des innerbetrieblichen Rechnungswesens an, die auch Anregungen für eine objektorientierte Modellierung geben.

Bei seiner datenorientierten Sicht des Rechnungswesens geht er davon aus, daß „die operativen Systeme, die die für die Kostenrechnung relevanten Daten erheben (...), sofort mit den entsprechenden Kontierungen der Finanzbuchführung (falls dafür relevant) und der Kostenrechnung versehen werden (also Angaben über Kostenart, Kostenstelle, Kostenträger usw.).“[2] Er geht davon aus, daß die Daten in einer „belegorientierten Grundrechnung“ erfaßt werden. Somit können für die Kostenrechnung „vorgelagerte Datenbasen“ genutzt werden. Daraus folgt, daß bei der Modellierung dem Erfassungssystem keine Bedeutung zukommt, sondern dem Verarbeitungs- und Auswertungssystem. Nur eine Schnittstelle zum Erfassungssystem ist vorzusehen.

SCHEER setzt für den Entwurf des konzeptionellen Datenbankschemas das Entity-Relationship-Modell ein. Die Entitytypen Kosten- und Erlösarten stehen in einer „is-a“-Beziehung zum Entitytyp `KONTO`[3]. Identifiziert werden die Entities über eine eindeutige Nummer (Schlüssel). Kosten- und Erlösarten können zu Gruppen verdichtet werden.

`KOSTENSTELLE` ist ein eigener Entitytyp, dessen Entities über Kostenstellennummern identifiziert werden. Daneben wird der Entitytyp `BEZUGSGROESSE` (Identifizierung über Bezugsgrößennummer) eingeführt, wobei die Dimension, in der die Bezugsgröße gemessen wird, als ein Attribut vereinbart wird[4]. Zu diesen Stammdaten-Entitytypen gehört auch der Typ `KOSTENTRAEGER`, dessen Schlüsselattribut Kostenträgernummer mit einer Teilenummer identisch ist, falls der Kostenträger ein Endprodukt ist[5].

[1] Vgl. [Sch92b, S. 179ff].
[2] [Sch92b, S. 181].
[3] Vgl. [Sch92b, S. 187].
[4] [Sch92b, S. 189].
[5] Vgl. [Sch92b, S. 190].

Anschließend werden die Datenstrukturen für die Kosten- und Erlösartenrechnung sowie die Kostenstellenrechnung entwickelt. Bei letzteren unterscheidet SCHEER zwischen den Datenstrukturen für die Kostenverrechnung (Verrechnung der Gemeinkosten auf die Kostenstellen) und solche für die Kostenplanung und -analyse. Bei der Kostenverrechnung wird als Beziehungstyp das BAB[6]-Element eingeführt, das eine Beziehung zwischen `KOSTENART`, `KOSTENSTELLE` und `ZEIT` herstellt[7].

Die interne Leistungsverflechtung wird durch die Einführung des Beziehungstyps `LEISTUNGSVERFLECHTUNG` berücksichtigt. Die Kostenplanung und -analyse baut als Auswertungsfunktion auf der bereits entwickelten Datenstruktur auf[8].

Im Zusammenhang mit den Datenstrukturen für die Kostenträgerrechnung stellt SCHEER fest, daß insbesondere für die Kostenträgerzeitrechnung die Datenbasis so gestaltet werden muß, daß Auswertungen für unterschiedliche Verdichtungsformen erzeugt werden können[9].

Für die Strukturierung des Modells können neben den Ausführungen von SCHEER auch die von ZIMMERMANN wertvolle Anregungen liefern. Letzterer insbesondere deshalb, weil er einen objektorientierten Ansatz wählt. In seiner Abhandlung „Einsatz objektorientierter Softwaretechnologie im Rechnungswesen" weist er darauf hin, daß die „Grundproblematik, die in anderen Bereichen zum Einsatz von objektorientierter Technologie geführt hat"[10], im Bereich des Rechnungswesens anzutreffen ist, denn: „Die Komplexität heutiger Rechnungswesensysteme entsteht im wesentlichen durch die Vielfalt der Möglichkeiten. Grundsätzlich sind die einzelnen Lösungen immer wieder recht ähnlich, die Unterschiede liegen im Detail. Die Folge ist, daß ähnliche Probleme immer wieder neu gelöst werden. Sehr viel Aufwand wird darauf verwendet, Lösungen ähnlicher Aufgaben zueinander konsistent zu halten. Änderungen müssen in allen Lösungen in der gleichen Form nachvollzogen werden."[11]

Vor allem stellt ZIMMERMANN fest, daß eine „ausgereifte Bibliothek von Basisklassen für das Rechnungswesen" noch fehlt[12]. Er weist auch darauf hin, daß dazu zusätzlich noch Klassen mit einer Basisfunktionalität benötigt werden, wie solche für numerische Werte, Texte sowie zur Behandlung von Zeit und Objektmengen (Matrizen, Listen, Bäume oder Mengen).

---

[6] BAB = Betriebsabrechnungsbogen.
[7] Vgl. [Sch92b, S. 197].
[8] Vgl. [Sch92b, S. 200].
[9] Vgl. [Sch92b, S. 202,204].
[10] [Zim90, S. 247].
[11] [Zim90, S. 246f].
[12] [Zim90, S. 247].

Er entwickelt im folgenden Ideen für Klassen der Kernapplikation. Aus dem Zweck des Rechnungswesens leitet er zwei Basisklassen ab, zum einen die Klasse der inner- und außerbetrieblichen Geschäftsvorfälle und zum anderen die der „Tatbestände des Unternehmens, deren Zustand sich durch die ökonomischen Prozesse verändert und die beobachtet werden sollen."[13] Aus dieser Klasse `TATBESTAND` werden die drei Subklassen `KOSTENSTELLE`, `KOSTENTRAEGER` und `KONTO` abgeleitet und aus `KONTO` wiederum die Subklassen `KOSTENARTEN` und `ERLOESARTEN`. Die Klasse `GESCHAEFTSVORFALL` verfügt über Methoden, um Tatbestände zu verändern.

ZIMMERMANN entwickelt Ansätze für weitere Klassen, von denen hier diejenigen erwähnt werden, die in der Klassenbibliothek OBAS ebenfalls implementiert wurden. So sieht auch er die Notwendigkeit, im Rechnungswesen neben Klassen für die Berücksichtigung der Zeit, auch solche für die Behandlung von Währungen, Mengeneinheiten und ähnlichen Größen vorzusehen[14]. Außerdem stellt er Überlegungen dazu an, wie eine Klasse für die Verdichtung von Daten zu gestalten ist.

Abschließend verweist ZIMMERMANN auf die Vorteile, die sich durch den Einsatz objektorientierter Softwaretechnologie bei Standardsoftwaresystemen ergeben. Er geht davon aus, daß eine Trennung stattfinden wird „in Entwickler, die abstrakte Klassen benutzen und an spezielle Bedürfnisse anpassen können, und in Entwickler, die selber in der Lage sind, abstrakte Klassen zu entwerfen."[15] Auch er unterstreicht die Wichtigkeit der Forschung im Bereich der Entwicklung objektorientierter Rechnungswesensoftware. Er sieht die Vorteile kürzerer Entwicklungszeiten und größerer Anpassbarkeit.

Die Ideen von ZIMMERMANN sind erste Ansätze für den gesamten Bereich des Rechnungswesens. Er stellt dabei vor allem auf die administrativen Aspekte des Bereichs ab (Geschäftsvorfälle, Transaktionen). Speziell auf die Verarbeitungsvorgänge im Bereich der Kostenrechnung, wie z.B. die Berechnung der innerbetrieblichen Leistungsverflechtung, geht er in seinen Ausführungen nicht ein.

3.2.2 Grundlegende Vorstellung

Bei der Modellvorstellung für die Klassenbibliothek OBAS wird die Kostenrechnung nicht primär als administratives System aufgefaßt, das nur Buchungsvorgänge beinhaltet, sondern als Planungs- und Kontrollinstrument, dem ein Kalkül zugrundeliegt, das auf der Basis gegebener Eingangsdaten

[13] [Zim90, S. 249].
[14] Vgl. [Zim90, S. 254].
[15] [Zim90, S. 263].

Ergebnisse für Auswertungen berechnet und alle im Rahmen der Kalkulation anfallenden Größen, Kennziffern und Zuschläge ermittelt. Die Berechnungen werden zu einem bestimmten Zeitpunkt ausgelöst und durchgeführt.

Im System der Kostenrechnung, wie sie in der vorliegenden Arbeit verstanden wird, existieren keine Konten, offene Posten, Geschäftsvorfälle und vor allem keine interaktiven Vorgänge. Wie bei SCHEER wird davon ausgegangen, daß die Daten über vorgelagerte Systeme erfaßt und zur Verfügung gestellt werden. Damit wird auch klar, daß weder der interaktive Erfassungsvorgang für eine Istkostenrechnung noch der eigentliche Planungsvorgang einer Plankostenrechnung, also die Aufstellung der Kostenpläne, interaktiv unterstützt wird. Durch Schnittstellen ist eine Anbindung solcher Interaktions- oder Transaktionssysteme leicht möglich.

Dieser Modellvorstellung liegen der Algorithmus und die Ein- und Ausgabedaten zugrunde. Der Formalismus und seine Handhabung sowie die Steuerung stehen im Vordergrund. Ziel ist damit die Modellierung komplexer Berechnungsverfahren und deren zugrundeliegende Datenstrukturen. Eine wesentliche Bedeutung kommt auch den dynamischen Datenstrukturen und der dauerhaften Datenhaltung (Persistenz) zu.

Es ist zunächst notwendig, das Verfahren, das der Kostenrechnung zugrunde liegt, in algorithmischer Form darzustellen. Darauf aufbauend sind die Strukturen und Operationen zu analysieren. Da sich eine durchgängige formale Darstellung der Kostenrechnung in der Literatur nicht findet, mußte diese zunächst erarbeitet werden. Das Ergebnis wird im folgenden Abschnitt dargestellt. Da nicht auf die Literatur verwiesen werden kann, müssen diese Ausführungen zwangsläufig breiteren Raum einnehmen, selbst wenn sie sich nur auf die Algorithmen beschränken. Aus ihnen leiten sich die Überlegungen zur objektorientierten Analyse und dem Design ab[16]. Für das Verständnis der Klassenbibliothek OBAS bzw. deren Anwendung ist die Kenntnis des nächsten Abschnitts nicht notwendig.

3.3 Algorithmische Darstellung der Kostenrechnung

3.3.1 Modellannahmen

Ausgehend von der oben dargestellten Modellvorstellung muß das Anwendungssystem Kostenrechnung algorithmisch beschrieben werden, um eine Grundlage für den Entwurf des zu implementierenden Systems zu erhalten.

Es wird das System der Grenzplankostenrechnung nach KILGER zugrundegelegt. Es folgt eine mathematische Darstellung des Kalküls. Ausgehend

[16]Siehe Kapitel 4 und 5.

von den Eingangsdaten werden alle Berechnungsvorgänge des Verfahrens bis zum geplanten Periodenerfolg mit Hilfe der Matrizenrechnung dargestellt. Es wird hier nur eine Variante der Plankostenrechnung dargestellt, die aber die wesentlichen Elemente umfaßt. Die Klassenbibliothek OBAS enthält aber die Verallgemeinerungen und Spezialisierungen, die für die Varianten benötigt werden. Der hier dargestellte Algorithmus hat in seiner Ausformung mehr beispielhaften Charakter.

Auf die inhaltlichen Belange der Kostenrechnung wird hier nicht eingegangen. Das Verfahren ist bekannt und bei KILGER[17] und anderen ausführlich dargestellt. Wesentliche Ausführungen über die Darstellung der Kostenrechnung als Algorithmus finden sich bei LACKES[18].

Dem Modell liegen einige Annahmen zugrunde, die im folgenden kurz aufgeführt werden. Es wird von einem Unternehmen mit standardisierten Erzeugnissen ausgegangen. Kostenträger seien die Endprodukte. Lagerhaltung findet keine Berücksichtigung, also entspricht die Absatzmenge der Produktionsmenge. Wie bei KILGER werden die Fertigungslöhne, die von ihrer Natur her Einzelkosten darstellen, über die Fertigungskostenstellen abgerechnet[19]. Die im Modell aufgestellten Kostenpläne beziehen sich immer auf die Planbezugsgrößeneinheiten je Periode. Die Einzelkosten werden für eine Einheit des Kostenträgers geplant. Es wird vorausgesetzt, daß einer Kostenart nur ein Faktorgut zugeordnet ist und in einer Kostenstelle nur eine Bezugsgröße als kostenverursachend (proportional) anzusehen ist[20]. Es wird weiterhin davon ausgegangen, daß für die Fertigungskostenstellen und die sekundären Kostenstellen direkte Bezugsgrößen existieren, für die Materialkostenstellen und Verwaltungs- und Vertriebskostenstellen nur indirekte.

3.3.2 Das Planungssystem

3.3.2.1 Gegebene Daten des Planungssystems

Es sind zunächst die Daten, die als Ausgangsbasis für die Berechnungen von außerhalb des Systems zur Verfügung gestellt werden müssen, zu bestimmen und Bezeichnungen einzuführen.

Fast alle Daten des Planungssystems sind mit Dimensionen behaftet, z.B. Maschinenstunden pro Periode oder DM pro Mengeneinheit eines Produkti-

[17] [Kil93].
[18] [Lac89].
[19] Vgl. [Kil93, S. 369].
[20] Eine Ausdehnung dieses Modells auf mehrere Faktorgüter pro Kostenart und mehrere Bezugsgrößen für eine Kostenstelle wäre ohne weiteres möglich, bringt aber für den vorliegenden Zweck keine weiteren Erkenntnisse.

onsfaktors. Der Kalkül beschränkt sich also nicht auf reelle Zahlen, sondern bezieht sich auf Größen. Eine *Größe* G wird als Produkt ihrer Maßzahl m und ihrer Maßeinheit, kurz Einheit, E aufgefaßt[21]: $G = m \cdot E$. Oftmals ist eine Maßzahl auch mit einer Beziehung von Einheiten verknüpft. Diese Zusammensetzung von Einheiten wird *Dimension* einer Größe genannt, z.B. ist Strecke pro Zeit die Dimension der Geschwindigkeit[22]. Die Menge aller Dimensionen wird mit $\mathbb{D}$ bezeichnet.

Diese Ausgangsdaten lassen sich als Vektoren oder Matrizen darstellen. Ein Vektor $\mathbf{v}$ von Größen ist eine Abbildung einer Indexmenge[23] $\mathcal{X}$ in das Kreuzprodukt der reellen Zahlen mit $\mathbb{D}$ ($\mathbf{v}\colon \mathcal{X} \longrightarrow \mathbb{R} \times \mathbb{D}$). Eine Matrix $\mathbf{M}$ ist eine Abbildung des Kreuzprodukts zweier Indexmengen $\mathcal{X} \times \mathcal{Y}$ in das Kreuzprodukt von $\mathbb{R}$ und $\mathbb{D}$ ($\mathbf{M}\colon \mathcal{X} \times \mathcal{Y} \longrightarrow \mathbb{R} \times \mathbb{D}$).

Um die Schreibweise zu vereinfachen, wird die Menge aller Vektoren über $\mathbb{R} \times \mathbb{D}$ auf der Indexmenge $\mathcal{X}$ mit $V(\mathcal{X})$ bezeichnet. Somit wird z.B. $\mathbf{v}\colon \mathcal{X} \longrightarrow \mathbb{R} \times \mathbb{D}$ durch $\mathbf{v} \in V(\mathcal{X})$ ausgedrückt. Ein Vektorelement des Vektors $\mathbf{v}$ über $\mathcal{X}$ erhält die Bezeichnung $\mathbf{v}_x$.

Die Menge aller Matrizen über $\mathbb{R} \times \mathbb{D}$ auf der Zeilenindexmenge $\mathcal{X}$ und der Spaltenindexmenge $\mathcal{Y}$ wird mit $M(\mathcal{X}, \mathcal{Y})$ bezeichnet. Statt $\mathbf{M}\colon \mathcal{X} \times \mathcal{Y} \longrightarrow \mathbb{R} \times \mathbb{D}$ wird kurz $\mathbf{M} \in M(\mathcal{X}, \mathcal{Y})$ geschrieben. Ein Element dieser Matrix erhält die Bezeichnung $\mathbf{M}_{xy}$.

Zunächst sind die Indexmengen des Planungssystems zu identifizieren, die dann als Definitionsmengen für die Vektoren und Matrizen dienen. Die Vektor- bzw. Matrixelemente beziehen sich auf Kostenarten, Kostenstellen oder Kostenträger. Damit wird deutlich, daß diese Elemente von Indexmengen werden. Ein Element einer Indexmenge wird als *Index* bezeichnet. Kostenarten, Kostenstellen oder Kostenträger bilden also Indizes von Indexmengen.

Je nach Zusammengehörigkeit werden verschiedene Indexmengen gebildet. Für diese werden Bezeichnungen eingeführt,die der folgenden Aufstellung zu entnehmen sind.

---

[21] Vgl. [Lan45, S. 14].

[22] Die mathematische Einführung folgt im Abschnitt 3.4.

[23] Die grundlegenden mathematischen Begriffe werden in dieser Arbeit nicht definiert, da sie als bekannt vorausgesetzt werden. Das gilt nicht unbedingt für den Begriff der Indexmenge in dem hier verstandenen sehr allgemeinen Sinne. Die Indexmenge wird nach LANG wie folgt definiert: „Let A and I be two sets. By a family of elements of A, indexed by I, one means a map $f : I \to A$. Thus for each $i \in I$ we are given an element $f(i) \in A$. Although a family does not differ from a map, we think of it as determining a collection of objects from A, and write it often as $\{f(i)\}_{i \in I}$ or $\{a_i\}_{i \in I}$, writing a_i, instead of $f(i)$. We call I the indexing set"[Lan65, S. X], vgl. auch [Bou68, S. 81].

Indexmengen:	**Bezeichnung:**
Einzelkostenarten	$\mathcal{E}$
Materialeinzelkostenarten	$\mathcal{M}$
Sondereinzelkosten der Fertigung	$\mathcal{O}$
Sondereinzelkosten des Vertriebs	$\mathcal{B}$
Gemeinkostenarten	$\mathcal{A}$
primäre Gemeinkostenarten	$\mathcal{P}$
sekundäre Gemeinkostenarten	$\mathcal{S}$
Kostenstellen	$\mathcal{L}$
primäre Kostenstellen	$\mathcal{K}$
Fertigungshauptkostenstellen	$\mathcal{F}$
Materialkostenstellen	$\mathcal{R}$
Verwaltungs- und Vertriebskostenstellen	$\mathcal{V}$
sekundäre Kostenstellen	$\mathcal{S}$
Kostenträger	$\mathcal{T}$

Da die sekundären Gemeinkostenarten gleichzeitig sekundäre Kostenstellen darstellen, erhalten sie die gleiche Bezeichnung.

KILGER bezeichnet die Gemeinkosten als Kostenstellenkosten[24]. Die Einzelkosten bestehen aus Materialeinzelkosten, Sondereinzelkosten der Fertigung und Sondereinzelkosten des Vertriebs. Zu den primären Kostenstellen (Hauptkostenstellen) gehören die Materialkostenstellen, die Fertigungshauptkostenstellen und die Verwaltungs- und Vertriebskostenstellen. Letztere werden zusammengefaßt behandelt. Kostenstellen des Bereichs Forschung und Entwicklung bleiben hier unberücksichtigt. Hilfs- und Nebenkostenstellen[25] bilden die sekundären Kostenstellen. Dazu zählen die Allgemeinen Hilfskostenstellen, die ihre Leistungen an andere Kostenstellen abgeben, sowie die Fertigungshilfsstellen, die ihre Leistungen nur an Fertigungshauptstellen abgeben. Die sekundären Kostenstellen stellen gleichzeitig sekundäre Kostenarten dar. Deshalb werden die Indexmengen gleich bezeichnet.

Man kann einige Indexmengen als Zerlegungen[26] anderer darstellen. Es gilt:
$Z_1 = \{\mathcal{M}, \mathcal{O}, \mathcal{B}\}$ ist eine Zerlegung von $\mathcal{E}$,
$Z_2 = \{\mathcal{P}, \mathcal{S}\}$ ist eine Zerlegung von $\mathcal{A}$,
$Z_3 = \{\mathcal{K}, \mathcal{S}\}$ ist eine Zerlegung von $\mathcal{L}$,
$Z_4 = \{\mathcal{F}, \mathcal{R}, \mathcal{V}\}$ ist eine Zerlegung von $\mathcal{K}$.

Das Planungssystem geht von Ausgangsdaten aus, die sich aus den Produktionsfunktionen, aus den Kostenplänen für die Kostenstellen sowie aus

[24] [Kil93, S. 8].
[25] Nebenkostenstellen werden hier allerdings nicht behandelt.
[26] Ist $Z := \{\mathcal{U}, \mathcal{V}, \ldots\}$ eine Zerlegung von $\mathcal{X}$, so gilt $\cup Z = \mathcal{X}$ und $\wedge_{x,y \in Z} x \neq y \Rightarrow x \cap y = \emptyset$.

weiteren Plänen wie Betriebsmittel-Einsatzplänen, Personalbestandsplänen etc. ergeben[27]. Sie beziehen sich jeweils auf eine Planungsperiode, im folgenden kurz als Periode bezeichnet. Die Daten lassen sich direkt als Matrizen angeben:

— Für alle Kostenträger $t \in \mathcal{T}$ ist die Matrix **B** der Verbrauchsmengen der Faktorgüter in den Einzelkostenarten $e \in \mathcal{E}$ pro Mengeneinheit des jeweiligen Kostenträgers gegeben:
Bezeichnung: $\mathbf{B} \in M(\mathcal{E}, \mathcal{T})$
Dimensionen: Mengeneinheit des Faktorgutes pro Mengeneinheit eines Kostenträgers.

— Für alle Kostenstellen $l \in \mathcal{L}$ ist die Matrix **V** der leistungsabhängigen, proportionalen Verbrauchsmengen der Faktorgüter der Gemeinkostenarten $a \in \mathcal{A}$ gegeben:
Bezeichnung: $\mathbf{V} \in M(\mathcal{A}, \mathcal{L})$
Dimensionen: Mengeneinheit des Faktorgutes pro Bezugsgrößeneinheit.

— Für alle Kostenstellen $l \in \mathcal{L}$ ist die Matrix **F** der leistungs**un**abhängigen Verbrauchsmengen der Faktorgüter der Gemeinkostenarten $a \in \mathcal{A}$ gegeben:
Bezeichnung: $\mathbf{F} \in M(\mathcal{A}, \mathcal{L})$
Dimensionen: Mengeneinheit des Faktorgutes pro Periode.

— Für alle Kostenträger $t \in \mathcal{T}$ ist die Matrix **I** der Bezugsgrößeninanspruchnahme in den Fertigungshauptkostenstellen $f \in \mathcal{F}$ gegeben:
Bezeichnung: $\mathbf{I} \in M(\mathcal{T}, \mathcal{F})$
Dimensionen: Mengeneinheit der Bezugsgröße (Bezugsgrößeneinheit) pro Mengeneinheit des Kostenträgers.

— Für alle Materialkostenstellen $r \in \mathcal{R}$ ist die Matrix **Z** der anteilsmäßigen Belastung durch die Materialeinzelkostenarten $m \in \mathcal{M}$ gegeben[28]:
Bezeichnung: $\mathbf{Z} \in M(\mathcal{M}, \mathcal{R})$
Dimension: keine.

Im folgenden werden die Geldeinheiten immer in DM gemessen.

Bei der Aufstellung der Matrizen kann es sich durchaus ergeben, daß sich nicht jeder Einsatz von Faktorgütern in Mengen und Preise aufspalten läßt, sondern nur der Gesamtbetrag gegeben ist (z.B. Versicherungen, Gebühren, etc.). In diesem Fall wird die Mengeneinheit gleich der Geldeinheit gesetzt, also auf 1 DM. Die Verbrauchsmengen entsprechen in diesem Fall dem DM-Betrag. Diese Vorgehensweise ist auch dann notwendig, wenn mehrere Fak-

[27]Vgl. die Abbildung 5-2 in [Kil93, S. 302], die auch den organisatorischen Ablauf der Kostenplanung gut wiedergibt.

[28]Sie wird für die Berechnung der Verrechnungssätze für die Materialkostenstellen benötigt.

torgüter mit unterschiedlichen Einheiten zusammengefaßt werden.

Die weiteren Ausgangsdaten lassen sich durch Vektoren ausdrücken.

— Für alle Faktorgüter der Einzelkostenarten $e \in \mathcal{E}$ ist der Vektor $\mathbf{e}$ der Planpreise gegeben:
Bezeichnung: $\mathbf{e} \in V(\mathcal{E})$
Dimensionen: Geldeinheit pro Mengeneinheit des Faktorgutes.

— Für alle Faktorgüter der primären Gemeinkostenarten $p \in \mathcal{P}$ ist der Vektor $\mathbf{q}$ der Planpreise gegeben:
Bezeichnung: $\mathbf{q} \in V(\mathcal{P})$
Dimensionen: Geldeinheit pro Mengeneinheit des Faktorgutes.

— Für alle Kostenträger $t \in \mathcal{T}$ ist der Vektor $\mathbf{x}$ der geplanten Absatzmengen gegeben:
Bezeichnung: $\mathbf{x} \in V(\mathcal{T})$
Dimensionen: Mengeneinheit des Kostenträgers pro Periode.

— Für alle Kostenträger $t \in \mathcal{T}$ ist der Vektor $\mathbf{a}$ der geplanten Absatzpreise gegeben:
Bezeichnung: $\mathbf{a} \in V(\mathcal{T})$
Dimensionen: Geldeinheit pro Mengeneinheit des Kostenträgers.

Der Vektor der Preise der sekundären Gemeinkostenarten ergibt sich als Ergebnis aus der internen Leistungsverrechnung[29].

Für Kostenarten, deren „Mengen" in Geldeinheiten gemessen werden (s.o.), ist der Preis gleich 1 und folgerichtig eine dimensionslose Größe.

Damit bilden die Ausgangsdaten des Systems die im folgenden zusammenfassend dargestellten Matrizen und Vektoren, wobei die jeweilige Dimension in allgemeiner Form mit angegeben wird. Die Dimension ist i.d.R. für jedes Matrixelement innerhalb einer Matrix verschieden. Das gilt ebenfalls für die Dimensionen der Vektorelemente.

Dabei bezeichnen:

ME	Mengeneinheit des Faktorgutes
KTE	Mengeneinheit des Kostenträgers
BGE	Mengeneinheit der Bezugsgröße
Per	Periode

[29] Siehe S. 22.

Verbrauchsmengen der Kostenträger (Einzelkosten)	$\mathbf{B} \in M(\mathcal{E},\mathcal{T})$	[ME/KTE]
Leistungsabhängige Verbrauchsmengen der Kostenstellen	$\mathbf{V} \in M(\mathcal{A},\mathcal{L})$	[ME/BGE]
Leistungsunabhängige Verbrauchsmengen d. Kostenstellen	$\mathbf{F} \in M(\mathcal{A},\mathcal{L})$	[ME/Per]
Bezugsgrößeninanspruchnahme der Fertigungshauptkostenstellen	$\mathbf{I} \in M(\mathcal{T},\mathcal{F})$	[BGE/KTE]
Anteilsmäßige Belastung der Materialkostenstellen	$\mathbf{Z} \in M(\mathcal{M},\mathcal{R})$	-
Planpreise d. Faktorgüter d. Einzelkostenarten	$\mathbf{e} \in V(\mathcal{E})$	[DM/ME]
Planpreise d. Faktorgüter d. primären Gemeinkostenarten	$\mathbf{q} \in V(\mathcal{P})$	[DM/ME]
geplante Absatzmengen der Kostenträger	$\mathbf{x} \in V(\mathcal{T})$	[KTE/Per]
geplante Absatzpreise der Kostenträger	$\mathbf{a} \in V(\mathcal{T})$	[DM/KTE]

3.3.2.2 Berechnung von Plankalkulationssätzen für die Kostenstellen

Eine Aufgabe der Plankostenrechnung ist die Berechnung von Plankalkulationssätzen für die Kostenstellen. Dazu müssen die Planbezugsgrößen für die Kostenstellen bestimmt und die proportionalen Plankosten der Kostenstellen berechnet werden.

Durch die Bestimmung der Planbezugsgrößen der Kostenstellen als Maßgrößen der Kostenverursachung werden die geplanten Leistungen der Periode in den Kostenstellen festgelegt[30]. Die Art der Leistung ist in den Kostenstellen sehr unterschiedlich. Es kann sich um Fertigungsstunden, Maschinenstunden, Wärmeeinheiten, Transportleistungen etc. handeln. Die geplante Leistungsmenge wird in Bezugsgrößeneinheiten (BGE) gemessen. Sind diese Maßgrößen unmittelbar als Kostenverursacher meßbar, werden sie als direkte Bezugsgrößen bezeichnet. Können für eine Kostenstelle keine exakten Maßgrößen der Kostenverursachung ermittelt werden, muß man indirekte Bezugsgrößen bilden. Die Kostenverrechnung erfolgt dann unter Bezugnahme auf bestimmte DM-Beträge, wie z.B. die Grenzherstellkosten des Umsatzes[31].

Die Leistungsmengen der Bezugsgrößen der Planungsperiode für alle Kostenstellen werden im Vektor $\mathbf{b} \in V(\mathcal{L})$ abgelegt. Sie müssen aber für jede Kostenstelle einzeln bestimmt werden. Die Planbezugsgrößen für jede Fertigungshauptkostenstelle, also die Beschäftigung, $\mathbf{b}_{/\mathcal{F}}$[32], ergeben sich aus der Multiplikation des Vektors der Absatzmengen $\mathbf{x}$ mit der Matrix der Bezugsgrößeninanspruchnahme $\mathbf{I}$, wobei daran erinnert sei, daß nur von einer Bezugsgrößenart pro Fertigungskostenstelle ausgegangen wird.

$$\bigwedge_{f\in\mathcal{F}} \mathbf{b}_f = \sum_{t\in\mathcal{T}} \mathbf{x}_t \mathbf{I}_{tf}. \tag{1}$$

[30]Vgl. [Kil93, S. 312].
[31]Vgl. [Kil93, S. 315f, S. 329].
[32]Vektor $\mathbf{b}$ eingeschränkt auf $\mathcal{F}$.

Die Vektorelemente haben die Dimension Bezugsgrößeneinheiten pro Periode[33].

Die indirekten Bezugsgrößen der Materialkostenstellen und Verwaltungs- und Vertriebskostenstellen sind DM-Beträge, die für eine Periode geplant werden. Rein formal gesehen, ist bei diesen Kostenstellen also die Periode die Bezugsgröße.

Folgerichtig ergibt sich, daß

$$\bigwedge_{l \in \mathcal{R} \cup \mathcal{V}} \mathbf{b}_l = 1 \tag{2}$$

zu setzen ist. Diese Größe ist dimensionslos.

Damit ist der Vektor der Planbezugsgrößen für die primären Kostenstellen $\mathbf{b}_{/\mathcal{K}}$ wie folgt gegeben:

$$\bigwedge_{k \in \mathcal{K}} \mathbf{b}_k = \begin{cases} \mathbf{b}_f & \text{für} \quad k = f \in \mathcal{F} \\ \mathbf{b}_l & \text{für} \quad k = l \in \mathcal{R} \cup \mathcal{V} \end{cases} . \tag{3}$$

Die Planbezugsgrößen für die sekundären Kostenstellen lassen sich durch die Lösung eines linearen Gleichungssystems ermitteln. Die sekundären Kostenstellen erbringen Leistungen sowohl für die primären Kostenstellen als auch für die sekundären. Von den Leistungsanforderungen dieser Kostenstellen hängen die Planbezugsgrößen der sekundären Kostenstellen ab. Durch die Leistungsverflechtung ergibt sich ein interdependentes System.

Die Leistungsmenge einer sekundären Kostenstelle setzt sich zusammen aus dem gesamten, d.h. dem leistungsunabhängigen und dem leistungsabhängigen Verbrauch dieser Leistung durch die primären Kostenstellen und dem gesamten Verbrauch durch die sekundären Kostenstellen[34].

$$\bigwedge_{s \in \mathcal{S}} \mathbf{b}_s = \sum_{k \in \mathcal{K}} (\mathbf{F}_{sk} + \mathbf{V}_{sk}\mathbf{b}_k) + \sum_{i \in \mathcal{S}} (\mathbf{F}_{si} + \mathbf{V}_{si}\mathbf{b}_i)$$

bzw.

$$\bigwedge_{s \in \mathcal{S}} \mathbf{b}_s = \sum_{l \in \mathcal{L}} \mathbf{F}_{sl} + \sum_{k \in \mathcal{K}} \mathbf{V}_{sk}\mathbf{b}_k + \sum_{i \in \mathcal{S}} \mathbf{V}_{si}\mathbf{b}_i . \tag{4}$$

Damit ist der gesamte Vektor $\mathbf{b}$ der Planbezugsgrößen für alle Kostenstellen wie folgt gegeben:

$$\bigwedge_{l \in \mathcal{L}} \mathbf{b}_l = \begin{cases} \mathbf{b}_k & \text{für} \quad l = k \in \mathcal{K} \\ \mathbf{b}_s & \text{für} \quad l = s \in \mathcal{S} \end{cases} . \tag{5}$$

[33]Vgl. [Kil93, S. 338]. Es wird hier allerdings unterstellt, daß die Produktionsmengen in allen Kostenstellen gleich sind und genau den geplanten Absatzmengen entsprechen.

[34]Vgl. [Kil93, S. 340].

Die Vektorelemente haben die Dimensionen Bezugsgrößeneinheiten pro Periode. Die einzelnen Elemente haben damit i.d.R. unterschiedliche Dimensionen, da die Bezugsgrößen verschieden sind. Im Spezialfall —nämlich bei Kostenstellen mit indirekter Bezugsgröße, wenn also die Bezugsgrößeneinheit die Periode ist,— entsteht durch Kürzung eine dimensionslose Größe.

Da das hier entwickelte Modell sich auf eine reine Grenzplankostenrechnung bezieht, finden bei der Berechnung der Plankalkulationssätze[35] nur die proportionalen, aber nicht die fixen Kosten Berücksichtigung. Dazu sind zunächst die gesamten proportionalen Plankosten in den Kostenstellen zu ermitteln.

Im Rahmen der Kostenplanung wurden die leistungsabhängigen, proportionalen Verbrauchsmengen der Faktorgüter der Gemeinkostenarten ermittelt und stehen in diesem System als Eingangsdaten in der Matrix $\mathbf{V}$ zur Verfügung. Für jede Kostenstelle und jede Kostenart muß die leistungsabhängige Verbrauchsmenge pro Mengeneinheit der Bezugsgröße mit der Planbezugsgröße multipliziert und das Produkt mit dem Planpreis für eine Verbrauchsmengeneinheit bewertet werden. Summiert man diese Produkte über alle Kostenarten, so erhält man die proportionalen Plankosten pro Periode in einer Kostenstelle. Zu unterscheiden ist dabei zwischen den primären und den sekundären Kostenarten, denn für erstere liegen die Preise vor, für letztere müssen erst die Verrechnungssätze im Rahmen der internen Leistungsverrechnung ermittelt werden.

Die primären Kostenstellenkosten sind die durch die primären Kostenarten bestimmten Kosten in den Kostenstellen. Die Matrix der proportionalen, primären Kostenstellenkosten pro Periode wird mit $\mathbf{Q} \in M(\mathcal{P}, \mathcal{L})$ bezeichnet. $\mathbf{V}_{/\mathcal{P}\times\mathcal{L}}$ gibt den proportionalen Verbrauch von Faktorgütern der primären Kostenarten pro Bezugsgrößeneinheit für jede Kostenstelle an. $\mathbf{q}$ beinhaltet die Planpreise der primären Gemeinkostenarten. Damit berechnet sich $\mathbf{Q}$ wie folgt:

$$\bigwedge_{p\in\mathcal{P}} \bigwedge_{l\in\mathcal{L}} \mathbf{Q}_{pl} = \mathbf{q}_p \mathbf{V}_{pl} \mathbf{b}_l. \tag{6}$$

Die Matrixelemente haben die Dimension DM pro Periode.

Im nächsten Schritt sind die proportionalen Planverrechnungssätze für die sekundären Kostenstellen zu berechnen. Sie bilden die Planpreise für die Leistungen, die innerhalb des Betriebes durch die Kostenstellen erbracht werden. Sie werden bestimmt durch die primären Kostenstellenkosten und die interne Leistungsverflechtung.

[35] D.s. die Verrechnungssätze für Kostenstellen.

Sei $\mathbf{r} \in V(\mathcal{S})$ der Vektor der Verrechnungspreise der leistungsabhängigen Verbrauchsmengen in den sekundären Gemeinkostenarten bzw. sekundären Kostenstellen.

Die interne Leistungsverrechnung erfolgt über die Lösung des Gleichungssystems[36]:

$$\bigwedge_{s \in \mathcal{S}} \mathbf{b}_s \mathbf{r}_s = \sum_{p \in \mathcal{P}} \mathbf{Q}_{ps} + \sum_{i \in \mathcal{S}} \mathbf{r}_i \mathbf{V}_{is} \mathbf{b}_s$$

bzw.

$$\bigwedge_{s \in \mathcal{S}} \mathbf{r}_s = \sum_{p \in \mathcal{P}} \frac{\mathbf{Q}_{ps}}{\mathbf{b}_s} + \sum_{i \in \mathcal{S}} \mathbf{r}_i \mathbf{V}_{is}. \tag{7}$$

Die Dimension der Vektorelemente ist DM pro Mengeneinheit, wobei die Mengeneinheit sich auf die Bezugsgröße der jeweiligen Kostenstelle bezieht und somit jeweils unterschiedlich ist.

Der gesamte Preisvektor für alle Gemeinkostenarten $\mathbf{p} \in V(\mathcal{A})$ wird bestimmt durch:

$$\bigwedge_{a \in \mathcal{A}} \mathbf{p}_a = \begin{cases} \mathbf{q}_p & \text{für} \quad a = p \in \mathcal{P} \\ \mathbf{r}_s & \text{für} \quad a = s \in \mathcal{S} \end{cases}. \tag{8}$$

Nunmehr können für alle Kostenarten die gesamten, also primären und sekundären, Kostenstellenkosten bestimmt werden. Dazu muß die Matrix der proportionalen, sekundären Kostenstellenkosten pro Periode $\mathbf{R} \in M(\mathcal{S}, \mathcal{L})$ berechnet werden. Nachdem die internen Verrechnungspreise nunmehr bekannt sind, erfolgt die Berechnung analog wie bei den primären Kostenstellenkosten, also wie bei $\mathbf{Q}$.

$\mathbf{V}_{/\mathcal{S}\times\mathcal{L}}$ gibt den proportionalen Verbrauch pro Mengeneinheit der Bezugsgröße für die sekundären Kostenarten der Kostenstellen an. $\mathbf{r}$ beinhaltet die Verrechnungspreise der sekundären Gemeinkostenarten.

$$\bigwedge_{s \in \mathcal{S}} \bigwedge_{l \in \mathcal{L}} \mathbf{R}_{sl} = \mathbf{r}_s \mathbf{V}_{sl} \mathbf{b}_l. \tag{9}$$

Aus $\mathbf{Q}$ und $\mathbf{R}$ wird durch Zusammenfügung $\mathbf{P} \in M(\mathcal{A}, \mathcal{L})$ gebildet:

$$\mathbf{P}_{al} = \begin{cases} \mathbf{Q}_{pl} & \text{für} \quad a = p \in \mathcal{P} \\ \mathbf{R}_{sl} & \text{für} \quad a = s \in \mathcal{S} \end{cases}. \tag{10}$$

$\mathbf{P}$ ist somit die Matrix der proportionalen Kostenstellenkosten pro Periode. Die Matrixelemente haben die Dimension DM pro Periode.

[36] Vgl. [Kil93, S. 438].

Der Vektor der gesamten, also aufsummierten, proportionalen Kosten für jede Kostenstelle $\mathbf{k} \in V(\mathcal{L})$ berechnet sich aus

$$\bigwedge_{l\in\mathcal{L}} \mathbf{k}_l = \sum_{a\in\mathcal{A}} \mathbf{P}_{al}. \tag{11}$$

Die Vektorelemente haben die Dimension DM pro Periode.

Für die Kostenstellen, für die eine Bestimmung direkter Bezugsgrößen nicht möglich ist, wird zur Ermittlung der Plankalkulationssätze auf indirekte Bezugsgrößen zurückgegriffen. Die in 3.3.1 erläuterten Modellannahmen gehen davon aus, daß die Plankalkulationssätze der Materialkostenstellen und der Verwaltungs- und Vertriebskostenstellen mit Hilfe von indirekten Bezugsgrößen ermittelt werden. Bei den Materialkostenstellen wählt man als eine solche Hilfsbezugsgröße die Planmaterialeinzelkosten[37] und bei den Verwaltungs- und Vertriebskostenstellen die proportionalen Herstellkosten des Umsatzes[38]. Diese Hilfsgrößen ergeben sich durch die folgenden Berechnungen.

Zum einen wird der Vektor der Einzelkosten (Materialkosten, Sondereinzelkosten der Fertigung, Sondereinzelkosten des Vertriebs) $\mathbf{f} \in V(\mathcal{E})$ benötigt. Für jede Einzelkostenart wird der gesamte Periodenverbrauch ermittelt, indem die für die geplanten Absatzmengen benötigten Verbrauchsmengen der Faktorgüter in den Einzelkostenarten mit den Planpreisen bewertet werden. Die Matrix $\mathbf{B}$ enthält die Verbrauchsmengen der Faktorgüter in den Einzelkostenarten pro Mengeneinheit des jeweiligen Kostenträgers, $\mathbf{x}$ die geplanten Absatzmengen und $\mathbf{e}$ die Planpreise der Einzelkostenarten.

$$\bigwedge_{e\in\mathcal{E}} \mathbf{f}_e = \mathbf{e}_e \sum_{t\in\mathcal{T}} \mathbf{B}_{et}\mathbf{x}_t. \tag{12}$$

Die Vektorelemente haben die Dimension DM pro Periode.

Speziell den Vektor der Materialeinzelkosten $\mathbf{g} \in V(\mathcal{M})$ erhält man durch Einschränkung von $\mathbf{f}$ auf $\mathcal{M}$.

$$\bigwedge_{m\in\mathcal{M}} \mathbf{g}_m = \mathbf{f}_m. \tag{13}$$

Die Höhe der gesamten proportionalen Planherstellkosten des Umsatzes wird mit θ bezeichnet. In diese gehen die Kosten des Vertriebs nicht ein. Sie wird bestimmt aus der Summe der Einzelkosten für Material und Fertigung

[37] Vgl. [Kil93, S. 521].
[38] Vgl. [Kil93, S. 532, 542].

sowie den Gemeinkosten für die Material- und Fertigungshauptkostenstellen[39]:

$$\theta = \sum_{m \in \mathcal{M}} \mathbf{g}_m + \sum_{o \in \mathcal{O}} \mathbf{f}_o + \sum_{r \in \mathcal{R}} \mathbf{k}_r + \sum_{f \in \mathcal{F}} \mathbf{k}_f. \tag{14}$$

θ hat die Dimension DM pro Periode.

Die bisherigen Berechnungen bezwecken vor allem die Ermittlung von Plankalkulationssätzen für die Kostenstellen, das sind die proportionalen Kostensätze der Kostenstellen. Sie dienen der Weiterverrechnung der Kosten auf die Kostenträger oder andere Kostenstellen (bei sekundären Kostenstellen). Der Plankalkulationssatz gibt den Verrechnungssatz für die Inanspruchnahme einer Mengeneinheit einer kostenstellenspezifischen Bezugsgröße an.

Bei Kostenstellen mit direkten Bezugsgrößen berechnet er sich aus den Gesamtkosten (primär und sekundär) einer Kostenstelle dividiert durch die Planbezugsgröße.

Diese Berechnung ist für sekundäre Kostenstellen nicht mehr nötig. Denn bei diesen entspricht der Plankalkulationssatz dem durch die interne Leistungsverrechnung ermittelten Verrechnungspreis. Die Preise sind im Vektor $\mathbf{r}$ abgelegt. Es gilt nämlich:

$$\bigwedge_{s \in \mathcal{S}} \mathbf{r}_s = \frac{\mathbf{k}_s}{\mathbf{b}_s}.$$

Nach den Modellannahmen gibt es neben den sekundären Kostenstellen nur noch die Fertigungshauptkostenstellen mit direkten Bezugsgrößen[40].

Die Plankalkulationssätze für die Fertigungshauptkostenstellen ergeben sich aus der Division der gesamten proportionalen Kosten pro Kostenstelle, die in $\mathbf{k}_{/\mathcal{F}}$ abgelegt sind, durch die jeweilige Planbezugsgröße.

Aus den geplanten Absatzmengen und der Matrix der Bezugsgrößeninanspruchnahme wurde der Vektor der Planbezugsgrößen $\mathbf{b}_{/\mathcal{F}}$ bestimmt. Werden die gesamten proportionalen Kosten durch diesen geteilt, erhält man die Plankalkulationssätze (proportionale Kostensätze pro Mengeneinheit der Bezugsgröße) für jede Fertigungshauptkostenstelle: $\mathbf{l} \in V(\mathcal{F})$.

$$\bigwedge_{f \in \mathcal{F}} \mathbf{l}_f = \frac{\mathbf{k}_f}{\mathbf{b}_f}. \tag{15}$$

[39] Vgl. [Kil93, S. 339].

[40] Es handelt sich hier nicht um eine Einschränkung des Modells. Rein formal gesehen könnten weitere Hauptkostenstellen genauso wie die Fertigungshauptkostenstellen behandelt werden.

Die Vektorelemente haben die Dimensionen DM pro Mengeneinheit der jeweiligen Bezugsgröße.

$\mathbf{l}_f$ läßt sich auch berechnen aus:

$$\bigwedge_{f \in \mathcal{F}} \mathbf{l}_f = \sum_{a \in \mathcal{A}} \mathbf{p}_a \mathbf{V}_{af}. \tag{16}$$

Die Elemente der Matrix $\mathbf{V}$ beziehen sich nämlich bereits auf jeweils eine Mengeneinheit der Bezugsgröße.

Um Verrechnungssätze für die Kostenstellen des Materialbereichs zu bestimmen, muß man nach einem anderen Verfahren vorgehen, da realistischerweise angenommen wurde, daß die proportionalen Plankosten $\mathbf{k}_{/\mathcal{R}}$ mittels indirekter Bezugsgrößen zu verrechnen sind.

Zur Berechnung der Plan-Verrechnungssätze werden als Hilfsbezugsgröße die Planmaterial**einzel**kosten gewählt. Auf diese werden die geplanten Kosten der Materialstellen prozentual bezogen. Dabei kann eine Differenzierung nach Einzelmaterial (oder Materialgruppen) vorgenommen werden. Es wird hier angenommen, daß zu jeder Einzelmaterialart ein Materialgemeinkosten-Verrechnungssatz gebildet werden kann. Sollten die Verrechnungssätze nur für Materialgruppen zu bilden sein, so wird die formale Darstellung dadurch nicht berührt.

Die Planmaterialeinzelkosten pro Periode, also die Elemente des Vektors $\mathbf{g} = \mathbf{f}_{/\mathcal{M}}$, bilden die Hilfsbezugsgrößen für die Verrechnungssätze.

Für jede Materialkostenstelle wird auf der Basis besonderer Recherchen bestimmt, wie stark sie durch eine Materialart belastet wird. Diese Verteilung der Belastung wird anteilsmäßig ausgedrückt, also z.B. Einzelkostenart m verursacht einen Anteil von 0,3 der Kosten in Materialkostenstelle r.

Somit wird für jede Materialkostenstelle und jede Materialeinzelkostenart ein Anteil der planmäßigen Verteilung angegeben. Diese Anteile sind abgelegt in der Matrix $\mathbf{Z} \in M(\mathcal{M}, \mathcal{R})$. Es gilt

$$\bigwedge_{r \in \mathcal{R}} \sum_{m \in \mathcal{M}} \mathbf{z}_{mr} = 1.$$

Die Matrixelemente sind dimensionslos.

Daraus werden für jede Einzelmaterialart m die anteilsmäßigen Kosten in den jeweiligen Materialkostenstellen berechnet, diese über die Kostenstellen aufsummiert und durch die Plankosten der Einzelmaterialart geteilt. Das Ergebnis ist der Vektor der proportionalen Plan-Materialgemeinkosten-Verrechnungssätze in Anteilen der Einzelmaterialkosten: $\mathbf{m} \in V(\mathcal{M})$.

$$\bigwedge_{m \in \mathcal{M}} \mathbf{m}_m = \frac{\sum_{r \in \mathcal{R}} \mathbf{Z}_{mr} \mathbf{k}_r}{\mathbf{g}_m}. \tag{17}$$

Die Vektorelemente sind dimensionslos.

Zu beachten ist, daß jetzt nicht für jede Kostenstelle ein Verrechnungssatz existiert, sondern alle Kosten der Materialkostenstellen differenziert nach den Einzelmaterialkosten verrechnet werden. Für jede Materialkostenstelle $r \in \mathcal{R}$ gibt es m Verrechnungssätze, die für jedes r gleich sind.

Auch für die Kostenstellen des Verwaltungs- und Vertriebsbereichs können keine direkten Bezugsgrößen gemessen werden. Man verwendet deshalb als indirekte Bezugsgröße meist die proportionalen Herstellkosten des Umsatzes (s.o.). Dieser Weg wird auch hier beschritten. Bei den Kostenstellen des Vertriebs sollte eine Differenzierung nach Kostenträgergruppen erfolgen. Die Vorgehensweise wäre analog zu der bei der Differenzierung bei den Materialkostenstellen. Hier wird auf diese weitere Aufsplittung verzichtet, da sie formal keine weiteren Anforderungen beinhaltet.

Der Vektor der Verrechnungssätze für die Verwaltungs- und Vertriebskostenstellen $\mathbf{v} \in V(\mathcal{V})$ bestimmt sich unter diesen Bedingungen aus:

$$\bigwedge_{v \in \mathcal{V}} \mathbf{v}_v = \frac{\mathbf{k}_v}{\theta}. \tag{18}$$

Die Vektorelemente sind dimensionslos.

3.3.2.3 Die Kostenträgerstückrechnung (Kalkulation)

Die Kostenträger werden mit den Kosten belastet, die sie verursacht haben. Diese werden bezogen auf eine Mengeneinheit des Kostenträgers. Da eine reine Grenzkostenkalkulation angewandt wird, erfolgt nur eine Verrechnung der proportionalen Kosten.

Zwei Größen sind im Rahmen der Kostenträgerstückrechnung relevant: die proportionalen Herstellkosten pro Kostenträgereinheit und die proportionalen Selbstkosten pro Kostenträgereinheit.

Die proportionalen Herstellkosten pro Mengeneinheit eines Kostenträgers setzen sich zusammen aus den Materialeinzelkosten, den Materialgemeinkosten, den Kosten der Fertigung (aufgrund der Bezugsgrößeninanspruchnahme) und den Sondereinzelkosten der Fertigung, jeweils bezogen auf eine Mengeneinheit des Kostenträgers. Die Materialeinzelkosten ergeben sich für jede Einzelmaterialart aus der Multiplikaktion ihrer Faktormenge $\mathbf{B}_{mt}$

mit dem Planpreis. Auf diesen Betrag erfolgt ein prozentualer Zuschlag für die Materialgemeinkosten mit Hilfe des oben berechneten Verrechnungssatzes $\mathbf{m}_m$. Die Kosten der Fertigung sind das Produkt der Bezugsgrößeninanspruchnahme mit dem Plankalkulationssatz der jeweiligen Fertigungshauptkostenstelle. Die Sondereinzelkosten der Fertigung ergeben sich aus der Bewertung der Verbrauchsmengen der Faktorgüter dieser Einzelkostenarten.

Der Vektor der proportionalen Planherstellkosten pro Kostenträgereinheit wird mit $\mathbf{s} \in V(\mathcal{T})$ bezeichnet und berechnet sich demnach wie folgt[41]:

$$\bigwedge_{t\in\mathcal{T}} \mathbf{s}_t = \sum_{m\in\mathcal{M}} \mathbf{e}_m \mathbf{B}_{mt}(1+\mathbf{m}_m) + \sum_{f\in\mathcal{F}} \mathbf{I}_{tf}\mathbf{l}_f + \sum_{o\in\mathcal{O}} \mathbf{e}_o \mathbf{B}_{ot}. \tag{19}$$

Die Vektorelemente haben die Dimension DM pro Mengeneinheit des Kostenträgers.

Die proportionalen Planselbstkosten pro Kostenträgereinheit setzen sich zusammen aus den proportionalen Planherstellkosten, den Gemeinkosten für Verwaltung und Vertrieb, die als prozentualer Zuschlag auf die Herstellkosten berechnet werden, und den Sondereinzelkosten des Vertriebs[42].

Der Vektor der proportionalen Planselbstkosten pro Kostenträgereinheit wird mit $\mathbf{t} \in V(\mathcal{T})$ bezeichnet.

$$\bigwedge_{t\in\mathcal{T}} \mathbf{t}_t = \mathbf{s}_t(1+\sum_{v\in\mathcal{V}} \mathbf{v}_v) + \sum_{b\in\mathcal{B}} \mathbf{e}_b \mathbf{B}_{bt}. \tag{20}$$

Die Vektorelemente haben die Dimensionen DM pro Mengeneinheit des Kostenträgers.

3.3.2.4 Die kurzfristige Erfolgsrechnung

Die kurzfristige Erfolgsrechnung bezieht sich auf eine **Periode**. Es sind der geplante Gesamtdeckungsbeitrag $\delta \in \mathbb{R}$ und die gesamten geplanten Fixkosten $\chi \in \mathbb{R}$ zu berechnen. Als Differenz ergibt sich der geplante Periodenerfolg $\varepsilon \in \mathbb{R}$.

Gegeben sind die Vektoren $\mathbf{a} \in V(\mathcal{T})$, die geplanten Absatzpreise, und $\mathbf{x} \in V(\mathcal{T})$, die geplanten Absatzmengen für alle Kostenträger. $\mathbf{t}$ der Vektor der proportionalen Selbstkosten pro Kostenträgereinheit, wurde bereits ermittelt. Sei $\mathbf{d} \in V(\mathcal{T})$ der Vektor der Deckungsbeiträge pro Mengeneinheit des Kostenträgers. $\mathbf{d}$ berechnet sich aus:

$$\bigwedge_{t\in\mathcal{T}} \mathbf{d}_t = \mathbf{a}_t - \mathbf{t}_t. \tag{21}$$

---

[41] Vgl. [Kil93, S. 684].

[42] Vgl. [Kil93, S. 685], ohne Berücksichtigung von Provisionen.

Die Vektorelemente haben die Dimensionen DM pro Mengeneinheit des Kostenträgers.

Der Gesamtdeckungsbeitrag δ ergibt sich aus:

$$\delta = \sum_{t \in \mathcal{T}} \mathbf{d}_t \mathbf{x}_t. \tag{22}$$

δ hat die Dimension DM pro Periode.

Für die Bestimmung des geplanten Periodenerfolgs ε werden die gesamten Fixkosten χ benötigt. Gegeben ist $\mathbf{F}$, die Matrix der beschäftigungsunabhängigen Verbrauchsmengen in den Kostenstellen. Diese ist komponentenweise mit $\mathbf{p}$ zu multiplizieren. Damit erhält man die Matrix der Fixkosten. Die gesamten Fixkosten berechnen sich aus:

$$\chi = \sum_{l \in \mathcal{L}} \sum_{a \in \mathcal{A}} \mathbf{p}_a \mathbf{F}_{al}. \tag{23}$$

χ hat die Dimension DM pro Periode.

Der geplante Periodenerfolg ist:

$$\varepsilon = \delta - \chi \tag{24}$$

mit der Dimension DM pro Periode.

3.3.2.5 Primärkostenrechnung

Das Modell soll durch eine Primärkostenrechnung[43] ergänzt werden. Deren Ziel ist es, die Primärkosten pro Leistungseinheit einer Kostenstelle erkennbar zu machen. Dazu werden die Verrechnungssätze der sekundären Kostenstellen in ihre Primärkostenanteile zerlegt. Diese werden dann zusammen mit den primären Kostenarten auf die primären Kostenstellen verteilt. Das Ergebnis ist eine Matrix, die die durchgerechneten Primärkosten enthält. Dadurch können die Primärkosten pro Leistungseinheit berechnet werden. Es ist unmittelbar abzulesen, wie z.B. eine Preiserhöhung eines Faktorgutes auf den Kalkulationssatz einer Kostenstelle durchschlägt.

Zunächst müssen also die proportionalen Verrechnungssätze[44] der sekundären Kostenstellen in die Primärkostenbestandteile zerlegt werden. Dabei ist wiederum die innerbetriebliche Leistungsverrechnung zu berücksichtigen, woraus folgt, daß für jede primäre Kostenart ein Gleichungssystem zu lösen ist.

[43] Vgl. [Kil93, S. 5ff], [Mü80].

[44] Es wird auch hier die Grenzplankostenrechnung betrachtet.

Sei $\mathbf{D} \in M(\mathcal{P}, \mathcal{S})$ die Matrix der Primärkostenbestandteile der Verrechnungssätze der sekundären Kostenstellen. Es ist also $\mathbf{D}_{ps}$ der Teil der Primärkostenart p am Verrechnungssatz der sekundären Kostenstelle s.

Jeder Verrechnungssatz $\mathbf{r}_s$ setzt sich aus Bestandteilen an primären Kostenarten zusammen. Es gilt

$$\bigwedge_{s \in \mathcal{S}} \mathbf{r}_s = \sum_{p \in \mathcal{P}} \mathbf{D}_{ps}.$$

Zu bestimmen sind die $\mathbf{D}_{ps}$ für jede primäre Kostenart p aus dem Gleichungssystem

$$\bigwedge_{s \in \mathcal{S}} \mathbf{D}_{ps} = \mathbf{q}_p \mathbf{V}_{ps} + \sum_{i \in \mathcal{S}} \mathbf{D}_{pi} \mathbf{V}_{is}. \tag{25}$$

Die Matrixelemente haben die Dimension DM pro Mengeneinheit der jeweiligen Bezugsgröße.

Zu bestimmen ist daraus die Matrix, die die Kosten der jeweiligen primären Kostenart pro Mengeneinheit der Bezugsgröße der jeweiligen primären Kostenstelle unter Berücksichtigung der internen Leistungsverrechnung enthält. Diese Matrix $\mathbf{E} \in M(\mathcal{P}, \mathcal{K})$ berechnet sich wie folgt:

$$\bigwedge_{p \in \mathcal{P}} \bigwedge_{k \in \mathcal{K}} \mathbf{E}_{pk} = \mathbf{q}_p \mathbf{V}_{pk} + \sum_{s \in \mathcal{S}} \mathbf{D}_{ps} \mathbf{V}_{sk}. \tag{26}$$

Die Matrixelemente haben die Dimension DM pro Mengeneinheit der jeweiligen Bezugsgröße.

3.3.3 Zusammenfassende Darstellung in Matrizenschreibweise

Um deutlicher herauszuarbeiten, welche Operationen innerhalb des Matrizenkalküls vorkommen, werden im folgenden die im vorigen Abschnitt abgeleiteten Formeln in Matrizenschreibweise dargestellt. So ergibt sich außerdem eine Zusammenfassung des Algorithmus, der jeweiligen Ergebnisse und deren Bezeichnungen.

Zusätzlich werden die folgenden Bezeichnungen eingeführt:

- Sei M eine Menge. Die Abbildung $\mathbb{1}_M$ bildet einen Vektor, der jedem Element aus M die Zahl 1 zuordnet.

$$\mathbb{1}_M : M \to \{1\}, \quad \text{so daß gilt:} \quad \bigwedge_{m \in M} \mathbb{1}_M(m) := 1.$$

- Seien $\mathcal{X}$, $\mathcal{Y}$, $\mathcal{Z}$ Indexmengen, wobei $\{\mathcal{X}, \mathcal{Y}\}$ eine Zerlegung von $\mathcal{Z}$ sei, $\mathbf{x} \in V(\mathcal{X})$ und $\mathbf{y} \in V(\mathcal{Y})$. Dann ist die Zusammenfügung zweier Vektoren wie folgt definiert:

$$\bigwedge_{z \in \mathcal{Z}} \mathbf{z} := \begin{cases} \mathbf{x}_x & \text{für} \quad x \in \mathcal{X} \\ \mathbf{y}_y & \text{für} \quad y \in \mathcal{Y} \end{cases}.$$

Für diese Art des Zusammenfügens zweier Vektoren wird das Zeichen $\bowtie$ eingeführt, in der Form:

$$\mathbf{z} = \mathbf{x} \bowtie \mathbf{y}.$$

In analoger Weise wird die Zusammenfügung zweier Matrizen definiert und der gleiche Operator verwendet.

- Seien $\mathbf{x} \in V(\mathcal{Z})$ und $\mathbf{y} \in V(\mathcal{Z})$. Die „Division" der beiden Vektoren $\mathbf{x}/\mathbf{y}$ sei definiert durch

$$\bigwedge_{z \in \mathcal{Z}} (\mathbf{x}/\mathbf{y})_z := \mathbf{x}_z/\mathbf{y}_z.$$

  Dabei wird vorausgesetzt, daß

$$\bigwedge_{z \in \mathcal{Z}} \mathbf{y}_z \neq 0.$$

- Seien $\mathbf{z} \in V(\mathcal{Z})$ und $\mathbf{A} \in M(\mathcal{Y}, \mathcal{Z})$. Dann sei

$$\mathbf{A}/\mathbf{z} := \mathbf{A} \cdot (\mathbb{I}_{\mathcal{Z}}/\mathbf{z}).$$

  Dabei wird vorausgesetzt, daß

$$\bigwedge_{z \in \mathcal{Z}} \mathbf{z}_z \neq 0.$$

- Sei $\mathbf{x} \in V(\mathcal{X})$. Die aus $\mathbf{x}$ gebildete Diagonalmatrix werde mit $\Delta\mathbf{x}$ bezeichnet:

$$\Delta\mathbf{x} = \begin{pmatrix} \mathbf{x}_1 & \cdots & 0 & \cdots & 0 \\ 0 & \ddots & & & \vdots \\ \vdots & & \mathbf{x}_x & & \\ \vdots & \cdots & \cdots & \ddots & \\ 0 & \cdots & & & \end{pmatrix}.$$

In derselben Reihenfolge wie im letzten Abschnitt werden nun die Formeln aufgeführt. Die Formelnummer entspricht der jeweiligen Nummer im letzten Abschnitt. Zum besseren Verständnis werden die Bedeutungen der Vektoren und Matrizen nochmals angegeben. Vektoren gelten üblicherweise als Spaltenvektoren. Im Rahmen der Matrizenrechnung erweist es sich z.T. als notwendig, die Vektoren zu transponieren $(\mathbf{x} \rightarrow \mathbf{x}^T)$.

- Vektor der Planbezugsgrößen, eingeschränkt auf die Fertigungshauptkostenstellen: $\mathbf{b}_{/\mathcal{F}}$

$$\mathbf{b}_{/\mathcal{F}} = \left[\mathbf{x}^T \mathbf{I}\right]^T. \quad (1)$$

Dimensionen: Bezugsgrößeneinheiten pro Periode.

Bezeichnungen:

$\mathbf{I} \in M(\mathcal{T}, \mathcal{F})$	Matrix der Bezugsgrößeninanspruchnahme der Fertigungshauptkostenstellen
$\mathbf{x} \in V(\mathcal{T})$	Vektor der geplanten Absatzmengen der Kostenträger

- Vektor der Planbezugsgrößen, eingeschränkt auf die Material- sowie die Verwaltungs- und Vertriebskostenstellen: $\mathbf{b}_{/\mathcal{R}\cup\mathcal{V}}$

$$\mathbf{b}_{/\mathcal{R}\cup\mathcal{V}} = \mathbb{1}_{\mathcal{R}\cup\mathcal{V}}. \tag{2}$$

Dimension: keine, da die Bezugsgrößeneinheit die Periode ist.

- Vektor der Planbezugsgrößen, eingeschränkt auf die primären Kostenstellen: $\mathbf{b}_{/\mathcal{K}}$

$$\mathbf{b}_{/\mathcal{K}} = \mathbf{b}_{/\mathcal{F}} \bowtie \mathbf{b}_{/\mathcal{R}\cup\mathcal{V}}. \tag{3}$$

- Vektor der Planbezugsgrößen, eingeschränkt auf die sekundären Kostenstellen: $\mathbf{b}_{/\mathcal{S}}$.
  Der Vektor ist zu bestimmen durch Lösung des Systems:

$$\mathbf{b}_{/\mathcal{S}} = \mathbf{F}_{/\mathcal{S}\times\mathcal{L}}\mathbb{1}_{\mathcal{L}} + \mathbf{V}_{/\mathcal{S}\times\mathcal{K}}\mathbf{b}_{/\mathcal{K}} + \mathbf{V}_{/\mathcal{S}\times\mathcal{S}}\mathbf{b}_{/\mathcal{S}}. \tag{4}$$

Dimension: Bezugsgrößeneinheiten pro Periode.

Bezeichnungen:

$\mathbf{F}_{/\mathcal{S}\times\mathcal{L}}$	Matrix der beschäftigungsunabhängigen Verbrauchsmengen an Faktorgütern sekundärer Kostenarten in den Kostenstellen
$\mathbf{V}_{/\mathcal{S}\times\mathcal{K}}$	Matrix des proportionalen Verbrauchs für Faktorgüter der sekundären Kostenarten pro Planbezugsgröße für alle primären Kostenstellen
$\mathbf{V}_{/\mathcal{S}\times\mathcal{S}}$	Matrix des proportionalen Verbrauchs für Faktorgüter der sekundären Kostenarten pro Planbezugsgröße für alle sekundären Kostenstellen

- Vektor der Planbezugsgrößen für alle Kostenstellen: $\mathbf{b} \in V(\mathcal{L})$

$$\mathbf{b} = \mathbf{b}_{/\mathcal{K}} \bowtie \mathbf{b}_{/\mathcal{S}}. \tag{5}$$

- Matrix der proportionalen, primären Kostenstellenkosten pro Periode: $\mathbf{Q} \in M(\mathcal{P}, \mathcal{L})$

$$\mathbf{Q} = \Delta\mathbf{q}\mathbf{V}_{/\mathcal{P}\times\mathcal{L}}\Delta\mathbf{b}. \tag{6}$$

Dimension: DM pro Periode.
Bezeichnungen:

$\mathbf{V}_{/\mathcal{P}\times\mathcal{L}}$	Matrix des proportionalen Verbrauchs für Faktorgüter der primären Kostenarten pro Planbezugsgröße für alle Kostenstellen
$\mathbf{q} \in V(\mathcal{P})$	Vektor der Planpreise der primären Gemeinkostenarten
$\mathbf{b} \in V(\mathcal{L})$	Vektor der Planbezugsgrößen der Kostenstellen

- Vektor der internen Verrechnungspreise: $\mathbf{r} \in V(\mathcal{S})$.
  Der Vektor ist zu bestimmen durch Lösung des Systems:

$$\mathbf{r} = \left[\mathbf{Q}_{/\mathcal{P}\times\mathcal{S}}/\mathbf{b}_{/\mathcal{S}}\right]^T + \mathbf{V}^T_{/\mathcal{S}\times\mathcal{S}}\mathbf{r}. \tag{7}$$

Dimension: DM pro Mengeneinheit der jeweiligen Bezugsgröße.

- Vektor der Preise für alle Gemeinkostenarten: $\mathbf{p} \in V(\mathcal{A})$

$$\mathbf{p} = \mathbf{q} \bowtie \mathbf{r}. \tag{8}$$

Dimension: DM pro Mengeneinheit des Faktorgutes der jeweiligen Kostenart.

- Matrix der proportionalen, sekundären Kostenstellenkosten pro Periode:
  $\mathbf{R} \in M(\mathcal{S}, \mathcal{L})$

$$\mathbf{R} = \Delta\mathbf{r}\mathbf{V}_{/\mathcal{S}\times\mathcal{L}}\Delta\mathbf{b}. \tag{9}$$

Dimension: DM pro Periode.
Bezeichnungen:

$\mathbf{V}_{/\mathcal{S}\times\mathcal{L}}$	Matrix des proportionalen Verbrauchs für Faktorgüter der sekundären Kostenarten pro Planbezugsgröße für alle Kostenstellen
$\mathbf{r} \in V(\mathcal{S})$	Vektor der Planpreise der sekundären Gemeinkostenarten
$\mathbf{b} \in V(\mathcal{L})$	Vektor der Planbezugsgrößen der Kostenstellen

- Matrix der proportionalen Kostenstellenkosten pro Periode:
  $\mathbf{P} \in M(\mathcal{A}, \mathcal{L})$

$$\mathbf{P} = \mathbf{Q} \bowtie \mathbf{R}. \tag{10}$$

Dimension: DM pro Mengeneinheit des Faktorgutes der jeweiligen Kostenart.

- Vektor der gesamten, proportionalen Kosten für jede Kostenstelle: $\mathbf{k} \in V(\mathcal{L})$

$$\mathbf{k} = \left[\mathbb{1}^T_{\mathcal{A}}\mathbf{P}\right]^T. \tag{11}$$

Dimension: DM pro Periode.
Bezeichnungen:

$\mathbf{P} \in M(\mathcal{A}, \mathcal{L})$	Matrix der proportionalen Kostenstellenkosten pro Periode

- Vektor des Einzelkosten für jede Einzelkostenart: $\mathbf{f} \in V(\mathcal{E})$

$$\mathbf{f} = \Delta\mathbf{e}\mathbf{B}\mathbf{x}. \tag{12}$$

Dimension: DM pro Periode.
Bezeichnungen:

$\mathbf{e} \in V(\mathcal{E})$	Vektor der Planpreise der Einzelkostenarten
$\mathbf{B} \in M(\mathcal{E}, \mathcal{T})$	Matrix der Verbrauchsmengen der Faktorgüter in den Einzelkostenarten pro Mengeneinheit des jeweiligen Kostenträgers
$\mathbf{x} \in V(\mathcal{T})$	Vektor der Absatzmengen der Kostenträger

- Vektor der Einzelkosten für jede Materialeinzelkostenart: $\mathbf{g} \in V(\mathcal{M})$

$$\mathbf{g} = \mathbf{f}_{/\mathcal{M}}. \tag{13}$$

Dimension: DM pro Periode.

- Skalar der gesamten proportionalen Herstellkosten des Umsatzes: $\theta \in \mathbb{R} \times \mathbb{D}$

$$\theta = \mathbb{1}^T_{\mathcal{M}\cup\mathcal{O}}\mathbf{f}_{/\mathcal{M}\cup\mathcal{O}} + \mathbb{1}_{\mathcal{R}\cup\mathcal{F}}\mathbf{k}_{/\mathcal{R}\cup\mathcal{F}}. \tag{14}$$

Dimension: DM pro Periode.
Bezeichnungen:

$\mathbf{g} \in V(\mathcal{M})$	Vektor der Materialeinzelkosten
$\mathbf{f}_{/\mathcal{O}} \in V(\mathcal{O})$	Vektor der Sondereinzelkosten der Fertigung
$\mathbf{k}_{/\mathcal{R}} \in V(\mathcal{R})$	Vektor der Kostenstellenkosten der Materialkostenstellen
$\mathbf{k}_{/\mathcal{F}} \in V(\mathcal{F})$	Vektor der Kostenstellenkosten der Fertigungshauptkostenstellen

- Vektor der Plankalkulationssätze für jede Fertigungshauptkostenstelle: $\mathbf{l} \in V(\mathcal{F})$

$$\mathbf{l} = \left[\Delta\mathbf{b}_{/\mathcal{F}}\right]^{-1}\mathbf{k}_{/\mathcal{F}} = \mathbf{k}_{/\mathcal{F}}/\mathbf{b}_{/\mathcal{F}}. \tag{15}$$

Dimension: DM pro Mengeneinheit der jeweiligen Bezugsgröße.
Bezeichnungen:

$\mathbf{k}_{/\mathcal{F}}$	Vektor der gesamten, proportionalen Kosten für jede Fertigungshauptkostenstelle
$\mathbf{b}_{/\mathcal{F}}$	Vektor der Leistungsmenge der Bezugsgrößen in den Fertigungshauptkostenstellen

oder:

$$\mathbf{l} = \left[\mathbf{p}^T \mathbf{V}_{/\mathcal{A}\times\mathcal{F}}\right]^T. \tag{16}$$

Dimension: DM pro Mengeneinheit der jeweiligen Bezugsgröße.
Bezeichnungen:

$\mathbf{p} \in V(\mathcal{A})$	Vektor der Preise der Faktorgüter in allen Gemeinkostenarten
$\mathbf{V}_{/\mathcal{A}\times\mathcal{F}}$	Matrix der leistungsabhängigen Verbrauchsmengen der Faktorgüter der Gemeinkostenarten in den Fertigungshauptkostenstellen

- Vektor der proportionalen Plan-Materialgemeinkosten-Verrechnungssätze in Anteilen der Einzelmaterialkosten: $\mathbf{m} \in V(\mathcal{M})$.

$$\mathbf{m} = [\Delta \mathbf{g}]^{-1} \mathbf{Z}\mathbf{k}_{/\mathcal{R}}. \tag{17}$$

Dimension: keine.
Bezeichnungen:

$\mathbf{g} \in V(\mathcal{M})$	Vektor der Einzelkosten für jede Materialeinzelkostenart
$\mathbf{Z} \in M(\mathcal{M}, \mathcal{R})$	Matrix der prozentualen Belastung der Materialkostenstellen durch die Materialeinzelkostenarten
$\mathbf{k} \in V(\mathcal{L})$	Vektor der gesamten, proportionalen Kosten für jede Materialkostenstelle

- Vektor der Verrechnungssätze für die Verwaltungs- und Vertriebskostenstellen: $\mathbf{v} \in V(\mathcal{V})$

$$\mathbf{v} = \frac{\mathbf{k}_{/\mathcal{V}}}{\theta}. \tag{18}$$

Dimension: keine.
Bezeichnung:

$\mathbf{k}_{/\mathcal{V}}$	Vektor der Kostenstellenkosten der Vertriebskostenstellen

- Vektor der proportionalen Herstellkosten pro Kostenträgereinheit: $\mathbf{s} \in V(\mathcal{T})$

$$\mathbf{s} = \left[(\mathbb{I}_{\mathcal{M}} + \mathbf{m})^T \Delta \mathbf{e}_{/\mathcal{M}} \mathbf{B}_{/\mathcal{M}\times\mathcal{T}}\right]^T + \mathbf{I} \cdot \mathbf{l} + \mathbf{e}_{/\mathcal{O}}^T \mathbf{B}_{/\mathcal{O}\times\mathcal{T}}. \tag{19}$$

Dimension: DM pro Mengeneinheit des Kostenträgers.

Bezeichnungen:

$\mathbf{e}_{/\mathcal{M}}$	Vektor der Planpreise der Faktorgüter der Materialeinzelkostenarten
$\mathbf{B}_{/\mathcal{M}\times\mathcal{T}}$	Matrix der Verbrauchsmengen der Faktorgüter der Materialeinzelkostenarten für die jeweilige Mengeneinheit eines Kostenträgers
$\mathbf{I} \in M(\mathcal{T},\mathcal{F})$	Matrix der Bezugsgrößeninanspruchnahme der Fertigungshauptkostenstellen durch eine Mengeneinheit des Kostenträgers
$\mathbf{l} \in V(\mathcal{F})$	Vektor der Plankalkulationssätze für jede Fertigungshauptkostenstelle
$\mathbf{e}_{/\mathcal{O}}$	Vektor der Planpreise der Faktorgüter der Sondereinzelkostenarten der Fertigung
$\mathbf{B}_{/\mathcal{O}\times\mathcal{T}}$	Matrix der Verbrauchsmengen der Faktorgüter der Sondereinzelkostenarten der Fertigung für die jeweilige Mengeneinheit eines Kostenträgers

- Der Vektor der proportionalen Selbstkosten pro Mengeneinheit der Kostenträger: $\mathbf{t} \in V(\mathcal{T})$

$$\mathbf{t} = \mathbf{s}(1 + \mathbb{1}_{\mathcal{V}}^T\mathbf{v}) + \mathbf{e}_{/\mathcal{B}}^T\mathbf{B}_{/\mathcal{B}\times\mathcal{T}}. \tag{20}$$

Dimension: DM pro Mengeneinheit des Kostenträgers.
Bezeichnungen:

$\mathbf{v} \in V(\mathcal{V})$	Vektor der Verrechnungssätze für die Verwaltungs- und Vertriebskostenstellen
$\mathbf{s} \in V(\mathcal{T})$	Vektor der proportionalen Herstellkosten pro Kostenträgereinheit
$\mathbf{e}_{/\mathcal{B}}$	Vektor der Planpreise der Faktorgüter der Sondereinzelkostenarten des Vertriebs
$\mathbf{B}_{/\mathcal{B}\times\mathcal{T}}$	Matrix der Verbrauchsmengen der Faktorgüter der Sondereinzelkostenarten des Vertriebs für die jeweilige Mengeneinheit eines Kostenträgers

- Vektor der Deckungsbeiträge pro Mengeneinheit des Kostenträgers: $\mathbf{d} \in V(\mathcal{T})$

$$\mathbf{d} = \mathbf{a} - \mathbf{t}. \tag{21}$$

Dimension: DM pro Mengeneinheit des Kostenträgers.
Bezeichnungen:

$\mathbf{a} \in V(\mathcal{T})$	Vektor der geplanten Absatzpreise der Kostenträger
$\mathbf{t} \in V(\mathcal{T})$	Vektor der proportionalen Selbstkosten pro Mengeneinheit der Kostenträger

- Skalar des Gesamtdeckungsbeitrags: $\delta \in \mathbb{R} \times \mathbb{D}$

$$\delta = \mathbf{d}^T\mathbf{x}. \tag{22}$$

Dimension: DM pro Periode.
Bezeichnungen:

$\mathbf{x} \in V(\mathcal{T})$	Vektor der geplanten Absatzmengen der Kostenträger
$\mathbf{d} \in V(\mathcal{T})$	Vektor der Deckungsbeiträge pro Mengeneinheit des Kostenträgers.

- Skalar der gesamten Fixkosten: χ

$$\chi = \mathbf{p}^T \mathbf{F} \mathbb{1}_{\mathcal{L}}. \tag{23}$$

Dimension: DM pro Periode.
Bezeichnungen:

$\mathbf{F} \in M(\mathcal{A}, \mathcal{L})$	Matrix der beschäftigungsunabhängigen Verbrauchsmengen in den Kostenstellen
$\mathbf{p} \in V(\mathcal{A})$	Vektor der Preise für die Faktorgüter der Gemeinkostenarten

- Skalar des geplante Periodenerfolgs: ε

$$\varepsilon = \delta - \chi. \tag{24}$$

Dimension: DM pro Periode.

- Matrix der Primärkostenbestandteile der Verrechnungssätze der sekundären Kostenstellen: $\mathbf{D} \in M(\mathcal{P}, \mathcal{S})$

Die Matrix ist zeilenweise, d.h. für jede primäre Kostenart p, zu bestimmen durch Lösung der Systeme:

$$\bigwedge_{p \in \mathcal{P}} \mathbf{D}_{p\bullet} = \mathbf{q}_p \mathbf{V}_{p\bullet} + \left[\mathbf{D}_{p\bullet}^T \mathbf{V}_{/\mathcal{S}\times\mathcal{S}}\right]^T. \tag{25}$$

wobei $\mathbf{D}_{p\bullet} \in V(\mathcal{S})$ denjenigen Spaltenvektor bezeichnet, der der p-ten Zeile aus $\mathbf{D}$ entspricht und $\mathbf{V}_{p\bullet} \in V(\mathcal{S})$ denjenigen, der der p-ten Zeile aus $\mathbf{V}_{/\mathcal{P}\times\mathcal{S}}$ entspricht.

Dimension: DM pro Mengeneinheit der jeweiligen Bezugsgröße.
Bezeichnungen:

$\mathbf{q}_p \in \mathbf{q}$	Preis des Faktorgutes der primären Kostenart p
$\mathbf{V}_{/\mathcal{P}\times\mathcal{L}}$	Matrix des proportionalen Verbrauchs für Faktorgüter der primären Kostenarten pro Planbezugsgröße für die sekundären Kostenstellen

- Matrix der Kosten der jeweiligen primären Kostenart pro Mengeneinheit der Bezugsgröße der jeweiligen primären Kostenstelle unter Berücksichtigung der internen Leistungsverrechnung $\mathbf{E} \in M(\mathcal{P}, \mathcal{K})$

$$\mathbf{E} = \Delta \mathbf{q} \mathbf{V}_{/\mathcal{P}\times\mathcal{K}} + \mathbf{D} \mathbf{V}_{/\mathcal{S}\times\mathcal{K}}. \tag{26}$$

Dimension: DM pro Mengeneinheit der jeweiligen Bezugsgröße.
Bezeichnungen:

$q \in V(\mathcal{P})$	Vektor der Preise der Faktorgüter der primären Kostenarten
$\mathbf{V}_{/\mathcal{P}\times\mathcal{K}}$	Matrix des proportionalen Verbrauchs für Faktorgüter der primären Kostenarten pro Planbezugsgröße für die primären Kostenstellen
$\mathbf{V}_{/\mathcal{P}\times\mathcal{S}}$	Matrix des proportionalen Verbrauchs für Faktorgüter der primären Kostenarten pro Planbezugsgröße für die sekundären Kostenstellen
$\mathbf{D} \in M(\mathcal{P}, \mathcal{S})$	Matrix der Primärkostenbestandteile der Verrechnungssätze der sekundären Kostenstellen.

Abschließend wird noch eine Kurzschreibweise für die Verdichtung eingeführt. Wie o.a. wird die Art der Verdichtung durch die aggregierte Indexmenge ${}^a\mathcal{X}$ und die Verdichtungsfunktion d eindeutig bestimmt. Die Berechnung eines Vektors mit den aggregierten Daten ${}^a\mathbf{x} \in V({}^a\mathcal{X})$ aus einem gegebenen Vektor $\mathbf{x} \in V(\mathcal{X})$ wird wie folgt bezeichnet:

$$ {}^a\mathbf{x} = d \oplus \mathbf{x}. \tag{27} $$

3.4 Größen und ihre Arithmetik

Wie ausgeführt operiert der Kalkül der Kostenrechnung mit *Größen*, also dimensionsbehafteten Maßzahlen. Mit den Symbolen von Einheiten wird in den Naturwissenschaften, der Technik und den Wirtschaftswissenschaften genauso gerechnet wie mit Zahlen. Zur sachgerechten Implementierung bedarf es eines algebraischen Systems[45] für die Darstellung und Arithmetik von Größen. Als algebraisches System für die Größenrechnung wird die von der Menge der Einheiten erzeugte freie Gruppe verwandt.

Sei E die Menge der verwendeten Einheiten. Eine Einheit wird durch ein Symbol repräsentiert, also ist z.B. $E = \{\texttt{Std}, \texttt{kg}, \texttt{DM}\}$. Zu jedem Symbol $e \in E$ werden die Symbole e^1 und e^{-1} gebildet, wobei $e^1 = e$. Damit wird die Inverse (der Kehrwert) einer Einheit eingeführt. Mit diesen wird die erweiterte Menge der Einheiten $E^{\pm}$ gebildet:

$$ E^{\pm} := \{e^1 / e \in E\} \cup \{e^{-1} / e \in E\}. $$

Eine Dimension d über E ist eine Verkettung (Verknüpfung, Kombination, Aneinanderreihung) von Elementen aus $E^{\pm}$:

$$ d = b_1 b_2 \ldots b_n \quad \text{mit} \quad b_\nu \in E^{\pm}. $$

[45] Vgl. [Lan45] und [Knu73, S. 504].

mit der Eigenschaft, daß kein Paar e^1e^{-1} oder $e^{-1}e^1$ enthalten ist, denn diese müssen sich „herauskürzen“. Das Aneinandereihen von Elementen ist assoziativ. Die leere Folge entspricht der leeren Dimension, die mit ϵ bezeichnet wird.

Die Menge $\mathbb{D}$ aller Dimensionen über E bildet mit der Verkettung eine Gruppe[46]. Die Einheit der Gruppe ist die leere Dimension ϵ. Also gilt

$$\bigwedge_{d \in \mathbb{D}} d\epsilon = \epsilon d = d.$$

Ist $d = e_1^{\xi_1} e_2^{\xi_2} \dots e_n^{\xi_n}$ eine Dimension, $e_\nu \in E$, $\xi_\nu \in \{1, -1\}$, so ist die inverse Dimension gegeben durch

$$d^{-1} = e_n^{\bar{\xi}_n} \dots e_2^{\bar{\xi}_2} \dots e_1^{\bar{\xi}_1} \quad \text{mit} \quad \bar{\xi}_\nu = \begin{cases} -1 & \text{falls} \quad \xi_\nu = 1 \\ 1 & \text{falls} \quad \xi_\nu = -1 \end{cases}.$$

Zur einfacheren Darstellung wird definiert: $d^k := \underbrace{ddd \dots d}_{\text{k-mal}}$.

Da $\mathbb{D}$ eine Gruppe ist, steht für die Behandlung der Größen das zugehörige algebraische System, im folgenden *Größenkalkül*[47] genannt, zur Verfügung.

Es folgen die Größenarithmetik und ihre Notation.

Eine Größe $g \in \mathbb{R} \times \mathbb{D}$ wird statt mit $(m, d) \in \mathbb{R} \times \mathbb{D}$ kurz mit $g = m[d]$ bezeichnet. m bezeichnet die Maßzahl. (m, ϵ) wird mit m identifiziert, d.h. $\mathbb{R}$ wird in $\mathbb{R} \times \mathbb{D}$ eingebettet, es wird also die kanonische Injektion $\mathbb{R} \to \mathbb{R} \times \mathbb{D} : m \mapsto (m, \epsilon)$ gebildet.

Die Multiplikation und die Division werden definiert durch:

$$m_1[d_1] \cdot m_2[d_2] := m_1 m_2[d_1 d_2];$$
$$\frac{m_1[d_1]}{m_2[d_2]} := \frac{m_1}{m_2}[\frac{d_1}{d_2}].$$

Dabei ist $\frac{d_1}{d_2} := d_1 d_2^{-1}$ und d^{-1} die Inverse von d in der Gruppe $\mathbb{D}$.

Die Operatoren „+“ und „−“ sind nur für Größen mit gleicher Dimension definiert:

$$m_1[d] \pm m_2[d] := m_1 \pm m_2[d].$$

$m_1[d_1] \pm m_2[d_2]$ ist für $d_1 \neq d_2$ nicht definiert und damit nicht zulässig.

Ist $d = \epsilon$, so ist aufgrund der Einbettung $g = m[d] = m$. Die Größe ist dimensionslos.

[46] Vgl. [Hal59, S. 91ff].
[47] Vgl. auch [Lan45, Kapitel 4].

3.5 Die Verdichtung

Im Rahmen der Durchführung der Kostenrechnung und vor allem bei der Darstellung und Auswertung der Ergebnisse ist es vielfach sinnvoll, Daten in verdichteter Form auszuweisen. Unter *Verdichtung* wird hier verstanden, daß Größen aufsummiert und deren Summe unter einem übergeordneten Begriff ausgewiesen wird[48].

Beispielsweise dienen Kostenstellenpläne nicht nur der Ermittlung der gesamten Plankosten und der Kalkulationssätze in den Kostenstellen, sondern sind auch Teil des Auswertungs- und Darstellungssystems einer Kostenrechnung. Für jede Kostenstelle wird der Kostenstellenplan in einer Übersicht detailliert dargestellt[49]. Diese Übersicht kann beispielsweise so aufgebaut sein, daß sie neben der genauen Bezeichnung und weiteren Daten zur Kostenstelle in tabellarischer Form für jede Kostenart die Kostenartennummer, die Bezeichnung, die Dimension des Faktorgutes, die Verbrauchsmenge, den Preis und die gesamten, proportionalen und fixen Kosten enthält. Es folgen die jeweiligen Summen und die Plankalkulationssätze. I.d.R. enthalten diese Tabellen auch Zwischensummen, z.B. die Summe der proportionalen Personalkosten. Diese werden durch Summierung der Kosten über bestimmte Kostenarten ermittelt. Wird vorausgesetzt, daß die Form der Verdichtung, d.h. die Festlegung, über welche Kostenarten summiert wird, für alle Kostenstellen gleich ist, so können die Zwischensummen für alle Kostenstellen durch Addition bestimmter Zeilen der Matrix $\mathbf{P}$ berechnet werden. Eine Verdichtung ist dann eine Abbildung der Matrix $\mathbf{P}$ in die Matrix der verdichteten Daten. Ist die Art der Bildung von Zwischensummen bei einzelnen Kostenstellen anders vorzunehmen, so wird aus der Matrix $\mathbf{P}$ die entsprechende Spalte in einen Vektor überführt und die Verdichtung über die gewünschten Vektorelemente vorgenommen.

Bei allen Vektoren und Matrizen des Systems müssen eine freie Festlegung und Durchführung der Verdichtung möglich sein. Die Operation „Verdichtung" wird bestimmt zum einen über die Festlegung, über welche Elemente der Indexmenge zu aggregieren ist, und zum anderen durch den Vektor oder die Matrix, auf die die Verdichtung anzuwenden ist. Der Vorgang der Verdichtung wird im folgenden verallgemeinert und algorithmisch beschrieben.

Sei $\mathcal{X}$ eine Indexmenge und $Z_{\mathcal{X}}$ eine Zerlegung von $\mathcal{X}$. Diese Zerlegung enthält als Elemente die Teilmengen von $\mathcal{X}$, in denen die Indizes aus $\mathcal{X}$ zusammengefaßt (aggregiert) werden, deren Größen aufsummiert werden sollen. Für diejenigen Elemente aus $\mathcal{X}$, deren Größen nicht zu addieren sind, werden bei der Festlegung der Zerlegung einelementige Teilmengen gebildet.

---

[48] Vgl. [MG93b, S. 43ff].
[49] Vgl. z.B.[Kil93, S. 437ff].

Die Zerlegung kann wieder als neue Indexmenge aufgefaßt werden. Ihre Indizes sind selbst wieder Indexmengen, die die zu aggregierenden Indizes enthalten. Die Zerlegung wird wegen dieser Eigenschaft und ihrer Funktion *aggregierte Indexmenge* genannt und mit ${}^a\mathcal{X}$ bezeichnet. Natürlich kann es zu einer Indexmenge so viele aggregierte Indexmengen geben, wie es Zerlegungen zu $\mathcal{X}$ gibt. I.d.R. werden nur bestimmte von Interesse sein. Wichtig ist aber, daß die Definition der Aggregation alle Möglichkeiten zuläßt.

Mit der Menge ${}^a\mathcal{X}$ wird bestimmt, für welche Indizes die Größen verdichtet werden. Nunmehr muß der Vorgang der Verdichtung selbst noch definiert werden. Dieser muß sich nicht unbedingt auf die Summation beziehen. Im konkreten Fall könnte man z.B. auch an einer Mittelwertbildung interessiert sein. Auch hier muß Flexibilität gegeben sein. Dazu wird die folgende Abbildung eingeführt.

Sei $\mathcal{X}$ eine Indexmenge, $\mathbf{v} \in V(\mathcal{X})$ ein Vektor, ${}^a\mathcal{X}$ eine aggregierte Indexmenge von $\mathcal{X}$. Die Abbildung $d_\mathbf{v} : {}^a\mathcal{X} \to \mathbb{R} \times \mathbb{D}$, im folgenden die *Verdichtungsfunktion* genannt, ordnet einer Teilmenge von $\mathcal{X}$ eine Größe zu, die sich durch Summation (oder eine andere Operation) derjenigen Vektorelemente ergibt, deren Indizes in der Teilmenge enthalten sind:

$$\bigwedge_{z \in {}^a\mathcal{X}} z \mapsto d_\mathbf{v}(z) = \bigodot_{\{x/x \in z\}} \mathbf{v}_x.$$

Dabei steht $\odot$ für die Summe oder eine andere Operation. Der Vektor ${}^a\mathbf{v} \in V({}^a\mathcal{X})$ mit den bezüglich ${}^a\mathcal{X}$ und $d_\mathbf{v}$ aggregierten Größen ist durch die Verdichtungsfunktion unmittelbar gegeben:

$$\bigwedge_{z \in {}^a\mathcal{X}} {}^a\mathbf{v}_z = d_\mathbf{v}(z).$$

Entsprechend kann die Verdichtung bei Matrizen definiert werden. Dabei kann sie sich sowohl auf die Zeilenindexmenge als auch auf die Spaltenindexmenge beziehen. Sei $\mathbf{M} \in M(\mathcal{X}, \mathcal{Y})$, ${}^a\mathcal{X}$ eine aggregierte Indexmenge von $\mathcal{X}$und ${}^a\mathcal{Y}$ eine aggregierte Indexmenge von $\mathcal{Y}$. Die Abbildung $d_\mathbf{M} : {}^a\mathcal{X} \times {}^a\mathcal{Y} \to \mathbb{R} \times \mathbb{D}$ kann dann wie folgt definiert werden:

$$\bigwedge_{\xi \in {}^a\mathcal{X}} \bigwedge_{\eta \in {}^a\mathcal{Y}} (\xi, \eta) \mapsto \sum_{\{x/x \in \xi\}} \sum_{\{y/y \in \eta\}} \mathbf{M}_{xy}.$$

Eine neue Matrix ${}^a\mathbf{M} \in M({}^a\mathcal{X}, {}^a\mathcal{Y})$ mit den verdichteten Daten ergibt sich unmittelbar aus:

$$\bigwedge_{\xi \in {}^a\mathcal{X}} \bigwedge_{\eta \in {}^a\mathcal{Y}} {}^a\mathbf{M}_{\xi\eta} = d_\mathbf{M}(\xi, \eta).$$

Zur Verdeutlichung der Verdichtung wird im folgenden ein Beispiel gebildet. Sei $\mathcal{X} = \{\alpha, \beta, \gamma, \delta\}$ eine Indexmenge. Die Daten für die Indizes β und δ sollen summiert werden. Es wird definiert ${}^a\mathcal{X} := \{\{\alpha\}, \{\beta, \delta\}, \{\gamma\}\}$.

Sei $\mathbf{v}$ ein auf $\mathcal{X}$ definierter Vektor. Es wird als Verdichtungsfunktion die Summation gewählt. Der Vektor mit den aggregierten Daten ${}^a\mathbf{v} \in V({}^a\mathcal{X})$ ist demnach wie folgt zu berechnen:

$$\begin{aligned} {}^a\mathbf{v}_{\{\alpha\}} &= g_\mathbf{v}(\{\alpha\}) = && \mathbf{v}_\alpha \\ {}^a\mathbf{v}_{\{\beta,\delta\}} &= g_\mathbf{v}(\{\beta,\delta\}) = && \mathbf{v}_\beta + \mathbf{v}_\delta \\ {}^a\mathbf{v}_{\{\gamma\}} &= g_\mathbf{v}(\{\gamma\}) = && \mathbf{v}_\gamma. \end{aligned}$$

Sind mehrere Verdichtungsstufen zu bilden, so ist formal nach der gleichen Art und Weise zu verfahren. Es wird für die aggregierte Indexmenge eine Zerlegung (eine aggregierte Indexmenge höherer Stufe) und dazu eine Verdichtungsfunktion definiert.

4 Objektorientierte Analyse des Anwendungssystems

4.1 Globale Betrachtung

Nachdem der Anwendungsbereich formal beschrieben wurde, wird im folgenden Schritt der objektorientierten Entwicklung die *objektorientierte Analyse* durchgeführt. Sie dient der Abstraktion und dem Verständnis der Diskurswelt. In der objektorientierten Analyse sind die fachlichen Anforderungen an das Anwendungssystem in objektorientierter Form zu definieren und darzustellen[1]. Dabei werden die für die Implementierung notwendigen Strukturen, insbesondere solche für die interne und externe Objektorganisation, noch nicht berücksichtigt. Sie sind erst Inhalt des objektorientierten Designs[2].

Bevor die einzelnen Klassen und deren Beziehungen zueinander entwickelt werden, sollen zunächst einige ganzheitliche Betrachtungen zum Anwendungssystems und seiner Realisierung angestellt werden. Sie resultieren aus der Modellbeschreibung und den Überlegungen zum objektorientierten Ansatz.

Die algorithmische Darstellung in der Sprache der Mathematik macht es zunächst erforderlich, von der Welt der Kostenrechnung zu abstrahieren und das Modell in die Welt der Mathematik abzubilden. Kostenarten, -stellen und -träger werden zu Indizes für Indexmengen. Die Indexmengen bilden die Definitionsmengen für Vektoren und Matrizen, die diese in die reellen Zahlen abbilden. Nach den Berechnungen hat wieder eine Rückführung aus dem Modell der Mathematik in das der Kostenrechnung zu erfolgen. Die Ergebnisse müssen den Objekten zugeordnet werden. Enthält ein Vektor z.B. die Verrechnungspreise für sekundäre Kostenstellen, so ist der Index der Kostenstelle und der Wert des Vektors an dieser Stelle dem Preis zuzuordnen, wobei noch die Dimension, also DM-Betrag pro Bezugsgrößeneinheit, hinzukommt.

Ein Programm traditioneller Programmiermethodik vollzieht diese Transformationen nach. In der objektorientierten Softwaretechnologie ist die Trennung zwischen realen Objekten und der formalen Welt nicht mehr nötig. Die nach diesen Prinzipien entwickelte Software spiegelt die Anwendungswelt direkt wider[3]. Man kann unmittelbar mit den Objekten selbst operieren. Sowohl bei der objektorientierten Analysephase als auch bei der folgenden Entwurfsphase kann man sich ganz auf die Belange des betriebs-

[1] Vgl. [Sin91, S. 457].
[2] Vgl. [SA92, S. 250].
[3] Vgl. [Mü93, S. 57].

wirtschaftlichen Anwendungssystems konzentrieren. Die ökonomischen Zusammenhänge bleiben erhalten. Man muß z.B. nicht den Betriebsabrechnungsbogen in einer reinen Zahlenmatrix darstellen, die losgelöst ist von ihrem Bezug, die also eine Abbildung der ökonomischen Welt in die Welt der Mathematik nötig macht, sondern es ist eine unmittelbare Übernahme der ökonomischen Welt innerhalb der zu entwerfenden Klassenbibliothek möglich, wobei der Bezug zu den Objekten, also z.B. zu einer Kostenart, mit allen ihren Eigenschaften ständig erhalten bleiben kann. Beim Design der Grundstrukturen und der Grundfunktionalität bleibt die Verbindung zur Modellwelt der fachlichen Anwendung bestehen.

Die gedankliche Durchdringung der Vorstellungs- und Begriffswelt der verschiedenen Modelle der Kostenrechnung führt auf hohem Abstraktionsniveau zu recht einfachen Grundstrukturen. Die Objekte, die der Kostenrechnung zugrundeliegen, sind Kostenarten, Kostenstellen und Kostenträger. Ihnen sind gemeinsame Grundstrukturen zu eigen, so haben sie eine Bezeichung, eine Nummer und sind in eine Gruppenhierarchie eingebunden[4]. Sie sind im Kalkül der Kostenrechnung Träger von verschiedenen Informationen. So sind die Ausgangsdaten (z.B. geplante Einsatzmenge eines Faktorgutes) an ein Objekt (eine bestimmte Kostenart) gebunden und natürlich auch die Ergebnisse der Berechnungen.

Diese Objekte (Kostenart, -stellen, -träger) werden jeweils in Gruppen bzw. Mengen zusammengefaßt und den durch den Algorithmus vorgeschriebenen Operationen unterzogen, wobei die Ergebnisse der Berechnungen mit den Objekten verknüpft werden.

Nach diesen allgemeinen Betrachtungen zur Modellwelt wird nun die eigentliche objektorientierte Analyse vorgenommen. Ziel dieser Phase ist die Spezifikation fachlicher Klassen, ihrer Attribute und Methoden, sowie die Analyse und Darstellung der Beziehungen der Objekte der Klassen untereinander und zur Außenwelt. Der Begriff „fachliche Klassen“ wird in Abgrenzung zu später zu entwickelnden Klassen gewählt und soll zum Ausdruck bringen, daß es sich um Klassen mit fachlichem Bezug, also um solche aus dem Anwendungsbereich, handelt.

Schon in der Analysephase ist zu beachten, daß die Klassen generische Funktionalität aufweisen müssen, damit sie in hohem Maße wiederverwendbar sind. Dieser Effekt tritt nicht automatisch durch die Verwendung objektorientierter Methoden ein, sondern ergibt sich nur bei richtig gewähltem Abstraktionsgrad.

Unter dem Gesichtspunkt der durchgängigen Systemstruktur von der Ana-

---

[4]So gehört z.B. eine bestimmte Kostenstelle zu den Fertigungskostenstellen und diese wiederum zu den Hauptkostenstellen.

lyse bis zur Implementierung ist zu beachten, daß die Klassen, die in der objektorientierten Analyse definiert werden, auch im Design und in der Implementierung Bestand haben müssen[5]. COPLIEN spricht in diesem Zusammenhang von *isomorphic structure principle*[6].

Als Leitschnur für eine methodische Darstellung der objektorientierten Analyse wird hier nach dem Verfahren von COAD/YOURDON[7] vorgegangen. Dem Entstehungsprozeß der Klassenbibliothek liegt allerdings ein Vorgehen zugrunde, bei dem zwar die objektorientierte Gedankenwelt, aber weniger eine konkrete Methode der objektorientierten Analyse im Vordergrund stand. Die Entwicklung der Klassen und ihrer Beziehungen zueinander erfolgte im übrigen als iterativer Vorgang, d.h. die Aktivitäten werden im Laufe der Durchdringung des Anwendungsbereichs wiederholt und gegebenenfalls revidiert. Noch innerhalb der Implementierungsphase mußten die Klassen und die Beziehungsstrukturen modifiziert und ergänzt werden. Die folgenden Ausführungen beschreiben also das Ergebnis und nicht den tatsächlichen Entwicklungsprozeß. Allerdings werden Modifikationen von Klassen in späteren Phasen auch hier in der Beschreibung vorgenommen, wenn sich die Änderungen erst durch Überlegungen in späteren Phasen erklären lassen.

Nach COAD/YOURDON umfaßt die objektorientierte Analyse fünf Aktivitäten[8]:

— Die Bestimmung von Klassen,
— die Identifizierung von Strukturen,
— die Identifizierung von Subjekten,
— die Definition von Attributen,
— die Definition von Methoden.

Das nach dieser Strategie entwickelte objektorientierte Analyse-Modell wird graphisch in fünf Schichten dargestellt[9]:

— Die Subjektschicht,
— die Klassen- und Objektschicht,
— die Strukturschicht,
— die Attributschicht,
— die Methodenschicht.

---

[5] Vgl. auch [MHH93, S. 86].
[6] Vgl. [Cop92, S. 202].
[7] [CY91a].
[8] Vgl. [CY91a, S. 34].
[9] Vgl. [CY91a, S. 35].

4.2 Die Bestimmung von Klassen

Der erste Schritt der Analyse besteht darin, die Klassen und Objekte der Diskurswelt zu bestimmen. Nach Coad/Yourdon[10] stellen *Objekte* Abstraktionen von Dingen im Anwendungsbereich dar, die untereinander interagieren. Sie bilden eine Einkapselung von Attributwerten und ihren Diensten. Eine *Klasse* ist eine Beschreibung eines oder mehrerer Objekte mit gleichen Attributen und Diensten, einschließlich einer Anweisung, wie neue Objekte der Klasse zu schaffen sind.

Die Notation von Coad/Yourdon sieht für die Repräsentation der Klassen zwei Symbole vor. Eins steht für eine abstrakte Klasse, also eine solche, für die es keine Objekte gibt, da sie eine Verallgemeinerung darstellt (s.u.). Das andere Symbol steht für Klassen mit Objekten[11].

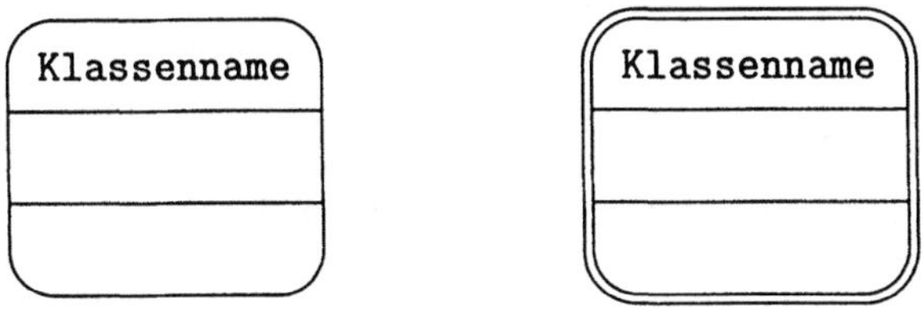

Abstrakte Klasse　　Klasse mit Objekten

Das Finden und Abgrenzen von Klassen kann nicht nach einem festgelegten Verfahren erfolgen, wie die oftmals notgedrungen recht vagen Leitlinien, die in der Literatur zu finden sind, zeigen[12]. Auch wenn man sich —wie Bertrand Meyer vorschlägt— die Frage stellt, „woran" das System Aktivitäten (Operationen) vornimmt[13], so lassen diese Regeln eine Vielzahl von Möglichkeiten zur Bestimmung von Klassen offen.

Zu den wichtigsten Prinzipien, die bei der Festlegung und Abgrenzung der Klassen beachtet werden sollten, gehören die folgenden[14].

— Die Klassen sollen die Konzepte und Begriffe des Anwendungssystems direkt reflektieren und Abstraktionen dieser Konzepte repräsentieren.

— Die Klassenbildung dient der Kapselung zusammengehörender Daten, woraus folgt, daß sie so vorzunehmen ist, daß die Informationsflüsse zum Umfeld so klein wie möglich gehalten werden.

[10] Vgl. [CY91a, S. 53].
[11] Vgl. [CY91a, S. 53].
[12] Vgl. z.B. [WWW90, S. 38f] oder auch [Cop92, S. 208].
[13] Vgl. [Mey90, S. 54].
[14] Vgl. [Str92, S. 440ff].

— Die Zahl der Klassen und ihre Vererbungsbeziehungen muß sich in Grenzen halten, damit das Gesamtsystem wegen ausufernder Komplexität nicht unverständlich und ineffizient wird. „Nicht jedes kleinste Detail muß als separate Klasse repräsentiert werden und nicht alle Beziehungen zwischen Klassen müssen als Vererbungs-Relation repräsentiert werden.“[15]

Bei dem vorliegenden Modell mit seinen Varianten sind Vorschläge für einige Klassen duch die algorithmische Beschreibung relativ leicht zu finden. Wie schon die allgemeinen Betrachtungen ergaben, sind Kostenarten, Kostenstellen und Kostenträger Objekte des Systems. Für sie wird jeweils eine Klasse gebildet. Es handelt sich um Klassen, die grundlegende Informationen über die Strukturen des Systems enthalten und die von Dauer sind. Auf sie beziehen sich alle gegebenen Daten und die Resultate der Berechnungen.

Klassen dieser Art, die also der Beschreibung der strukturellen Elemente des Anwendungssystems dienen und die individuelle Ausgestaltung des Systems wiedergeben, werden im folgenden *Bestandsklassen*[16] genannt, da sie von dauerhafter Natur sind. Zu den Bestandsklassen zählen also bisher die Klassen `KOSTENART`, `KOSTENSTELLE` und `KOSTENTRAEGER`.

Objekte dieser Klassen werden in Mengen zusammengefaßt, um sie gemeinsamen Operationen zu unterziehen. Einer solchen Menge kommt eine selbständige, dauerhafte Bedeutung zu, die mit eigenen Attributen versehen sein kann und für die bestimmte Operationen definiert werden. Es ist naheliegend, für eine solche Menge eine Klasse vorzusehen. Da ein Objekt dieser Klasse als **Indexmenge** für die arithmetischen Operationen fungiert[17], wird auch die Klasse so genannt. Bei `INDEXMENGE` handelt es sich ebenfalls um eine Bestandsklasse. Die Elemente eines Objekts dieser Klasse sind Objekte der Klassen Kostenarten oder -stellen oder -träger. Diese stellen somit als Elemente einer Indexmenge Indizes dar. Die Elemente von Indexmengen werden deshalb im folgenden auch *Indexobjekte* genannt. Es wird deutlich, daß durch diese Konstruktion eine Überführung in ein rein mathematisches Modell mit natürlichen Zahlen als Indizes nicht notwendig ist, da die konkreten Objekte der Bestandsklassen selbst als Index behandelt werden und somit der Bezug zum Anwendungssystem erhalten bleibt.

Im Kalkül wird aber noch eine andere Gruppierung beschrieben, nämlich diejenige zur *Verdichtung* von Daten, in dem Sinne, daß für eine Gruppe von Objekten bestimmte Daten als Summe (oder Mittelwerte o.ä.) ausgewiesen werden. Die Zusammenfassung der Objekte erfolgt i.d.R. innerhalb

[15] [Str92, S. 443].
[16] In Anlehnung an den Begriff Bestandskonto, vgl. auch [MHH93, S. 78].
[17] Siehe S. 15.

der Gruppenhierarchie der Objekte. In der algorithmischen Beschreibung wurde dafür eine aggregierte Indexmenge und eine Verdichtungsfunktion eingeführt[18]. Für die Aggregation von Objekten zur Verdichtung ihrer Daten ist eine eigene Klasse zu bilden. Diese erhält den vorläufigen Namen `AGGREGATION`[19], vorläufig deshalb, weil sich im weiteren Analyseprozeß die genaue Ausformung dieser Klasse ergibt und damit auch eine genauere Bezeichnung.

Die Bestandsklassen dienen der Beschreibung des konkreten Systems und sind von dauerhaftem Bestand. Es ist nicht sinnvoll, die Daten und Resultate der Berechnungen den Bestandsklassen als Attribute einzuverleiben, weil nicht struktuell festgeschrieben ist, welche Größen für sie berechnet werden. Sie müssen also frei erzeugbar sein. Es ist damit offensichtlich, daß Klassen für die Aufnahme der Daten gebildet werden müssen. Objekte dieser Klassen werden Operationen, vorwiegend arithmetischen, unterzogen. Stellt man wieder die Parallelität zur algorithmischen Beschreibung der Kostenrechnung her, so ist es naheliegend, hier Klassen zu wählen, die dem mathematischen Gebilde der Skalare, Vektoren und Matrizen —allerdings in verallgemeinerter Form— entsprechen. An diesen Bezeichnungen der Mathematik wird festgehalten, weil diese Klassen auch in der Lage sind, als Komponenten eines Matrizenkalküls zu fungieren. Ihre Bedeutung und ihr Funktionsumfang geht aber weit darüber hinaus, insbesondere müssen sie in der Lage sein, die Verarbeitungsvorgänge an den ökonomischen Objekten selbst vorzunehmen und mit dimensionsbehafteten Daten zu operieren. Diese Klassen sollen *Trägerklassen für arithmetische Operationen* genannt werden.

Die einfachste Trägerklasse ist die, die dem Skalar in Verbindung mit einer Dimension entspricht. Ein Objekt dieser Klasse ist nicht indiziert. Es stellt lediglich eine Größe (dimensionsbehaftete Maßzahl) dar, z.B. die Herstellkosten einer Periode. Deshalb wird sie auch einfach `GROESSE` genannt.

Für die verallgemeinerten Vektoren wird die Klasse `VEKTOR` eingeführt. Vektoren sind auf Indexmengen definiert. In diesem System sind Indexmengen Objekte der Klasse `INDEXMENGE`, deren Elemente selbst Objekte (s.o.) sind. Daraus folgt, daß Vektoren im hier verstandenen Sinne *objektindiziert* sind. Objekte der Klasse der objektindizierten Vektoren bilden Elemente einer Indexmenge (Indexobjekte) in Größen ab. Wie bereits ausgeführt, erfolgt die Indizierung nicht durch natürliche Zahlen, sondern durch die Objekte selbst, z.B. eine bestimmte Kostenart. Wie gewünscht bleiben die ökonomischen

[18]Siehe Abschnitt 3.5.

[19]Der hier verwandte Begriff „Aggregation“ darf nicht verwechselt werden mit dem Begriff Aggregation, der auch für die Ganzes-/Teile-Struktur verwandt wird, siehe z.B. [Ste93, S. 175].

Zusammenhänge erhalten. Ein Objekt der Klasse VEKTOR ist also als ein objektindiziertes Tupel zu verstehen. Die Dimension des Vektors wird durch die Zahl der Elemente in der Indexmenge bestimmt. Es wird zugelassen, daß die Indexmenge auch leer ist.

Ein Objekt der Klasse VEKTOR besteht aus *Vektorelementen*, die jeweils für jedes Indexobjekt gebildet werden. Ein Vektorelement bildet die Verknüpfung eines Indexobjekts mit einer Größe. Genauso wie die Indexobjekte können auch die Vektorelemente als Objekte einer Klasse aufgefaßt werden. Diese Klasse wird VEKTORELEMENT genannt. Um eine größere Verallgemeinerung der Klasse zu erreichen, wird vorgesehen, daß die Zahl der Vektorelemente eines Vektors variabel ist. Wenn z.B. der Indexmenge ein Element entnommen wird, so wird auch das entsprechende Vektorelement aus dem Vektor entfernt. Auch insoweit stellt die Klasse VEKTOR eine Verallgemeinerung des mathematischen Begriffs dar.

Die Klasse der objektindizierten Matrizen, MATRIX genannt, ist von ähnlicher Konzeption. Sie realisiert einen verallgemeinerten Begriff der Matrix. Sie ist definiert auf einer Spalten- und einer Zeilenindexmenge im oben definierten Sinne. Ein Objekt der Klasse MATRIX besteht aus Matrixelementen, die jeweils ein Paar von Indexobjekten auf eine Größe abbilden. Die Matrixelemente selbst sind wiederum Objekte einer Klasse, die MATRIXELEMENT heißen soll. Die Dimensionen der Matrix werden wiederum aus der Anzahl der Indexobjekte der Spalten- bzw. Zeilenindexmenge bestimmt. Es ist ebenfalls gestattet, bei Veränderungen dieser Anzahl die Matrix durch Erzeugung oder Löschung von Matrixelementen eine Anpassung vorzunehmen.

Die Klassen der objektindizierten Vektoren und Matrizen sind so zu realisieren, daß sie unabhängig sind von der konkreten Ausgestaltung der Objekte, mit denen sie indiziert werden. Nur so ist ein hohes Maß von Wiederverwendbarkeit zu erreichen.

Die Daten für die Kostenrechnung fallen immer periodenbezogen an. Wird nur eine Periode betrachtet, so muß sie nur als Dimension berücksichtigt werden. Werden allerdings, z.B. für vergleichende Darstellungen, die Daten für verschiedene Perioden aufbereitet, so entstehen Zeitreihen, d.h. mit der Zeit indizierte Daten. Deshalb wird eine Klasse ZEIT gebildet, deren Objekte in Indexmengen eingefügt werden und als Indexobjekte für Vektoren und Matrizen fungieren können.

Damit ist eine erste Bestandsaufnahme der fachlichen Klassen des Anwendungssystems abgeschlossen. Zusammenfassend ist festzuhalten, daß in dieser Phase die folgenden Klassen herauskristallisiert wurden:

Zu den Bestandsklassen gehören

- KOSTENART
- KOSTENSTELLE
- KOSTENTRAEGER
- INDEXMENGE
- AGGREGATION
- ZEIT

Zu den Trägerklassen für die arithmetischen Operationen gehören

- GROESSE
- VEKTOR
- VEKTORELEMENT
- MATRIX
- MATRIXELEMENT

Weitere Klassen zur internen Organisation der Daten und solche zur Regelung der Persistenz sind nicht Inhalt der objektorientierte Analyse, sondern des objektorientierten Designs[20].

4.3 Die Identifizierung von Strukturen

COAD/YOURDON verstehen in diesem Zusammenhang unter dem Ausdruck „Structure" einen Oberbegriff für die *Generalisierungs-/Spezialisierungs-Struktur* und für die *Ganzes-/Teile-Struktur*[21].

Bei einer Generalisierungs-/Spezialisierungs-Struktur handelt es sich um eine Beziehung zwischen Klassen. Diese wird auch als IS-A-Relationship[22] oder *SubclassOf*-relationship[23] bezeichnet. In dieser Analysephase muß zur Bildung der Generalisierungs-/Spezialisierungs-Struktur geprüft werden, ob sich eine Klasse als Verallgemeinerung anderer Klassen darstellen läßt, bzw. ob eine Klasse als Spezialisierung einer anderen aufgefaßt werden kann. In der Notation von COAD/YOURDON wird die Generalisierung bzw. Spezialisierung wie folgt dargestellt.

[20] Vgl. [CY91a, S. 179].
[21] Vgl. [CY91a, S. 79f].
[22] Vgl. [Cop92, S. 215].
[23] Vgl. [Gib90b, S. 95].

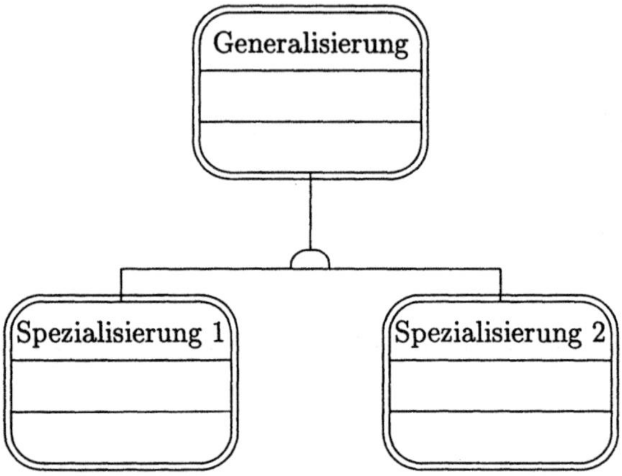

Die Verbindungslinien enden an der inneren Linie des Klassen-/Objekt-Symbols, um widerzuspiegeln, daß es sich um Beziehungen zwischen Klassen handelt [24].

Die im letzten Abschnitt ermittelten Klassen sind zunächst im Hinblick auf die Verallgemeinerung bzw. Spezialisierung hin zu untersuchen. Wie bereits die globale Betrachtung zeigte, zeichnen sich die Kostenarten, -stellen und -träger durch gemeinsame Grundstrukturen aus. Sie haben eine Bezeichung, eine Nummer und sind in eine Gruppenhierarchie eingebunden. Außerdem sind sie Elemente (Indexobjekte) von Indexmengen. Diese gemeinsamen Eigenschaften beziehen sich auf zwei Bereiche. Einmal sind es Attribute, die sich unter dem Aspekt der Einbindung in das innerbetriebliche Rechnungswesen ergeben, z.B. die Nummer. Zum anderen kommt ihnen im Rahmen des Kalküls die Bedeutung als Index zu. Also ist es geboten, eine Generalisierung vorzunehmen.

Es ist ein Vorteil der Objektorientierung, daß durch die Mehrfachvererbung[25] diesem Phänomen Rechnung getragen werden kann. Es werden zwei Generalisierungsklassen für `KOSTENART`, `KOSTENSTELLE` und `KOSTENTRAEGER` gebildet.

Die eine Klasse beinhaltet alle Eigenschaften und Methoden, die sich auf inhaltliche und beschreibende Aspekte der Kostenrechnung beziehen, wie

[24] Vgl. [CY91a, S. 81].

[25] Nicht alle objektorientierten Programmiersprachen lassen die Mehrfachvererbung zu. In der Analyse sollte man sich diesbezüglich nicht von vornherein einschränken. Auch COAD/YOURDON sehen eine Mehrfachvererbung (multiple generalization) vor, siehe [CY91a, S. 88].

die Bezeichnung, die Nummer, Informationen zur organisatorischen Einordnung etc. Da die Klassen KOSTENART, KOSTENSTELLE und KOSTENTRAEGER zu den Bestandsklassen zählen und den Charakter von Elementen des Kostenrechnungssystems haben, wird die übergeordnete Klasse, die also die Verallgemeinerung aus der inhaltlichen Sicht darstellt, als *Systemelement der Kostenrechnung*, kurz: KORE_ELEMENT, bezeichnet.

Zum anderen benötigen diese Klassen im Kalkül die Eigenschaften und Methoden als Index in Indexmengen, also als Indexobjekte, zu fungieren. Diese werden in der Klasse INDEX definiert.

Damit stellen die Klassen KORE_ELEMENT und INDEX zwei Generalisierungen für die Klassen KOSTENART, KOSTENSTELLE und KOSTENTRAEGER dar. Es handelt sich um abstrakte Klassen, da die Objekte immer aus den spezialisierten Klassen gebildet werden.

Die Klasse INDEXMENGE steht nicht in einer Generalisierungs-/Spezialisierungs-Beziehung mit den anderen fachlichen Klassen. Sie dient unmittelbar als Bauplan für ihre Objekte.

Jetzt ist zu überlegen, wie die Klasse AGGREGATION einzuordnen ist. Nach der algorithmischen Beschreibung[26] wird sie bestimmt durch eine Indexmenge (z.B. $\mathcal{X}$), eine aggregierte Indexmenge ${}^a\mathcal{X}$ und eine Verdichtungsfunktion. Die Verdichtungsfunktion wird als Methode festgelegt und ist an dieser Stelle nicht weiter zu berücksichtigen. Eine aggregierte Indexmenge ${}^a\mathcal{X}$ stellt eine Zerlegung der ursprünglichen Indexmenge $\mathcal{X}$ dar. Sie enthält also Teilmengen als Elemente, die eine Zusammenfassung derjenigen Indexobjekte bilden, deren Werte summiert oder in anderer Art verdichtet werden sollen. Diese Elemente der aggregierten Indexmenge sind von ihrer Natur her wieder Indizes, die aber mit der Information über die Teilmenge aus der ursprünglichen Indexmenge auszustatten sind. Ein solches Indexobjekt muß also „wissen“, welche Elemente der ursprünglichen Indexmenge zu ihm gehören. Im übrigen verhalten sie sich genauso wie alle anderen Indexobjekte. Diese sind –wie eben dargestellt– Objekte der Klasse INDEX. Damit ist es offensichtlich, daß ein Element der aggregierten Indexmenge als Spezialisierung der Klasse INDEX anzusehen ist. Diese so zu bildende Klasse wird AGG_INDEX genannt. Für die aggregierte Indexmenge selbst wird keine neue Klasse benötigt. Die Klasse INDEXMENGE ist so aufzubauen, daß sie unabhängig ist von der der konkreten Ausgestaltung der Indexobjekte. Ein Objekt dieser Klasse kann als Indexobjekte auch solche der Klasse AGG_INDEX enthalten.

Als Spezialisierungen werden aus AGG_INDEX die Klassen AGG_KOSTENART sowie AGG_KOSTENSTELLE und AGG_KOSTENTRAEGER gebildet. Nun müssen für

[26] Siehe Abschnitt 3.5.

diese Klassen noch die Beziehungen zur inhaltlichen Seite der Kostenrechnung, wie sie durch die Klasse KORE_ELEMENT geschaffen wurde, hergestellt werden. Ein Objekt von AGG_KOSTENART beispielsweise stellt inhaltlich eine Zusammenfassung von Kostenarten dar, z.B. die gesamten Personalkostenarten. Diese kann inhaltlich wie andere Kostenarten behandelt werden, also fungiert KORE_ELEMENT auch als eine Generalisierung für Aggregate. Eine Aggregation von Kostenarten zum Zwecke der Verdichtung stellt somit eine Spezialisierung von KORE_ELEMENT und von AGG_INDEX dar. Diese Aussage gilt gleichermaßen für Kostenstellen und -träger. Die Klasse AGG_INDEX ist abstrakt.

Für die Trägerklassen der arithmetischen Operationen müssen ebenfalls die Generalisierungs- und Spezialisierungsbeziehungen herausgearbeitet werden.

Die Klasse GROESSE steht ganz offensichtlich in einer Beziehung zu der Klasse VEKTORELEMENT und MATRIXELEMENT. Hier muß nun genauer überlegt werden, ob es sich um eine Generalisierungs-/Spezialisierungs-Beziehung handelt, oder ob eine Größe als ein Attribut eines Vektor- oder Matrixelements zu vereinbaren ist. Die formale Darstellung eines Vektors gibt die Entscheidung vor. Sei $\mathcal{X}$ eine Indexmenge, so ist ein Vektor $\mathbf{v}$ definiert durch

$$\bigwedge_{x \in \mathcal{X}} x \mapsto \mathbf{v}(x) = \mathbf{v}_x \in G \subset \mathbb{R} \times \mathbb{D}$$

Damit ist klar, daß ein Vektorelement eine Größe **ist** und nicht hat. Die Klasse GROESSE ist also als eine Generalisierung von VEKTORELEMENT und MATRIXELEMENT zu betrachten. Es handelt sich bei GROESSE nicht um eine abstrakte Klasse, denn Größen existieren auch für sich allein (als Skalare), ohne daß es sich um Vektor- oder Matrixelemente handeln muß.

Es liegt der Gedanke nahe, die Klassen VEKTOR und MATRIX von einer generalisierten Klasse abzuleiten, da ihnen als objektindizierte Tupel gewisse Eigenschaften gemein sind. Diese Klasse wird hier zunächst TUPEL[27] genannt. Sie wird in der Designphase zu präzisieren sein. Es handelt sich um eine abstrakte Klasse.

Abschließend ist noch die Klasse ZEIT in die Struktur einzubinden. Wie oben festgestellt wurde, hat ein Objekt dieser Klasse den Charakter eines Indexobjekts. Die Klasse ZEIT wird deshalb als Spezialisierung der Klasse INDEX aufgefaßt.

Die Ergebnisse der Analyse der Generalisierungen und Spezialisierungen und damit die Klassenhierarchie der fachlichen Klassen werden in der Abbildung 4.1 in Anlehnung an die Notation von COAD/YOURDON dargestellt.

[27] Eine Matrix läßt sich als Tupel von Tupeln auffassen.

Um die Relationen zwischen den Klassen deutlich und nicht zu sehr verwoben darzustellen, erscheinen im Gesamtbild die Klassen KORE_ELEMENT und INDEX zweimal, obwohl sie natürlich nur einmal existieren.

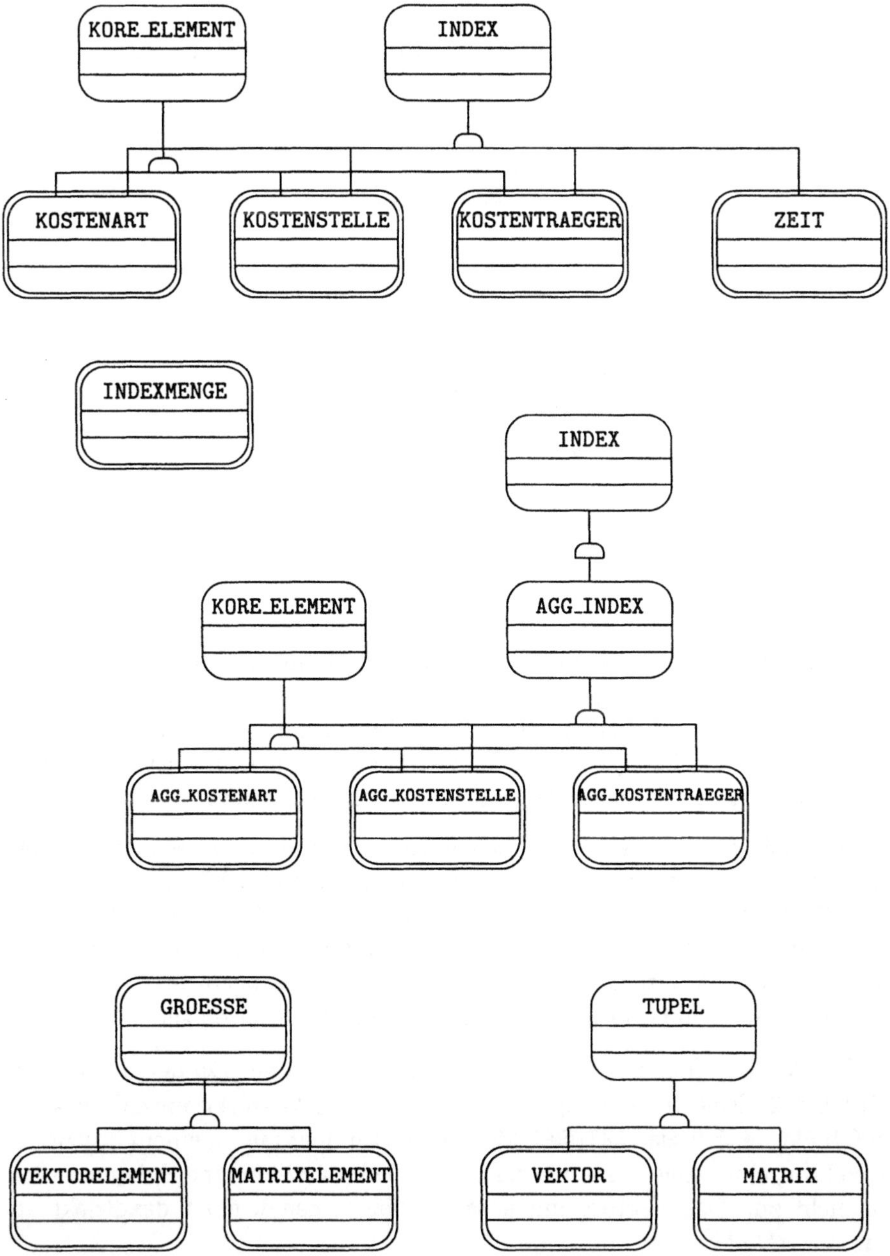

Abbildung 4.1: *Generalisierungs-/Spezialisierungs-Strukturen der fachlichen Klassen*

Im nächsten Schritt ist die Ganzes-/Teile-Struktur zu entwickeln. Dazu ist zu untersuchen, ob sich Objekte als Bestandteile von anderen Objekten darstellen lassen, oder ein Objekt als eine Gruppe (Behälter, Sammlung) von anderen Objekten aufzufassen ist.

In der Notation von COAD/YOURDON wird die Ganzes-/Teile-Struktur wie folgt dargestellt:

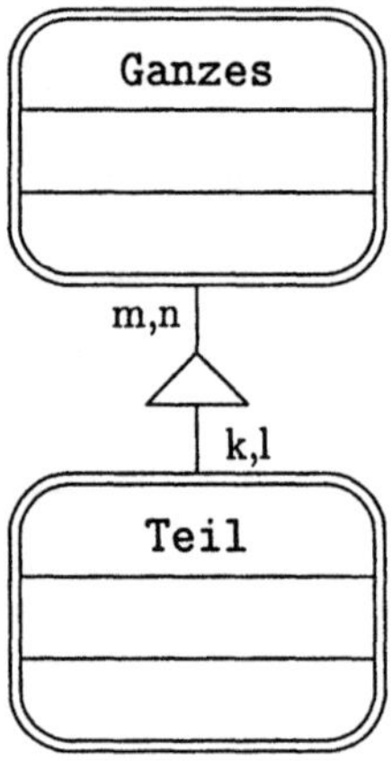

Die Verbindungslinien enden an der äußeren Linie des Klassen/Objekt-Symbols, um widerzuspiegeln, daß es sich um Beziehungen zwischen Objekten handelt. Die Bereichsangaben an den Linien geben die Kardinalitäten an, d.h. aus wie vielen Teilen das Ganze mindestens bzw. höchstens besteht und umgekehrt zu wie vielen Gesamtheiten ein Teil gehört[28].

Bei den bisher entwickelten fachlichen Klassen sind einige Ganzes-/Teile-Beziehungen zu erkennen. Es ist offensichtlich, daß Objekte der Klasse `INDEXMENGE` eine Gruppe für Objekte der Klasse `INDEX` darstellen. Eine Indexmenge enthält keine oder mehrere Indexobjekte. Ein Indexobjekt kann frei definiert werden, ohne in eine Indexmenge eingeordnet zu werden müssen. Es kann auch in mehreren Indexmengen enthalten sein.

Ein Objekt der Klasse `VEKTOR` besitzt immer genau ein Objekt der Klasse `INDEXMENGE`. Eine Indexmenge kann in mehreren Vektoren enthalten sein. Ein Objekt der Klasse `VEKTORELEMENT` gehört immer nur zu einem bestimmten Vektor, eine „freie“, d.h. nicht an einen Vektor gebundene Existenz steht ihm nicht zu. Das Vektorelement selbst bindet genau ein Indexobjekt an sich.

[28] Vgl. [CY91a, S. 91].

Ein Objekt der Klasse `VEKTOR` besitzt kein oder mehrere Vektorelemente. Ähnliche Verhältnisse gelten bei der Klasse `MATRIX`. Allerdings gehören zu einem solchen Objekt immer zwei Indexmengen, und ein Matrixelement bezieht sich auf zwei Indexobjekte.

Der Abbildung 4.2 ist die Ganzes-/Teile-Struktur zu entnehmen. Mit dieser

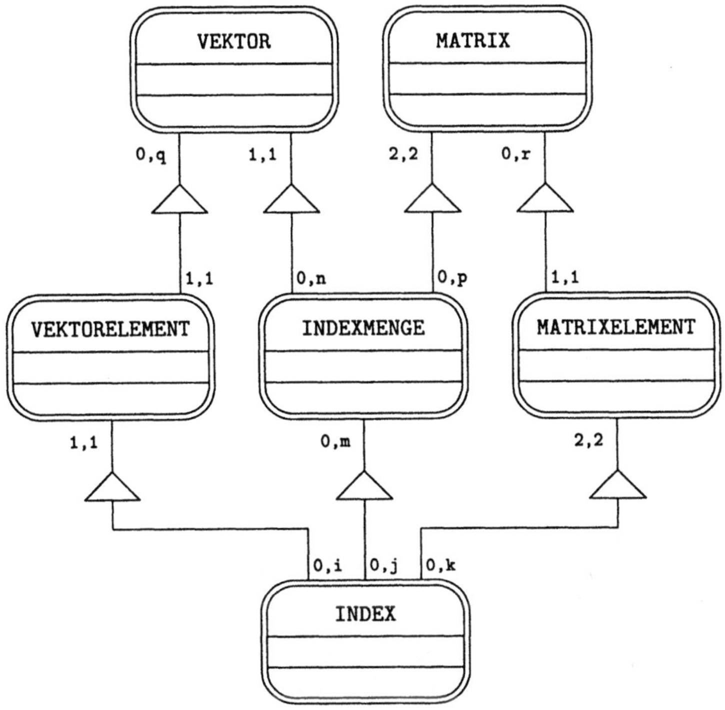

Abbildung 4.2: *Ganzes-/Teile-Struktur der fachlichen Klassen*

Phase ist die Bildung der Klassen des Anwendungssystems abgeschlossen. Bei der Realisierung einer bestimmten Variante einer Kostenrechnung ist es durchaus möglich und sinnvoll, weitere Klassen einzuführen oder abzuleiten. Für die gewünschte generische Funktionalität reichen die hier entwickelten Klassen aus.

4.4 Die Identifizierung von Subjekten

Die Bildung von *Subjekten* hat die Eingruppierung von Klassen in höhere Teilsysteme zum Ziel. Sie dienen der Strukturierung großer Modelle und zur Einteilung in Einzelprojekte. Zwischen den Klassen verschiedener Subjekte sollten möglichst wenige Interdependenzen bestehen[29]. Subjekte werden in der graphischen Darstellung durch Einrahmung der zugehörigen Klassen und eine Nummer gekennzeichnet.

Im vorliegenden Anwendungsbereich haben sich schon bei der Bildung der Klassen zwei Bereiche herauskristallisiert: die Bestandsklassen und die Trägerklassen für die arithmetischen Operationen. Erstere werden als das Subjekt Struktur identifiziert, letztere als Arithmetik.

Zum Subjekt Struktur werden die Klassen `KORE_ELEMENT`, `INDEX`, `ZEIT`, `AGG_INDEX`, `KOSTENART`, `KOSTENSTELLE`, `KOSTENTRAEGER` und die drei aus `AGG_INDEX` abgeleiteten Klassen zugerechnet. Zum zweiten Subjekt zählen die Klassen `GROESSE`, `TUPEL`, `VEKTORELEMENT`, `MATRIXELEMENT`, `VEKTOR` und `MATRIX`. Auf eine graphische Darstellung wird hier verzichtet.

Beide Subjekte sind nicht durch Vererbungsbeziehungen miteinander verknüpft, sondern nur durch wenige Ganzes-/Teile-Beziehungen.

4.5 Die Definition von Attributen

COAD/YOURDON definieren ein Attribut als ein Datum, für welches jedes Objekt einer Klasse einen eigenen Wert hat[30]. Ein Attribut kann auch ein Objekt einer anderen Klasse sein. COPLIEN spricht dann von einer `HAS-A` Relationship[31]. GIBBS u.a. definieren eine Klasse als *PartOf* einer zweiten, wenn Objekte der ersten Klasse Instanzenvariablen, also Attribute, eines Objektes der zweiten Klasse sind[32].

Es gilt zunächst die Attribute zu identifizieren. Die Attribute beschreiben ein Objekt und geben Auskunft über seinen Zustand. Nur die Merkmale der Objekte, die für die Funktionserfüllung im Kontext des Anwendungsbereiches notwendig sind, müssen als Attribute vereinbart werden. Sie sind in den Klassen zu definieren, die für den Wert „verantwortlich“ sind. Das Attribut muß anwendbar sein, also für jedes Objekt der Klasse einen Wert haben. Bei den Generalisierungs/Spezialisierungs-Strukturen sind die Attribute in der obersten Klasse zu vereinbaren, für die gilt, daß in allen Spezialisierungen dieses Attribut anwendbar ist[33].

COAD/YOURDON sehen des weiteren die Bildung von „Instance Connections“ vor[34]. Diese sind in der hier behandelten Entwicklung nicht not-

[29] Vgl. [CY91a, S. 110].
[30] Vgl. [CY91a, S. 119].
[31] Vgl. [Cop92, S. 216].
[32] Vgl. [Gib90b, S. 95].
[33] Vgl. [CY91a, S. 125].
[34] Vgl. [CY91a, S. 126ff].

wendig, da die Verknüpfung zwischen Objekten durch andere Beziehungen abgedeckt werden.

Die Attribute werden in den mittleren Bereich des Klassensymbols eingetragen.

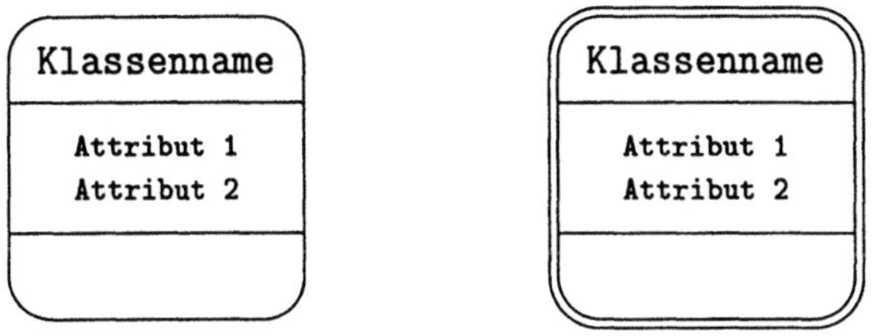

Abstrakte Klasse Klasse mit Objekten

Bei der Bestimmung der Attribute für den hier entwickelten Anwendungsbereich ist zu beachten, daß das Ziel eine vielfach benutzbare Klassenbibliothek ist. Es kann also nicht darum gehen, **alle** notwendigen Attribute speziell für die Kostenrechnung an dieser Stelle bereits zu erfassen. Für die Realisierung einer Kostenrechnung mit Hilfe der Klassenbibliothek können durch einfache Ableitungen neuer Klassen aus den vorhandenen die Attribute für diese Klassen des konkreten Systems eingebracht werden. Allerdings sind jetzt alle diejenigen Attribute festzustellen, die für die Funktionsfähigkeit der Klassenbibliothek notwendig sind.

Jede Klasse wird dazu in ihrem Gesamtzusammenhang betrachtet und geprüft, welche Daten zur Beschreibung und Funktionserfüllung als Attribut aufgenommen werden müssen. Eine isolierte Betrachtung der Klassen und die Zuordnung der Attribute ist nicht zulässig, denn bei der Positionierung ist der Kontext in der Generalisierungs-/Spezialisierungs-Struktur zu beachten.

Auch die Ganzes-/Teile-Strukturen sind einzubeziehen. In allen Fällen, bei denen die Anzahl der Teile in einem Ganzen determiniert ist, werden sie als Attribut im „Ganzen" aufgenommen. So wird z.B. die zu einem Vektor gehörende Indexmenge als Attribut vereinbart (s.u.).

Wie der Abbildung 4.1 zu entnehmen ist, stehen die Klassen KORE_ELEMENT, INDEX, ZEIT, KOSTENART, KOSTENSTELLE und KOSTENTRAEGER in einer Generalisierungs/Spezialisierungs-Struktur. Um den richtigen Abstraktionsgrad zu finden, wird hier nach dem „bottom up"-Prinzip verfahren.

Die Klasse KOSTENART kann mit einer Vielzahl von Attributen versehen werden[35]. Unter dem o.a. Gesichtspunkt werden hier nur wenige Attribute auf-

[35] Vgl. z.B. [Sch94c, S. 652].

genommen, nämlich die Kostenartennummer (Nummer), die Bezeichnung der Kostenart, die Bezeichnung des Faktorguts (Faktorgut), die Dimension des Faktorgutes (DimensionFG) und die übergeordnete Gruppe (z.B. gesamte Personalkostenarten), zu der die betreffende Kostenart gehört (Gruppenbezeichnung)[36].

Die Klasse `KOSTENSTELLE` wird mit den Attributen Kostenstellennummer, (Nummer), Bezeichnung der Kostenstelle, der Bezeichnung der Bezugsgröße (Bezugsgroesse)[37], der Dimension der Bezugsgröße (DimensionBG) und Gruppenbezeichnung. Zusätzliche Attribute, wie z.B. der Name des Kostenstellenleiters, sind leicht zu vereinbaren.

Es wurde angenommen, daß die Kostenträger die Endprodukte sind. Es werden die Attribute Kostenträgernummer (Nummer), Bezeichnung, Dimension des Kostenträgers (DimensionKT) und Gruppenbezeichnung aufgenommen. Über weitere Attribute könnte eine Verknüpfung zu Grunddaten eines Produktionsplanungs- und -steuerungssystems hergestellt werden.

Die Klasse `KORE_ELEMENT` ist mit den Attributen zu versehen, die der inhaltlichen Beschreibung und den Belangen des Anwendungssystems dienen sowie mit denen, die sich als Generalisierung der Attribute der spezialisierten Klassen ergeben. Andererseits ist auch `INDEX` eine Verallgemeinerung für dieselben spezialisierten Klassen. Es ist also zu entscheiden, wo die Attribute bei einer Verallgemeinerung zu positionieren sind. Alle für die Funktionsfähigkeit des Algorithmus notwendigen Attribute müssen der Klasse `INDEX` zugeordet werden, die domänenbezogenen der Klasse `KORE_ELEMENT`.

Die Klasse `KORE_ELEMENT` erhält die Attribute Nummer, Bezeichnung und Gruppenbezeichnung, Eigenschaften, die für alle spezialisierten Klassen generalisierbar sind. Die restlichen Attribute werden bei den Bestandsklassen `KOSTENART`, `KOSTENSTELLE` und `KOSTENTRAEGER` positioniert[38].

Für den Kalkül und somit für die Klasse `INDEX` ist eine Identifizierung eines Objekts notwendig. Im Konzept der objektorientierten Programmiersprachen werden zwei Objekte als identisch betrachtet, wenn sie den gleichen Speicherplatz belegen[39]. Im vorliegenden Anwendungsmodell bietet es sich dagegen an, die Identität über ein Attribut zu definieren, da bei den Bestandsklassen `KOSTENART`, `KOSTENSTELLE` und `KOSTENTRAEGER` zwei dauerhafte, eindeutige Attribute gegeben sind, nämlich die Nummer und die Be-

[36] Die Gruppenzugehörigkeit erleichtert die Bildung der Aggregation. Dadurch ist diese aber keineswegs vorgegeben. Die Kostenart kann beliebig in eine Indexmenge eines Objekts der Klasse `AGG_INDEX` eingefügt werden und auch Gegenstand verschiedener Aggregationen sein.

[37] Es handelt sich um eine Zeichenkette, nicht etwa um ein Objekt der Klasse `GROESSE`.

[38] Vgl. auch Abbildung 4.3.

[39] [Heu92, S. 200].

zeichnung. Es soll dem Kundenprogrammierer freigestellt bleiben, welches er im Kalkül zur Identifizierung benutzen will. Deshalb wird eine Zeichenkette zur Identifikation eines Objekts herangezogen. Die Nummer kann wie die Bezeichnung als Zeichenkette aufgefaßt werden. Dieses Attribut wird unter dem Namen Ident der Klasse INDEX zugeordnet[40].

Bei der Klasse ZEIT, die aus INDEX abgeleitet wird, muß das Identifizierungsattribut die Periode repräsentieren. Geht man im einfachsten Fall davon aus, daß die Perioden durchnumeriert werden, so stellen sie natürliche Zahlen dar, für die auch arithmetische Operationen zulässig sein müssen. Wird die Periode als Zeichenkette vereinbart, werden umständliche Umwandlungen nötig. Es wird in dieser Analysephase ersichtlich, daß es auch eine Index-Klasse geben muß, die als Identifizierungsattribut eine Zahl zuläßt. Diese Klasse wird aus INDEX abgeleitet und mit N_INDEX bezeichnet. Sie wird mit dem Attribut IdZahl ausgestattet.

In Modifikation des ersten Ansatzes wird nunmehr die Klasse ZEIT aus der Klasse N_INDEX abgeleitet. Sie erhält als Attribut eine Größe, also ein Objekt der Klasse GROESSE. Diese beinhaltet den Periodenwert mit der Zeitdimension. Sie wird mit Zeitgroesse bezeichnet. Die Maßzahl dieser Größe wird als Identifizierungsattribut der Basisklasse N_INDEX herangezogen.

Die Klasse INDEXMENGE steht in keiner Generalisierungs-/Spezialisierungs-Beziehung mit anderen Klassen. Das einzige Attribut, die sie auf diesem hohen Abstraktionsniveau benötigt, ist die Bezeichnung.

Betrachtet man die Generalisierungs-/Spezialisierungs-Struktur in Abbildung 4.1, die für die Aggregation gebildet wurde, so muß noch die Klasse AGG_INDEX mit Attributen ausgestattet werden. Sie ist aus INDEX abgeleitet worden. Wie bereits erwähnt, beinhaltet ein Objekt der Klasse AGG_INDEX die Information, welche Indexobjekte der ursprünglichen Indexmenge zusammengefaßt werden sollen. Diese Teilmenge stellt selbst wiederum eine Indexmenge dar, die der Klasse AGG_INDEX als Attribut zugeordnet werden muß. Das Attribut wird bezeichnet als IndexmengeZurAgg.

Analysiert man die drei Klassen AGG_KOSTENART, AGG_KOSTENSTELLE und AGG_KOSTENTRAEGER im Hinblick auf Attribute, so fällt auf, daß die benötigten Attribute alle bereits in den generalisierten Klassen enthalten sind. Wie sich im nächsten Abschnitt zeigen wird, sind auch keine weiteren Methoden nötig. Durch diese Überlegungen ergibt sich, daß eine Differenzierung dieser Klassen gar nicht notwendig ist. In der Abbildung 4.3 werden sie —wie auch im folgenden— zusammengefaßt zu der Klasse AGG_KORE_ELEMENT.

[40]Die Festlegung der Bezeichnung oder der Nummer als Identifizierungsattribut erfolgt im konkreten Fall durch Ausgestaltung des Konstruktors.

Sollte die Unterscheidung im konkreten Fall notwendig werden, so ist diese Vorstellung durch Ableitung leicht zu realisieren.

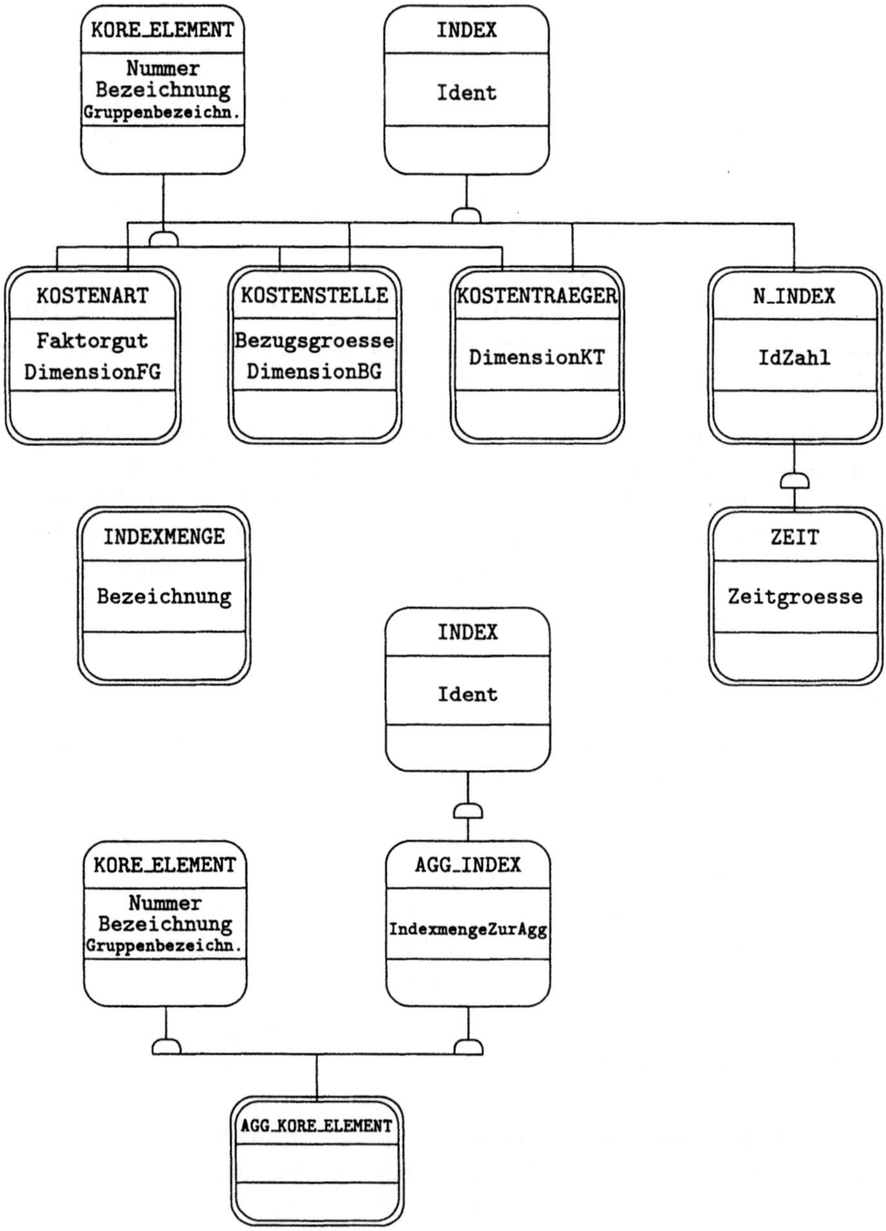

Abbildung 4.3: *Attribute für die Bestandsklassen*

Die bisherigen Ergebnisse dieses Analyseschritts sind in der Abbildung 4.3 graphisch dargestellt, wobei die Klassen INDEX und KORE_ELEMENT nur der besseren Übersicht wegen zweimal in der Abbildung erscheinen, aber natürlich nur einmal existieren.

Nun sind noch die Trägerklassen der arithmetischen Operationen mit Attributen zu versehen. Die Klasse GROESSE dient als Bauplan für Objekte, die dimensionsbehaftete Maßzahlen darstellen. Eine solche besteht aus der Maßzahl und der zugehörigen Dimension. Damit sind auch die Attribute gegeben.

Spezialisierungen dieser Klasse sind VEKTORELEMENT und MATRIXELEMENT. Die Spezialisierung besteht in der Bindung an ein bzw. zwei Indizes[41]. Entsprechend erhält die Klasse VEKTORELEMENT das Attribut Index und die Klasse MATRIXELEMENT die Attribute Zeilenindex und Spaltenindex. Dabei handelt es sich um Objekte der Klasse INDEX oder einer aus ihr abgeleiteten Klasse.

Die Objekte der Klassen VEKTOR und MATRIX verfügen zur Identifikation über eine Bezeichnung. Diese wird als Attribut Ident der generalisierten Klasse TUPEL zugeordnet. Notwendige Attribute für die Klasse VEKTOR ist die Indexmenge, auf der der Vektor definiert ist und für die Klasse MATRIX die Zeilenindexmenge und Spaltenindexmenge.

Wird die Bestimmung der Attribute im Zusammenhang mit den Ganzes-/Teile-Strukturen des letzten Abschnitts gesehen, so erkennt man, daß einige davon durch Attribute realisiert werden. Das ist immer dann der Fall, wenn die Anzahl der Elemente im Objekt, das das „Ganze“ darstellt, determiniert ist, z.B. bei den beiden Indexmengen einer Matrix. Die Ganzes-/Teile-Strukturen mit variabler Anzahl von Teilen, die Komponenten eines Ganzen sind, werden mittels dynamischer Datenstrukturen zur internen Objektorganisation implementiert.

Die graphische Darstellung in Abbildung 4.4 verdeutlicht die Festlegung der Attribute der Trägerklassen für die arithmetischen Operationen.

[41] Vgl. auch die Ganzes-/Teile-Struktur.

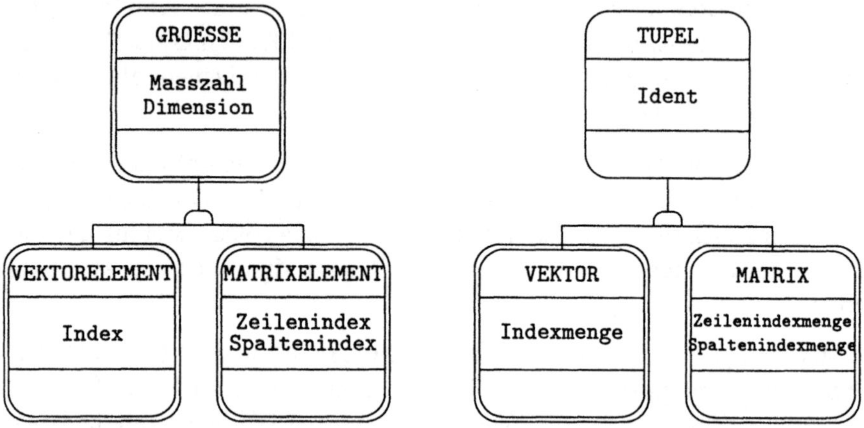

Abbildung 4.4: *Attribute der Trägerklassen für die arithmetischen Operationen*

4.6 Die Definition von Methoden

COAD/YOURDON definieren eine *Methode (service)* als ein spezifisches Verhalten, für dessen Ausführung ein Objekt verantwortlich ist[42].

Die Notation sieht vor, daß die Methoden in den unteren Bereich des Klassensymbols eingetragen werden.

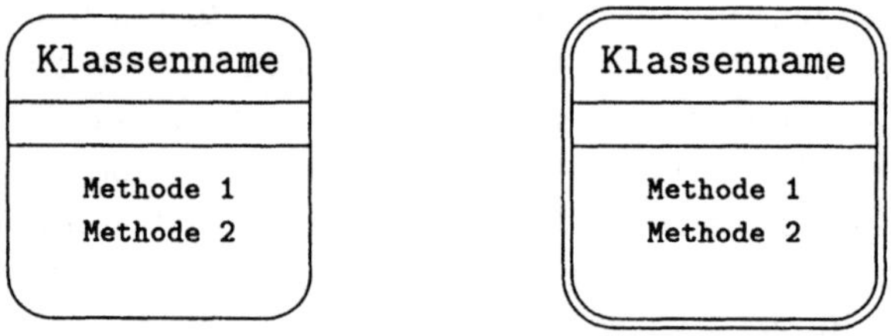

Abstrakte Klasse Klasse mit Objekten

Die Vorgehensweise zur Definition der Methoden umfaßt die Aktivitäten[43]:

1. Identifikation von Objektzuständen:

   Ein Objekt befindet sich in Abhängigkeit von bestimmten Attributwerten in einem bestimmten *Zustand*. Das Verhalten eines Objekts kann je nach Zustand unterschiedlich sein. Insbesondere bei der Modellierung von Geschäftsvorfällen kommt dem Objektzustand eine besondere Bedeutung zu.

[42] Vgl. [CY91a, S. 143].
[43] Vgl. [CY91a, S. 144ff].

2. Identifikation der benötigten Methoden:

   COAD/YOURDON unterscheiden zwischen algorithmisch einfachen und algorithmisch komplexen Methoden. Zu ersteren gehören die Methoden zum Erzeugen und zur Initialisierung von Objekten, zum Aufbau und Abbau von Objekten untereinander, zum Setzen und zur Abfrage von Attributwerten und zum Löschen von Objekten. Dazu werden hier auch die Copy-Konstruktoren gezählt. Diese Methoden werden im Prinzip für jedes Objekt benötigt und werden als „implizit" angesehen, d.h. sie werden in der Methodenschicht der objektorientierten Analyse nicht explizit aufgeführt.

   Die algorithmisch komplexen Methoden werden unterschieden in solche, die aus den Attributwerten ein bestimmtes Ergebnis berechnen und solche, die externe Systeme oder Geräte steuern und überwachen. Zu den letztgenannten Methoden gehören auch die zur Dateienverarbeitung.

3. Identifikation von Nachrichtenverbindungen:

   Benötigt ein Objekt die Dienste eines anderen, so muß eine Nachrichtenverbindung aufgebaut werden. Ein Sender sendet eine Nachricht an einen Empfänger, um eine von dessen Methoden zur Ausführung zu bringen. Jede Nachrichtenverbindung repräsentiert eine Sendung von Werten im Zusammenhang mit einem speziellen Dienst und einer Antwort, die als Ergebnis zurückkommt[44], wobei der Werteaustausch nicht zwingend ist. Wird in einer Methode einer Klasse die Methode einer zweiten aufgerufen, so nennt COPLIEN diese Beziehung `USES-A` Relationship[45], während GIBBS die Bezeichnung *ClientOf* wählt. „A class may be a *ClientOf* (i.e., invoke) the methods of another class."[46]

   Es ist möglich, daß ein Objekt einer Klasse während der Ausführung einer Methode eine Klasse zum Erzeugen eines Objekts veranlaßt. Es handelt sich dann um eine Beziehung zwischen einem Objekt und einer Klasse, die COPLIEN als `CREATES-A` Relationship bezeichnet[47].

   Für eine Nachrichtenverbindung führen COAD/YOURDON folgende Notation ein:

---

[44] Vgl. [CY91a, S. 150].
[45] Vgl. [Cop92, S. 219].
[46] [Gib90b, S. 95].
[47] Vgl. [Cop92, S. 219].

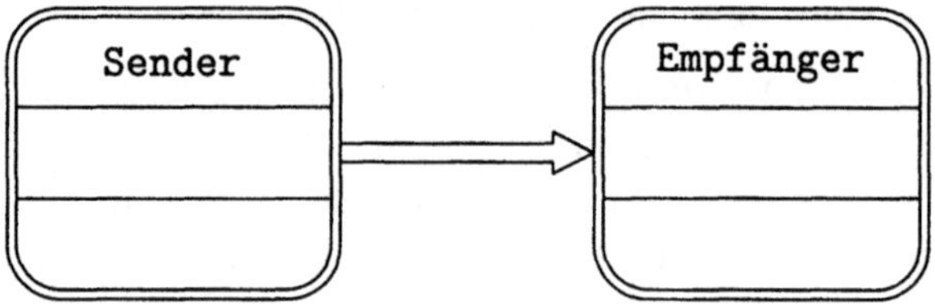

Die Begrenzung des Pfeils endet an der äußeren Umrandung, wenn es sich um eine Verbindung zwischen Objekten handelt. Wird dagegen die Erzeugung eines neuen Objekts angestoßen, so endet er an der inneren Umrandung.

4. Spezifizierung der Methoden:

   Die Methoden sind innerhalb eines vorgegebenen Schemas zur Klassenspezifikation zu beschreiben, wobei der Ablauf in einem Diagramm (Service Chart) graphisch darzustellen ist.

Der erste Schritt besteht also in der Identifikation von **Objektzuständen**. Bei einem durchgängigen Algorithmus, wie ihn beispielsweise die Kostenrechnung darstellt, kommt den Zuständen keine große Bedeutung zu. Die Objekte der Bestandsklassen sind zu Beginn des Verfahrens zu erzeugen bzw. einzulesen. Ihr Verhalten ändert sich nicht in Abhängigkeit von bestimmten Attributwerten. Die Objekte der Trägerklassen für die arithmetischen Operationen werden während des Verarbeitungsprozesses erzeugt und können gelöscht werden, wenn die Ergebnisse nicht mehr benötigt werden. Eine Verhaltensvarianz liegt auch bei ihnen nicht vor.

Für die Bestimmung der Methoden der Klassen im hier betrachteten Anwendungsbereich sind die Algorithmen der Kostenrechnung einzubeziehen. Dabei ist das Ziel der Wiederverwendung und der Flexibilität der zu entwickelnden Klassenbibliothek im Auge zu behalten. Es dürfen nicht bestimmte Abfolgen des Algorithmus der Kostenrechnung als Methode vereinbart werden, sondern die einzelnen Operationen, die dann für ein bestimmtes zu realisierendes konkretes System durch Methodenaufrufe bausteinartig zu einer Abfolge zusammengesetzt werden.

Für jede Klasse muß überlegt werden, welches Verhalten ihre Objekte zeigen müssen, welche Operationen mit ihnen auszuführen sind und welche Dienste sie anderen Objekten zur Verfügung stellen müssen. Damit wird auch festgelegt, mit welchen anderen Objekten sie Nachrichten austauschen. Dabei gilt es, einen hohen Abstraktionsgrad einzuhalten. Für die Entwicklung eines konkreten Systems können weitere Methoden durch Vererbung eingebracht werden.

Wie bei COAD/YOURDON vorgeschlagen, werden die algorithmisch einfachen Methoden hier nicht ausgeführt und auch nicht in die Klassenspezifikation der Analysephase übernommen. Dazu gehören auch die Methoden, die einer Bildschirm- oder Druckerausgabe des Objekts mit seinen Attributwerten dienen. Eine solche Methode ist bei allen (natürlich außer bei den abstrakten) Klassen vorzusehen. Es sei daran erinnert, daß hier nur die fachlichen Anforderungen eine Rolle spielen. Alle Methoden, die die Organisation der Objekte betreffen, werden erst in der Phase des objektorientierten Designs hinzugefügt.

Bei der Bestimmung der Methoden müssen die Generalisierungs-/Spezialisierungsstrukturen beachtet werden, denn generalisierbare Methoden sind möglichst weit oben in der Klassenhierarchie anzusiedeln. Ist die Methode für eine spezialisierte Klasse zu ändern, weil diese Objekte ein anderes Verhalten zeigen sollen, so ist die Methode dort zu implementieren. Sie überladen dann diejenige der übergeordneten Klasse.

Solchen Strukturen gehören die Klassen `KORE_ELEMENT`, `INDEX`, `N_INDEX`, `ZEIT`, `KOSTENART`, `KOSTENSTELLE` und `KOSTENTRAEGER` an.

Die Methoden für die Klasse `KORE_ELEMENT`, die sich auf die inhaltlichen Belange des Rechnungswesens beziehen, werden hier nicht genauer spezifiziert, weil sie aus dem gewählten Anwendungsbereich herausragen.

Die spezialisierten Klassen `KOSTENART`, `KOSTENSTELLE` und `KOSTENTRAEGER` benötigen nur algorithmisch einfache Methoden. Gleiches gilt für die Klassen `INDEX`, `N_INDEX` und `ZEIT`. Da die Indexobjekte elementare Bestandteile anderer Objekte sind, haben sie eher passiven Charakter und verfügen nur über einfache Methoden.

Anders verhält es sich bei der Klasse `INDEXMENGE`. Sie muß mit den Methoden versehen werden, die ihr den Charakter einer Menge verleihen. Wie die Indizes innerhalb der Indexmenge organisiert werden, muß bei der objektorientierten Analyse zwar nicht berücksichtigt werden, aber aus fachlicher Sicht sind Methoden zum Einfügen, Suchen, Zugriff und Entfernen von Indexobjekten nötig, `FuegeEin`, `Suche`, `GreifeZu` und `Entferne` genannt. Außerdem muß die Möglichkeit bestehen, zwei Indexmengen zu einer neuen zu vereinigen. Dabei wird eine neue Indexmenge erzeugt. Es handelt sich somit um eine besondere Form der Konstruktion, die über die triviale hinausgeht. Deshalb wird sie explizit aufgeführt und mit `Vereinige` bezeichnet. Die Bearbeitungsvorgänge sehen im übrigen vor, daß **alle** Indexobjekte der Indexmenge derselben Operation unterzogen werden, d.h. es muß ein Iterator (`Iteriere`) vorgesehen werden. Bei der weiteren Analyse wird sich zeigen, daß diese Klasse noch weitere Methoden braucht. Um aber den iterativen Prozeß der Entwicklung widerzuspiegeln, werden diese erst dort erwähnt und dann in das Gesamtkonzept übernommen.

Zu prüfen ist, ob in der Klasse AGG_INDEX eine komplexe Methode zur Bildung der Aggregation vorzusehen ist. Ein Objekt dieser Klasse ist ein Indexobjekt, das als Attribut die Indexmenge mit den Elementen, deren Daten verdichtet werden sollen, enthält. Diese Indexmenge wird bereits zur Erzeugung des Objekts benötigt, d.h. bei der Konstruktion wird diese mit aufgebaut. Eine weitere Methode ist nicht nötig. Auch die aus ihr spezialisierte Klasse AGG_KORE_ELEMENT kann auf komplexe Methoden verzichten.

Die Trägerklassen für die arithmetischen Operationen müssen naturgemäß mit einer Reihe von algorithmisch komplexen Methoden ausgestattet werden.

In der Klasse GROESSE ist eine vollständige Größenarithmetik zu realisieren. Alle arithmetischen Operatoren sowie die Negation und die Vergleichsoperatoren werden als Methode definiert. Sie überladen die in der Programmiersprache implementierten Operatoren. Die Operatoren + - * /, angewandt auf zwei Größen, erzeugen jeweils ein neues Objekt der Klasse GROESSE. Ausgehend von einem Objekt der Klasse GROESSE bewirken die Operatoren += -= *= /= in Verbindung mit einer weiteren Größe die entsprechende Veränderung des Ausgangsbjekts. Außerdem müssen die zulässigen Operationen * / von Objekten dieser Klasse mit Maßzahlen als Methode implementiert werden. Bei allen diesen Methoden kommt der Prüfung der Zulässigkeit der Operation eine besondere Bedeutung zu —beispielsweise dürfen nur Größen gleicher Dimension addiert werden—, als auch der Dimensionsrechung selber. Z.B. sind gleiche Dimensionen im Zähler und Nenner zu kürzen.

Die aus GROESSE abgeleiteten Klassen VEKTORELEMENT und MATRIXELEMENT kommen als eher passive Elemente (unter dem Gesichtspunkt der fachlichen Anforderungen) ohne algorithmisch komplexe Methoden aus. Die Belegung mit einer dimensionsbehafteten Maßzahl erfolgt bei der Konstruktion. Die arithmetischen und Vergleichsoperatoren sind bereits in der generalisierten Klasse enthalten.

Über die meisten Methoden verfügen die Klassen VEKTOR und MATRIX. Beide Klassen stellen Spezialisierungen der abstrakten Klasse TUPEL dar. Allerdings wird sehr schnell klar, daß sich die Methoden der beiden Klassen aus fachlicher Sicht generell unterscheiden. Die Generalisierung kann sich nur auf die Organisation der Vektor- und Matrixobjekte beziehen, die jetzt aber noch nicht zu modellieren ist. Deshalb verfügt Tupel in diesem Zusammenhang über keine komplexen Methoden. Zur Ableitung der benötigten Methoden kann man sich unmittelbar an den oben beschriebenen Algorithmen orientieren. Es gehören dazu alle durch die Vektor- und Matrizenberechnung bedingten Operationen und noch einige darüber hinausgehende. Dabei ist ein möglichst hoher Grad der Verallgemeinerung anzustreben. Außerdem ist auf Vollständigkeit zu achten, d.h. es sind —soweit erkennbar— auch solche Operationen zu berücksichtigen, die zwar nicht in der Kostenrechnung, aber möglicherweise in verwandten Anwendungsbereichen benötigt werden.

Im einzelnen muß die Klasse `VEKTOR` über die im folgenden aufgelisteten Methoden verfügen. Es werden auch die Kurzbezeichnungen für die Methoden angegeben, wie sie in der Abbildung 4.5 erscheinen. Dabei bedeuten `m` eine Maßzahl, `G` eine Größe und `V` ein Vektor. Es gibt eine Reihe von überladenen Operatoren, die zusammenfassend in der Form vorgestellt werden: `Operand1 Operator Operand2`. Dabei werden die Kombinationsmöglichkeiten entsprechend der BACKUS-NAUR-Notation dargestellt.

Die Methoden sollten eigentlich mit Namen versehen werden, die die Tätigkeit wiedergeben, also z.B. `BerechneSkalarprodukt`. Da aber fast allen Methoden ein Berechnungsvorgang zugrundeliegt, wird aus Gründen der Vereinfachung manchmal der Methodenname mit dem Ergebnis der Berechnung bezeichnet.

— Einfügen, Suchen, Zugriff und Entfernen von Vektorelementen
  `FuegeEin`, `Suche`, `GreifeZu`, `Entferne`

— Erzeugung des Vektors $\mathbb{1}$, bzw. allgemeiner: Erzeugung eines Vektors, dessen Vektorelemente dieselbe Maßzahl bzw. Größe haben, im folgenden Konstantenvektor genannt
  `VausG`, `Vausm`
  (Bildung eines Vektors aus einer Größe bzw. Maßzahl)

— Erzeugung eines Vektors durch die Anwendung der arithmetischen Operationen `+ - * /` auf alle Komponenten eines Vektors mit einer Maßzahl oder Größe
  `V("+"|"-"|"*"|"/")(m|G)`

— Veränderung eines Vektors durch die Operationen `+= -= *= /=` in Verbindung mit einer Maßzahl oder Größe
  `V("+="|"-="|"*="|"/=")(m|G)`

— Erzeugung einer Größe als Skalarprodukt zweier Vektoren
  `Skalarprodukt`

— Erzeugung eines Vektors durch die Operationen Zuweisung, Addition, Differenz, komponentenweises Produkt bzw. komponentenweise Quotientenbildung zweier Vektoren
  `V("="|"+"|"-"|"*"|"/")V`

— Veränderung eines Vektors mittels Addition, Differenz, komponentenweiser Produkt- bzw. komponentenweiser Quotientenbildung mit einem Vektor

`V("+="|"-="|"*="|"/=")V`

— Erzeugung einer Größe durch Summenbildung der Komponenten eines Vektors
`Summiere`

— Erzeugung eines Vektors durch Einschränkung eines Vektors auf eine Teilmenge seiner Indexmenge
`SchraenkeEin`

— Erzeugung eines Vektors durch Zusammenfügung zweier Vektoren
`FuegeZus`

— Erzeugung eines Vektors durch die Verdichtung eines Vektors bezüglich einer aggregierten Indexmenge (Verdichtungsfunktion)
`Verdichte`

— Iterator, d.h. Durchlaufen aller Vektorelemente
`Iteriere`

Die Klasse `MATRIX` muß mit den unten aufgelisteten Methoden ausgestattet werden. Es folgen wieder die Kurzbezeichnungen, wobei neben den eben eingeführten Bezeichnungen `M` für eine Matrix steht.

— Einfügen, Suchen, Zugriff und Entfernen von Matrixelementen
`FuegeEin`, `Suche`, `GreifeZu`, `Entferne`

— Erzeugung einer Matrix durch die Anwendung der arithmetischen Operationen `+ - * /` auf alle Komponenten einer Matrix mit einer Maßzahl `m` oder Größe `G`
`M("+"|"-"|"*"|"/")(m|G)`

— Erzeugung einer Matrix durch Bildung einer Diagonalmatrix aus einem Vektor
`Diagonale`

— Erzeugung eines Vektors durch Multiplikation eines Vektors mit einer Matrix
`V*M`

— Erzeugung eines Vektors durch Multiplikation einer Matrix mit einem Vektor
`M*V`

— Erzeugung einer Matrix durch die Matrixoperationen Zuweisung, Addition, Differenz und Multiplikation zweier Matrizen
`M("="|"+"|"-"|"*")M`

— Veränderung einer Matrix mittels der Addition, Differenz und Multiplikation einer Matrix
`M("+="|"-="|"*=")M`

— Erzeugung eines Vektors, der aus einer Spalte bzw. Zeile einer Matrix

entsteht
`VausSpalte, VausZeile`

— Erzeugung eines Vektors, der die Spalten- bzw. Zeilensummen einer Matrix enthält
`Spaltensumme, Zeilensumme`

— Erzeugung einer Matrix durch Einschränkung einer oder beider Indexmengen auf eine Teilmenge
`SchraenkeEin`

— Erzeugung einer Matrix durch Zusammenfügung zweier Matrizen
`FuegeZus`

— Erzeugung einer Matrix durch Transposition einer Matrix
`Transponiere`

— Erzeugung einer Matrix durch die Verdichtung einer Matrix bezüglich einer oder beider aggregierten Indexmengen (Verdichtungsfunktion)
`Verdichte`

— Zeilen- und Spalteniteratoren, Iterator über alles, d.h. Durchlaufen aller Matrixelemente
`IteriereZeile, IteriereSpalte, Iteriere.`

Wie aus der Beschreibung des Anwendungsbereichs zu entnehmen ist, muß außerdem eine Methode zur Lösung eines linearen Gleichungssystems existieren. Es ist logisch wenig einsichtig, diese Methode der Klasse `MATRIX` mitzugeben, da es sich um einen Lösungsalgorithmus handelt, der nicht als Operation eines Objektes dieser Klasse angesehen werden kann, sondern als Verfahren, das auf eine Matrix und einen Vektor angewandt wird.

Die Prozedur kann als globale Funktion implementiert werden. Besser in das bisher entwickelte System paßt jedoch, wenn eine eigene Klasse für den Lösungsalgorithmus geschaffen wird. Diese kann mehrere Verfahren zur Lösung von Gleichungssystemen als Methoden enthalten. Von einer solchen Klasse werden keine Objekte gebildet, sondern nur ihre Methoden aufgerufen. Diese neue Klasse erhält den Namen `LOESVERFLINGLS` (Lösungsverfahren für lineare Gleichungssysteme) und die Methode, die stellvertretend für ein oder mehrere Algorithmen steht, LoesLinGLS.

Im nächsten Schritt sind die **Nachrichtenverbindungen** zu identifizieren. Es ist also zu prüfen, ob ein Objekt einer Klasse die Dienste eines Objekts einer anderen Klasse benötigt. Welche o.a. Methoden müssen Methoden anderer Klassen zur Ausführung veranlassen?

Auch hier werden nur die Nachrichtenverbindungen erwähnt, die über den trivialen Fall, also z.B. die Attributabfrage, hinausgehen. Die Klassen, die über keine algorithmisch komplexen Methoden verfügen, bauen auch keine nicht-trivialen Nachrichtenverbindungen auf. Sie werden nicht weiter erwähnt.

Die Methoden der Klasse `INDEXMENGE` benötigen von den Indexobjekten nur die Identifikation. Es handelt sich also um eine einfache Attributabfrage.

Objekte der Klasse `GROESSE` nehmen die Dienste anderer nicht in Anspruch.

Methoden der Klasse `VEKTOR` veranlassen Objekte der Klassen `INDEXMENGE`, `VEKTORELEMENT` und `GROESSE` zu Aktivitäten. Es müssen also Nachrichten an diese gesandt werden. Die Methode `FuegeEin` veranlaßt die Klasse `VEKTORELEMENT`, ein Objekt zu erzeugen[48]. Das gilt auch für alle Methoden, die Vektoren erzeugen, denn diese müssen ebenfalls Vektorelemente aufbauen. Soll ein neues Vektorelement erzeugt werden, so muß aber vorher geprüft werden, ob das Indexobjekt, zu dem es gehören soll, tatsächlich in der zum Vektor gehörenden Indexmenge enthalten ist. Diese Prüfung ist eine Aufgabe der Klasse `INDEXMENGE` und wird durch die Methode `Suche` übernommen. Sie wird von `FuegeEin` zur Aktion veranlaßt.

Die Methoden `Skalarprodukt` und `Summiere` benötigen den Dienst zur Erzeugung einer Größe. Diese Methoden und fast alle anderen benutzen die Größenarithmetik der Klasse `GROESSE`. Diese Nutzung wird durch Nachrichtenaustausch realisiert.

Die Methode zur Erzeugung eines Konstantenvektors nutzt den Iterator für Indexmengen, denn für jeden Index der zu dem Vektor gehörenden Indexmenge ist ein Vektorelement anzulegen.

Es zeigt sich jetzt bei genauerer Durchleuchtung der Methoden, daß die Methode `SchraenkeEin` prüfen muß, ob die Indexmenge bezüglich der die Einschränkung des Vektors erfolgen soll, wirklich eine Teilmenge der Indexmenge ist, für die der Vektor definiert ist. Auch diese Aufgabe obliegt der Klasse `INDEXMENGE`, die um eine solche Methode namens `PruefeTeilmenge` ergänzt wird.

Eine weitere Prüfung wird durch die Methode `Verdichte` notwendig. Es muß nämlich sichergestellt sein, daß die aggregierte Indexmenge tatsächlich eine Zerlegung der zum Vektor gehörenden Indexmenge darstellt. Auch diese wird als zusätzliche Methode der Klasse `INDEXMENGE` definiert und `PruefeAggMenge` genannt.

Alle Nachrichtenverbindungen, die für die Klasse `VEKTOR` notwendig sind, werden in analoger Weise von der Klasse `MATRIX` aufgebaut. Sie müssen deshalb nicht nochmals einzeln erläutert werden. Dazu kommen aber noch

[48]Dagegen erzeugt die Methode `FuegeEin` der Klasse `INDEXMENGE` keine neuen Indexobjekte, denn diese existieren schon vorher.

Nachrichtenverbindungen zur Klasse `VEKTOR`, einmal zur Erzeugung eines neuen Objekts der Klasse `VEKTOR` als Ergebnis einer Methode (s.o.). Dabei werden auch Vektorelemente eingefügt, also wird aus dieser Klasse auch der Dienst `FuegeEin` beansprucht. Zum anderen muß z.B. bei der Multiplikation einer Matrix mit einem Vektor der Vektor durchlaufen werden. Dazu werden natürlich die Dienste des Iterators der Klasse `VEKTOR` in Anspruch genommen[49].

Die Methoden und Nachrichtenverbindungen werden in der Abbildung 4.5 graphisch dargestellt. Es werden hier nur die Klassen aufgenommen, die über algorithmisch komplexe Methoden und Nachrichtenverbindungen verfügen. Ein Pfeil der sowohl am inneren Kasten als auch am äußeren endet, soll symbolisieren, daß es zum einen Nachrichtenverbindungen gibt, die bestehende Objekte zu Aktionen veranlassen, und andere, die die Erzeugung neuer anstoßen.

In der Abbildung werden die Operationen `FuegeEin`, `Suche`, `GreifeZu` und `Entferne` unter `OperationenMitElementen` zusammengefaßt. Nach COAD/YOURDON sind nun die Methoden im einzelnen innerhalb eines vorgegebenen Schemas zu beschreiben. Im vorliegenden Fall ergibt sich die Spezifikation zum Teil durch die algorithmische Beschreibung und muß insoweit nicht nochmals ausgeführt werden. Der Ablauf innerhalb der Methoden hängt aber auch stark von der gewählten internen Objektorganisation ab, über die erst in der Phase des objektorientierten Designs entschieden wird. Aus diesen Gründen wird an dieser Stelle auf eine weitergehende Spezifikation verzichtet.

[49]Der Iterator der Klasse `VEKTOR` ist von dem der Klasse `INDEXMENGE` zu unterscheiden. Nähere Erläuterungen dazu erfolgen im nächsten Kapitel.

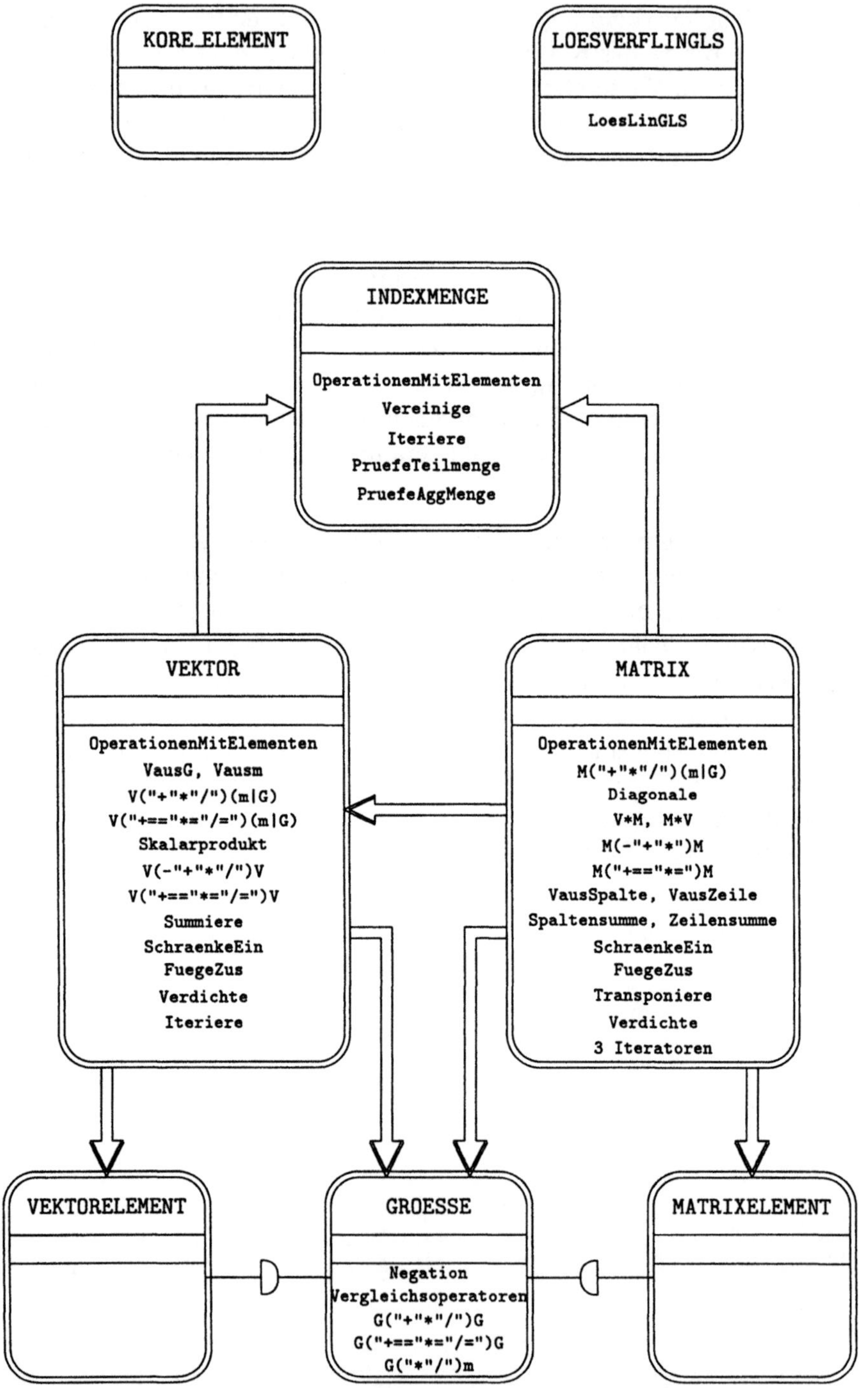

Abbildung 4.5: *Komplexe Methoden und Nachrichtenverbindungen*

5 Objektorientiertes Design des Systems

5.1 Globale Betrachtung

Im Rahmen des *objektorientierten Designs* nach COAD/YOURDON müssen auf der Basis des in der objektorientierten Analyse erstellten Modells die Strukturen so erweitert werden, daß eine Grundlage für die Implementierung des Systems geschaffen wird[1]. Während in der objektorientierten Analyse Klassen und Strukturen zu definieren sind, die direkt den Anwendungsbereich reflektieren, so müssen beim objektorientierten Design die Klassen ergänzt werden, die für die Realisierung der Systemanforderungen noch notwendig sind. Dazu zählen COAD/YOURDON Klassen für die Mensch-Maschine-Interaktion, solche für die Prozeßsteuerung und Klassen für den Zugriff und die Organisation von persistenten Daten[2].

Das objektorientierte Design-Modell nach COAD/YOURDON besteht aus vier Komponenten[3]:

— der Anwendungsbereich-Komponente (basiert auf den Ergebnissen der objektorientierten Analyse),

— der Mensch-Maschine-Interaktions-Komponente,

— der Prozeß(Task)-Komponente,

— der Datenorganisations-Komponente.

Dabei wird wieder das Fünfschichtenmodell mit den fünf Aktivitäten empfohlen. Dadurch wird eine Durchgängigkeit der Darstellung und eine konsistente Vorgehensweise erreicht. Die Ergebnisse der objektorientierten Analyse können direkt übernommen werden.

Es wird die von COAD/YOURDON vorgeschlagene Vorgehensweise nur als grobe Leitlinie verfolgt. Einzelne Komponenten haben beim vorliegenden Modell nur relativ geringe Bedeutung, z.B. die Mensch-Maschine-Interaktions-Komponente[4], dafür muß die Datenorganisations-Komponente ergänzt werden. Da es dabei in erster Linie auf die Organisation der Objekte ankommt, wird diese *Objektorganisations-Komponente* genannt. In dem zu entwickelnden Modell kommt ihr eine besondere Bedeutung zu.

Es wird hier als eine weitere Aufgabe des objektorientierten Designs angesehen, eine Präzisierung der Ganzes-/Teile-Strukturen vorzunehmen[5], denn es

---

[1] Vgl. [SA92, S. 250].

[2] Vgl. [CY91b, S. 23].

[3] Vgl. [CY91b, S. 25].

[4] Zur Begründung siehe S. 13.

[5] Vgl. dazu auch die Differenzierung der `HAS-A` Relationship bei COPLIEN[Cop92, S. 216f].

sind verschiedene Möglichkeiten der Implementierung einer solchen Struktur denkbar. Anders als bei der Generalisierungs-/Spezialisierungs-Struktur, die der Vererbung entspricht, gibt es in den objektorientierten Programmiersprachen kein unmittelbares Pendant zur Ganzes-/Teile-Struktur. Diese Aufgabe gehört zur Entwicklung der Anwendungsbereich-Komponente, weil sie unmittelbar an den Ergebnissen der objektorientierten Analyse anknüpft und sich auf die fachlichen Anforderungen bezieht.

Bevor aber eine solche Präzisierung erfolgen kann, muß die interne Organisation der Objekte modelliert werden, denn diese ist Voraussetzung für die Realisierung von Ganzes-/Teile-Strukturen mit variablen Anzahlen von „Teilen". Deshalb wird die Reihenfolge der Entwicklung der o.a. Komponenten geändert. Die Anwendungsbereich-Komponente wird nach den anderen Komponenten behandelt.

Außerdem wird es für notwendig erachtet, in der Designphase Erfordernisse und Strukturen der Programmiersprache in die Überlegungen miteinzubeziehen. Auch COAD/YOURDON sind der Meinung, daß nur das vorläufige objektorientierte Design weitgehend sprachunabhängig sei, während das detaillierte Design von der Programmiersprache abhänge[6].

Für die genaue Spezifikation ist schon in der Designphase zu bestimmen, ob mit den Objekten selbst oder mit Zeigern auf die Objekte gearbeitet werden soll. Es ist zwar nicht in jedem Fall darüber bereits beim Design zu entscheiden, aber einige Male kommt dieser Wahl prinzipielle Bedeutung zu. Deshalb wird an dieser Stelle in Ergänzung zu den bereits bestehenden Strukturen und Verbindungen zwischen Klassen bzw. Objekten die *Verweis-Beziehung* eingeführt. Ein Objekt OA der Klasse A stehe in einer Verweis-Beziehung zu einem Objekt OB der Klasse B, wenn OA einen Zeiger auf das Objekt OB besitzt. Es handelt sich um eine gerichtete Beziehung. Dagegen wird es als eine `HAS-A`-Beziehung verstanden, wenn Objekt OA das Objekt OB als Attribut enthält und OB außerhalb von OA nicht existiert.

Der Vorteil der Verweis-Beziehung besteht darin, daß mehrere Objekte Zeiger auf ein und dasselbe Objekt enthalten können. Außerdem kann mit Zeigern operiert werden, selbst wenn das Objekt selbst noch gar nicht erzeugt wurde, denn ein Null-Pointer ist erlaubt, aber kein Bezug (Referenz) auf ein noch nicht existierendes Objekt.

Für eine Verweis-Beziehung wird in Ergänzung zu der Notation von COAD/YOURDON[7] der gerichtete Pfeil eingeführt:

[6]Vgl. [CY91a, S. 180].

[7]Die Verweis-Beziehung kann als eine Präzisierung der von COAD/YOURDON eingeführten Instanzenverbindungen (Vgl. [CY91a, S. 126f].) angesehen werden.

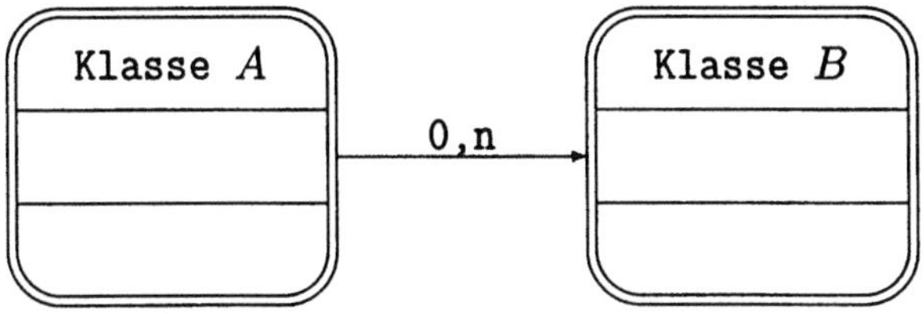

Die Begrenzung des Pfeils endet an den Objekten, wenn es sich um eine Verbindung zwischen Objekten handelt. Die Kardinalität gibt an, wie viele Zeiger es mindestens bzw. höchstens gibt.

5.2 Entwicklung der Mensch-Maschine-Interaktions-Komponente

Dieser Komponente kommt prinzipiell eine herausragende Bedeutung zu. Gerade durch die objektorientierte Softwaretechnologie entstehen neue Möglichkeiten, für die Benutzeroberfläche Klassenbibliotheken mit hoher Wiederverwendbarkeit zu implementieren. Diese Entwicklungen können unabhängig vom jeweiligen Anwendungsbereich erfolgen. Sie werden über ein definiertes Interface entsprechend den spezifischen Anforderungen benutzt. Es ist weder sinnvoll noch notwendig, in die Klassenbibliothek des Anwendungssystems ein user interface einzubauen, da eine Anbindung an ein bereits existierendes ohne weiteres möglich ist. Damit ergibt sich für diese Komponente hier kein Modellierungsbedarf.

5.3 Entwicklung der Prozeß(Task)-Komponente

Diese Komponente wird benötigt, wenn das System ereignis- oder zeitgesteuert arbeitet, Parallelprozesse zu realisieren sind, ein user interface mit Fenstersystem zu bedienen ist, eine Koordination mit anderen Systemen zu erfolgen hat, etc.

Da eine Klassenbibliothek entwickelt wird, die als Bausteinsystem in andere Implementierungen Eingang findet, und Unabhängigkeit vom Betriebssystem gegeben sein soll, ist eine Prozeßkomponente überflüssig. Man könnte aber überlegen, ob es nicht zweckmäßig ist, für bestimmte Verarbeitungsabfolgen der Kostenrechnung eine Klasse zu schaffen, die den funktionellen Ablauf als Methode enthält. Diese Überlegungen betreffen aber die Nutzung der Klassenbibliothek im konkreten Anwendungsfall und nicht deren Design.

5.4 Entwicklung der Objektorganisations-Komponente

5.4.1 Strukturierung

COAD/YOURDON schlagen vor, die in der objektorientierten Analyse definierten Klassen zu ergänzen, um die Datenmanagement-Komponente zu unterstützen. Nach COAD/YOURDON hat diese Komponente die Aufgabe, die Infrastruktur für das Speichern und Wiederauffinden der Objekte in einem Dateimanagementsystem bereitzustellen. Sie bezieht sich also allein auf die *Persistenz*, d.h. die dauerhafte Speicherung der Objekte.

Hier soll dieser Begriff weiter gefaßt werden. Bei der projektierten Klassenbibliothek kommt nämlich der Organisation der Objekte auch während der Verarbeitung eine überragende Bedeutung zu. Die Komplexität der Bearbeitungsvorgänge und der Datenstrukturen erfordert ein besondere Infrastruktur. Diese muß Klassen zur Verfügung stellen, die der Organisation der Objekte während der Ausführung des Programms dienen. Sie werden deshalb in Abgrenzung zur Persistenz unter dem Begriff *Klassen zur internen Objektorganisation* zusammengefaßt.

Die interne Objektorganisation steht zwar mit der Dateiorganisation (Persistenz) in einem bestimmten Zusammenhang, beide Bereiche erfordern aber eine sehr unterschiedliche Modellierung. Deshalb werden im folgenden zunächst die Klassen mit ihren Attributen und Methoden entworfen, die der internen Objektorganisation dienen. Anschließend werden die Klassen für die Persistenz modelliert.

5.4.2 Klassen für die interne Objektorganisation

5.4.2.1 Die Bestimmung der abstrakten Datentypen

Zunächst bedarf es einiger allgemeiner Betrachtungen der Ergebnisse der objektorientierten Analyse über die grundsätzliche Modellierung der Klassen für die interne Objektorganisation.

Es sind die für das gegebene Modell „richtigen" Datenstrukturen zu finden. OTTMANN/WIDMAYER präzisieren diese Frage: „Gegeben sei eine Menge von Daten und eine Folge von Operationen mit diesen Daten; man finde eine Speicherungsform für die Daten und Algorithmen für die auszuführenden Operationen so, daß die Operationen der gegebenen Folge möglichst effizient ausführbar sind."[8]. Die Effizienz wird vor allem durch die Ausführungszeit und den Speicherbedarf bestimmt. OTTMANN/WIDMAYER stellen fest, „daß man die richtige Speicherungsform für eine Menge von Daten nicht

[8] [OW93, S. 35].

unabhängig davon wählen kann, welche Operationen mit welcher Häufigkeit mit den Daten ausgeführt werden."[9] Die Daten und die zugehörigen Operationen werden als Einheit angesehen und als ***abstrakter Datentyp*** (ADT) bezeichnet. Sie definieren: „Ein ADT besteht aus einer oder mehreren Mengen von Objekten und darauf definierten Operationen, die mit in der Mathematik üblichen Methoden spezifiziert werden können."[10]

Hier zeigen sich wiederum die Vorteile der Objektorientierung, denn diese mathematische Vorstellung läßt sich unmittelbar auf das objektorientierte Modell übertragen. Der ADT wird als eine Klasse modelliert. Deren Struktur wird bestimmt durch die Festlegung der Objektmenge und den darauf definierten Operationen.

Für die Entscheidung über die Wahl der abstrakten Datentypen muß auf die Ergebnisse der objektorientierten Analyse zurückgegriffen werden, weil die Wahl natürlich im Zusammenhang mit dem zu realisierenden Anwendungssystem steht. Es ist zu prüfen, welche abstrakten Datentypen den Strukturen im Anwendungssystem gerecht werden.

AHO/HOPCROFT/ULLMAN empfehlen bei der Suche nach einem effizienten Algorithmus, die grundlegende Natur des Problems zu prüfen. Viele Probleme können mit grundlegenden mathematischen Objekten wie Mengen ausgedrückt werden, und der Algorithmus kann in den fundamentalen Operationen auf diesen Objekten ausgedrückt werden[11]. Beim vorliegenden Anwendungssystem liegt bereits eine Formulierung in mathematischer Form vor. In der Tat kommt hier den Mengen eine besondere Bedeutung zu. Objekte der Klasse `INDEXMENGE` sind —mathematisch gesehen— Mengen. Sie müssen die Indexobjekte (Elemente der Indexmenge) verwalten. Nun kann die Klasse `INDEXMENGE` selbst zu einer Klasse zur internen Objektorganisation ausgebaut werden. Unter dem Gesichtspunkt der Wiederverwendbarkeit ist es aber vorzuziehen, eine allgemeinere Klasse zu schaffen, auf der `INDEXMENGE` basiert, d.h. aus der sie abgeleitet wird. Sie kann auch zur Organisation anderer Objekte dienen. Die Klasse muß dann u.a. mit Methoden für Mengenoperationen ausgestattet sein.

AHO/HOPCROFT/ULLMAN listen die fundamentalen Operationen auf Mengen auf. Wählt man aus diesen diejenigen aus, die für das Anwendungssystem in Frage kommen, so sind das die Operationen:

---

[9] [OW93, S. 35].
[10] [OW93, S. 35].
[11] Vgl. [AHU74, S. 108].

Suchen(a, S)	Prüft, ob a in Menge S enthalten ist; gibt den Wert „wahr" zurück, wenn $a \in S$, andernfalls „falsch".
Einfügen(a, S)	Ersetzt Menge S durch $S \cup \{a\}$.
Entfernen(a, S)	Ersetzt Menge S durch $S \setminus \{a\}$.
Vereinigung(S_1, S_2, S_3)	Ersetzt die Mengen S_1 und S_2 durch $S_3 = S_1 \cup S_2$. Es wird angenommen, daß S_1 und S_2 disjunkt sind.

Eine Datenstruktur, die für eine Menge von Elementen die Operationen Suchen, Einfügen und Entfernen ausführen kann, wird *Wörterbuch (dictionary)* genannt[12]. Es wird i.allg. davon ausgegangen, daß die Elemente über einen Schlüssel identifizierbar sind und daß die Operationen nur vom Schlüssel abhängig gemacht werden[13].

Offensichtlich kann die Datenstruktur Wörterbuch als abstrakter Datentyp für das vorliegende Anwendungssystem verwandt werden, denn die Elemente der Mengen sind eindeutig über einen Schlüssel zu identifizieren. Dieser ist die Grundlage für die Wörterbuchoperationen. Für die Erstellung eines Wörterbuchs reichen dabei die drei Operationen aus, nicht jedoch für die Nutzung. Dafür braucht man noch eine Operation, die zu gegebenem Schlüssel ein Element nicht nur sucht, sondern auch einen Zugriff auf das Element selbst erlaubt. Diese Operation wird ergänzt und die Definition des Wörterbuchs entsprechend erweitert.

Es ist damit als Ergebnis feszuhalten, daß als grundlegende Datenstruktur für die interne Objektorganisation der abstrakte Datentyp Wörterbuch mit den Operationen Suchen, Zugriff, Einfügen und Entfernen gewählt wird. Die Datenstruktur Wörterbuch beinhaltet nicht die Operation Vereinigung. Diese wird nur für die Indexmengen gebraucht und ist schon bei der objektorientierten Analyse als Methode bei der `INDEXMENGE` vorgesehen worden. Es ist nicht notwendig, daß diese Operation durch die Datenstruktur zur internen Objektorganisation durchgeführt wird.

Für Laufzeit und Speicherbedarf sehr entscheidend sind die Datenstrukturen, die für die Klassen `VEKTOR` und `MATRIX` gewählt werden. In der objektorientierten Analyse wurde für diese beiden Klassen die Generalisierungsklasse `TUPEL` eingeführt. Ihre wesentliche Aufgabe soll darin bestehen, für die Objekte dieser Klassen die Organisationsmethode zu bieten. Sie muß die Daten und die Methoden bereitstellen, um die Vektor- bzw. Matrixelemente effizient zu organisieren und schnelle Bearbeitungsvorgänge zu ermöglichen.

Die statische Datenstruktur Array kann bei großen Matrizen zu erheblichem

[12] Vgl. [OW93, S. 60].
[13] Vgl. [OW93, S. 60].

Speicherplatzbedarf führen. Es wird davon ausgegangen, daß bei großen Kostenrechnungsmodellen die Matrizen schwach besetzt sind. Die Verwendung von Arrays wäre dann sehr ineffizient und wird hier nicht verwandt. Die objektorientierte Analyse hat gezeigt, daß die Klasse `VEKTOR` und die Klasse `VEKTORELEMENTE` durch eine Ganzes-/Teile-Struktur in Beziehung stehen. Gleiches gilt für die Matrizen und ihre Elemente. Es ist daher naheliegend, wie die Indexmengen auch die Vektoren und die Matrizen als Mengen aufzufassen und für ihre Organisation den abstrakten Datentyp Wörterbuch in seiner erweiterten Form zu verwenden. Der Fall der voll besetzten Matrix ist damit auch abgedeckt, wenn auch nicht optimal.

Der abstrakte Datentyp Wörterbuch kann auf verschiedene Art und Weise implementiert werden. Sequentiell oder verkettet gespeicherte, lineare Listen, Hashtabellen und Bäume bieten sich als Implementierungsmöglichkeit an[14]. Klassen, die die Fähigkeit besitzen, Sammlungen von Objekten zu verwalten, werden *Container-Klassen* genannt[15]. Beispiele für Container-Klassen sind Hashtabellen, Mengen, Listen, Stacks, Wörterbücher, Schlangen, Vektoren, u.a.[16]

Um große Flexibilität zu erreichen, sollte man sich nicht auf eine einzige Implementierung beschränken. Es ist von Vorteil, wenn dem Benutzer der Klassenbibliothek noch Wahlmöglichkeiten eingeräumt werden. Er kann dann nicht nur die Datenstrukturen auswählen, die zu seinen eigenen am besten passen, sondern ganz unabhängig vom Anwendungssystem die verschiedenen, schon vorhandenen Datenstrukturen als Bausteine in eigenen Entwicklungen verwenden.

Da die Klassenbibliothek von großer Allgemeingültigkeit sein soll, ist es angebracht, gerade die Klassen zur internen Objektorganisation zunächst mehr oder weniger losgelöst von der fachlichen Anwendung zu entwickeln. Es muß nur sichergestellt sein, daß sie für die Anwendungsbereich-Komponente die benötigte Funktionalität für die interne Objektorganisation zur Verfügung stellt. Nur die **Prinzipien** der Bearbeitungsvorgänge des Anwendungsbereichs dienen als Richtschnur für die Entwicklung dieser Klassen.

Es werden deshalb drei der wichtigsten Datenstrukturen zur Implementierung von Wörterbüchern in allgemeiner Form als Klassen realisiert, nämlich die *verketteten Listen*, die *Hashtabelle* und die *AVL-Bäume*.

In der objektorientierten Softwaretechnologie wurden schon Klassen für diese Datenstrukturen entwickelt. Gegen deren Einbeziehung und Verwendung im Zusammenspiel mit den weiteren Klassen von OBAS sprechen aber eine

---

[14] Vgl. [OW93, S. 61].
[15] Vgl. [Cop92, S. 45].
[16] Vgl. [Str92, S. 168], [Cop92, S. 45] und [GOP90, Chapter 8].

Reihe von Argumenten. Am Beispiel der *NIH Class Library*[17] sollen diese kurz angesprochen werden. Die Klassenbibliothek ist so aufgebaut, daß alle Klassen aus einer Klasse `Object`, der Wurzel des Vererbungsbaums, abgeleitet werden. Z.B. leitet sich die Klasse `LinkedList` über `Collection` und `SeqCltn`[18] aus dieser ab. Es kann die Klasse also nur im Kontext mit dem Vererbungsbaum benutzt werden. Damit wird ein immenser Apparat einbezogen, von dem nur ein sehr geringer Teil der Funktionalität gebraucht wird. Dabei handelt es sich andererseits bei der Klasse `LinkedList` um eine sehr einfache Struktur, die für das hier zu entwickelnde System nicht ausreichen würde. Die Klasse `Dictionary` ist von sehr großer Allgemeingültigkeit, die aber zu großer Ineffizienz führt. Sie arbeitet mit assoziativen Arrays mit drei Assoziationen[19].

Im Rahmen der hier entwickelten Klassenbibliothek werden nur die Datenstrukturen implementiert, die im Rahmen des Anwendungssystems bzw. in verwandten Bereichen benötigt oder sinnvoll einzusetzen sind. Es wird auch nur die in diesem Zusammenhang notwendige Funktionalität bereitgestellt. Durch diese Zielsetzung und Strategie erreicht man ein schlankes, leicht zu bedienendes Baukastensystem, das im Rahmen des Anwendungsbereichs eine hohe Funktionalität aufweist.

Die Eigenentwicklung der Klassen zur internen Objektorganisation führt außerdem zu einem einheitlichen Erscheinungsbild und einem homogenen Design der Klassenbibliothek OBAS. Die Klassen sind aufeinander abgestimmt, was ihre Handhabung erleichert.

Im folgenden werden die ausgewählten Datenstrukturen zur Realisierung von Wörterbüchern, also die verketteten Listen, Hashtabellen und AVL-Bäume, sowie die zugehörigen Verfahren nur kurz beschrieben, denn sie sind allgemein bekannt und werden in der Literatur ausführlich dargestellt. Der Schwerpunkt der Darstellung liegt im Entwurf der Klassen, die die abstrakten Datentypen zur internen Objektorganisation realisieren.

5.4.2.2 Klassen für Hashtabellen

Das *Hashverfahren*[20] zur Verwaltung von Elementen einer Menge, die durch Schlüsselwerte charakterisiert sind, beruht auf dem Prinzip der *gestreuten Speicherung*. Dabei wird aus dem Schlüsselwert eines Elementes mit Hilfe einer Streuungsfunktion (Hashfunktion) eine in einem vorgegebenen Intervall liegende Zahl zu berechnen, welche dann als Index in einen Array

[17]Vgl. [GOP90].
[18]Abstract Class for Ordered, Indexed Collections.
[19]Vgl. [GOP90, S. 178f].
[20]Vgl. [Wir75, S. 349ff], [Knu73, S. 506ff] und [OW93, S. 201ff]

benutzt wird. An dieser Stelle wird das Element selbst oder seine Adresse gespeichert. Der Array wird *Streuungstabelle* oder *Hashtabelle* genannt.

Das Verfahren soll als ein zweistufiger Prozess realisiert werden. In der ersten Stufe wird aus dem Schlüsselfeld des Elements, das stets eine Bitfolge ist, eine 32-Bit-Zahl h gebildet. Die zweite Stufe in der Berechnung des Streuungsindex i, d.h. des Index in der Streuungstabelle, ist die Division von h durch eine vom gewünschten Tabellenumfang abhängige Primzahl p:

$$i = h \bmod p.$$

Bei einer Adresskollision wird das Element oder seine Adresse in einen hinteren Teil der Streuungstabelle eingetragen. Der Eintrag dieser Überläufer erfolgt sequentiell. Ein zweiter Array verwaltet die Indizes der Überläufer. Er enthält an der Stelle i den Index des Überläufers in der Streuungstabelle[21]. Das gewählte Verfahren ist schnell und garantiert ausgezeichnete Streueigenschaften.

Im nächsten Schritt sind die Klassen für die so vorgesehene Implementierung zu finden. Es ist naheliegend, für die Datenstruktur Streuungstabelle eine eigene Klasse zu schaffen. Diese Container-Klasse wird mit `STRTABELLE` bezeichnet. Ein Objekt dieser Klasse beinhaltet den Array und verfügt über Methoden für das Hashverfahren. Wie o.a. werden in eine Streuungstabelle Elemente oder deren Adressen eingefügt. Unter dem Aspekt der Effizienz und der Wiederverwendbarkeit wird der Eintrag von Adressen, also Zeigern, bevorzugt. Die Elemente selbst sollen von beliebiger Gestalt sein und werden als Objekte einer Klasse namens `STRELEMENT` modelliert.

Es ist zu überlegen, ob diese Klassen als abstrakte zu modellieren sind oder ob zugelassen werden soll, daß ohne weitere Ableitung Objekte dieser Klassen gebildet werden. Im Zusammenhang mit dem Anwendungssystem und den Ergebnissen der objektorientierten Analyse werden immer Spezialisierungen gebildet. Da aber die Klassenbibliothek die Datenstrukturen auch für die Objektorganisation der vom Kundenprogrammierer selbst aufgebauten Objekte zur Verfügung stellen soll, kann es durchaus sinnvoll sein, die Klasse `STRTABELLE` ohne weitere Ableitung direkt zu verwenden. Sie wird deshalb nicht als abstrakte Klasse modelliert.

Läßt man auch zu, daß aus der Klasse `STRELEMENT` Objekte gebildet werden, so muß in der Klasse der Datentyp des Schlüsselfeldes festgeschrieben werden. Das würde aber die Allgemeingültigkeit der Klasse erheblich einschränken. Die Entscheidung, von welcher Art das zur Streuung verwendete

[21] In Anlehnung an den Algorithmus *Chained table search and insertion*, vgl. [Knu73, S. 514f].

Attribut ist, soll den Objekten selbst überlassen bleiben. Es wird nur gefordert, daß sie Objekt einer aus STRELEMENT abgeleiteten Klasse sind. Die Basisklasse STRELEMENT legt nur den formalen Rahmen für die Funktionalität fest, der für alle abgeleiteten Klassen bindend ist. Die genaue Spezifikation erfolgt mittels Polymorphie erst dort. Durch die Klasse STRELEMENT soll nur das Interface für Spezialisierungsklassen definiert werden. Deshalb wird sie als abstrakte Klasse konzipiert.

Offensichtlich stehen Objekte, die aus der Klasse STRELEMENT abgeleitet wurden, in einer Ganzes-/Teile-Beziehung zu einem Objekt von STRTABELLE. Wie einleitend ausgeführt[22], sind die Ganzes-/Teile-Strukturen beim objektorientierten Design implementierungsnäher zu spezifizieren.

Es ist also zu überlegen, welche Implementierungen für STRTABELLE und STRELEMENT vorzusehen sind. Dabei ist zu beachten, daß STRELEMENT von abstrakter Natur ist. Die adäquate Implementierung der Hashtabelle ist der Array, der als Attribut in die Klasse STRTABELLE aufgenommen wird. Dieser enthält nicht die Streuungselemente selbst, sondern Zeiger auf dieselben. Die Ganzes-/Teile-Struktur zwischen den Klassen wird also durch eine **Verweis-Beziehung** ausgedrückt.

Im nächsten Schritt sind die Attribute festzulegen. Bei STRELEMENT handelt es sich um eine abstrakte Klasse, in der nach den obigen Überlegungen das Schlüsselfeld nicht zu vereinbaren ist, d.h. sie hat keine Attribute.

Wie bereits festgestellt, enthält die Klasse STRTABELLE einen Array mit Zeigern auf die Streuungselemente, der ArrayHashtabelle genannt wird. Dadurch, daß der Array nur Zeiger enthält, ist es möglich, alle Arten von Objekten einzufügen, solange sie nur aus der Klasse STRELEMENT abgeleitet sind. Mittels der Hashfunktion wird die Stelle im Array (Streuungsindex) berechnet, wo der jeweilige Zeiger abgelegt wird. Für die Überläufer wird ein weiterer Array benötigt, der eine Verweiskette enthält und mit ArrayVerweiskette bezeichnet wird. Außerdem erhält die Klasse die Variablen Primzahl, Laenge (der Arrays) und KollisionsIndex (laufender Index für die Überläufer).

Die abstrakte Klasse STRELEMENT verfügt über drei Methoden, die das Verhalten eines Streuungselementes bestimmen. Diese sind bei der Implementierung als virtuell zu vereinbaren, denn ihre genaue Spezifikation hängt vom Typ des Schlüsselfeldes ab. Sie bestimmen aber das Interface der Klasse STRELEMENT und müssen in jeder abgeleiteten Klasse implementiert werden. Die erste Methode —Signatur genannt— ist zur Berechnung des Wertes der 32-Bit-Zahl h (s.o.) vorgesehen. In der zweiten ist zu definieren, wann

[22] Vgl. S. 73.

zwei Schlüsselfelder gleich sind (`IstGleich`). Die dritte dient der Rückgabe des Inhalts des Schlüsselfeldes[23].

Zu den Methoden der Klasse `STRTABELLE` gehört zunächst eine solche, die aus dem Wert h eines Elementes, der aus dem Schlüsselfeld bestimmt wurde, den Wert der Hashfunktion, d.h. den Streuungsindex i berechnet. Da die Primzahl p, durch die geteilt wird, vom Tabellenumfang abhängt, kann diese Berechnung nicht durch die Elemente selbst vorgenommen werden. Die Methode wird `BestimmeStreuungsindex` genannt. Die Operationen `FuegeEin`, `Suche` und `Entferne` werden als weitere Methoden vorgesehen. Die Methode `GreifeZu` gibt zu einem gegebenen Streuungsindex, der durch `Suche` ermittelt werden kann, ein Tabellenelement zurück, d.h. genauer einen Zeiger auf ein Objekt einer aus `STRELEMENT` abgeleiteten Klasse.

Nun sind noch die Nachrichtenverbindungen zu identifizieren. Objekte der Klasse `STRTABELLE` fordern Objekte der aus `STRELEMENT` abgeleiteten Klasse auf, die Signatur zu bestimmen oder Vergleiche bezüglich der Schlüssel vorzunehmen. Also besteht eine diesbezügliche Nachrichtenverbindung.

Bei der Benutzung dieser Klassen ist zu beachten, daß die Hashtabelle statischen Charakter hat. Zwar muß die Länge des Arrays nicht bereits im Programm festgelegt werden, aber bei der Erzeugung eines Objekts der Klasse `STRTABELLE` muß die maximale Länge vereinbart werden. Sollten sehr viele Elemente eingefügt werden und ist die Anzahl überhaupt nicht absehbar, so können Überlaufprobleme eintreten. In diesem Fall sind die AVL-Bäume vorzuziehen[24].

5.4.2.3 Verkettete Listen

Eine *lineare Liste* ist eine endliche Folge von *Listenelementen.* Eine *geordnete Liste* stellt den Spezialfall einer linearen Liste dar, bei der die Listenelemente nach dem Schlüssel geordnet in die Liste eingefügt werden.

Der abstrakte Datentyp geordnete Liste wird durch Verkettung der Listenelemente über Zeiger implementiert. Jede Variable vom Typ Listenelement besteht aus den drei Komponenten identifizierender Schlüssel, dem Zeiger zu ihrem Nachfolger und der Informationskomponente[25]. Zur besseren Handhabung erweist es sich als zweckmäßig, die Liste als doppelt verkettete anzulegen. Also erhält ein Listenelement auch einen Zeiger auf den Vorgänger. Für diese doppelt verkettete Liste sind die Operationen Einfügen, Suchen,

---

[23] Als algorithmisch einfache Methode im Sinne von COAD/YOURDON wird diese im folgenden nicht weiter erwähnt.

[24] siehe Abschnitt 5.4.2.4.

[25] Vgl. [Wir75, S. 233].

Zugriff und Entfernen von Listenelementen als Funktionen bzw. Methoden zu realisieren.

Bei der internen Objektorganisation kommt der Verarbeitungsgeschwindigkeit eine besondere Bedeutung zu, da die Operationen sehr häufig ausgeführt werden und die Listen möglicherweise sehr umfangreich werden. Bei verketteten Listen nehmen die Vorgänge des eigentlichen Einfügens und Herauslösens von Elementen nur eine kleine, konstante Zeitdauer in Anspruch, die Dauer des Auffindens der Einfüge- und Herauslösestelle für bestimmte Elemente hängt jedoch linear von der Länge der Liste ab. Um die Einfügung, die Entfernung, die Suche und den Zugriff auf ein bestimmtes Listenelement zu optimieren, wird deshalb zusätzlich das Hashverfahren angewandt.

Alle Listenelemente werden also nicht nur miteinander verkettet, sondern **auch** in eine Streuungstabelle eingetragen. Bei der sequentiellen Verarbeitung wird der Verkettung der Liste gefolgt, für den direkten Zugriff und die Suche wird über den Schlüssel und die Hashfunktion auf die Streuungstabelle zugegriffen. Im Mittel besteht eine konstante Zugriffszeit auf beliebige Elemente. Die Zeit zum Durchlauf durch die Liste ist proportional zur Anzahl der Elemente.

Die Implementierung der internen Datenstrukturen wird dadurch zwar aufwendiger, dafür verbessert sich die Effizienz des Anwendungssystems. Es zeigt sich auch hier ein großer Vorteil der objektorientierten Softwaretechnologie und der Entwicklung von Klassenbibliotheken, denn der einmalige höhere Entwicklungsaufwand steht durch die Wiederverwendbarkeit einer vielfachen Effizienzsteigerung gegenüber. Es ist geradezu ein besonderes Erfordernis, die Klassen, die von sehr allgemeiner Natur und damit in hohem Maße wiederverwendbar sind, mit besonderer Sorgfalt zu entwickeln und mit hoher Effizienz auszustatten.

Im nächsten Schritt sind die Klassen für die so vorgesehene Implementierung zu finden. Für die Datenstruktur Streuungstabelle sind bereits die Klassen `STRTABELLE` und `STRELEMENT` vorgesehen. Es ist offensichtlich, daß in Analogie zu dieser Modellierung eine Container-Klasse für die verketteten, geordneten Listen und eine Klasse für die Listenelemente zu entwerfen sind. Sie erhalten die Namen `ORDLISTE` und `LISTENELEMENT`.

Bei der Identifizierung von Strukturen sind die strukturellen Beziehungen, die durch das gewählte Verfahren bedingt werden, aufzudecken. Es wird mit der Festlegung der Generalisierungs-/Spezialisierungs-Struktur zunächst bei den Klassen für die Elemente begonnen. Nach der oben dargestellten Konzeption ist es notwendig, daß jedes Listenelement auch die Eigenschaft haben muß, in eine Streuungstabelle eingeordnet werden zu können. Umgekehrt gilt diese Beziehung nicht. Für ein Element der Streuungstabelle muß keine Ordnungsrelation definiert sein, für ein Listenelement aber schon. `STRELEMENT` ist also von allgemeinerer Natur. Sie stellt eine Generalisierungsklasse für `LISTENELEMENT` dar.

Beim Verhältnis zwischen den Klassen `ORDLISTE` und `STRTABELLE` könnte eine `HAS-A`- oder eine `IS-A`-Beziehung in Frage kommen. Da sich ein Objekt von `ORDLISTE` im Falle der Suche nach bzw. des Zugriffs auf ein Element wie eine Streuungstabelle zu verhalten hat, bedeutet dies, daß es auch eine Streuungstabelle **ist**, also wird `ORDLISTE` als eine Spezialisierungsklasse von `STRTABELLE` modelliert.

Wann immer man diese Konstruktion für die interne Objektorganisation im Kontext des Anwendungssystems benutzen will, muß man nur die entsprechenden Ableitungsketten bilden. Z.B. werden Indexobjekte aus der Klasse `LISTENELEMENT` und Indexmengen aus der Klasse `ORDLISTE` abgeleitet[26]. Damit steht automatisch die volle Funktionalität dieser Klassen zur internen Organisation der Objekte der fachlichen Anwendung zur Verfügung. Durch diese Wahl der Ableitungsketten ist gewährleistet, daß jede Art von Objekten mit Listen organisiert werden kann, wie immer sie auch beschaffen sind. Sie müssen nur über ein Schlüsselfeld zur Einordnung in die Streuungstabelle verfügen, und es muß eine Ordnungsrelation für die Einfügung in die Liste festgelegt werden.

Es ist wieder zu bestimmen, ob die Klassen als abstrakte zu modellieren sind. Mit der gleichen Argumentation wie oben, könnte auch die Klasse `LISTENELEMENT` als abstrakte vorgesehen werden. Davon wird aber abgesehen, um dem Anwender größere Funktionalität zur Verfügung stellen zu können. Eine Ableitung mit eigener Implementierung der Ordnungsoperatoren bleibt dem Kundenprogrammierer erspart. Sowohl von der Klasse `LISTENELEMENT` als auch von `ORDLISTE` sollen unmittelbar Objekte gebildet werden können.

Die Klasse `ORDLISTE` steht in einer Ganzes-/Teile-Beziehung zu Objekten der Klasse `LISTENELEMENT`. Für die genauere Spezifikation dieser Beziehung bedarf es der Überlegung, ob die Objekte selber oder Zeiger in die verkettete Liste einzufügen sind. Relevant für diese Entscheidung ist, ob die Listenelemente außerhalb der Liste eine eigene Daseinsberechtigung haben. Für diese Prüfung stellt man am besten den Bezug zum Anwendungssystem her. Als Listenelemente fungieren z.B. die Indexobjekte. Diese sind Objekte von Bestandsklassen, also z.B. eine Kostenart. Es ist klar, daß sie für sich alleine eine Existenzberechtigung haben. Sie können außerhalb jeder Indexmenge stehen oder in einer oder mehreren Indexmengen enthalten sein. Aus diesem Grund bietet es sich an, Zeiger auf die schon bestehenden Listenelemente

---

[26]siehe Abschnitt 5.5.

in die Liste einzufügen. Die Klassen ORDLISTE und LISTENELEMENT stehen also in einer Verweis-Beziehung zueinander.

Damit sind die Strukturen für die Klassen zur internen Objektorganisation mittels Listen identifiziert. Folgt man wieder den von COAD/YOURDON empfohlenen Aktivitäten, so besteht der nächste Schritt in der Identifizierung von Subjekten. Die vier neuen Klassen passen nicht in die beiden bereits identifizierten Subjekte (Struktur und Arithmetik) herein, da sie nicht fachlicher Natur sind. Sie bilden ein eigenes Subjekt, das mit interne Objektorganisation bezeichnet wird.

Im nächsten Schritt sind die Attribute für die beiden neuen Klassen festzulegen. LISTENELEMENT wird mit dem Attribut Schluesselfeld ausgestattet. Es wird davon ausgegangen, daß es sich um eine Zeichenkette handelt. Mittels Polymorphie kann in abgeleiteten Klassen eine andere Vereinbarung getroffen werden, wie z.B. bei der Klasse N_INDEX. Da die Objekte dieser Klasse Elemente einer verketteten Liste darstellen, muß sie als weiteres Attribut einen Zeiger auf das nächste Element beinhalten. Weil es sich um eine doppelt verkettete Liste handelt, erhält ein Listenelement auch einen Zeiger auf den Vorgänger. Diese Attribute werden mit ZeigerNachfolger und ZeigerVorgaenger bezeichnet.

Die Klasse ORDLISTE erhält das Attribut Anzahl, das die Anzahl der Elemente in der Liste angibt. Für den Iterator wird außerdem eine Variable benötigt, die den „laufenden" Index speichert. Sie erhält den Namen Cursor.

Es folgt die Bestimmung der Methoden. Methoden von LISTENELEMENT sind zum einen Signatur und IstGleich, die durch die Ableitung aus STRELEMENT bedingt sind und als virtuelle Funktionen implementiert werden. Die erste berechnet aus dem Schlüsselwert den Wert h für das Hashing und in der zweiten wird festgelegt, wie die Gleichheit zweier Listenelemente definiert ist. Außerdem müssen alle Vergleichsoperatoren als Methoden definiert werden.

Die Klasse ORDLISTE kann als aus STRTABELLE abgeleiteter Klasse auf deren Methoden zum Einfügen etc. in die Streuungstabelle zugreifen. Die Suche nach und der direkte Zugriff auf Elemente erfolgt über Methoden von STRTABELLE. Aber die Einfügung und Entfernung der Listenobjekte in die Verkettung erfordern zwei zusätzliche Methoden, die LiFuegeEin und LiEntferne genannt werden. Um die geordnete Liste sequentiell, also gemäß der Verkettung, zu durchlaufen, wird die Methode Iteriere vorgesehen, die die Funktion eines Iterators übernimmt.

Eine Nachrichtenverbindung zwischen einem Objekt der Klasse ORDLISTE und solchen der Klasse LISTENELEMENT wird aufgebaut, wenn Vergleichsoperationen durchzuführen sind.

Die Abbildung 5.1 gibt die in diesem Abschnitt entwickelten Klassen mit ihren Attributen und Methoden sowie die Strukturen wieder.

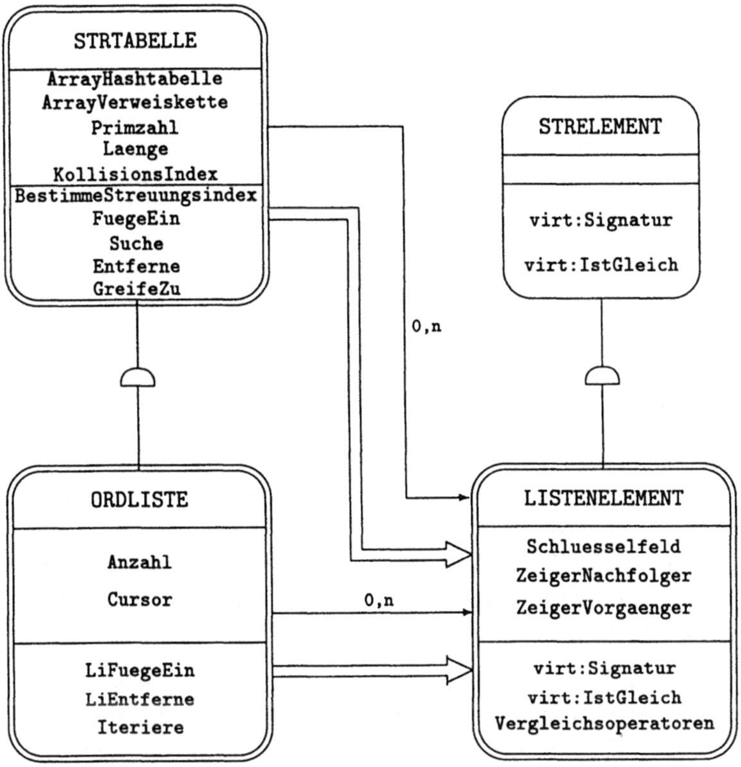

Abbildung 5.1: *Klassen für die interne Objektorganisation (Listen)*

Die Kombination von Hashverfahren und Verkettung sorgt für eine schnelle und effiziente Ausführung der Operationen. Allerdings gilt nach wie vor, daß bei Erzeugung eines Objekts der Klasse ORDLISTE die maximale Länge der Liste zur Laufzeit festgelegt werden muß, weil die Hashtabelle diese voraussetzt. Aus diesem Grund und weil dem Kundenprogrammierer noch eine weitere Datenstruktur zur Verfügung gestellt werden soll, wird als weitere Datenstruktur der AVL-Baum entwickelt und implementiert. Damit wird eine Möglichkeit geboten, eine vollständig dynamische Objektorganisation zu realisieren.

5.4.2.4 AVL-Bäume

Wie bereits erwähnt, kann ein Wörterbuch auch mit der Datenstruktur Baum implementiert werden. WIRTH definiert eine Baumstruktur rekursiv:

„Eine Baumstruktur mit Grundtyp T ist entweder
1. die leere Struktur oder
2. ein Knoten vom Typ T mit einer endlichen Zahl verknüpfter, voneinander verschiedener Baumstrukturen mit Grundtyp T, sogenannter Teilbäume (subtree)."[27]

Zur ausführlichen Darstellung der Bäume sei beispielsweise auf OTTMANN/ WIDMAYER[28] verwiesen. Hier sollen nur die wichtigsten Begriffe kurz angeführt werden.

Bäume können als verallgemeinerte Listenstrukturen oder als spezielle Graphen aufgefaßt werden. Die Elemente eines Baumes werden als Knoten bezeichnet. Der einzige Knoten ohne Vorgänger wird Wurzel (root) genannt. Alle anderen Knoten haben genau einen Vorgänger und keinen, einen oder mehrere Nachfolger. Hat ein Knoten keine Nachfolger, wird er als Blatt bezeichnet. Die Höhe eines Baumes wird durch den maximalen Abstand eines Blattes von der Wurzel ausgedrückt.

Ein *Binärbaum* ist dadurch gekennzeichnet, daß jeder Knoten maximal zwei Nachfolger hat. Ein Baum, dessen Verzweigungen in jedem Knoten geordnet sind, heißt *geordneter Baum*[29]. Die Elemente des Baumes werden nach einem Schlüssel geordnet. Wenn für jeden Knoten gilt, daß alle Schlüssel im linken Teilbaum kleiner sind als sein Schlüssel und die im rechten Teilbaum größer sind, dann wird dieser Baum *Suchbaum* genannt[30].

„Ein Baum ist genau dann ausgeglichen, wenn sich für jeden Knoten die Höhen der Teilbäume um höchstens 1 unterscheiden."[31] Ein ausgeglichener Binärbaum wird *AVL-Baum* genannt. Für einen binären Suchbaum, der AVL-ausgeglichen ist, gilt, daß die Operationen Suchen, Einfügen oder Löschen eines Knotens mit einem gegebenen Schlüssel im Mittel in der Zeit $O(\log_2 n)$ ausgeführt werden. Sie sind eine effiziente Implementierung für Wörterbücher[32].

Die Überlegungen zum Design der Klassen für AVL-Bäume führen unter dem Gesichtspunkt des hohen Abstraktionsgrades zu der Lösung, eine Trennung vorzunehmen in Bezug auf die Modellierung eines AVL-ausgeglichenen Baumes und die eines Wörterbuches, das diesen nutzt. Eine neue Klasse, TREE genannt, dient dem Aufbau und der Organisation des AVL-Baumes,

[27] [Wir75, S. 257].
[28] Vgl. [OW93, Kapitel 5].
[29] Vgl. [Wir75, S. 259].
[30] Vgl. [Wir75, S. 270].
[31] [Wir75, S. 289].
[32] Die Algorithmen für diese Operationen sind in [OW93, S. 277ff] ausführlich beschrieben.

eine Container-Klasse namens `WOB` (Abkürzung für Wörterbuch) bildet die Erweiterung als Suchbaum.

`TREE` baut die Verweisstruktur für die Knoten auf und sorgt für die Ausbalancierung des Baumes durch Rotation oder Doppelrotation, falls diese nach Einfügung oder Löschung eines Knotens notwendig werden sollte. Sie hat keine Kenntnis von der Art und dem Schlüssel der Knoten, sondern nur von dem Beziehungsgeflecht der Knoten. Dadurch wird bei der Klasse `TREE` eine hohe Allgemeingültigkeit bei effizienter Funktionalität erreicht. Durch die Vererbung besteht die Möglichkeit, die Baumstruktur und die zugehörigen Operationen zur Organisation für beliebige Objekte heranzuziehen, unabhängig davon, wie die Ordnung definiert ist.

Für die in das Wörterbuch einzuordnenden Elemente wird eine Klasse namens `WOBELEMENT` eingeführt. Durch sie wird das Schlüsselfeld und die Ordnungsrelation bestimmt.

Für diese drei neuen Klassen werden im folgenden die Strukturen bestimmt. Die Klasse `WOB` stellt eine Erweiterung der Klasse `TREE` dar (s.o.). Sie muß zum einen über die Methoden zur Organisation des AVL-Baumes verfügen und erhält zusätzlich die Fähigkeiten, mit den Wörterbuchelementen zu operieren. Z.B. ist für die eigentliche Einfügung eines neuen Elements die Klasse `TREE` zuständig, aber **wo** eingefügt werden soll, kann nur eine Methode von `WOB` feststellen, da nur diese bezüglich der Wörterbuchelemente Vergleiche durchführen kann. Also stellt die Klasse `TREE` eine Generalisierung von `WOB` dar.

`WOBELEMENT` steht in einer Ganzes-/Teile-Struktur zu `WOB`. Diese ist wieder genauer zu spezifizieren. Dazu werden detaillierte Betrachtungen zur Realisierung der Klassen `TREE` und `WOB` angestellt. Es ist vorgesehen, den AVL-Baum selbst mit Hilfe von Arrays darzustellen[33] und nicht mit Zeigern. Der Grund liegt darin, daß es dadurch sehr leicht ist, die Baumstruktur persistent zu speichern. In diesen vier Arrays symbolisiert ein Index einen Knoten im Baum. Zur Abgrenzung wird dieser *Baumindex* genannt. In dem einen Array wird zu gegebenem Baumindex der Baumindex des rechten Nachfolgers eingetragen, in einem weiteren der des linken. Ein Array enthält jeweils den Baumindex des Vorgängers und einer die Höhe des Teilbaums, dessen Wurzel der gegebene Knoten ist.

Nach der oben dargestellten Vorstellung gibt es innerhalb der Klasse `TREE` keinen Verweis auf die Wörterbuchelemente selbst. Die Organisation der Wörterbuchelemente übernehmen Methoden der Klasse `WOB` auf der Basis des Baumes. Dafür muß der Bezug zwischen einem Knoten und dem zugehörigen Wörterbuchelement hergestellt werden. Da die Knoten im

[33] In Anlehnung an den Vorschlag von WIRTH, vgl. [Wir75, S. 263].

Baum durch Baumindizes wiedergegeben werden, ist es naheliegend, wenn diese Indizes für einen Array in WOB benutzt werden, der Zeiger auf die Wörterbuchelemente aufnimmt. Die Ganzes-/Teile-Struktur wird also dadurch implementiert, daß ein Objekt der Klasse WOB einen Array mit Zeigern auf Objekte der Klasse WOBELEMENT enthält. Es handelt sich also wieder um eine Verweisbeziehung.

Die Strukturen für die drei neuen Klassen sind nun identifiziert. Sie werden dem bereits eingeführten Subjekt interne Objektorganisation hinzugefügt.

Die Festlegung der Attribute ergibt sich zum Teil bereits aus den obigen Überlegungen. Die Klasse TREE wird mit den folgenden Arrays ausgestattet: ArrayLinkerNachfolger, ArrayRechterNachfolger, ArrayVorgaenger sowie ArrayHoehe. Der zuletzt genannte wird für die Höhenberechnung benötigt. Anhand dieser Werte wird entschieden, ob bei Änderungen eine Umstrukturierung des Baumes vorgenommen werden muß, um den Ausgleich wieder herzustellen. Ein weiteres Attribut nimmt die Größe des Baumes auf (Umfang).

Die Klasse WOBELEMENT erhält als Attribut das Schlüsselfeld. Weitere werden nicht benötigt.

Die Klasse WOB verfügt über einen Array mit den Zeigern auf die Wörterbuchelemente (ArrayZeigerWobElement). Die Länge entspricht der Länge der Arrays in der Klasse TREE. Das Attribut AnzahlWobElement dient der Registrierung der Anzahl der im Wörterbuch tatsächlich enthaltenen Wörterbuchelemente. Wie bei der Klasse ORDLISTE gibt es wieder ein Attribut Cursor für den Iterator.

Nunmehr sind für die drei Klassen die Methoden festzulegen.

Die Klasse WOBELEMENT benötigt als Methoden nur die Vergleichsoperatoren.

Die Klasse TREE wird mit einer Methode versehen, die einen freien Baumindex sucht und zurückgibt (GibBaumindex). Zwei Methoden sind zu entwickeln, die einen neuen Baumknoten links bzw. rechts von einem gegebenen Knoten einfügen, EinfuegeLinks und EinfuegeRechts genannt. Die Methode EntferneKnoten dient dem Herauslösen eines Knotens aus dem Baum. Dazu kommen noch die Methoden zum Ausgleich eines Ungleichgewichts (Prüfung auf Ungleichgewicht, Links-, Rechtsrotation). Deren genaue Spezifizierung ist Aufgabe der Implementierung. Sie werden hier im Design unter dem Begriff AVL-Ausgleich zusammengefaßt.

Für die Klasse WOB sind Methoden vorzusehen für das Einfügen (FuegeEin), die Suche (Suche), den Zugriff (GreifeZu) und das Entfernen eines Wörterbuchelements (EntferneWobElement). Außerdem wird natürlich ein Iterator benötigt (Iteriere).

Die mit den oben spezifizierten Arrays ausgestatteten Klassen werden durch Methoden erweitert, die eine Dynamisierung der Datenstruktur erlauben. Anders als bei einer Hashtabelle ist es leicht möglich, bei Bedarf die Arrays zu vergrößern. Sind die Arrays vollständig gefüllt, so werden durch die Methode `Expandiere` automatisch längere Arrays erzeugt und mit den alten Daten gefüllt. Bei `Expandiere` handelt es sich um eine virtuelle Funktion. Wird beim Einfügen in den Baum während der Ausführung der Methoden `EinfuegeLinks` oder `EinfuegeRechts` der Klasse `TREE` festgestellt, daß die Arrays verlängert werden müssen, so werden zunächst die Arrays des Baums verlängert und dann durch den Aufruf von `Expandiere` dafür Sorge getragen, daß die entsprechende Methode in der abgeleiteten Klasse ausgeführt wird, also z.B. in `WOB` der Array verlängert wird.

Nachrichtenverbindungen zwischen `WOB` und `WOBELEMENT` bestehen dergestalt, daß Objekte der Klasse `WOB` solche der Klasse `WOBELEMENT` veranlassen, Vergleichsoperationen durchzuführen.

Die Abbildung 5.2 gibt die Klassen für die interne Objektorganisation auf der Basis von AVL-Bäumen mit ihren Attributen und Methoden sowie die Strukturen wieder.

Die Verknüpfung zu den Klassen der Subjekte Struktur und Arithmetik erfolgt durch Spezialisierung[34].

5.4.3 Realisierung der Persistenz

Das Anwendungssystem, das der Modellierung zu Grunde liegt, sieht vor, daß auf der Basis von Eingangsdaten, die im Rahmen der Kostenplanung ermittelt werden, Verarbeitungsprozesse zu Ausgangsdaten führen. Nach den beschriebenen Algorithmen und den bisherigen Designüberlegungen ist offensichtlich, daß die Eingangs- und Ausgangsdaten dauerhaft gespeichert werden müssen. Da aus den Eingangsdaten Objekte aufgebaut werden, bedarf es einer besonderen Technik, um die Erzeugung eines Objekts mittels Daten aus externen Dateien zu bewerkstelligen und um einen geordneten Aufbau sicherzustellen. Andererseits wird ebenfalls eine Methodik benötigt, um die im Programm erzeugten Objekte als Ausgangsdaten dauerhaft abzuspeichern, und zwar dergestalt, daß sie jederzeit wieder eingelesen werden können, also die Objekte wieder rekonstruiert werden können.

Die Fähigkeit eines Objekts, dauerhaft zu existieren, wird *Persistenz* genannt. BOOCH präzisiert dahingehend, daß ein Objekt dann persistent ist, wenn es noch existiert, obwohl der Erzeuger nicht mehr existiert und es vom Adressraum entfernt wurde, in dem es erzeugt wurde[35]. Die Existenz

---

[34] siehe 5.5.

[35] Vgl. [Boo91, S. 70].

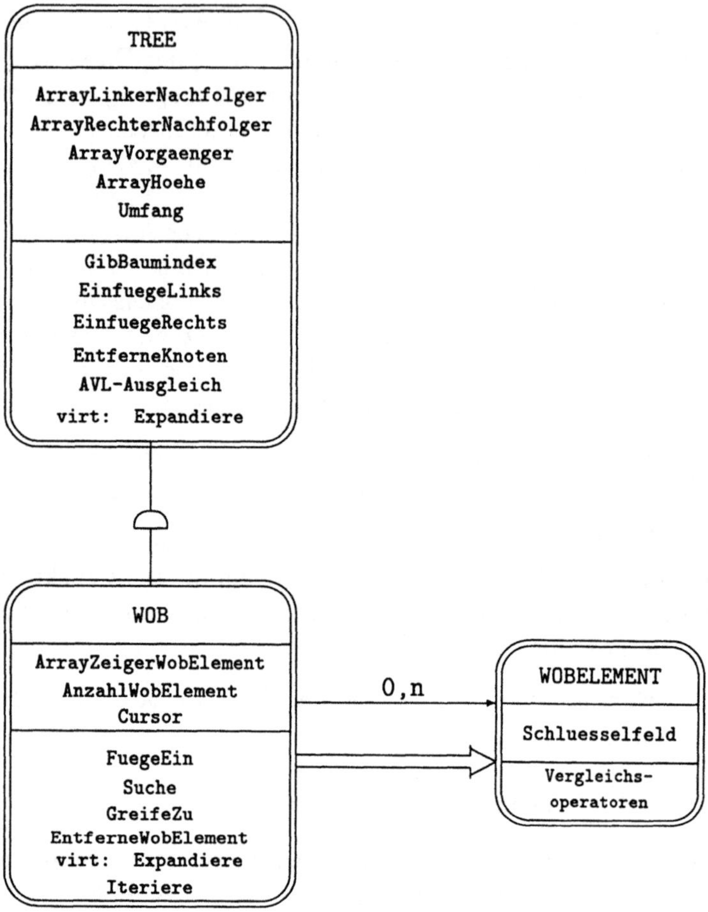

Abbildung 5.2: *Klassen für die interne Objektorganisation (AVL-Bäume)*

eines persistenten Objekts ist also nicht auf die Dauer des Programmlaufs beschränkt.

Smalltalk speichert immer den gesamten Zustand eines Systems, also auch die Objekte mit ihrem aktuellen Zustand. Damit sind die Objekte automatisch persistent. In C++ ist die Persistenz nicht immanent.

Andere Möglichkeiten der dauerhaften Speicherung von Objekten ergeben sich durch Datenbanksysteme. Theoretisch ist es möglich, eine Anbindung der Klassenbibliothek an ein relationales Datenbanksystem vorzusehen. Dies hieße aber, die streng objektorientierte Konzeption zumindest partiell wieder aufzugeben und soll deshalb nicht realisiert werden. Eine naheliegende Lösung liegt in der Nutzung eines speziellen objektorientierten Datenbankmanagementsystems. Eine Bindung an ein solches System würde aber die allgemeine Verwendbarkeit der Klassenbibliothek erheblich einschränken und wird deshalb nicht in Betracht gezogen.

Der Weg, der hier eingeschlagen wird, sieht vor, daß die Objekte in Dateien abgespeichert werden, und zwar in reinen Textdateien, damit eine freie Weiterverwendung gegeben ist. Die Eingabedaten sind im gleichen Format zu erstellen, das für die Ausgabedaten definiert wird. Damit sind einfach zu handhabende Schnittstellen für das Softwaresystem gegeben. Eine Anbindung an ein beliebiges Datenbanksystem kann dann durch ein Schnittstellenprogramm leicht realisiert werden.

Wenn auch die Handhabung dann einfach wird, so ist doch die Realisierung des Verarbeitungsprozesses keineswegs trivial. Persistente Objekte können nicht einfach durch die Variablenwerte wiedergegeben werden. Sie müssen in einer symbolischen Form repräsentiert werden, aus der u.a. die Klassenzugehörigkeit hervorgeht. Das heißt aber, daß eine *Objektbeschreibungssprache* zu entwickeln ist, in deren Syntax die Eingabedaten formuliert werden. Das Programmsystem liest dann aus der Datei die symbolische Repräsentation und baut das Objekt mit Hilfe des entsprechenden Konstruktors auf. Dafür muß der Konstruktor einer Klasse über die Fähigkeit verfügen, den Text in ein Objekt zu transformieren. Dabei ist sicherzustellen, daß Referenzen auf andere Objekte zur Folge haben, daß diese zuerst aufgebaut werden.

Außerdem muß jede Klasse, für die persistente Objekte erzeugt werden sollen, über Methoden verfügen, um Objekte in der gleichen symbolischen Repräsentation in eine Datei zu schreiben.

Den Vorgang, ein Objekt aus seiner symbolischen Repräsentation zu rekonstruieren, nennt COX *Activation*, und mit *Passivation* bezeichnet er die Erzeugung einer symbolischen Repräsentation eines Objekts als eine Datei von Zeichen[36].

In Objective-C wird die Persistenz durch zwei Methoden zum Schreiben und Lesen von Objekten in Dateien unterstützt, die in der Klasse `Object`, der Wurzel aller Klassen, implementiert[37] ist. Damit können alle abgeleiteten Klassen über sie verfügen. Diese Art des Designs ist hier nicht möglich, da es keine Wurzelklasse gibt, aus der alle anderen Klassen abgeleitet werden.

Stattet man alle Klassen, für die persistente Objekte vorzusehen sind, mit den entsprechenden Methoden zum Schreiben und Lesen aus, so führt dieses Vorgehen zu einer starken Belastung der Klassenbibliothek. Überlegt man sich, daß sich die Vorgänge bei allen Klassen ähneln, so ist es im Sinne der objektorientierten Softwaretechnologie zwingend, die allen gemeinsamen

[36] Vgl. [CN91, S. 145].
[37] Vgl. [PW91, S. 117ff].

Grundprinzipien zur Behandlung der Persistenz von Objekten herauszufiltern. Bildet man dafür eine eigene Klasse und leitet daraus alle anderen ab, so führt dieses Vorgehen zu einer starken unerwünschten Verwobenheit der Klassen und steht einer klaren Architektur entgegen.

Vermeiden läßt sich dieses Problem durch die folgende Lösung. Die Objektbeschreibungssprache wird so konzipiert, daß sie geeignet ist, für alle Klassen die symbolische Repräsentation ihrer Objekte zu beschreiben. Die Syntax wird so festgelegt, daß ein Objekt in der Form

```
Klassenname<Objektname>{Objektinhalt}
```

beschrieben werden muß. Das Objekt muß also einen Namen haben, mit dem es eindeutig identifiziert werden kann. Bei Objekten, die mit einem Schlüssel versehen sind, wird dieser als Objektname verwandt. Der Objektinhalt kann aus weiteren Objekten, aus Zeichenketten, ganzen oder Fließkommazahlen bestehen.

Es wird eine Klasse geschaffen, die die Syntax dieser Sprache kennt. Sie enthält Methoden zur Prüfung der Syntax und zum Zerlegen der Textdatei. Dabei werden die Sprachelemente (Zahl, Zeichenketten), die mit Begrenzern zu versehen sind, extrahiert. Es handelt sich als um einen *Scanner*. Der Name dieser Klasse sei `OBE`, abgeleitet aus Objektbeschreibung. Ein Objekt dieser Klasse stellt seine Dienste anderen Klassen zur Verfügung. Dieses Verfahren der Textanalyse kann für Objekte aller Klassen angewandt werden.

Die anderen Klassen, wie beispielsweise `INDEXMENGE` bedienen sich über einen *Client-Server-Mechanismus* der Dienste dieser Klasse. Der Konstruktor von `INDEXMENGE` weiß um den Aufbau eines Objekts dieser Klasse, fordert über den Aufruf der Methoden von `OBE` den Objektnamen sowie die einzelnen Bestandteile des Objektinhalts an und baut das Objekt auf. Der Konstruktor verfügt also über die Fähigkeiten eines *Parsers*. Im Zusammenhang mit der Persistenz werden somit die Techniken des Compilerbaus verwandt.

Der große Vorteil des gewählten Verfahrens besteht darin, daß zur Einführung der Persistenz in die Klassenstruktur und die Ableitungshierarchie nicht eingegriffen werden muß. Es muß nur für die Klassen, für die persistente Objekte angelegt werden sollen, ein zusätzlicher Konstruktor eingeführt werden[38], weitere Attribute oder Ableitungen werden nicht erforderlich. Die Klassen zur Persistenz können von beliebigen anderen Klassen, auch solchen, die nicht aus OBAS abgeleitet werden, genutzt werden.

[38]Siehe S. 123.

Zur vollständigen Realisierung dieses Prinzips werden noch weitere Klassen benötigt. Es wird eine Klasse, ZEM genannt, zur Verwaltung von Zeichenmengen vorgesehen. Objekte dieser Klasse enthalten die zulässigen Zeichen für einen Namen oder für Begrenzer etc. Durch diese Konstruktion gewinnt die Implementierung an Klarheit.

Mit der bisher entwickelten Lösung ist das Lesen der Datei eng mit dem Ablauf des Programms gekoppelt. Ein Objekt, dessen Daten in der Datei gespeichert sind, wird dadurch aufgebaut, daß der Konstruktor dieser Klasse aufgerufen wird, wobei ein Objekt der Klasse OBE als Parameter übergeben wird. Dieses sorgt für die Lieferung der Datenelemente aus der Datei. Der Konstruktor verarbeitet sie zum Aufbau des Objekts. Diese Vorgehensweise bedingt, daß die Reihenfolge der Daten für die Objekte in der Datei exakt den Aufrufen der Konstruktoren entsprechen muß. Diese enge Kopplung ist nicht im Sinne einer flexiblen, leicht änderbaren Realisierung.

Deshalb wird der Entwurf erweitert. Durch eine Prozedur wird die Datei vor dem Verarbeitungsprozeß ganz oder teilweise eingelesen und alle persistenten Objekte aufgebaut. Da der Klassenname bei den Objekten vermerkt ist, wird —ausgelöst durch diese Zeichenkette— der entsprechende Konstruktor aufgerufen, das Objekt erzeugt und in einer *Objektstreuungstabelle* über Zeiger verwaltet. Dazu müßte die Leseprozedur für den Aufruf der Konstruktoren aber sämtliche Klassen kennen, also auch solche, die erst vom Kundenprogrammierer abgeleitet werden. Das hieße, daß dieser die Leseprozedur selbst programmieren müßte, da der Klassenbibliothek die Klassen des Kundenprogrammierers nicht bekannt sein können. Das kann aber nicht im Sinne einer einfachen Anwendung der Klassenbibliothek sein.

Dieses Dilemma wird wie folgt gelöst. Für jede Klasse wird eine Funktion, *Objektbaufunktion* genannt, implementiert, die die Aufgabe hat, den Konstruktor für persistente Objekte dieser Klasse aufzurufen. Die Zuordnung zwischen Klassennamen und der Objektbaufunktion wird in einer *Klassenstreuungstabelle* verwaltet. In diese wird vor dem Lesevorgang für alle Klassen ein Eintrag vorgenommen, der den Namen der Klasse als Zeichenkette und ein Zeiger auf die zugehörige Objektbaufunktion enthält. Trifft die Leseprozedur auf den Klassennamen, läßt sie sich aus der Klassenstreuungstabelle einen Zeiger auf die Aufbaufunktion geben[39] und ruft diese auf. Der Anwender von OBAS muß dann nur für seine Klassen jeweils die —sehr einfache— Objektaufbaufunktion schreiben und den Klassennamen mit der Funktion in die schon für die in der Klassenbibliothek enthaltenen Klassen existierende Klassenstreuungstabelle einfügen[40].

---

[39]Leider ist es in C++ nicht möglich, direkt die Zeiger auf die Konstruktoren zu verwenden.

[40]Vgl. auch Kapitel 7.

Die Klasse OBE wird mit der sehr allgemeingültigen Leseprozedur ausgestattet. Sie ist unabhängig von der jeweiligen Klassenzugehörigkeit und Ausgestaltung der Objekte, da sich diese über den Zugriff auf die Klassenstreuungstabelle quasi ihre Konstruktoren selbst suchen. Die Aufrufe der Konstruktoren richten sich automatisch nach dem Aufbau der Daten in der Datei und sind nicht im Programm fest verankert.

Nach dem Einlesen wird der Zugriff auf alle persistenten Objekte[41] durch die Verwaltung der Zeiger in der Objektstreuungstabelle ermöglicht. Der Zugriff erfolgt über den Namen des Objekts. Damit ist eine vom Aufbau der Eingabedatei unabhängige Gestaltung des Verarbeitungsprogramms möglich.

Die Namen Klassen- und Objektstreuungstabelle weisen schon darauf hin, daß für die eben geschilderte Konstruktion auf die bereits entwickelten Klassen zur Streuung von Objekten zurückgegriffen wird. Dazu werden aus der Klasse STRELEMENT zwei Klassen abgeleitet, damit die gewünschten Informationen in die Streuungstabellen eingefügt werden können. Eine Klasse, KLASTREL (KLAsseSTReuungsELement) genannt, erlaubt die Bildung von Streuungselementen mit einem Klassennamen als Schlüsselfeld, aus dem die Signatur für die Streuung bestimmt wird, und dem Zeiger auf die Objektbaufunktion als Attribut.

Die Klasse OBJSTREL (OBJektSTReuungsELement) dient als Bauplan für Streuungselemente, die in die Objektstreuungstabelle eingefügt werden. Das Schlüsselfeld wird aus der Zusammensetzung des Namens der Klasse und des Objektnamens gebildet. Als Attribut wird ein Zeiger auf das persistente Objekt aufgenommen.

KLASTRAB, die Klasse für die KLAssenSTReuungstABelle, und OBJSTRAB, die Klasse für die OBJektSTReuungstABelle werden aus STRTABELLE abgeleitet, wobei nur ein Teil der Funktionalität benötigt wird, nämlich nur die Methoden des Einfügens und des Zugriffs.

Alle Klassen, deren Objekte persistent gespeichert werden sollen, beinhalten Methoden, um ihre Objekte in der Objektbeschreibungssprache formuliert persistent abzuspeichern.

Für die Persistenz ergeben sich somit sechs neue Klassen, die zum Teil mit den Klassen zur Organisation der Streuung über Vererbung verbunden sind und zum anderen Teil mit den Klassen der Subjekte Struktur und Arithmetik über eine „HAS-A"-Beziehung. Sie werden zu dem Subjekt Basisorganisation für Persistenz zusammengefaßt.

[41] Als persistente Objekte gelten jetzt alle diejenigen, die aus der symbolischen Repräsentation in der Datei aufgebaut wurden.

Die Attribute der Klassen wurden z.T. bereits erwähnt. Sie ergeben sich unmittelbar aus ihrer Funktionalität.

Die Klasse KLASTREL erhält als Schlüsselfeld den Klassennamen. Nach dem Mechanismus der Streuung, wie er oben dargestellt wurde, wird in die Streuungstabelle ein Zeiger auf das Streuungselement, hier also auf ein Objekt der Klasse KLASTREL eingetragen. Dieses muß einen Zeiger auf die Aufbaufunktion der Klasse enthalten. Er wird mit ZeigerOBF bezeichnet.

Die Klasse OBJSTREL erhält als Attribute den Klassennamen und den Objektnamen des persistenten Objekts. Das Schlüsselfeld für die Streuung wird aus Zusammenfügung dieser beiden Zeichenketten gebildet. Der Zugriff auf die Objektstreuungstabelle soll einen Zeiger auf das persistente Objekt liefern. Deshalb wird dieser als Attribut unter dem Namen ZeigerPersObjekt dem OBJSTREL-Objekt beigegeben.

Die Klassen KLASTRAB und OBJSTRAB kommen ohne weitere, d.h. nicht schon in der Klasse STRTABELLE vereinbarte, Attribute aus.

Die Klasse ZEM zur Verwaltung von Zeichenmengen ist von eher einfacher Struktur. Sie enthält als Attribut einen array (ArrayZeichen), der als Bitvektor mit 256 Bits zu implementieren ist. Gehört ein Zeichen zur Menge, so ist an der Stelle im Bitvektor, die seinem ASCII-Code entspricht, eine 1 gespeichert.

Ein Objekt der Klasse OBE braucht die Verknüpfung zu einem file handler. Es sollen für die Dateienverarbeitung die zur Klassenbibliothek von C++ gehörenden `stream`-Klassen verwandt werden. Deshalb erhält die Klasse als Attribut ein Objekt der Klasse `ifstream`. Für jede Datei wird ein eigenes Objekt der Klasse OBE erzeugt. Die Klasse OBE enthält außerdem die Objektstreuungstabelle (Ost) als Attribut, da der Zugriff auf diese wegen der unmittelbaren Kopplung an eine bestimmte Eingabedatei immer über ein Objekt von OBE erfolgen soll. Dazu kommen die Zeichenmengen für die zulässigen Zeichen bei Symbolen, Bezeichnern und solche für die Zahlen. Sie werden unter der Bezeichnung Zeichenmengen zusammengefaßt.

Nach der Bestimmung der Attribute folgt wieder die der Methoden.

Wie alle aus STRELEMENT abgeleiteten Klassen müssen auch KLASTREL und OBJSTREL mit den virtuellen Methoden zur Berechnung der Signatur aus dem Schlüsselfeld und zur Bestimmung, ob zwei Objekte gleich sind, ausgestattet werden. Außerdem enthalten sie jeweils eine algorithmisch einfache Methode, die —im Falle von KLASTREL— den Zeiger auf die Objektaufbaufunktion und bei OBJSTREL den Zeiger auf das persistente Objekt zurückgibt.

Wie erwähnt, benötigen die Klassen KLASTRAB und OBJSTRAB nur eine Methode zum Einfügen eines Objekts in die Klassen- bzw. Objektstreuungstabelle (`FuegeEin`) und zum Zugriff auf ein Objekt in derselben (`GreifeZu`).

`ZEM` erhält Methoden zum Einfügen (`FuegeEin`) und Entfernen (`Entferne`) eines Zeichens in die Menge sowie zur Prüfung, ob ein gegebenes Element in der Menge enthalten ist (`PruefeElement`).

Die Klasse `OBE` benötigt die Funktionalität eines Scanners. Dazu gehören Methoden zum Extrahieren einer ganzen Zahl, einer Fließkommazahl, einer Zeichenkette oder eines Symbols. Diese Methoden erhalten entsprechend die Namen `ExtrahiereGanzeZahl`, `ExtrahiereFliesskommazahl`, `ExtrahiereZeichenkette` und `ExtrahiereSymbol`.

Die Methode `ZerlegeDenAnfang` prüft den Anfang einer Vereinbarung zu einem Objekt, d.h. den Teil

```
Klassenname<Objektname>{
```

auf richtige Syntax und zerlegt ihn in seine Bestandteile. Der Klassenname wird dadurch bekannt und es kann der entsprechende Konstruktor aufgerufen werden, der dann gemäß seiner Kenntnis über den Aufbau des Objekts den Objektinhalt durch Aufruf der Extrahierungsmethoden abruft. Die Methode `PassiereDasEnde` prüft den ordnungsgemäßen Abschluß der Objektbeschreibung durch das Zeichen } und rückt in der Datei bis zum nächsten Objekt vor.

Die Methode `LiesAlles` ist die Leseprozedur für das Verfahren, bei der die Reihenfolge der Objekte in der Datei beliebig sein darf, also nicht an den Programmablauf gekoppelt ist. Die Methode liest die gesamte Eingabedatei und ruft für jedes Objekt über den Klassennamen aus der Klassenstreuungstabelle den Zeiger auf die Aufbaufunktion ab und ruft diese auf. Die Aufbaufunktion wiederum ruft den Konstruktor für persistente Objekte auf, der dafür sorgt, daß das Objekt mit Klassen-, Objektnamen und seiner Adresse in die Objektstreuungstabelle eingefügt wird.

Abschließend sind noch die notwendigen Nachrichtenverbindungen zu eruieren.

Von einer Objektstreuungstabelle wird beim Einfügen eines Objekts über eine Nachrichtenverbindung der Konstruktor der Klasse `OBJSTREL` aufgefordert, ein neues Objekt zu kreieren. Eine Nachrichtenverbindung der gleichen Art besteht zwischen `KLASTRAB` und `KLASTREL`.

Ein Objekt der Klasse `OBE` besitzt Zeichenmengen, also Objekte der Klasse `ZEM`, die die zulässigen Zeichen für Zahlen oder Zeichenketten aufnehmen. An sie werden Nachrichten gesandt, um eine Prüfung vornehmen zu lassen, ob ein bestimmtes Zeichen in der Menge enthalten ist. Außerdem besitzt ein Objekt der Klasse `OBE` eine Objektstreuungstabelle, an die Nachrichten zum Einfügen und zum Zugriff auf persistente Objekte gesandt werden. Die in der C++-Library enthaltenden Methoden der Klasse `ifstream` werden über ein Objekt dieser Klasse aufgerufen. Diese Nachrichtenverbindungen sind aber hier nicht weiter von Interesse.

Alle Klassen, für die persistente Objekte gebildet werden sollen, sind zu ergänzen. Sie erhalten einen weiteren Konstruktor, dem beim Aufruf als Parameter ein Objekt der Klasse `OBE` übergeben wird. Der Konstruktor nutzt über den Client-Server-Mechanismus dessen Dienste zur Analyse des Objektinhalts. Er fordert z.B. über die Methode `ExtrahiereZeichenkette` eine Zeichenkettenbelegung für eine Variable an. Es bestehen also Nachrichtenverbindungen zwischen den Objekten dieser Klassen und denen von `OBE`.

Außerdem werden diese mit einer Methode namens `Textausgabe` ausgestattet, die für ein Objekt die Daten in der gleichen Syntax wie für den Aufbau des persistenten Objekts in eine Ausgabedatei schreibt. Sie wird aufgerufen mit einem Parameter, der ein Objekt der `stream`-Klasse `ofstream` ist. Zusätzlich werden noch globale Funktionen hinzugefügt, die den für die Klasse `ofstream` implementierten Operator << überladen. Dadurch wird erreicht, daß die Anweisung zum Schreiben eines Objekts in einer dem Anwendungsprogrammierer bereits bekannten Schreibweise vorgenommen wird.

Damit sind die Klassen zur Basisorganisation der Persistenz vollständig entworfen und können in Abbildung 5.3 mit ihrer Vererbungsstruktur, ihren Attributen, Methoden und Nachrichtenverbindungen dargestellt werden. Der Zusammenhang zu einer Bestandsklasse wird am Beispiel der Klasse `INDEX` stellvertretend für alle anderen gezeigt.

5.5 Entwicklung der Anwendungsbereich-Komponente

Die Ergebnisse der objektorientierten Analyse sind integraler Bestandteil des Multikomponentenmodells des objektorientierten Designs[42]. Die fachlichen Klassen müssen aber möglicherweise geändert oder ergänzt werden. Zu dieser Phase gehört auch die Konkretisierung der abstrakten Beziehungsarten der objektorientierten Analyse in konkrete Implementierungskonzepte der Programmiersprache.

---

[42] Vgl. [CY91b, S. 36].

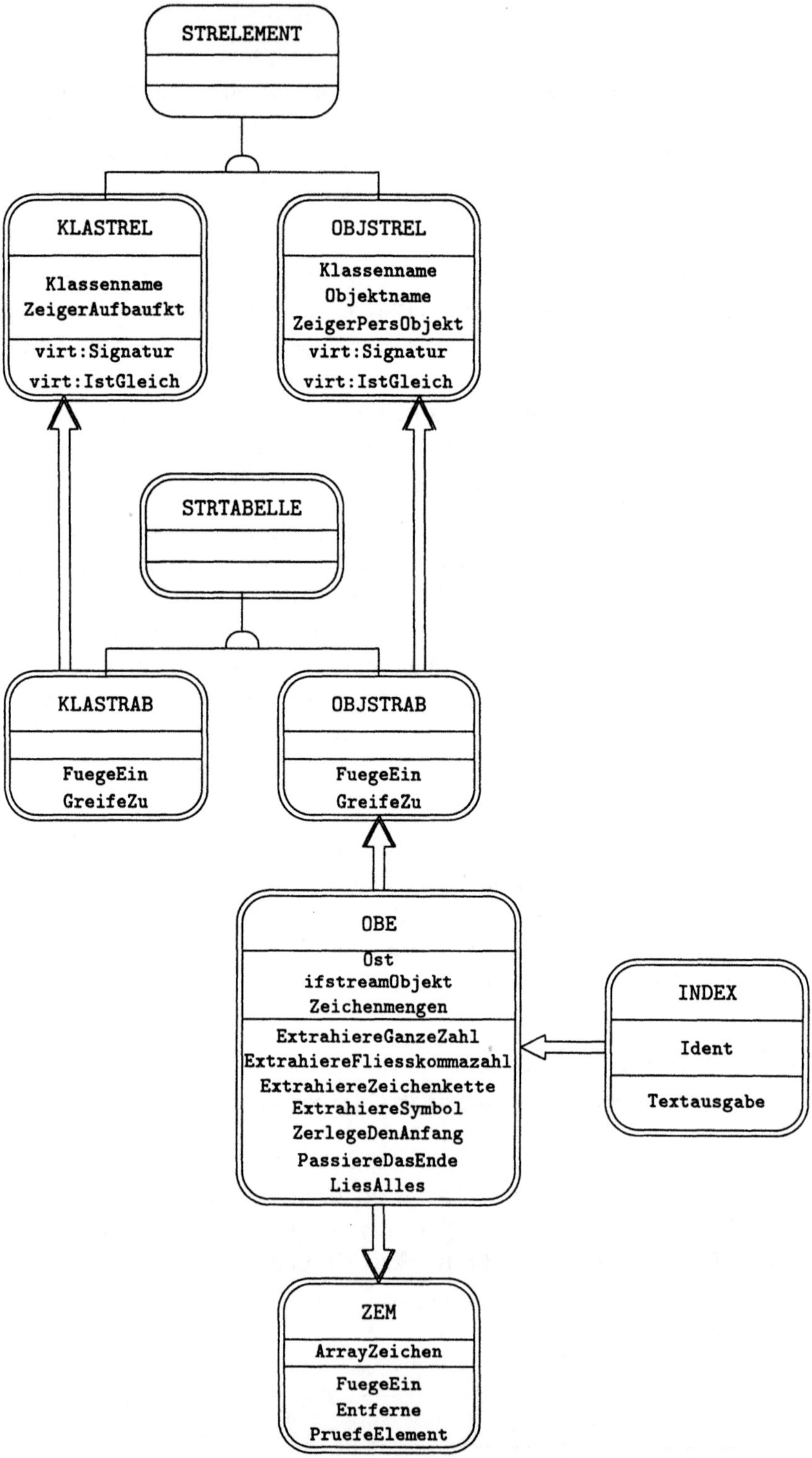

Abbildung 5.3: *Klassen der Basisorganisation für Persistenz*

Die Generalisierungs-/Spezialisierungsstrukturen werden überführt in Vererbungshierarchien. Diese Überführung kann ohne Bruch und ohne neue Designüberlegungen erfolgen. Eine generalisierte Klasse wird eine Basisklasse, die spezialisierte Klasse eine abgeleitete.

Zu prüfen ist allerdings, ob eine Spezialisierung aus zwei Generalisierungsklassen in der Form der Mehrfachvererbung realisiert werden soll. Die Implementierung in **C++** läßt die Mehrfachvererbung prinzipiell zu. Trotzdem sollte die Entscheidung über Mehrfachvererbung kritisch überdacht werden. Nicht wenige Autoren raten von ihrem Einsatz ab, da Mehrdeutigkeiten entstehen können. Bei unbedachtem Einsatz besteht leicht die Gefahr, daß die Übersicht über die Vererbungsbeziehungen verloren geht. COPLIEN führt den „Mißbrauch der Vererbung" in erster Linie auf Mangel an Erfahrung zurück[43]. RUMBAUGH, U.A. geben einige Hinweise zum richtigen Umgang mit Mehrfachvererbung[44]. Sie bietet nämlich unbestreitbare Vorteile. MEYER sieht im Mehrfacherben einen „bemerkenswerten Produktivitätsgewinn"[45]. Bei durchdachter Anwendung der Mehrfachvererbung überwiegen die Vorteile die Nachteile bei weitem. Beim hier entwickelten Modell bildet sie eine wesentliche Designkomponente. Bereits in der Analyse hat sie sich als zweckmäßig herausgestellt, wie am Beispiel der Vererbung der Klasse `KOSTENART` aus `KORE_ELEMENT` und `INDEX` ersichtlich wurde.

Die Ganzes-/Teile-Strukturen können nicht unmittelbar in die Implementierung übernommen werden, sondern werden aufgelöst in Attribute, `HAS-A`-Beziehungen oder Verweisbeziehungen, bzw. werden mittels der Klassen zur internen Objektorganisation realisiert, falls es sich um Ganzes-/Teile-Strukturen mit einer variablen Anzahl von Teilen handelt. Diese Auflösung wird nun vorgenommen, wobei auf die objektorientierte Modellierung anhand der Abbildungen 4.2, 4.3 und 4.4 zurückgegriffen werden kann.

Bei der Festlegung der Attribute wurden bereits diejenigen Ganzes-/Teile-Strukturen, die eine feste Anzahl umfassen, durch Attribute ersetzt. Das betrifft die Klassen `VEKTOR`, `VEKTORELEMENT`, `MATRIX` und `MATRIXELEMENT`. Es soll jetzt noch genauer spezifiziert werden, ob sie als `HAS-A`- oder Verweisbeziehungen modelliert werden sollen. Bei diesen Attributen handelt es sich um Objekte der Klassen `INDEX` und `INDEXMENGEN`. Da diese nicht existenziell an die Klasse gebunden sind, in der sie als Attribut definiert werden, wird jeweils eine Verweisbeziehung festgelegt. Bei der Implementierung sind also Zeiger auf die Objekte zu vereinbaren.

Für die Realisierung der Ganzes-/Teile-Strukturen mit variabler Anzahl von

[43] Vgl. [Cop92, S. 226].
[44] Vgl. [Rum91, S. 68f].
[45] [Mey90, S. 510].

Teilen durch die Klassen der internen Objektorganisation werden die zwei Konzepte verfolgt, die im letzten Abschnitt dargelegt wurden. Beim ersten werden alle Ganzes-/Teile-Strukturen durch doppelt verkettete Listen auf der Basis von Streuungstabellen realisiert, beim zweiten durch AVL-Bäume. Es ist nun festzulegen, **wie** die Verknüpfung zwischen den fachlichen Klassen der Subjekte **Struktur** und **Arithmetik** und denen zur internen Objektorganisation zu erfolgen hat.

Bei der Verfolgung des ersten Konzepts wird die Indexmenge als geordnete Liste aufgefaßt und die Indexobjekte als Listenelemente. Dabei wird vorausgesetzt, daß eine Ordnungsrelation für die Indexobjekte gegeben ist. Es handelt sich bei der Indexmenge zwar um eine Menge im mathematischen Sinne —eine Anordnung der Elemente ist nicht festgeschrieben—, aber es ist angebracht, bei den Verarbeitungsprozessen von einer festen Folge der Elemente auszugehen. Insbesondere wird erwartet, daß ein Iterator die Indexmenge nach einer festen Reihenfolge durchläuft, die nicht von der zufälligen Einfügung der Indizes in die Indexmenge abhängt. Die Klasse `INDEXMENGE` wird deshalb aus der Klasse `ORDLISTE` abgeleitet. Wie die objektorientierte Analyse gezeigt hat, sind die Indexobjekte eindeutig durch ihre Bezeichnung identifiziert. Dieser Schlüssel kann auch als Ordnungskriterium dienen. Falls ein anderes Kriterium gewünscht wird, kann diese Modifikation leicht durch Ableitung bewerkstelligt werden.

`INDEXMENGE` verfügt damit über die Methoden der Klasse `ORDLISTE` und denen der Basisklasse `STRTABELLE`. In der objektorientierten Analyse wurden die Methoden zum Einfügen, der Suche, dem Zugriff und dem Entfernen von Elementen für die Klasse `INDEXMENGE` modelliert, die nunmehr dort wegfallen können.

Auch die Objekte der Klasse `VEKTOR` können als geordnete Listen von Vektorelementen aufgefaßt werden, es wird also ebenfalls eine `IS-A`-Relation aufgebaut und `VEKTOR` aus `ORDLISTE` abgeleitet. Die Ordnungsrelation für die Einfügung der Elemente in die Liste richtet sich nach dem Ordnungskriterium der **Indexobjekte**, das jeweils an ein Vektorelement gekoppelt ist, d.h. es ist die gleiche Reihenfolge wie in der Indexmenge. Demnach wird `VEKTORELEMENT` aus `LISTENELEMENT` abgeleitet und um die notwendigen virtuellen Funktionen ergänzt. Die Signatur zur Einfügung in die Streuungstabelle wird genauso definiert, wie bei dem Indexobjekt, auf das das Vektorelement verweist. Auch hier gilt wie bei der Indexmenge, daß ein Teil der modellierten Methoden entfallen kann, weil diese durch die Klassen `ORDLISTE` und `STRTABELLE` übernommen werden.

Weil ein Matrixelement an zwei Indexobjekte gebunden ist, ist eine eindimensionale, z.B. lexikographische Ordnung der Matrixelemente nicht sinnvoll. Die eine Matrix bestimmende Zeilen- und Spaltenstruktur könnte nur umständlich als geordnete Liste dargestellt werden. Die geordnete Liste ist also nicht die geeignete Datenstruktur für die Objekte der Klasse MATRIX. Das heißt aber auch, daß die geordnete Liste nicht als Generalisierungsklasse TUPEL fungieren kann, sondern eine andere Lösung zu finden ist.

Für die Matrizen bietet sich die Organisationsform der Streuungstabelle an, denn sie setzt keine Ordnungsrelation voraus, ein eindeutiger Schlüssel für ein Paar von Indexobjekten ist aber gegeben. Für den schnellen Zugriff auf ein beliebiges Matrixelement ist eine Streuungstabelle für die gesamte Matrix aufzubauen und für die zeilen- bzw. spaltenorientierte Verarbeitung jeweils eine für die Zeilen- und Spaltenindizes. Die Klasse MATRIXELEMENT wird aus STRELEMENT abgeleitet und um die virtuellen Funktionen ergänzt.

Es ist festzuhalten, daß die Klassen INDEXMENGE und VEKTOR aus ORDLISTE und die Klasse MATRIX aus STRTABELLE abgeleitet wird. Somit muß man an dieser Stelle konstatieren, daß eine Generalisierungsklasse TUPEL keinen Sinn gibt. Es erfolgt also eine Korrektur der Ergebnisse der objektorientierten Analyse dahingehend, daß diese Klasse wegfällt, da die beiden Spezialisierungsklassen in unterschiedliche Ableitungsketten eingehängt werden.

Die dadurch entstehenden Ableitungsketten zeigt die Abbildung 5.4.

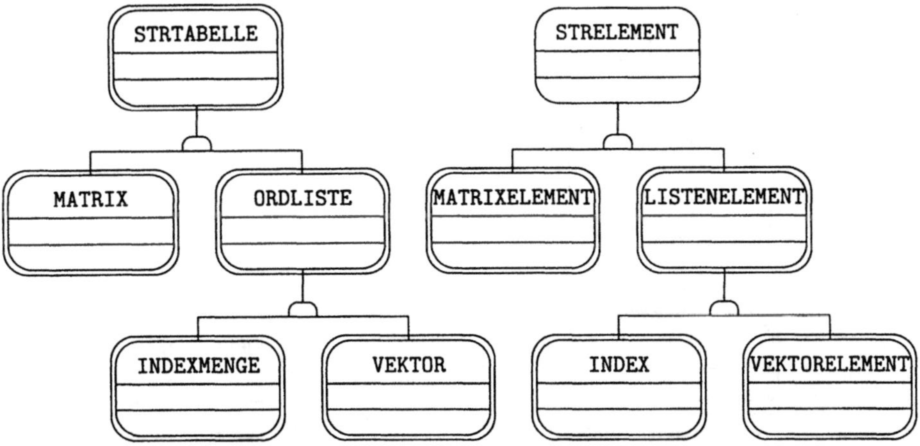

Abbildung 5.4: *Ableitungen der Klassen aus den Klassen für Listen*

Bei der Realisierung des zweiten Konzepts ist nach dem gleichen Verfahren vorzugehen. Über die entsprechenden Vererbungsbeziehungen werden die fachlichen Klassen mit den Klassen WOB und WOBELEMENT verknüpft.

Sollten beide Konzepte in der Klassenbibliothek OBAS vollständig realisiert werden, so müßten alle fachlichen Klassen zweimal implementiert werden. Da darin kaum Erkenntnisgewinn liegt, wurde nur ein Teilsystem der Klassen basierend auf Bäumen neu aufgebaut. Es werden nur die Klassen `INDEX` und `INDEXMENGE` zusätzlich neu implementiert und diesmal aus `WOBELEMENT` und `WOB` abgeleitet. Dabei wird darauf geachtet, daß die Schnittstellen von `INDEX` und `INDEXMENGE` unverändert bleiben, so daß eine leichte Austauschbarkeit gegeben ist. Die unterschiedliche Implementierung wird nach außen nicht sichtbar. Deshalb behalten sie auch den gleichen Namen. Da die Schnittstellen der zwei auf der jeweiligen Ableitung beruhenden Klassen `INDEXMENGE` übereinstimmen, bleiben alle übrigen Klassen und Methoden von einem Austausch der Datenstrukturen zur internen Objektorganisation bei Indexmengen unberührt.

Die beiden Implementierungen der Klassen `INDEX` und `INDEXMENGE` unterscheiden sich jeweils zwar nicht bezüglich der Namen ihrer Methoden, aber bei den inneren Methodenaufrufen, da diese auf die Datenstrukturen zur internen Objektorganisation abgestimmt sein müssen. Die Unterschiede sind aber gering, wenn die Klassen `WOB` und `ORDLISTE` nach einheitlichem Prinzip, d.h. mit möglichst ähnlichem Interface aufgebaut werden.

Die Vektoren und Matrizen basieren nach wie vor auf geordneten Listen bzw. Streuungstabellen. Die Vererbungshierarchie bei den Trägerklassen für die arithmetischen Operationen bleibt deshalb unverändert.

Die sich nach diesem Konzept ergebenden Vererbungshierachie ist der Abbildung 5.5 zu entnehmen.

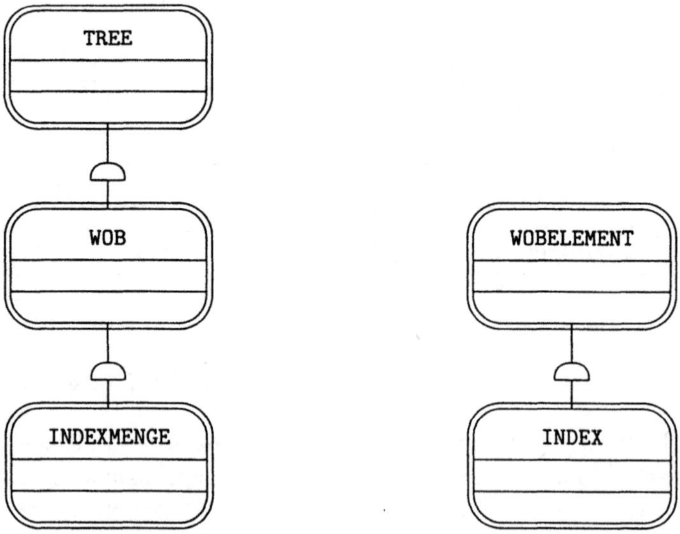

Abbildung 5.5: *Ableitungen der Klassen* `INDEX` *und* `INDEXMENGE` *aus den Klassen für AVL-Bäume*

Betrachtet man diese Klassenhierarchien aus einem höheren Blickwinkel und in Verbindung mit den Attributen und Methoden der fachlichen Klassen, so wird klar, daß die Klassen `INDEXMENGE`, `VEKTOR` und `MATRIX` selbst auch als Klassen zur Objektorganisation verwendet werden können, also als Container-Klassen fungieren können. Z.B. kann die Klasse `VEKTOR` ganz allgemein als Behälter für mit Daten verknüpfte Objekte angesehen werden, wobei die Objekte selbst von unterschiedlicher Natur sein können. Sie stellt alle für die Organisation derselben benötigte Operationen, wie Suche, Zugriff, etc. zur Verfügung. Die Trägerklassen für die arithmetischen Operationen sind also auch dann nützlich anzuwenden, wenn eine Arithmetik gar nicht benötigt wird. Wie die Anwendungsfälle zeigen werden, sind sie auch für dynamische Indexmengen anwendbar, bei denen die Elemente während des Verarbeitungsprozesses entstehen, in die Indexmenge eingefügt und ggfs. gelöscht werden. Deshalb wurde eine variable Dimension für die Vektoren und Matrizen zugelassen.

Als letzter Schritt muß die Verbindung zu den Basisklassen für die Persistenz geschaffen werden. Wie bereits oben ausgeführt, bedarf es es bei den Klassen, für die Objekte persistent abgespeichert werden sollen, nur der Ergänzung um ein Attribut `Obe`, das ein Objekt der Klasse `OBE` darstellt. Über dieses werden dann Nachrichten an die Objekte der Persistenzklassen gesandt. Neue Vererbungslinien oder Nachrichtenverbindungen entstehen nicht.

Die in der objektorientierten Analyse abgeleiteten Nachrichtenverbindungen lassen sich unmittelbar als Methodenaufrufe implementieren. Werden Objekte zu Ausführungen veranlaßt, die mit der aufrufenden Klasse nicht in einer Vererbungsbeziehung stehen, so müssen diese Methoden in C++ als `public` erklärt werden.

Es hat sich gezeigt, daß tatsächlich die Ergebnisse der Analysephase fast vollständig in die Designphase übernommen werden können. Nur wenige Modifikationen und Ergänzungen sowie die Einbindung in die Vererbungshierarchie in die Klassen der internen Objektorganisation waren nötig. Es ist also entsprechend der Grundphilosophie der Objektorientierung ein bruchloser Übergang von der Analysephase in die Designphase möglich.

Damit kann die Designphase als abgeschlossen gelten. Die Ergänzungen der Klassen, die aus rein programmtechnischen Gründen, zur Verbesserung der Handhabung der Klassenbibliothek oder zur Optimierung der Performance, notwendig werden, sind als Gegenstand der Implementierung anzusehen.

6 Objektorientierte Implementierung der Klassenbibliothek

6.1 Die Architektur der Klassenbibliothek OBAS

Auf der Basis der Ergebnisse der objektorientierten Analyse und des Designs ist die Klassenbibliothek OBAS zu entwerfen und zu implementieren. Damit ein Baukastensystem entsteht, aus dem die Bausteine für die Implementierung eines Anwendungssystems wahlfrei zusammengesetzt werden können, muß eine weitere Systematisierung und Strukturierung erfolgen. Es ist ein Aufbauplan zu entwerfen, durch den die Architektur der Klassenbibliothek bestimmt wird. Dafür sind der Abstraktionsgrad der Klassen und die Vererbungshierarchie maßgeblich.

In der Analyse- und der Designphase wurden vom Denkmodell der Kostenrechnung ausgehend und durch Abstraktion allgemein anwendbare Klassen entwickelt, die ein hohes Maß an generischer Funktionalität aufweisen. Diese bilden nun das Gerüst der Klassenbibliothek, werden erweitert und können für ein breites Spektrum von Anwendungen benutzt werden.

Der Benutzer des Systems soll ohne tiefere Kenntnis des Aufbaus der Klassenbibliothek die Bausteine auswählen, gegebenenfalls erweitern und entsprechend seinen Modellierungen zur Realisierung benutzen. Dabei muß er nicht alle Klassen kennen oder verwenden[1]. Mit möglichst geringem Aufwand soll gegebenenfalls eine einzelne Klasse genutzt werden können.

Unter dieser Zielsetzung ist ausgehend von der Analyse- und Designphase OBAS so anzulegen, daß

— die Auswahl und der Einsatz der Klassen sowie die Vererbung auf leichte Art und Weise zu bewerkstelligen sind,

— sie beliebig erweitert werden kann,

— ein möglichst geringer Verflechtungsgrad innerhalb der Klassenbibliothek gegeben ist, so daß auch eine oder wenige Klassen effizient genutzt werden können,

— klare und einfache Schnittstellen vorliegen[2],

— die Funktionalität ihrer Komponenten unabhängig von bestimmten vorher eingetretenen Ereignissen in vorhersagbarer Weise garantiert ist,

— die Methoden einer abgeleiteten Klasse die Funktionsweise von Ob-

---

[1] Vgl. [Str92, S. 405].

[2] Vgl. bezüglich dieses und der folgenden Punkte auch [MO92, S. 185].

jekten einer Basisklasse nicht beeinträchtigen[3],

— Objekte persistent gespeichert werden können,

— ihre Nutzung keine Performance-Probleme mit sich bringt,

— gut verständlich, sowie flexibel und leicht zu handhaben ist.

Dazu gehört außerdem eine exakte anwendungsbezogene Beschreibung der Klassen und ihrer Funktionalität.

Nur bei Beachtung dieser Prinzipien ist ein hohes Maß an Wiederverwendbarkeit zu erreichen. Denn die Verwendung von C++-Elementen vereinfacht zwar die Wiederverwendbarkeit, aber „in sich selbst stellen diese Elemente keinesfalls Wiederverwendbarkeit sicher.“[4].

Zur Bildung der Architektur von OBAS werden die Klassen der in den beiden letzten Kapiteln entwickelten Subjekte Struktur, Arithmetik, interne Objektorganisation und Basisorganisation für Persistenz nach Abstraktionsstufen neu systematisiert. Danach lassen sich drei Architekturebenen herauskristallisieren. Die unterste Ebene wird gebildet durch die domänenunabhängigen Klassen für die Objektorganisation. Dieser Ebene werden die Klassen zur internen Objektorganisation und der Persistenz zugeordnet. Sie stellen den inneren Kern der Klassenbibliothek dar, denn die meisten weiteren Klassen werden aus ihnen abgeleitet. Sie werden deshalb **Klassen des Kerns** genannt. Sie weisen den höchsten Abstraktionsgrad auf.

Die nächste Ebene wird durch die Klassen repräsentiert, die über die grundsätzliche Datenstrukturierung und generische Funktionalität für die Objekte der ökonomischen Welt verfügen. Diese Klassen enthalten nicht die Begrifflichkeit der Domäne, können aber als Erzeugungsmuster für Klassen aus einem konkreten betrieblichen Anwendungsbereich dienen. Wegen dieses generischen Charakters werden sie **generische Klassen der fachlichen Anwendung** genannt[5].

Die dritte Ebene bilden die Klassen, die sich unmittelbar auf das konkrete, zu implementierende Anwendungssystem beziehen. Sie werden deshalb **Klassen des konkreten Systems** genannt. Bei der Bildung dieser Klassen kann man sich unmittelbar an den Objekten der modellierten Welt bzw. der Wirklichkeit orientieren. Die Trennung der Klassen des Subjekts Struktur in generische Klassen der fachlichen Anwendung und solche des konkreten Systems muß bei der Architektur von OBAS wegen der verschiedenen Abstraktionsgrade und dem damit verbundenen Grad der Wiederverwend-

[3]Das gilt insbesondere für Ableitungen durch den Benutzer der Klassenbibliothek, also für solche Klassen, die in OBAS nicht bekannt sind.

[4][Str92, S. 419].

[5]Hier ist nicht —wie bei MEYER— der Begriff der Generizität im Sinne von Typparametrisierung gemeint, vgl. [Mey90, S. 425].

barkeit klar erkennbar sein. Die Klassen des konkreten Systems werden i.d.R. aus den generischen Klassen der fachlichen Anwendung abgeleitet. Sie weisen den geringsten Grad der Wiederverwendbarkeit auf. Sie können in vielfältiger Weise durch weitere Klassen ergänzt werden[6].

Die Architekturebenen sind also durch Vererbung miteinander verknüpft, und man erhält eine Klassenhierarchie.

Die folgende Tabelle zeigt die Zuordnung der in der objektorientierten Analyse und dem Design entwickelten Klassen zu den Architekturebenen.

Architekturebene	Klassen
Klassen des Kerns	Klassen der internen Objektorganisation, Klassen zur Basisorgansation der Persistenz
Generische Klassen der fachlichen Anwendung	`INDEX`, `N_INDEX`, `ZEIT`, `AGG_INDEX`, `INDEXMENGE`, Trägerklassen für die arithmetischen Operationen
Klassen des konkreten Systems	`KORE_ELEMENT`, `KOSTENART`, `KOSTENSTELLE`, `KOSTENTRAEGER`, `AGG_KORE_ELEMENT`

Da die Benutzung von OBAS auch die Möglichkeit beinhalten sollte, die Klasse `INDEX` ohne weitere Ableitung zu benutzen, wird diese Klasse nicht —wie im Design vorgesehen— als abstrakte Klasse implementiert, sondern die Objektbildung zugelassen. Das gilt genauso für die Klasse `AGG_INDEX`.

Die Klassen der internen Objektorganisation sind für zwei grundlegende Datenstrukturen entwickelt worden. Wie bereits in der Designphase festgelegt wurde, ist die Klassenbibliothek so aufzubauen, daß die Organisation der Indexmenge wahlweise auf verketteten Listen auf der Basis einer Streuungstabelle oder auf AVL-Bäumen beruht. Deshalb werden die Klassen `INDEX` und `INDEXMENGE` zweimal implementiert, wobei das Interface jeweils gleich sein muß. Die aus diesen beiden Klassen abgeleiteten Klassen `N_INDEX`, `ZEIT`, `AGG_INDEX`, etc. müssen dagegen nicht erneut programmiert werden. Sie passen jeweils für beide Datenstrukturen. Ob verkettete Listen oder AVL-Bäume benutzt werden, hängt dann allein davon ab, welche Module zur Laufzeit geladen werden. Hier wird also ein weiterer wichtiger Bestandteil der objektorientierten Programmierung realisiert, nämlich das *late binding*.

Ein Ziel, das mit diesen Varianten verfolgt wird, ist darin zu sehen, daß dem Kundenprogrammierer eine Wahlmöglichkeit eingeräumt werden soll. Im

[6] Vgl. Beispiele in Abschnitt 7.4.

konkreten Fall wird er die Entscheidung für eine der beiden Organisationsformen davon abhängig machen, ob für andere Anwendungen die Objekte in einer bestimmten Struktur vorliegen müssen oder bevorzugt zu bearbeiten sind. Auch wird die Wahl dadurch bestimmt, ob die Datenstrukturen abgespeichert werden sollen. Da die Datenstrukturen für die AVL-Bäume ohne Zeiger konstruiert werden, lassen sich diese besonders leicht abspeichern[7].

Außerdem soll gezeigt werden, wie die Klassenbibliothek aufzubauen ist, damit die Klassen und Methoden der Anwendungsebene von der zugrundeliegenden Datenstruktur zur internen Objektorganisation unabhängig sind. Dann können bestimmte Teile der Klassenbibliothek bei Bedarf ausgetauscht werden, ohne daß die Funktionsfähigkeit der übrigen Klassen beeinträchtigt wird oder irgendeine Änderung notwendig wird.

Auch können die verschiedenen Organisationsformen für die Datenstrukturen bezüglich Laufzeit und Speicherbedarf verglichen werden.

Als weiteres Grundprinzip liegt dem Aufbau von OBAS die Vorstellung zugrunde, daß die Klassen ihre Funktionalität auch isoliert zur Verfügung stellen, ohne daß der gesamte Ableitungsmechanismus mit einbezogen werden muß. So ist es z.B. möglich, die Klasse `GROESSE` alleine zu nutzen, ohne daß Verflechtungen mit anderen Klassen berücksichtigt werden müssen. Dieses Prinzip macht es erforderlich, daß die Klassen nicht alle von einer Wurzel-Klasse abgeleitet werden. Die Klassen, die in Vererbungsbeziehungen zueinander stehen, bilden in sich abgeschlossene Einheiten in einem überschaubaren Gesamtsystem. Durch dieses Prinzip wird eine kombinatorische Explosion vermieden.

Wenn auch durch die Ergebnisse der Analyse und des Designs die Klassen mit ihren Beziehungen vorgegeben sind, so werden in der Implementierungsphase nochmals Ergänzungen und Modifikationen nötig, sei es, weil noch nicht alle technischen Details bedacht wurden, oder weil aus Effizienzgründen Änderungen vorzunehmen sind. Die Implementierung ist nicht mehr in dem starken Maße an die Diskurswelt gebunden wie die Analyse. Zwar muß sie sich streng an die Vorgaben halten und realisieren, was modelliert wurde, aber aus programmtechnischen Gründen können in der Implementierungsphase neue Klassen oder neue Beziehungen gebildet werden, die mit der Vorstellungswelt nicht mehr übereinstimmen. STROUSTRUP spricht in diesem Zusammenhang von „Klassen, die Artefakte der Implementation darstellen“[8]. Dieses Prinzip der Ablösung von der Diskurswelt erlaubt erst die volle Nutzung der Vorteile der objektorientierten Programmierung. An

---

[7] Diese Feststellung gilt ungeachtet der Möglichkeiten der Persistenz, wie sie durch OBAS gegeben sind.

[8] [Str92, S. 441].

einem Beispiel wird erläutert, worin diese Möglichkeiten zu sehen sind.

Entsprechend der Vorgabe aus der Designphase sind die Klassen ORDLISTE und LISTENELEMENT zur Bildung doppelt verketteter Listen zu implementieren. Die Listenelemente sind jeweils mit dem Vorgänger und dem Nachfolger über Zeiger zu verketten. Die Liste braucht einen Listenkopf, auch Anker genannt, der auf das erste und das letzte Listenelement zeigt. Damit hat der Anker den „Charakter" eines Listenelements. Wenn man nun die Liste selbst zu einem Listenelement macht, kann man die Methoden dieser Klasse für den Anker nutzen und somit auf einen eigens konzipierten Listenkopf verzichten. Die Liste als (unechtes) Listenelement enthält als Nachfolger das erste echte und als Vorgänger das letzte echte Listenelement. Dadurch wird das Abarbeiten einer Liste sehr einfach. Ist der Zeiger auf den Nachfolger eines Listenelements gleich dem this-Zeiger, d.i. der Zeiger auf die Liste als Listenelement, ist die Bearbeitung zu beenden.

Diese Überlegungen führen dazu, die Klasse ORDLISTE nicht nur aus der Klasse STRTABELLE, sondern auch aus LISTENELEMENT abzuleiten. Damit ist ein Objekt der KlasseORDLISTE automatisch eines der KlasseLISTENELEMENT und verfügt über deren Attribute und Methoden. Bei strenger Beachtung der Regeln über die Vererbung wird eine solche Konstruktion als fehlerhaft angesehen. So weist z.B. MEYER mit Recht darauf hin, daß HAUS nicht von TÜR und FUSSBODEN abgeleitet werden darf, sondern ein Haus diese Bestandteile **hat**[9]. MEYER bezieht sich hier aber auf Objekte der realen Welt, für die diese Regel zweifellos gilt, wie auch für alle Klassen des Modells. Bei den Klassen der Implementierung handelt es sich aber um reine Artefakte. Zwar müssen sie in ihrem äußeren Verhalten den Vorgaben des Modells entsprechen, sind aber in ihrem inneren Aufbau nicht an die Vorstellungswelt gebunden. Diese aus programmtechnischen Gründen erfolgten Ableitungen treten nach außen nicht in Erscheinung. Der Kundenprogrammierer bleibt von dieser Konstruktion völlig unberührt und kann weiterhin in seiner Vorstellung der Diskurswelt agieren.

Das eben geschilderte Prinzip wird bei allen Containerklassen angewandt.

In der Abbildung 6.1 werden alle Klassen in ihrer Vererbungshierarchie und in Zuordnung zu den Architekturebenen dargestellt, so wie sie tatsächlich implementiert wurden. Um eine zusammenfassende Darstellung aller Klassen zu ermöglichen, wird auf die Notation von COAD/YOURDON verzichtet. Die Klassen werden nur durch den Namen symbolisiert. Die Pfeile weisen jeweils auf die Basisklasse.

[9] Vgl. [Mey90, S. 359].

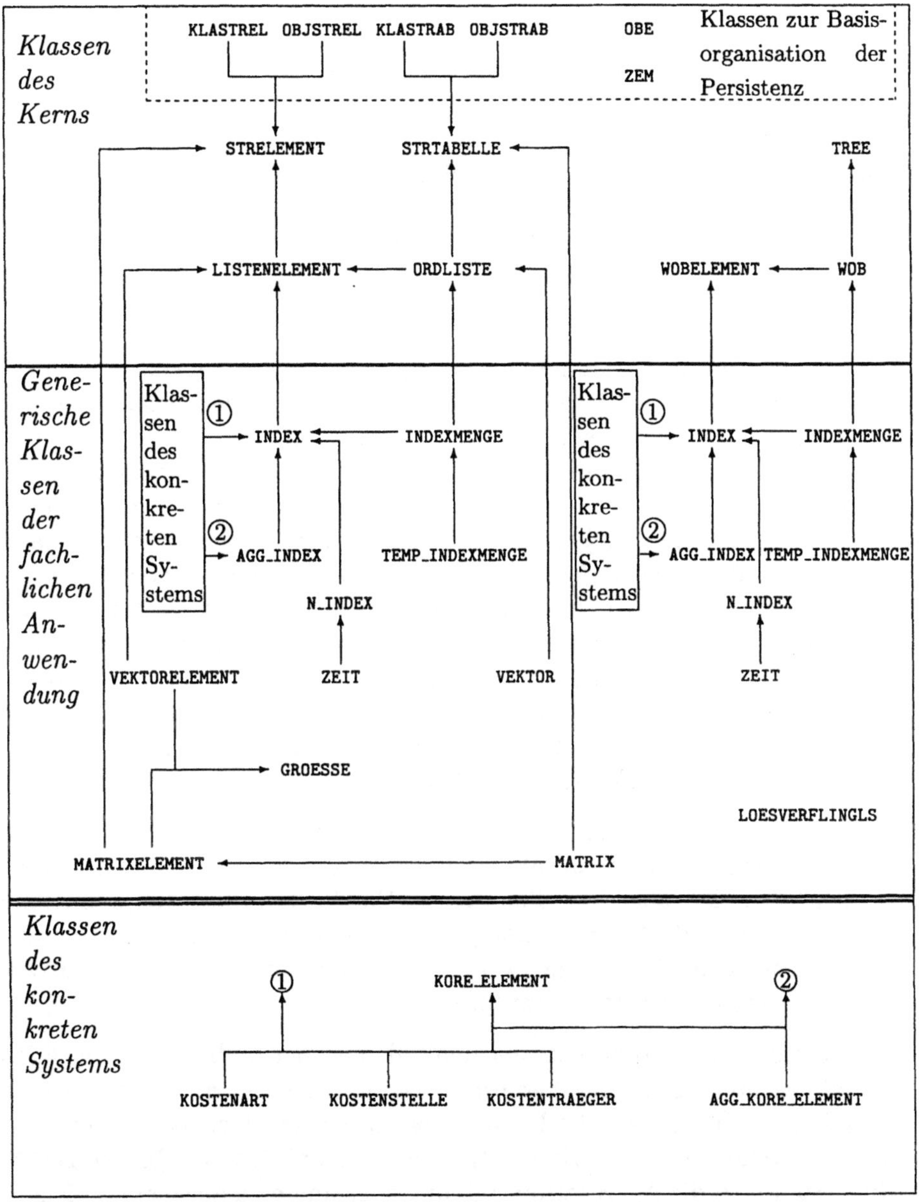

Abbildung 6.1: *Die Klassen von OBAS in den drei Architekturebenen*

Gemäß den Prinzipien der objektorientierten Softwaretechnologie wurden die Klassen der Analyse- und Designphase bruchlos übernommen und unter den o.a. Gesichtspunkten modifiziert und ergänzt. Erläuterungsbedürftig sind nur noch diese Modifikationen und Ergänzungen.

Wie bereits erläutert, wird die Klasse `ORDLISTE` nicht nur aus `STRTABELLE` sondern auch aus `LISTENELEMENT` abgeleitet, damit für den Listenkopf über die Attribute und Methoden der Klasse `LISTENELEMENT` verfügt werden kann. Aus den gleichen Gründen erfolgt eine Vererbung der Klasse `WOB` aus `WOBELEMENT`, von `INDEXMENGE` aus `INDEX`, von `VEKTOR` aus `VEKTORELEMENT` und von `MATRIX` aus `MATRIXELEMENT`, denn alle Objekte dieser Klassen benötigen einen Anker, der auf diese Art und Weise in eleganter Form durch Verwendung bereits existierender Klassen realisiert wird.

Ergänzt wurden die in Analyse und Design entwickelten Klassen durch die Klasse `TEMP_INDEXMENGE`. Sie stellt eine Klasse für Indexmengen dar, die nur temporär vorhanden sind. Ein Objekt dieser Klasse wird dann kreiert, wenn Vektoroperationen die Existenz einer Indexmenge voraussetzen, die vorher nicht bestand. Dieser Fall kann z.B. eintreten, wenn zwei Vektoren zusammengefügt werden[10], denn die zugehörigen Indexmengen müssen dann vereinigt werden. Die Klasse `TEMP_INDEXMENGE` wird aus `INDEXMENGE` abgeleitet. Sie enthält als Attribut eine Variable namens Kopien, die festhält, wie viele Kopien von dieser temporären Indexmenge bereits angelegt wurden. Wird der Vektor, der auf einer temporären Indexmenge definiert ist, kopiert, so wird bei der Indexmenge die Variable Kopien um eins erhöht. Wird der Vektor gelöscht, so wird die temporäre Indexmenge dann ebenfalls gelöscht, wenn die Anzahl der Kopien gleich 0 ist.

In der Abbildung 6.1 sind die beiden Ableitungsketten aus den Klassen für die interne Objektorganisation nebeneinander dargestellt. Es ist dabei zu beachten, daß aber nur die Klassen `INDEX` und `INDEXMENGE` zweimal implementiert sind. Alle aus ihnen abgeleiten Klassen existieren nur einmal. Sie wurden in die Abbildung zweimal aufgenommen, um die alternativen Ableitungsketten deutlich zu machen.

Die Abbildung 6.1 verdeutlicht nochmals, daß bei der Architektur von OBAS darauf geachtet wurde, den Verflechtungsgrad der Klassen möglichst gering zu halten. Insbesondere die Klassen des konkreten Systems „docken" nur an einer Stelle an den generischen Klassen an, nämlich an der Klasse `INDEX`, bzw. wenn man die Aggregation einführt, noch an deren abgeleiteten Klasse `AGG_INDEX`. Das vereinfacht die Nutzung der Klassenbibliothek in starkem Maße.

Diese Einbindung der Klassen des konkreten Systems, wie sie in der Abbil-

[10]Siehe dazu S. 29.

dung erscheint, ist aber nur als eine Variante anzusehen, die aber bereits die volle Nutzung der Klassenbibliothek für ein so umfangreiches Anwendungssystem wie die Kostenrechnung ermöglicht. Für eine Erweiterung der Funktionalität können auch Vererbungen aus `VEKTOR` und `MATRIX` implementiert werden.

Anderseits können aber auch nur Teile der Klassenbibliothek wie z.B. die Größenarithmetik genutzt werden. Eine weitere Ableitung erübrigt sich. Es wird allein die Klasse `GROESSE` mit ihrer vollen Funktionalität in das Programm des Kundenprogrammierers einbezogen.

Auch die Klassen des Kerns können unmittelbar für die eigene Objektorganisation oder die Persistenz herangezogen und gegebenfalls durch Vererbung erweitert werden.

6.2 Implementierungskonzepte

Nachdem die Architektur von OBAS vorgestellt wurde, werden im folgenden Einzelheiten der Implementierung dargelegt. Generell ist zu beachten, daß die Implementierung nicht nur die reine Erfüllung der Vorgaben des Designs zur Aufgabe hat, sondern in dieser Phase weitere Ziele wie breite Wiederverwendbarkeit, Laufzeit- und Speicherplatzeffizienz, Integration in andere Softwaresysteme, Anbindung an Benutzerschnittstellen und Datenbanksysteme, etc. verfolgen muß. Dazu bedarf es bei der Implementierung gewisser Spielräume bei der Realisierung und des Einsatzes effizienter programmiertechnischer Instrumente.

In der Phase der Implementierung sind nun auch die algorithmisch einfachen Methoden zu definieren und zu realisieren. Außerdem sind die Methoden zur Konstruktion, Kopie und Destruktion von Objekten einer Klasse auszuformen.

Im folgenden werden einige Konzepte erläutert, die der Implementierung von OBAS zugrundeliegen. Es sind solche allgemeiner Natur, d.h. diese wurden durchgängig eingehalten. Daneben werden noch spezielle Konzepte realisiert, die einzelne Klassen oder Gruppen von diesen betreffen. Die wichtigsten von ihnen werden in den folgenden Abschnitten dargestellt.

- Die Containerklassen sind so aufgebaut, daß sie unabhängig sind von der konkreten Ausgestaltung der Objekte, die sie verwalten. Das Prinzip ist vergleichbar dem einer Werkzeugmaschine mit austauschbarem Werkzeug. Die Maschine weiß nichts von der Ausgestaltung und dem Aufbau des Werkzeugs, sondern nur über dessen Führung. Das Werkzeug besitzt dagegen Kenntnisse über die spezielle Bearbeitung, z.B. das Bohren. Eine Containerklasse entspricht der Werkzeugmaschine, eine Elementklasse dem Werkzeug. Die Klassen, die für die Erzeugung und Funktionsweise von Elementen zuständig sind, übernehmen mit Hilfe von virtuellen Methoden die Bearbeitungen, die vom inneren Aufbau des Elements abhängig sind. Die Klasse, die die Elemente organisiert und behandelt, —also die Containerklasse— hat nur die Kenntnisse über das Element, die von dessen innerer Struktur unabhängig sind.

- Als weiteres Konzept der Implementierung ist an das Prinzip zu erinnern, das bereits im vorigen Abschnitt für das Verständnis der Architektur erläutert wurde. Alle Containerklassen, die aus Basisklassen zur internen Objektorganisation (z.B. `ORDLISTE`) erben, werden auch aus der entsprechenden Elementklasse (beim Beispiel:`LISTENELEMENT`) abgeleitet, um über deren Methoden zu verfügen und um in dieser Eigenschaft als Anker für die verkettete Liste zu fungieren.

- Von der Möglichkeit des *operator overloading* wird in hohem Maße Gebrauch gemacht. Dadurch lassen sich die meisten Operationen mit Listen und ihren Elementen, auch in ihrer abgeleiteten Form, z.B. als Vektor, durch einfache arithmetische Ausdrücke darstellen.

  Sei $\odot$ irgendein binärer (arithmetischer) Operator.

  Zum Überladen gibt es zwei Möglichkeiten:

  – Der Operator wird als gewöhnliche Funktion überladen, hat also zwei Argumente:

  $$x \odot y \Rightarrow \text{operator} \odot (x, y)$$

  – Der Operator ist Methode einer Klasse, hat also nur ein Argument (das zweite ist der `this`-Zeiger des Objektes, über das er aufgerufen wird):

  $$x \odot y \Rightarrow \text{x.operator} \odot (y)$$

  Welche Möglichkeit gewählt wird, hängt von der Anwendung ab, wie am Beispiel für + und += gezeigt werden soll.

  Sei der binäre Operator +=. In `x+=y` muß `x` ein `lvalue` sein, also muß links von += ein Objekt vorhanden sein, das veränderbar ist. Zum Überladen wählt man deshalb die zweite Möglichkeit, denn hier muß links von += ein Objekt stehen, über das der Operator aufgerufen werden kann. Es wird damit ein bestehendes Objekt geändert. Damit der den eingebauten Operator überladene Operator genauso reagiert, muß der Operator als Rückgabewert die Referenz des aufgerufenen Objektes zurückgeben durch `return *this`.

Für den Fall, daß man + überladen will, also Ausdrücke der Form `x+y` bilden will, bietet sich die erste Möglichkeit an, denn der Operator `+(x,y)` wird in der Anwendung nicht beschränkt, d.h. es muß nicht auf der linken Seite ein Objekt der Klasse stehen. Man kann z.B. auch `1 + x` bilden. Die Funktion gibt als Rückgabewert ein neues Objekt als Ergebnis der Operation zurück. Dieses wird über den Zuweisungsoperator dem Objekt auf der linken Seite der Zuweisung zugewiesen oder in einem arithmetischen Ausdruck weiterverwendet.

- Die Orientierung am Kundenprogrammierer erfordert es, die Implementierung der Schnittstellen dergestalt zu realisieren, daß die Bausteine in den Stil des Anwenderprogramms passen. Werden aus vorhandenen Klassen neue abgeleitet oder Objekte von bestehenden Klassen angelegt, so kommuniziert der Nutzer dieser Klassen über deren Schnittstellen. Die Schnittstellen, also die Methodenaufrufe, sind im vorliegenden Fall so angelegt, daß der Nutzer über zwei Ebenen Zugang findet, einer oberen, stärker anwenderbezogenen und einer unteren („systemnäheren").

  Die untere Ebene ist für abgeleitete Klassen gedacht, die zur Ausführung ihrer Methoden noch speziellen Wissens um die unterliegenden Datenstrukturen bedürfen (Streuungstabelle, Zeigergeflecht etc.). Bei diesen systemnäheren Methoden sind die Rückgabewerte vom Typ Zeiger.

  Die obere Ebene stellt abstrakte Operatoren zur Nutzung zur Verfügung, z.B. `[]` für den direkten Zugriff auf ein Listenelement über seinen Namen, zur Implementierung von: für ein bestimmtes x aus der Liste L führe $P(x)$ aus. Die Methoden höherer Ebene operieren mit Referenzen, also den Objekten selbst. Dabei rufen natürlich die Methoden der höheren Ebene die der unteren auf. Für den Anwender der Klassen bleibt dies verborgen. Zum Beispiel kann mit dem Operator `[]` auf ein Listenelement direkt mit seinem Namen zugegriffen werden, ohne daß der Nutzer irgendetwas von Streuungstabelle oder -index wissen muß. Andererseits gibt es auf der unteren Ebene eine Methode, die zu einem gegebenen Steuungselement den Streuungsindex zurückgibt oder zu einem Streuungsindex einen Zeiger auf das Streuungselement.

  Gemäß diesem Prinzip werden alle Methoden mit Rückgabewerten, die für den Kundenprogrammierer relevant sind, also **nicht** die, die vor allem dem inneren Funktionieren von OBAS dienen, zweimal mit der gleichen Funktionalität implementiert. Einmal wird ein Zeiger auf das Objekt zurückgegeben und einmal eine Referenz auf das Objekt. Die Rückgabe der Referenz ermöglicht auch die Schachtelung von Methodenaufrufen, d.h. erwartet eine Methode ein Objekt als Parameter, so kann in der Parameterliste direkt der Methodenaufruf erfolgen. Das Objekt das zurückgegeben wird, existiert dann nur temporär.

- Als weiteres allgemeingültiges Prinzip ist das der Iteratoren darzulegen. „Ein Iterator ist ein zusammen mit einer Datenstruktur definierter Mechanismus, der beschreibt, wie eine beliebige Operation auf jedes Element eines Exemplars der Datenstruktur angewandt wird."[11] Ein Iterator, beispielsweise für eine Liste, stellt für den Verarbeitungsvorgang —beginnend mit dem ersten Listenelement— jeweils das nächste zur Verfügung und beendet den Mechanismus, wenn das Ende der Liste erreicht ist.

  Für `ORDLISTE` und alle aus ihr abgeleiteten Klassen sowie `WOB` und die erbenden Klassen wurde für den Iterator in der Designphase die Methode `Iteriere` vorgesehen. Zwei Ausformungen dieser Methode sind jeweils realisiert worden, nämlich eine für die Abarbeitung der Liste (des Wörterbuches) vom ersten zum letzten Element und eine für das Durchlaufen der Liste vom letzten zum ersten Element. Die Methoden geben zu einem als Parameter übergebenen Element das nächste bzw. vorige zurück.

  Außerdem enthält jede der Klassen als Variable ZeigerCursor den Zeiger auf ein laufendes Listen- bzw. Wörterbuchelement. Die Methode `CursorAnDenAnfang` (`CursorAnDasEnde`) belegt diese mit dem Zeiger auf das erste (letzte) Element. Durch Aufruf der entsprechenden Methode[12] wird erreicht, daß ZeigerCursor die Adresse des nächsten bzw. vorigen Elements zugewiesen wird. Mit Hilfe dieser Konstruktion läßt sich unter Verwendung eines Präprozessormakros eine sehr benutzerfreundliche Lösung für die Verarbeitung aller Elemente erreichen. Z.B. werden durch die Sequenz

  ```
  IXM_AUF(IndexmengeA)
        Verarbeitung eines Indexobjekts
  IXM_ENDE
  ```

  alle Indexobjekte einer Indexmenge abgearbeitet.

  Bei der Implementierung zeigte sich, daß gelegentlich eine Schachtelung von Iterationen notwendig ist, z.B. bei der Abarbeitung von Matrizen. In diesem Fall braucht man mehr als einen Iterator für ein Objekt. Deshalb wurden für `ORDLISTE`, `WOB` und ihre Ableitungen jeweils zwei Iteratorklassen (vorwärts und rückwärts) geschaffen. Ein Objekt einer Iteratorklasse stellt einen Iterator für eine bestimmte

[11] [Mey90, S. 231].

[12] Es handelt sich um den überladenen Funktionsoperator mit einem bzw. zwei Parametern, vgl. auch [Huc90, S. 270ff].

Liste (Wörterbuch) dar. Es können mehrere Objekte gebildet werden, womit Schachtelungen möglich werden, da jedes Iteratorobjekt seinen eigenen Cursor verwaltet. Für den Anwender gibt es wieder ein die Nutzung vereinfachendes Makro:

```
IXM_VOR(IndexmengeA, i)
        Verarbeitung eines Indexobjekts
IXM_ENDE
```

`i` stellt ein Objekt der Iteratorklasse dar[13].

Die Namen für die jeweils zwei Iteratorklassen für `ORDLISTE`, `WOB` und allen aus diesen abgeleiteten Klassen setzen sich zusammen aus `IV` für Iterator vorwärts bzw. `IR` für Iterator rückwärts und dem Namen der zugehörigen Klasse. Z.B. heißt `IVIXM` eine Iteratorklasse für Indexmengen. Diese zusätzlichen Klassen stehen in keiner Vererbungsbeziehung zu anderen Klassen. Sie erhalten als Attribut das Objekt, für das sie als Iterator dienen. Sie wurden aus Gründen der Übersichtlichkeit nicht in die Abbildung 6.1 übernommen.

Die Nutzung der Klassenbibliothek OBAS durch den Kundenprogrammierer führt zu schlanken und kurzen Programmen. Durch den Aufruf eines Operators oder einer Methode können aber zahlreiche Abläufe in OBAS hervorgerufen werden, ohne daß der Kundenprogrammierer im mindesten eine Vorstellung davon hat. Dieses Vorgehen birgt die Gefahr in sich, daß er für einfache Berechnungen einen großen Mechanismus in Bewegung setzt, der speicher- und laufzeitintensiv ist. Diesem Eindruck ist entgegenzusetzen, daß zwar viele Methoden von OBAS aufgerufen werden, diese aber bezüglich Laufzeit und Speicherbedarf optimiert wurden. Insbesondere die ausgefeilten Verfahren zur internen Objektorganisation tragen erheblich zur Effizienz bei. Für den Kundenprogrammierer würde sich für eine einzelne Implementierung ein solcher Aufwand nicht lohnen. Außerdem wird ihm die Programmierung vieler Vorgänge abgenommen, auf die er nur durch die Anwendung von OBAS verzichten kann, z.B. auf die Fehlerbehandlung. Ein Teil der Funktionalität von OBAS ist darauf ausgerichtet, daß die Datenstrukturen und Operationen auf Zulässigkeit überprüft werden. Auch Existenz- und Bereichsprüfungen oder die Beachtung von Sonderfällen, wie z.B. leere Listen, können OBAS überlassen werden. Durch die Nutzung von Iteratoren kann auf die Bestimmung und Abfrage von Anfangs- bzw. Endebedingungen verzichtet werden.

In den folgenden Abschnitten werden die Implementierungen einzelner Klassen der unteren zwei Architekturebenen erläutert und zwar nur insoweit, als sie von besonderer konzeptioneller Bedeutung sind. Die Klassen des konkre-

[13]Vgl. auch die Beschreibung der Klassen in Anhang A.

ten Systems werden erst im Zusammenhang mit den Anwendungsbereichen genauer betrachtet.

Zum Abschluß dieses Abschnitts sind noch Bemerkungen zur Notation in den Programmen angebracht, weil nur durch Kenntnis dieser die Programmbeispiele verständlich werden. Die Notation richtet sich nach der ungarischen Methode [14]. Alle eingebauten und abstrakten Datentypen werden durch `typedef` mit kurzen, prägnanten Bezeichnungen versehen. Um den Datentyp in den folgenden Programmbeispielen nachvollziehen zu können, werden hier die Vereinbarungen für die eingebauten Datentypen angegeben:

```
#define VOID  void
typedef VOID * PVOID;
typedef char   C, *PC, &RC;// Praefix c
typedef PC     Z, *PZ, &RZ;// Praefix z  ("..." aus C)
typedef int    N, *PN, &RN;// Praefix n, allg. fuer ganze Zahl
typedef int    I, *PI, &RI;// Praefix i, allg. fuer Index
typedef FLAG   F, *PF, &RF;// Praefix f, allg. fuer BOOLsche Variable
typedef double R, *PR, &RR;// Praefix r, doppelt genaue Fliesspunktzahl
```

In der Implementierung sind die Bezeichnungen der Klassen abgekürzt worden, um den Quellcode überschaubar zu halten. Die Lang- und Kurzbezeichnungen ergeben sich aus den Klassenbeschreibungen. Für die Klassen werden gleichfalls Typvereinbarungen definiert, z.B. für die Klasse `STRELEMENT`, die im Programm mit `SEL` bezeichnet wird:

```
typedef class SEL * PSEL, ** PPSEL, & RSEL;
```

Diese Vereinbarungen erleichtern die Anwendung der ungarischen Methode. Danach werden die Variablennamen nach einem festen Schema aufgebaut. Sie bestehen aus dem Präfix, dem Typ und dem Bezeichner. Der Präfix gibt an, in welcher Beziehung die Variable zum Datentyp steht, beispielsweise steht `p` für einen Zeiger (Pointer). Der Typ gibt den Datentyp an, mit dem die Variable vereinbart wird. Der Bezeichner spiegelt den Zweck der Variablen wieder. Z.B. bezeichnet `pselNext` einen Zeiger auf ein Streuungselement. Manchmal reicht es auch, den Namen nur durch Präfix und Typ zu bezeichnen, z.B. nur `psel` oder nur durch den Typ, z.B. `n`.

6.3 Die Klassen des Kerns

6.3.1 Die Klassen der internen Objektorganisation

In diesem Abschnitt stehen die Klassen des Kerns im Vordergrund, deren Struktur und Beziehungsgefüge innerhalb der Klassenbibliothek auf einer systemnahen Ebene angesiedelt ist. Die Programmierung der Klassen des Kerns erfolgt gemäß den Vorgaben, wie sie in Kapitel 5 entwickelt wurden.

[14] Vgl. [SH91].

Die folgenden Erläuterungen der Implementierung beschränken sich auf dezidierte Aspekte der Ausgestaltung und Methodik der Klassen und verzichten auf uninteressante Implementierungsdetails, die ohne weiteres dem Quellcode entnommen werden können.

Zu den Klassen der internen Objektorganisation gehören vor allem die Containerklassen `STRTABELLE`, die im Programm mit `STT` bezeichnet wird, `ORDLISTE` (Programmbezeichnung: `GOL`), `TREE` und `WOB`. Bei der Implementierung wird die Forderung berücksichtigt, daß diese Klassen so allgemein zu halten sind, daß sie beliebige Elemente bzw. Objekte aufnehmen können. Auch die Art des Schlüssels darf nicht festgeschrieben werden, z.B. wird die Signatur für die Einfügung eines Objekts in eine Streuungstabelle aus einem beliebigen Speicherbereich bestimmt. Beim Schlüssel kann es sich damit um Zeichenketten, beliebige Zahlen, Zeiger oder komplexe Datenstrukturen handeln.

Anhand einer Methode der Klasse `GOL` werden einige Prinzipien erläutert, die auch in anderen Containerklassen verfolgt werden. In eine geordnete Liste, also ein Objekt von `GOL`, kann durch den überladenen Operator `+=` ein Listenelement, also ein Objekt der Klasse `LISTENELEMENT` (Programmbezeichnung: `LEL`) der Liste hinzugefügt, bzw. durch `-=` ein solches entfernt werden. Dabei kann das Listenelement selbst (Referenz) oder ein Zeiger auf dieses bezeichnet werden.

Die Methode `+=` ruft die folgende Methode auf, die als `protected` vereinbart ist[15].

```
SI GOL::siFuegeHinzu(PLEL plelHinzuzufuegen) {
  PLEL plel = plelHinzuzufuegen->plelKopie(); // Kopie des Listenelements
  if (alel == 0) { // Liste ist leer
     plelNext = plelPrev = plel;
     plel->plelNext = plel->plelPrev = (PLEL)this;
     plelCurs = plel;         // Zeiger auf das aktuelle Element
     }
  else
     if (*plelPrev <= *plel) { // neues LEL ist groesser als das letzte
        plelPrev->plelNext = plel;
        plel->plelPrev = plelPrev;
        plel->plelNext = (PLEL)this;
        plelPrev = plel;
        }
```

[15]Die Notation in den Programmen richtet sich nach der ungarischen Methode, die im Abschnitt 6.2 genauer beschrieben wird.

```
    else { // die Einfuegestelle ist zu suchen, LEL einzufuegen
      PLEL plelCut = plelNext;
      while (*plelCut < *plel) plelCut = plelCut->plelNext;
      plelCut->plelPrev->plelNext = plel;
      plel->plelPrev = plelCut->plelPrev;
      plel->plelNext = plelCut;
      plelCut->plelPrev = plel;
      }
  alel++;
  return si(plel);
  }
```

Parameter ist ein Zeiger auf das einzufügende Listenelement. Ein wesentlicher Grundsatz ist der, daß von einzufügenden Elementen eine Kopie angefertigt wird. Durch das Einfügen der Kopie und nicht des Elementes selber (bzw. den Verweis über Zeiger), können die Elemente einer Liste beliebig vernichtet werden, ohne daß damit ein Objekt zerstört wird, auf das an anderer Stelle Bezug genommen wird. Bei `plelKopie()` handelt es sich um eine virtuelle Methode von `LEL` oder einer aus ihr abgeleiteten Klasse, so daß also die Liste keine Kenntnis über die innere Struktur des Elements haben muß. Damit ist sichergestellt, daß die Methode auch angewandt werden kann, wenn die Listenelemente aus abgeleiteten Klassen stammen.

Die Variable `alel` gibt die Anzahl der bereits vorhandenen Elemente in der Liste an. Bei der Einfügung ist zu unterscheiden, ob die Liste leer ist, oder bereits Elemente enthält und ob das neue Listenelement größer als das letzte ist.

Für den Kopf der verketteten Liste wird die Eigenschaft eines Objektes von `GOL` genutzt, auch ein Objekt der Klasse `LEL` zu sein[16]. Damit verfügt es auch über die Attribute `plelNext` (=`ZeigerNachfolger`) und `plelPrev` (=`ZeigerVorgaenger`). `plelNext` zeigt auf das erste Element in der Liste und `plelPrev` auf das letzte. Die Verkettung erfolgt also in der Form eines Ringes. Ist die Liste leer, enthalten die Zeiger den `this`-Pointer, wobei ein *cast* in der Form `(PLEL)this` notwendig ist, denn es ist der Zeiger des Listenkopfes anzugegeben und nicht der der Liste selber.

Zum Einfügen der Elemente in die nicht-leere Liste müssen die Elemente bezüglich des Ordnungskriteriums verglichen werden. Bei den Vergleichsoperatoren (z.B. bei `*plelPrev <= plel`) handelt es sich natürlich um überladene Operatoren, die bei der Klasse `LEL` bzw., wenn das Listenelement aus einer abgeleiteten Klasse stammt, bei dieser implementiert ist. Die Klasse `GOL` kennt das Ordnungskriterium nicht.

Durch die Methode `si` wird das Listenelement in die Streuungstabelle eingetragen. Es wird nicht geprüft, ob das Element bereits in der Liste enthalten

[16] Vgl. S. 110.

ist, d.h. es wird zugelassen, daß ein Element mit dem gleichem Schlüsselfeld bereits in der Liste enthalten ist[17]. Als Funktionswert wird der Streuungsindex des eingefügten Listenelementes zurückgegeben. Diesen Wert gibt auch `siFuegeHinzu` zurück, wird allerdings von `+=` nicht verwandt.

Die Abarbeitung der Liste ist auch wieder auf unterschiedlichen Abstraktionsebenen möglich. So sind Methoden vorhanden, die ein sequentielles Bearbeiten der Liste über Zeiger ermöglichen, z.B. gibt die Methode `plelNachfolger` einen Zeiger auf den Nachfolger eines Elements zurück. Auf einer höheren Ebene bedient man sich des „Cursors". Die Klasse `GOL` speichert den Zeiger des zuletzt bearbeiteten Elements (aktuelles Element) in der Variablen `plelCurs`. Dieser kann an den Anfang und an das Ende der Liste gesetzt werden und mit den Operatoren `<<` und `>>` beliebig verschoben werden. Auf dieser Ebene braucht man die Zeigerstruktur der Liste nicht zu kennen. Noch einfacher ist die Benutzung des Iterators[18], der in Form von Makros wie folgt definiert wurden:

```
#define GOL_AUF(gol)\
 {Plel plelCursor;(gol).CursorAnDenAnfang();\
 while((gol)(&plelCursor)){RLEL lelCursor=*plelCursor;
#define GOL_AB(gol)\
 {PLEL plelCursor;(gol).CursorAnDasEnde();\
 while((gol)(&plelCursor,0)){RLEL lelCursor=*plelCursor;
#define GOL_ENDE }}
```

Ein „Cursor" (laufendes Listenelement) wird an den Anfang der Liste gesetzt. Dann wird in einer `WHILE`-Schleife die Liste aufwärts bzw. abwärts durchlaufen. Wie dann das einzelne Listenelement bearbeitet wird, wird im Programmtext ausgeführt. Zum Schluß schließt `GOL_ENDE` den Vorgang ab.

Die Anwendung ist denkbar einfach. Sei `golListe` der Bezeichner der Liste, so ergibt sich eine Bearbeitung aller Elemente durch:

`GOL_AUF(golListe)`
    Anweisungen zur Bearbeitung des Elements `lelCursor`
`GOL_ENDE`

Die Makros wurden so geschrieben, daß man als Parameter `gol` sowohl Referenzen als auch dereferenzierte Zeiger übergeben kann. Das Makro erwartet also ein Objekt. Im Makro kann statt mit dem Element `lelCursor` auch mit dem Zeiger `plelCursor` gearbeitet werden.

Daneben gibt es —insbesondere für die geschachtelte Iteration— die Iteratorklassen, deren Funktionsweise bereits in Abschnitt 6.2 beschrieben wur-

[17]Soll die Mehrfacheinfügung verhindert werden, so ist dies über eine Ableitung und ein Methodenüberladen leicht zu erreichen und wurde bei der Klasse `INDEXMENGE` auch durchgeführt.

[18]Siehe S. 113.

de.

Die gleichen Prinzipien werden bei den Klassen für die interne Objektorganisation auf der Basis der AVL-Bäume angewandt, die allerdings noch Methoden für den AVL-Ausgleich enthalten und solche zur Vergrößerung des Baumes während der Laufzeit.

6.3.2 Die Klassen der Basisorganisation für Persistenz

Der Entwurf für die Klassen zur Bildung persistenter Objekte wurde ausführlich in Abschnitt 5.4.3 dargestellt. Das Hauptaugenmerk bei der Implementierung wird auf die Wiederverwendbarkeit gerichtet, d.h. diese Klassen sollen die Dienste zur Persistenz für beliebige Objekte zur Verfügung stellen können, also auch für solche, die nicht aus Klassen von OBAS abgeleitet werden. Dazu wurde eine Syntax für die symbolische Repräsentation von Objekten festgelegt, die Allgemeingültigkeit hat. In einer Textdatei wird ein Objekt in der Form

```
Klassenname<Objektname>{Objektinhalt}
```

beschrieben[19].

Wie im Abschnitt 5.4.3 ausgeführt, gehören zu den Klassen der Basisorganisation für Persistenz die folgenden:

* die Klasse `OBE`, die als Scanner fungiert und Methoden zur Prüfung der Syntax und zum Zerlegen der Textdatei enthält,
* die Klasse `ZEM` zur Verwaltung von Zeichenmengen,
* die Klasse `KLASTRAB` (Klassenstreuungstabelle) zur Verwaltung der Zuordnungen zwischen einem Klassennamen und der zugehörigen Objektaufbaufunktion, die für die Erzeugung des Objekts sorgt,
* die Klasse `OBJSTRAB` (Objektstreuungstabelle) zur Verwaltung der Zuordnungen zwischen einem Objektnamen und dem Zeiger auf dieses Objekt,
* die Klasse `KLASTREL` zur Bildung eines Streuungselements für die Klassenstreuungstabelle,
* die Klasse `OBJSTREL` zur Bildung eines Streuungselements für die Objektstreuungstabelle.

Im Programm werden die letzten vier Klassen mit `CST`, `OST`, `CEL` und `OEL` bezeichnet. Sie werden aus `STT` bzw. `SEL` abgeleitet. Ihre Implementierung birgt keine Besonderheiten und wird hier nicht kommentiert.

---

[19]Vgl. S. 94.

Die Methoden der Klasse `OBE` enthalten die Verfahren, die einen Scanner ausmachen, d.h. gemäß der definierten Objektbeschreibungssprache sind Begrenzer zu erkennen, Symbole und Zeichenketten zu analysieren und zusammenzusetzen, aus Zeichenketten ganze Zahlen und Fließpunktzahlen zu bilden, etc. Die Verfahren sind aus dem Compilerbau bekannt und brauchen nicht erläutert zu werden. `OBE` enthält außerdem die Methode `LiesAlles`, um die gesamte Textdatei zu lesen und zu analysieren. Diese Methode kann und darf aber vom Typ der Objekte nichts wissen. Deshalb wird die folgende Konstruktion gewählt. Es wird der Datei für jedes Objekt der Klassenname entnommen, in der Klassenstreuungstabelle der Zeiger auf die Objektaufbaufunktion gesucht und diese zur Ausführung gebracht. Alles weitere erledigt jetzt der Konstruktor dieser Klasse. Diese Methode funktioniert also für beliebige Objekte.

Die Klassen, für die persistente Objekte abgespeichert werden sollen, bedienen sich über einen Client-Server-Mechanismus der Dienste der Klasse `OBE`. Ein zusätzlicher Konstruktor, der natürlich Kenntnisse über den Aufbau eines Objekts seiner Klasse hat, fordert über den Aufruf der Methoden von `OBE` die einzelnen Bestandteile aus der Datei an. Er beinhaltet also einen Parser.

Zur Einführung der Persistenz werden die Klassen mit diesem neuen Konstruktor ausgestattet, der sehr schematisch und leicht zu programmieren ist. Weitere Ergänzungen oder Eingriffe in die Klassenstruktur, wie zusätzliche Attribute oder eine weitere Ableitung, werden nicht notwendig. Es wird nur vorausgesetzt, daß alle Objekte eindeutig mit einem Namen versehen werden können[20], da sie über diesen Namen in der Objektstreuungstabelle gesucht werden. Die meisten Objekte sind durch Schlüssel eindeutig gekennzeichnet, die für diesen Namen verwendet werden, so daß deshalb keine zusätzliche Variable notwendig wird.

Es gibt zwei prinzipielle Möglichkeiten, die persistenten Objekte einzulesen, wobei zunächst immer ein Objekt der Klasse `OBE` zu erzeugen ist, wodurch auch der Dateizugriff hergestellt wird. Im ersten Fall folgt der Programmablauf dem Aufbau der Datei. Das Programm „weiß" also, in welcher Reihenfolge die Objekte in der Datei enthalten sind. Dann werden der Reihe nach die Konstruktoren dieser Klassen aufgerufen, wobei das Objekt von `OBE` als Parameter übergeben wird. Der Konstruktor läßt sich vom `OBE`-Objekt den Klassennamen und den Objektnamen geben, trägt letzteren in das Schlüsselfeld ein und fordert vom `OBE`-Objekt den Objektinhalt an, mit dem er die weiteren Attribute belegt. Besteht der Inhalt aus Objekten, ruft er die für diese Klasse zuständige Objektaufbaufunktion auf. Zum Schluß wird das neue Objekt in die Objektstreuungstabelle eingefügt, so daß über

[20] Nicht zu verwechseln mit dem Bezeichner im Programm.

den Objektnamen auf seine Adresse zugegriffen werden kann.

Als weitere Möglichkeit ist vorgesehen, daß zu Beginn des Programmablaufs die Methode `LiesAlles` des `OBE`-Objekts aufgerufen wird, die direkt die gesamte Datei verarbeitet. Für alle persistenten Objekte liest sie jeweils den Klassennamen und ruft die passende Objektaufbaufunktion auf. Der Konstruktor läßt sich dann direkt den Objektnamen geben und verfährt weiter wie im ersten Fall. Nach Abarbeitung dieser Methode `LiesAlles` stehen alle persistenten Objekte in der Objektstreuungstabelle zur Verfügung. Bei diesem Verfahren müssen vor dem Beginn des Einlesens der Datei mit den persistenten Objekten dem Programm allerdings die Klassennamen bekannt gemacht werden, und die Klassenstreuungstabelle muß aufgebaut werden. Es wird also als erstes ein Objekt der Klasse `KLASTRAB` erzeugt und für jede Klasse die Methode `FuegeEin` mit der Bezeichnung der Klasse und ihrer Objektaufbaufunktion aufgerufen.

Das grundsätzliche Vorgehen zur Realisierung der Persistenz und der Client-Server-Mechanismus werden an einem Beispiel für die Klasse `GOL` gezeigt. Es werde angenommen, daß in einer Textdatei das Objekt wie folgt beschrieben sei:

```
GOL<Liste>{LEL<eins>{}LEL<zwei>{}LEL<drei>{}}
```

`Liste` ist also der Name des Objekts. Wie oben ausgeführt wurde, wird `GOL` aus `LEL` abgeleitet. Ein Objekt dieser Klasse besitzt ein Schlüsselfeld, das mit diesem Namen belegt wird. Der Objektinhalt besteht aus den Listenelementen, die wiederum in der Objektbeschreibungssprache formuliert sind. Die Einordnung in die Liste während des Programmlaufs erfolgt nach den Objektnamen der Listenelemente, die im Schlüsselfeld als Zeichenkette eingetragen werden. Sie bleiben also nicht in der o.a. Reihenfolge. Die Listenelemente selbst weisen keinen Objektinhalt auf. In abgeleiteten Klassen werden i.d.R. Daten wie Zeichenketten oder Zahlen erscheinen, z.B. in der Form `{40, "DM"}` oder aber wiederum weitere Objekte.

Der zusätzliche Konstruktor von `GOL` sieht wie folgt aus, wobei zur besseren Übersicht die Fehlerbehandlung entfernt und eine Numerierung eingeführt wurde auf die bei den folgenden Erklärungen Bezug genommen wird. Ein Objekt der Klasse `OBE` wird als Parameter übergeben. Dieses verfügt über den Dateizugriff.

```
1   GOL::GOL(ROBE obe, char* zKlasse, int alelMax) : LEL("GOL"),
                                                     STT(alelMax) {
2     char vcKlasse[OBE::ACSYMMAX], vcObjekt[OBE::ACSYMMAX];
3     if (zKlasse)
4        obe.ZerlegeDasObjekt(vcObjekt);
5     else
6        obe.ZerlegeDenAnfang(vcKlasse, vcObjekt);
7     delete z; int ac = 1+strlen(vcObjekt);
      z = new char[ac]; memcpy(z,vcObjekt,ac);
8     alel = 0; plelCurs = (PLEL)this;
9     while (obe.fAmSymbolanfang()) {
10       obe.ExtrahiereSymbol(vcKlasse);
11       PLEL plel = (PLEL)(*(cst.pobf(vcKlasse)))(obe);
12       siFuegeHinzu(plel, fFalse);
13       }
13    obe.PassiereDasEnde();
14    obe.ost.FuegeEin("GOL", vcObjekt, this);
      }
```

Die Anweisungen bewirken folgendes:

1 Die Konstruktoren der Basisklassen werden aufgerufen. `"GOL"` ist die Vorbelegung des Schlüsselfeldes für LEL, also des „uneigentlichen" Listenelements, das als Anker dient. Der wirkliche Objektname des zu erzeugenden Listenobjekts ist an dieser Stelle noch nicht bekannt.

3 Wurde der Parameter `zKlasse` beim Aufruf belegt, so wurde der Konstruktor über die Objektaufbaufunktion aufgerufen. Das entspricht dem o.a. zweiten Fall. Der Klassenname wurde bereits gelesen.

4 `obe` scannt und schreibt den erkannten Objektnamen in das array `vcObjekt`.

5 Der Klassenname wurde noch nicht gelesen. Im Programmablauf ist bekannt, daß die Datei jetzt ein Objekt dieser Klasse in der Objektbeschreibungssprache formuliert enthält. Es handelt sich also um den ersten Fall (s.o.).

6 `obe` scannt und schreibt den erkannten Klassennamen in `vcKlasse` und den Objektnamen in `vcObjekt`.

7 Der Objektname wird in `z` eingetragen, d.i. das Schlüsselfeld für LEL.

8 Die Zahl der eingefügten Listenelemente wird mit 0 vorbelegt. Es erfolgt die Anfangsbelegung des Cursors.

9 `obe` beginnt mit der Analyse des Objektinhalts. Es werden jetzt die Listenelemente extrahiert.

10 Es wird der Klassennamen des Listenelements analysiert.

11 Es wird die Objektaufbaufunktion für das Listenelement aufgerufen.

12 Das Listenelement wird in die Liste eingefügt.

14 Das Listenobjekt, das hiermit gerade erzeugt wurde, wird in die Objektstreuungstabelle eingefügt.

Alle Klassen von OBAS, für die Persistenz vorgesehen ist, werden mit einem zusätzlichen Konstruktor ausgestattet, der jeweils nach diesem Schema aufgebaut ist. Auch für aus OBAS abgeleitete Klassen kann nach derselben Art und Weise vorgegangen werden.

Alle diese Klassen beinhalten außerdem Methoden, um ihre Objekte in der Objektbeschreibungssprache formuliert persistent abzuspeichern.

6.4 Die generischen Klassen der fachlichen Anwendung

6.4.1 Die Klassen für Indexobjekte und Indexmengen

Auch bei diesen Klassen müssen noch Ergänzungen vorgenommen werden, um ein hohes Maß an Wiederverwendbarkeit zu erreichen, wobei aber kaum erwähnenswerte Implementierungsdetails zu vermerken sind. Nur die Schnittstellenangleichung ist von Interesse. Wie in Abschnitt 5.5 ausgeführt wurde, werden die Klassen `INDEX` und `INDEXMENGE` zweimal implementiert, wobei sie jetzt kurz mit `IDX` und `IXM` bezeichnet werden. Bezüglich der Schnittstelle darf sich `IXM` abgeleitet aus `WOB` nicht von `IXM` abgeleitet aus `GOL` unterscheiden, damit Ableitungen von der Wahl der Klassen zur internen Objektorganisation unberührt bleiben können. Außerdem ist es nur so möglich, daß die Methoden der weiteren Klassen (`VEKTOR` und `MATRIX`) auf Indexmengen zurückgreifen können, ohne Berücksichtigung der der Indexmenge zugrundeliegenden Datenstruktur.

Wenn auch die Methoden bei beiden Implementierungen gleiche Bezeichnungen tragen, so führen sie unterschiedliches aus. Wird z.B. `ixmA += idx` zur Einfügung eines Indexobjekts in eine Indexmenge benutzt, so wird für den Fall, daß `ixmA` ein Objekt der Klasse `IXM` ist, die aus `GOL` abgeleitet wurde, die Streuungstabelle durchsucht und die Funktion `siFuegeHinzu` aus `GOL` aufgerufen. Wurde die Klasse `IXM` aus `WOB` abgeleitet, so wird der Baum durchsucht und die Methode `tixInsert` zur Einfügung von Wörterbuchelementen aus `WOB` aufgerufen.

Um diese Gleichheit der Schnittstellen herzustellen, können Objekte der Klasse `IXM` nicht direkt auf die Methoden der Basisklassen zugreifen, da sonst die zugrundeliegende Datenstruktur in Erscheinung treten würde. Es muß eine entsprechende Methode in `IXM` geben, die diese Methode aufruft. Zum Beispiel wurde beide Male für die Suche nach einem Index in der Indexmenge eine Methode `pidxSuche` eingeführt, die einen Zeiger auf ein Indexobjekt zurückgibt. Die Methoden der Klasse `VEKTOR` könnten im Prinzip für die Suche natürlich auch direkt auf die Basisklasse zurückgreifen, dürfen aber nicht, weil sie die den Indexmengen zugrundeliegende Datenstrukturen nicht kennen dürfen.

Die Ableitungen aus der Klasse `IDX` beinhalten keine interessanten Aspekte mit Ausnahme der Klasse `AGG_INDEX`. Eine vollständige Erklärung des Mechanismus der Verdichtung ist aber erst nach Behandlung der Klassen für die arithmetischen Operationen sinnvoll und wird deshalb erst im Abschnitt 6.5 behandelt.

6.4.2 Die Klassen für die arithmetischen Operationen

6.4.2.1 Größen

In der objektorientierten Analyse wurde die Klasse `GROESSE`[21] entworfen, um die Darstellung und Arithmetik dimensionsbehafteter Maßzahlen zu ermöglichen. Im Abschnitt 3.4 wurde die Größenarithmetik dargestellt. Nunmehr ist diese Klasse zu implementieren, die alle Werte, die bei den Operationen verarbeitet werden, als einheiten- und dimensionsbehaftete Größen definiert und behandelt. Ein wichtiges Ziel in der Entwicklung des Systems besteht darin, die Einheiten und Dimensionen —ausgehend von den Einheiten des Ausgangssystems— jeweils durch das Programm bilden zu lassen. Bei allen Operationen muß also die Einheit in der richtigen Dimension entsprechend der Art der Operation, z.B. Division, für das Ergebnis bestimmt werden. Die gesamte Arithmetik wird über die Methoden dieser Klasse `G` abgewickelt. Diese Klasse ist so aufzubauen, daß sie Allgemeingültigkeit besitzt und beliebige arithmetische Operationen zuläßt.

Zunächst wird das Prinzip der Größenbehandlung erläutert. Größen werden aus dem Produkt einer Maßzahl mit einer Dimension gebildet. Die Einheiten, aus denen die Dimension durch Verkettung gebildet wird[22], werden als Zeichenketten verwaltet. Bevor eine Einheit zum ersten Mal benutzt werden kann, muß sie durch die Methode `InstalliereEinheit` bekannt gemacht werden. Dabei wird die Zeichenkette in ein array namens `ve` eingetragen. Die Funktion gibt als Parameter eine Referenz auf die Stelle zurück, an der der Eintrag erfolgte (Einheitenindex).

Die Einheiten einer Dimension einer bestimmten Größe werden mit ihren Exponenten festgehalten und zwar in einem array namens `vex`. An der Stelle des entsprechenden Einheitenindex wird der Wert des Exponenten gespeichert. Steht also in `vex` an der Stelle i eine Zahl > 0 und überall sonst 0, so hat die Größe die Einheit, deren Zeichenkette im array `ve` an

[21] In der Implementierung wird diese Klasse einfach mit `G` bezeichnet.
[22] Vgl. S. 37.

der Stelle i steht.

Um solche Größen zu bilden, sind einige Konstruktoren vorgesehen, die eine Erzeugung einer Größe über mehrere Varianten erlauben. Eine Maßzahl ohne Einheit wird einfach in der Form

`G g=33` oder `G g(33)`

initiiert. Eine Größe mit einer oder mehreren Einheiten kann z.B. durch den Konstruktor

`G(m, e1, ex1, e2, ex2, ...)`

erzeugt werden. Dabei steht `m` für die Maßzahl, `e*` für die Einheit und `ex*` für den Exponenten. Beispielsweise wird die Größe `4 DM pro kg` durch `G(4, "DM", 1, "kg", -1)` eingerichtet. Statt der Zeichenkette für die Einheit kann auch der Einheitenindex angegeben werden. Beim Erstellen einer Größe mit einer Einheit muß der Exponent nicht angegeben werden. C++ läßt zu, daß die Funktion, in diesem Fall der Konstruktor, mit einem Default-Wert arbeitet. Es wird dann vom Exponent 1 ausgegangen. Ein weiterer Konstruktor bildet eine neue Größe aus dem Einheitenteil einer anderen Größe und einer Maßzahl.

Alle arithmetischen Operationen müssen mit den so konstruierten Größen folgerichtig durchgeführt werden, also sowohl mit der Maßzahl als auch mit der Dimension vollzogen werden. Kürzungen sind zu berücksichtigen.

Wichtig ist, daß sämtliche Operatoren lückenlos überladen werden und daß sie sich im Prinzip genauso verhalten wie die eingebauten. Als wesentlicher Bestandteil dieser Methoden ist die Prüfung eingebaut, ob die Operation mathematisch erlaubt ist. So hat natürlich die Addition von Größen mit unterschiedlichen Dimensionen eine Fehlermeldung zur Folge.

Bei Addition und Subtraktion werden die entsprechenden Operationen an den Maßgrößen vorgenommen, die Einheiten bleiben unverändert. Bei der Multiplikation, die immer zulässig ist, werden einfach die arrays `vex` der beiden Größen komponentenweise addiert. Somit ergibt sich automatisch die richtige Dimension des Produkts. Die Vorgehensweise bei der Division ist die gleiche, nur werden die Komponenten subtrahiert. Dadurch erfolgt die Kürzung der Einheiten automatisch, denn steht in beiden arrays an derselben Stelle eine 1, so wird der Exponent der Einheit der neuen Größe an dieser Stelle 0 und die Einheit „verschwindet" damit. Natürlich ist auch die Multiplikation bzw. Division einer Größe mit einer natürlichen oder Fließpunktzahl möglich.

Die Vergleichsoperationen sind leicht zu realisieren, weil nach der Prüfung auf Zulässigkeit des Vergleichs nur die Maßzahl zu vergleichen ist.

Weitere Methoden beziehen sich darauf, die Maßzahl auf Null zu setzen, die Maßzahl zu negieren oder die Einheit zu invertieren.

Nicht trivial ist die Ausgabe einer Größe, denn die einfachen und zusammengesetzten Einheiten sollen in einer „natürlichen“ Form ausgegeben werden. Obwohl in dieser Arbeit sonst auf die Darstellung der Ein- und Ausgabefunktionen verzichtet wird, soll an dieser Stelle eine Ausnahme gemacht werden und eine geeignete Lösung —die Methode `zFormatiere` vorgestellt werden. Es gilt, die Größe mit Maßzahl und den Einheitenbezeichnungen in einem array aus Zeichen darzustellen. Zunächst wird der array `vex` daraufhin untersucht, ob die Einheiten Zähler- oder Nennergrößen sind. Dabei werden die Dimensionen und Zeichenketten der Einheitenbezeichnung, nach Zähler und Nenner getrennt, in arrays gesammelt. Ist die Größe dimensionslos, wird nur die Maßzahl ausgegeben, wobei der Dezimalpunkt durch ein Komma ersetzt wird. Andernfalls wird die zu bildende Zeichenkette stückweise zusammengesetzt. Zunächst wird die Maßzahl gefolgt von `[` eingesetzt. Sind Einheiten im Zähler gegeben, werden deren Zeichenketten ausgegeben. Ist die Dimension größer als 1, muß der Exponent explizit erscheinen. Die einzelnen Zeichenketten werden durch das Zeichen `*` getrennt. Stehen keine Einheiten im Zähler, so erscheint eine 1. Stehen Einheiten im Nenner, werden der Bruchstrich eingefügt und die Zeichenketten für die Einheiten ausgegeben. Mit `]` wird die Ausgabe abgeschlossen.

Für den Kundenprogrammierer gestaltet sich die Programmierung mit Größen recht einfach. Das folgende Beispiel dient der Veranschaulichung der Anwendung.

```
#include <groessen.hpp>

N main() {
  C vc[32]; A ac = sizeof(vc);  EI eiDM, eiKg, eiM, eiT, eiS;

  G::InstalliereEinheit("DM", eiDM);
  G::InstalliereEinheit("kg", eiKg);
  G::InstalliereEinheit("m", eiM);
  G::InstalliereEinheit("sec", eiS);
  G::InstalliereEinheit("t", eiT);

  G gFall(9.81, "m", 1, "sec", -2);
  G gV = G(0.5, "t") * gFall;
  G gPreis(3.97, eiDM, 1, eiKg, -1), gMenge(5, "kg");
  G gUmsatz = gPreis * gMenge;
  printf("Fallbeschleunigung = %s\n", gFall.zFormatiere(vc, ac));
  printf("mittlere Geschwindigkeit = %s\n", gV.zFormatiere(vc, ac));
  printf("Preis: %s\n", gPreis.zFormatiere(vc, ac));
  printf("Menge: %s\n", gMenge.zFormatiere(vc, ac));
  printf("Umsatz = %s\n", gUmsatz.zFormatiere(vc, ac));
  return 0;
  }
```

Die Ausgabe hat die Form:

```
Fallbeschleunigung = 9,81[m/sec²]
mittlere Geschwindigkeit = 4,905[m·t/sec²]
Preis:  3,97[DM/kg]
Menge:  5[kg]
Umsatz = 19,85[DM]
```

Der Umgang mit Größen ist sehr intuitiv. Einmal definiert, kann man dank des operator-overloading mit Größen wie mit Zahlen umgehen, ohne sich weiter um die Verarbeitung der Dimension kümmern zu müssen. Die Ausgabe der Ergebnisvariablen wird automatisch mit den richtigen Einheiten und Dimensionen vorgenommen. Die ökonomischen Daten erscheinen dadurch immer im sachlichen Zusammenhang, ihre Bedeutung ist der Ausgabe unmittelbar anzusehen.

Die Verwendung von Größen hat sich auch bei der Entwicklung des Anwendersystems als außerordentlich hilfsreich erwiesen. Werden im Modell sachlogisch falsche Definitionen oder Operationen vorgenommen, so führt dies fast immer zu einem Fehler beim Größenvergleich. Die Ausführung der entsprechenden Fehlermeldung gibt einen wichtigen Hinweis auf den logischen Fehler. Damit wird eine zusätzliche Prüfung des Modells auf logische Richtigkeit ermöglicht.

Dem Vorteil des durchgängigen „Mitziehens" der Einheiten steht der Nachteil des erhöhten Speicherbedarfs gegenüber. Wesentlich bestimmt wird der Speicherplatz durch die maximale Anzahl der Einheiten, die definiert werden dürfen (`MAXEINHEITEN`)[23]. Die Länge des statischen arrays `ve`, der nur einmal angelegt wird, hat die Größe `sizeof(char *) * MAXEINHEITEN` Bytes. Dazu kommen die Zeichenketten für die Einheitenbezeichnungen, deren Länge variabel ist. Pro Größe besteht damit ein Speicherbedarf von `sizeof(double) + sizeof(signed char) * MAXEINHEITEN` Bytes.

Im obigen Beispiel wurde `MAXEINHEITEN = 8` vereinbart. Der array `ve` hat eine Länge von 32 Bytes, die Zeichenketten brauchen 14 Bytes. Für jede der fünf Größen werden 16 Bytes benötigt. Damit liegt der Platzbedarf um ca. das Dreifache über dem Speicherplatz, der bei der Definition von fünf `double`-Fließpunktzahlen benötigt wird.

Bei großen Modellen mit sehr vielen verschiedenen Einheiten wird man dieses Faktum mit einrechnen müssen. Auf jeden Fall sollte `MAXEINHEITEN` so

[23] Im vorliegenden System wird diese Vereinbarung in der Klassendefinition vorgenommen. Bei einer allgemein verfügbaren Klasse dieser Art müßte eine dynamische Lösung gewählt werden.

klein wie möglich gehalten werden.

6.4.2.2 Objektindizierte Vektoren

Die Implementierung der Klassen `VEKTOR` und `VEKTORELEMENT`, die die Kurzbezeichnungen `VEK` und `VEL` erhalten, werden wegen der grundsätzlichen Bedeutung innerhalb von OBAS etwas ausführlicher —wenn auch nicht mit sämtlichen Einzelheiten— erläutert. Die Realisierung der Klasse `VEK` gestaltet sich relativ aufwendig, da das Ziel besteht, dem Kundenprogrammierer eine breite Palette leicht anwendbarer Methoden zur Verfügung zu stellen. Nur wenn für fast alle Anwendungen —auch die nicht vorhersehbaren— Methoden existieren, kann der Anwender wirklich Nutzen aus der generischen Klasse ziehen.

Es sei nochmals daran erinnert, daß es sich bei den objektindizierten Vektoren um eine Klasse handelt, die Vektoren in einer über den mathematischen Begriff hinausgehenden umfassenderen Struktur abbildet. Diese Objekte haben aber auch die Eigenschaften von Vektoren im mathematischen Sinne, so daß die aus der Vektorrechnung bekannten Operationen durchgeführt werden können. Aber `VEK` bietet ein breites Anwendungsspektrum, das einen Einsatz weit über die Vektorrechnung hinaus erlaubt. Sie kann auch als eine allgemeine Containerklasse fungieren.

Ein Objekt der Klasse `VEK` ist an eine Indexmenge gebunden. Sie enthält einen Zeiger auf die zugehörige Indexmenge, in der die Indexobjekte als AVL-Baum (oder Liste) organisiert sind.

Wie im Abschnitt 5.5 ausgeführt wurde, wird die Klasse `VEK` aus `GOL` und `VEL` aus `LEL` abgeleitet. `VEK`-Objekte sind also spezielle, geordnete Listen von Vektorelementen und die `VEL`-Objekte Knoten einer doppelt verketteten Liste. Gleichzeitig existiert für den direkten Zugriff auf ein Vektorelement eine Streuungstabelle[24], die Zeiger auf die Vektorelemente enthält. Jedes Vektorelement enthält wiederum Zeiger auf den Index, zu dem es gehört.

Die Klasse `VEK` wird außerdem aus `VEL` abgeleitet[25]. Damit stehen die Methoden von `VEL` zur Verfügung.

Der einfachste Konstruktor der Vektorklasse erzeugt durch die Vereinbarung

```
VEK vekA(ixmM);
```

zu gegebener i.d.R. nicht-leerer Indexmenge einen leeren Vektor[26], er enthält also noch keine Vektorelemente. Würden nämlich für alle Indexobjekte der

[24]Bedingt durch die Ableitung von `GOL` aus `STRTABELLE`.

[25]Vgl. wiederum S. 110 und Abschnitt 6.3.

[26]Der hier verwendete Vektorbegriff deckt sich insoweit nicht mit dem der Mathematik.

Indexmenge automatisch Vektorelemente erzeugt und eingefügt werden, existierten sie als Null-Elemente, die nach dem Konzept der schwachen Besetzung gerade nicht mit aufgenommen werden sollen.

Zwei weitere Konstruktoren erzeugen einen Vektor, der für alle Indizes der Indexmenge jeweils ein Vektorelement mit der konstanten Größe `g` bzw. der konstanten Maßzahl `m` anlegt. Ein zusätzlicher Konstruktor erlaubt die Bildung eines Teilvektors. Ein Teilvektor wird auf einer Teilmenge der Indexmenge konstruiert.

Die in den Vektor aufzunehmenden Elemente sind Objekte der Klasse `VEL`. Die Zuordnung $v : i \longrightarrow v[i]$, also die Indizierung der Vektorelemente, erfolgt durch die Erzeugung eines Vektorelements, das einen Verweis auf das zugehörige Indexobjekt enthält und selbst eine Größe darstellt, denn `VEL` wird auch aus `G` abgeleitet[27]. Die Vektoren im hier betrachteten System stellen also **objekt-indizierte Tupel** dar. Es muß nicht unbedingt zu jedem Index der Indexmenge ein Vektorelement existieren. Da jedes Vektorelement einen Zeiger auf das Indexobjekt, auf das es sich bezieht, enthält, kann über den Index auf seine Position im Vektor zurückgeschlossen werden.

Da ein Vektorelement sowohl ein Listenelement als auch eine Größe darstellt, hat es zwei Naturen. Wichtig wird dies vor allem bei den Operatoren. Wird ein Vektorelement als Größe behandelt, z.B. bei arithmetischen Operationen, so erfolgt der Vergleich anhand der Operatoren, die in der Klasse `VEL` als `friend` deklariert sind, also gemäß der Maßzahl. Wird aber ein Vektorelement erzeugt und in den Vektor eingefügt, so erfolgt bei der Einordnung der Vergleich gemäß der Ordnungsrelation **für die Indexobjekte**. Das Objekt der Klasse `VEL` wird in diesem Fall als Listenelement betrachtet. In der virtuellen Funktion `Signatur` wird als Schlüsselfeld dasjenige festgelegt, das auch beim Indexobjekt vereinbart wurde, und danach die Ordnung bestimmt. In diesem Fall werden die Vergleichsoperatoren der Basisklasse `LEL` benutzt.

Während ein Indexobjekt durchaus auch außerhalb einer Indexmenge existieren kann, weil es eine eigenständige Bedeutung hat, besitzt ein Objekt der Klasse `VEL` außerhalb eines Vektors keine Existenzberechtigung.

In der Abbildung 6.2 werden die Struktur der Klasse `VEK` und die Beziehungen zu den mit ihr verknüpften Klassen illustriert, um die o.a. Ausführungen zu verdeutlichen. Es wird angenommen, daß die Indexmenge aus `WOB` angeleitet wurde, die Indexobjekte also als Baumknoten von AVL-Bäumen verwaltet werden. Ein Objekt der Klasse `OBE` stellt die Dienste für die Konstruktion eines persistenten Objekts zur Verfügung.

[27]Vgl. S. 52.

In den Symbolen für die Klassen werden die Namen der Basisklassen angegeben. Die einfachen Pfeile symbolisieren Verweisbeziehungen. Der Doppelpfeil kennzeichnet die Nachrichtenverbindung. Die massiven Pfeile verdeutlichen den Direktzugriff auf ein Vektorelement. Die Streuungstabelle liefert zu einem Indexobjekt das zugehörige Vektorelement.

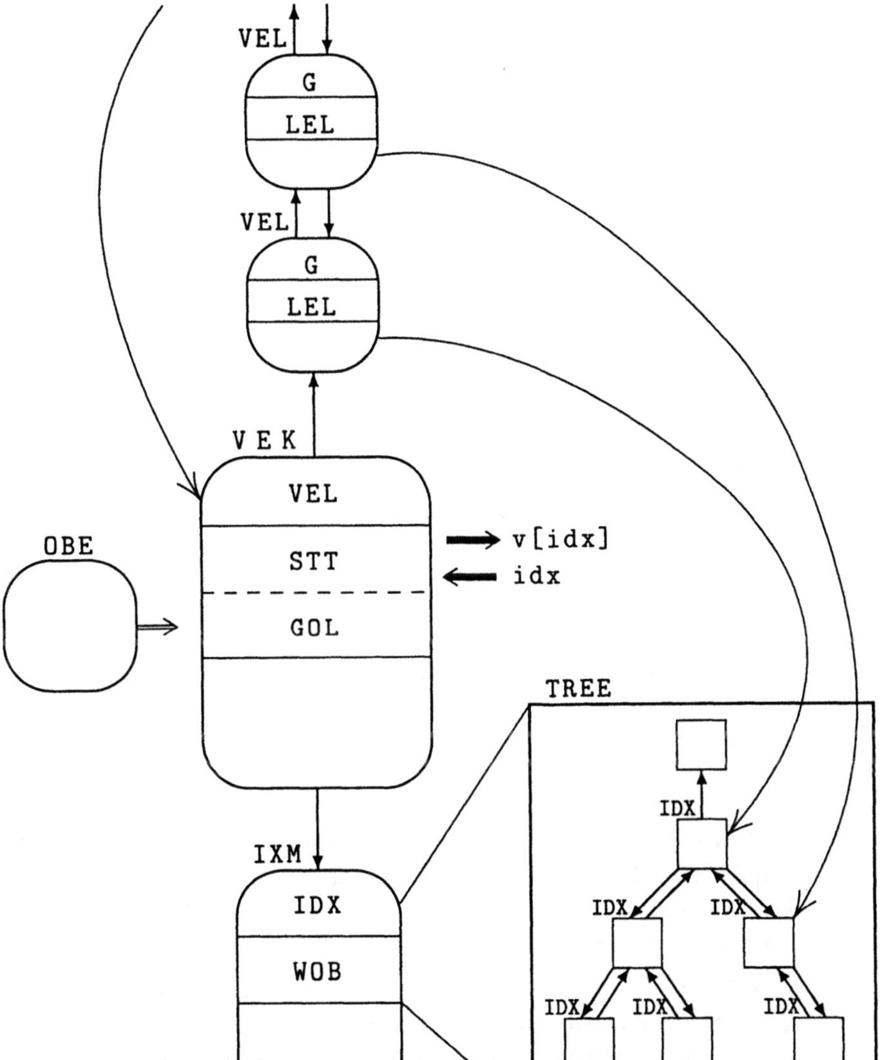

Abbildung 6.2: *Illustration der Struktur der Klasse* VEKTOR *und ihrer Beziehungen zu anderen Klassen*

Der Zugriff auf einzelne Vektorelemente erfolgt am einfachsten durch den Operator []. Dabei kann als Operand entweder eine Referenz eines Indexobjekts angegeben werden oder das Schlüsselfeld desselben. Die Implementierung für diesen Operator wird im folgenden im Quellcode wiedergegeben, mit einer Zeilennummer versehen und zeilenweise erläutert. Sie dient als Beispiel für eine in OBAS übliche Form des Überladens von Operatoren.

```
1  RVEL VEK::operator[](RIDX idx) {
2    if (!pixm->fElementExistiert(&idx))
3      EXCEP(Unzulaessiger Index);
4  VEL vel(G(0), *pixm->pidxSuche(&idx));
5  SI siVEK;
6  if (!fIndexExistiert(&vel, siVEK))
7     siVEK = siFuegeHinzu(&vel);
8  return *(PVEL)psel(siVEK);
   }
```

1 Die Methode `operator[]` wird durch das overloading des Operators `[]` aufgerufen.

2 Die Methode `fElementExistiert` von `GOL` bzw. `WOB`[28] prüft, ob das Indexobjekt in der zum Vektor gehörenden Indexmenge `*pixm` enthalten ist.

3 Wenn das Indexobjekt nicht in der Indexmenge enthalten ist, wird ein Exception erzeugt.

4 Zu prüfen ist, ob zu diesem Indexobjekt schon ein Vektorelement existiert. Falls das der Fall ist, ist es zu überschreiben, andernfalls anzulegen. Für diese Prüfung muß aber zunächst ein Vektorelement vom Konstruktor erzeugt werden, erst dann kann es in der Streuungstabelle gesucht werden. Es wird zunächst mit der Größe 0 erzeugt. Es wird also der Konstruktor von `VEL` aufgerufen mit den Parametern: Objekt der Klasse Größe mit der Maßzahl 0 und dem Indexobjekt aus der Indexmenge. `pidxSuche`, eine Methode von `IXM`, gibt einen Zeiger auf das Indexobjekt zurück.

6 Eine Methode von `STT` wird aufgerufen, um zu prüfen, ob ein Vektorelement zu diesem Indexobjekt schon existiert. Sie greift direkt auf die Streuungstabelle des Vektors zu, die Zeiger auf die Vektorelemente enthält. Wird das Vektorelement gefunden, wird in die Variable `siVEK` der Streuungsindex (Index im array der Zeiger auf die Vektorelemente) eingetragen.

[28] Die Methoden der Klasse `VEK` sind so gestaltet, daß sie unabhängig davon sind, welche Basis für die Organisation der Indexmenge gewählt wurde.

7 Ist das Vektorelement im Vektor noch nicht enthalten, wird es mittels der Methode `siFuegeHinzu` aus `GOL` dem Vektor hinzugefügt, d.h. zum einen in die doppelt verkettete Liste eingehängt und zum anderen in die Streuungstabelle eingetragen.

8 Die Methode `psel` von `STT` gibt zu gegebenem Streuungsindex einen Zeiger auf ein Objekt der Klasse `SEL` zurück. Durch einen Cast wird dieser in einen Zeiger auf ein Vektorelement umgewandelt. Es wird eine Referenz auf das Vektorelement zurückgegeben.

Da der Operator die Referenz des Vektorelements zurückgibt, kann `vek[idx]` auch auf der linken Seite eines Gleichheitszeichen stehen und dazu benutzt werden, dem Vektorelement `vek[idx]` einen Wert zuzuweisen. Die Anweisung

```
vek[idx] = gPreis
```

bewirkt im Falle der Existenz des `vek[idx]`, daß die Größe mit `gPreis` überschrieben wird. Der Zuweisungsoperator ist der der Klasse `VEL`. Anderfalls wird erst ein Vektorelement mit der Größe 0 angelegt und anschließend mit `gPreis` überschrieben.

Sind **alle** Elemente eines Vektors zu bearbeiten, so läge es nahe, dazu mit dem Iterator für Indexmengen alle Indizes zu durchlaufen. Der Zugriff auf die Vektorelemente geschähe dann über den Operator `[]`. Z.B. `g = vek[idx]`. Dabei wird aber, wenn ein gar nicht vorhandenes Vektorelement angesprochen wird, ein Nullelement erzeugt. Nach einem Durchlauf ist der Vektor also voll besetzt. Um diesen Nachteil zu vermeiden, enthält die Vektorklasse einen eigenen Iterator, um alle existenten Elemente eines Vektors zu durchlaufen. Die Reihenfolge wird durch die Verkettung bestimmt, erfolgt also gemäß des Ordnungskriteriums der Indexobjekte.

Ein Teil der arithmetischen Operatoren bezieht sich auf Operationen mit Größen. Damit werden die typischen Vektoroperationen nachgebildet. Vektoren können auch addiert und subtrahiert werden, wobei die Indexmenge des einen Vektors eine Teilmenge der Indexmenge des anderen sein muß. Es bedarf hierbei einer sorgfältigen Beachtung des Listenaufbaus und der Zeigerstruktur. Zum Schluß der Operation müssen die Nullen, die durch die Addition eventuell in den Vektor gelangt sind, wieder entfernt werden. Eine weitere Methode erlaubt das komponentenweise Produkt eines Vektors mit einem anderen. Des weiteren ist es möglich, komponentenweise einen Vektor durch einen anderen zu teilen. Dabei muß die Indexmenge des Dividenden eine Teilmenge des Divisors sein. Bei der Division muß entschieden werden, wie der Fall zu behandeln ist, daß beim Divisor für einen oder mehrere Indizes kein Vektorelement existiert. Streng genommen, dürfte man dann die gesamte Division nicht zulassen. Im Hinblick auf die Realisierung des Modells wird hier eine pragmatische Lösung gewählt. Die Methode läßt die

Division zu, wenn zu jedem Vektorelement des Dividenden ein Vektorelement des Divisors existiert, dessen Größe ungleich Null ist.

Durch die Anweisung

```
vekA = vekB
```

erfolgt eine Zuweisung von Vektoren, wobei zwei Fälle unterschieden werden. Im ersten Fall ist die Indexmenge von `vekA` eine Teilmenge der Indexmenge von `vekB`. Dann werden alle Elemente des Vektors `vekA` entfernt und die Elemente von `vekB` eingefügt. Der Vektor `vekA` ist weiterhin mit seiner alten Indexmenge behaftet, er enthält aber nach der Zuweisung die Elemente des zuweisenden Vektors. Anderfalls wird Objekt `vekA` vollständig überschrieben, es erhält also auch die Indexmenge von `vekB`.

Steht bei der Zuweisung auf der rechten Seite eine Größe, so werden alle Vektorelemente entfernt und für **jedes** Element der Indexmenge ein Vektorelement mit dieser Größe hinzugefügt[29].

Die Methoden der Klasse `VEK` werden wieder so implementiert, daß eine Benutzung auf zwei Ebenen möglich wird. Auf der unteren Ebene werden einige Basismethoden zur Verfügung gestellt, aus denen sich mit wenig Mühe eine Vielzahl von Operationen zusammenstellen läßt. Diese arbeiten mit dem Zeigergeflecht und enthalten auch als Parameter Zeiger. Alle Methoden für die üblichen Vektoroperationen und alle diejenigen, die sich aufgrund der objektorientierten Analyse als notwendig erwiesen haben, können auf der oberen Ebene durch operator-overloading oder einfache Aufrufe mit Referenzen zur Ausführung gebracht werden. Zur Illustration dient das folgende Beispiel.

Angenommen, es solle für die Erzeugnisse, also die Kostenträger, der Umsatzvektor berechnet werden. Gegeben sei der objektindizierte Vektor namens `Preis`, der auf der Indexmenge der Kostenträger $\mathcal{T}$ definiert sei. Die Erzeugung eines objektorientierten Vektors mit dem Bezeichner `Umsatz` auf $\mathcal{T}$ erfolgt einfach durch

```
VEK Umsatz(T);
```

Die Vektorelemente werden gebildet, indem einem Indexobjekt eine Größe bzw. ein arithmetischer Ausdruck von Größen zugewiesen wird.

Es sei `ErzXYZ` der Bezeichner für ein bestimmtes Erzeugnis. Dieses ist ein Objekt der Klasse `KOSTENTRAEGER` und damit auch ein Indexobjekt. Der Absatz betrage 1200 kg. Für dieses Erzeugnis berechnet sich das Vektorelement des Umsatzes durch die Anweisung

```
Umsatz[ErzXYZ] = Preis[ErzXYZ] * G(1200, "kg");
```

[29] Diese Methode wird z.B. für die Abbildung $\mathbb{I}_M$ benötigt, vgl. S. 29.

Diese Anweisung sieht dem Ausdruck, wie er innerhalb der Modellbeschreibung erfolgt, sehr ähnlich. Alle Prüfungen auf Zulässigkeit, z.B. ob dieser Kostenträger überhaupt existiert, bleiben dem Kundenprogrammierer erspart. Die Anweisung ist also sehr einfach, fast „natürlich“. Doch innerhalb der Klassenbibliothek werden durch diese eine Reihe von Abläufen initiiert, die im folgenden genauer beschrieben werden, um daran beispielhaft die Verknüpfung zwischen Anwendung und Funktionsweise der Klassenbibliothek OBAS zu zeigen.

`Umsatz[...]` führt zur Ausführung des überladenen Operators `[]` von `VEK`, dessen Funktionsweise bereits oben detailliert beschrieben wurde.

Da eine Referenz auf das Vektorelement zurückgegeben wird, kann es als `lvalue` benutzt werden. Die Zuweisung einer Größe führt zu dem Eintrag dieser bei dem Vektorelement. Bei dem Zuweisungsoperator handelt es sich selbstverständlich wieder um eine Überladung. Es ist die Methode

```
VOID operator=(RG g) {*(PG)this = g; }
```

der Klasse `VEL`.

Da ein Vektorelement selbst eine Größe ist, also ein Objekt der Klasse `G`, erfolgt einfach die Zuweisung der Größe an das Vektorelement. Diese Größe ist das Ergebnis des arithmetischen Ausdrucks auf der rechten Seite der Zuweisung. Für die Berechnung dieses Ausdrucks wird wieder durch Überladung die Methode `operator[]` aufgerufen, diesmal für das Objekt `Preis`. Zurückgegeben wird eine Referenz auf das Vektorelement, das als Größe mittels des überladenen Operators `*`, einer `friend`-Funktion von `G`, mit `G(1200, "kg")` multipliziert wird. Dazu baut zunächst der Konstruktor von `G` ein Objekt mit der Maßzahl `1200` und der Einheit `"kg"` auf. Der Operator `*` ist nicht als Methode von `G` sondern als `friend`-Funktion vereinbart worden, damit die Multiplikation in der dem Benutzer vertrauten Art codiert werden kann[30].

Ist der Preisvektor richtig belegt worden, hat die Größe des Vektorelementes die Dimension `DM/kg`. Bei der Multiplikation wird automatisch gekürzt[31], so daß das Ergebnis automatisch die richtige Dimension `DM` erhält.

Die Methoden der Klasse `G` besorgen also die Berechnung des Wertes des Vektorelements des Vektors `Umsatz` und der Zuweisungsoperator der Klasse `VEL` dann die Belegung.

Weitere Methoden werden durch die objektorientierte Analyse und das De-

[30] Siehe auch S. 114.

[31] Zum Verfahren siehe 6.4.2.1.

sign bedingt. Nach den Vorgaben muß es möglich sein, einen Vektor auf eine Teilmenge der Indexmenge einzuschränken. Dafür sorgt die Methode `vekTeilvektor`. Die Funktion gibt den Teilvektor als Rückgabewert zurück, der damit in einem arithmetischen Ausdruck direkt weiter verwandt werden kann, ohne daß erst eine Zuweisung erfolgen muß.

Für Vektorfunktionale sind weitere Methoden vorgesehen. Alle diese haben eine Größe als Rückgabewert. Im Modell der Grenzplankostenrechnung wird des öfteren die Summe der Komponenten eines Vektors benötigt. Deshalb wurde die Funktion `gSumme` implementiert. Eine kleine Schwierigkeit ergibt sich bei der Vorbelegung der Summe. Da nicht bekannt ist, welche Dimension die Größen haben, muß die Vorbelegung mit der Größe des ersten Vektorelements vorgenommen werden. Damit muß jeweils eine Fallunterscheidung durchgeführt werden. Enthält der Vektor Elemente mit unterschiedlicher Dimension, erfolgt eine Fehlermeldung. Ähnliche Probleme treten bei der Methode zur Bestimmung des Skalarprodukts auf.

Für das Zusammenfügen zweier Vektoren, wie es auf der Seite 30 definiert wurde, wird der Operator `|` eingeführt und mit einer passenden Methode überladen. Diese bildet aus zwei Vektoren einen „Vereinigungsvektor“, wobei die Indexmenge des neuen genau der Vereinigungmenge der Indexmengen der beiden Vektoren entspricht. Dabei sind zwei Fälle zu unterscheiden.

Im ersten Fall wird angenommen, daß der Vektor, der die Vereinigung aufnehmen soll, noch nicht existiert. Es ist also bei der Ausführung der Operation `|` ein neuer Vektor zu bilden, wobei zunächst die neue Indexmenge geschaffen werden muß und zwar aus der Vereinigung der beiden Indexmengen der Teilvektoren. Nun ist es im Hinblick auf den Speicherbedarf nicht sinnvoll, eine neue Indexmenge permanent zu bilden, die vielleicht nur während der einen Operation gebraucht wird. Um dies zu verhindern, wird die Vereinigungsmenge nicht als Objekt der Klasse `IXM` gebildet, sondern als ein Objekt der aus `IXM` abgeleiteten Klasse `FIM`. In der Abbildung 6.1 wurde diese mit `TEMP_INDEXMENGE` bezeichnet. Es handelt sich um eine Indexmenge, die dann wieder zerstört wird, wenn es keine Bezüge mehr auf sie gibt. Ein Objekt dieser Klasse führt die Variable `aZeigerkopien` mit sich, die die Bezüge registriert. Wird ein Vektor zu einer Indexmenge konstruiert, so wird durch `++ixm` dieser Zähler erhöht. Handelt es sich um ein Objekt der Klasse `IXM`, so bewirkt diese Anweisung nichts. Wird ein Vektor durch seinen Destruktor gelöscht, so wird die Variable dekrementiert. Ist die Indexmenge vom Typ `FIM` und `aZeigerkopien == 0`, so wird sie gelöscht. Die entsprechenden Operationen haben bei Objekten der Klasse `IXM` keine Wirkungen. Diese Art der Konstruktion hat den Vorteil, daß in einem Objekt der Klasse `IXM` nicht ein Schalter oder Zähler mitgeführt werden muß, der dann jeweils abzufragen ist. Es wird automatisch die richtige Folge ausgelöst, weil die entsprechenden Operationen nur durch die Vererbung bedingt werden.

Im anderen Fall existiere der Vektor, der die Vereinigung aufnehmen soll, bereits. Wird dieser mit einer Indexmenge definiert, die eine Obermenge der vereinigten Indexmengen darstellt, so behält der Vektor seine Indexmenge genauso wie bei der Zuweisung. Diese Version ist oftmals erwünscht, da die Vereinigungsmenge der beiden Indexmengen schon existiert und der neue Vektor an diese gebunden werden soll.

6.4.2.3 Objektindizierte Matrizen

Die Implementierung der objektindizierten Matrizen führt zur umfangreichsten Klasse in OBAS. Viele Überlegungen gelten wie bei den Vektoren, insbesondere diejenigen über das prinzipielle Verständnis. Der Matrizenbegriff ist wesentlich allgemeiner zu verstehen als in der Mathematik, doch beinhaltet er auch diesen. Es gilt wie bei den Vektoren, daß auch die Matrizen direkt mit den Objekten selbst indiziert werden und daß alle Methoden für beliebige Indexobjekte, also aus `IDX` abgeleitete Klassen, funktionieren müssen.

Die Konstruktion der Klasse `MATRIX`, die im Programm mit `MAT` abgekürzt wird, birgt eine Reihe von technischen Schwierigkeiten und weist ein hohes Maß an Komplexität auf. Es würde hier zu weit führen, wenn alle Implementierungsdetails vorgestellt würden. Es ist auch nicht Ziel dieser Arbeit, diese Lösungen zu präsentieren, sondern zu zeigen, wie eine solche Klasse unter dem Gesichtspunkt der Wiederverwendbarkeit auszustatten ist, damit sie für ein breites Spektrum von Anwendungen effizient nutzbar ist.

Ein Objekt der Klasse `MAT` ist an eine Zeilen- und eine Spaltenindexmenge gebunden. Die Begriffe Zeilen und Spalten sind im logischen Sinne zu verstehen und nicht als Form der Implementierung, denn bei der Matrix handelt es sich selbstverständlich nicht um ein zweidimensionales array, sondern um eine wesentlich komplexere Struktur.

`MAT` enthält ein Geflecht von Zeigern, um zeilenweise, spaltenweise oder direkt auf bestimmte Matrixelemente zugreifen zu können. In Abschnitt 5.5 wurde erläutert, daß die Klasse `MAT` nicht aus `GOL` abgeleitet wird, sondern aus `STRTABELLE`, weil die Matrixelemente nicht in einer Ordnungsrelation darstellbar sind. Ein Objekt der Klasse `MAT` stellt somit eine Streuungstabelle für die Matrixelemente dar. Damit sie auch über die Methoden der Matrixelemente verfügt, wird `MAT` auch aus `MEL` abgeleitet. Die Matrix als (unechtes) Matrixelement stellt den Anker für die Listen der Zeilen- und Spaltenköpfe dar, die wiederum eigene Streuungstabellen sind. Bei der Erzeugung eines `MAT`-Objekts ruft der Konstruktor die Methode

`ErbaueGrundgeruest` auf, die die wesentliche Aufbauarbeit leistet. Es werden die arrays für die Zeiger auf die Listenköpfe für Zeilen und Spalten und die Listen selber aufgebaut. Echte Matrixelemente werden noch nicht gebildet, denn Matrixelemente mit der Größe 0 werden nicht aufgenommen.

Die Matrixelemente sind Objekte der Klasse `MEL` (Programmbezeichnung). Ein Matrixelement ordnet einem Paar von Indexobjekten, dessen erstes der Zeilenindexmenge und dessen zweites der Spaltenindexmenge entstammt, eine Größe zu. Das Matrixelement enthält zwei Zeiger auf die beiden Indizes, zu denen die Größe gehört, und ein Zeigergeflecht, um zeilen- oder spaltenweise auf benachbarte Elemente zugreifen zu können, also jeweils Zeiger auf vier Richtungen. Um die Matrixelemente in eine Streuungstabelle einordnen zu können, muß die Klasse `MEL` aus `STRELEMENT` abgeleitet werden. Der Schlüssel wird gebildet aus einer Zusammenfügung der Schlüssel der beiden zugehörigen Indexobjekte. `MEL` wird natürlich auch aus `G` abgeleitet, denn wie ein Vektorelement stellt es selbst eine Größe dar. Es ist nicht notwendig, daß zu jeder Kombination von Zeilen- und Spaltenindex ein Matrixelement angelegt wird (siehe Klasse `VEK`). Elemente mit der Größe 0 werden nicht angelegt.

Ein Objekt der Klasse `MAT` verwaltet die zugehörigen Objekte der Klasse `MEL`. In diesem Sinne stellt `MAT` eine Containerklasse dar. Dazu gehört, daß ein schneller Zugriff auf die Matrixelemente ermöglicht wird. Es existieren drei Zugriffsmechanismen, die jeweils mit einer Streuungstabelle arbeiten:

* Zugriff auf die Zeilenanfänge der Matrix: $i \to M(i, \cdot)$
* Zugriff auf die Spaltenanfänge der Matrix: $j \to M(\cdot, j)$
* Direkter Zugriff auf die Matrixelemente: $(i, j) \to M(i, j)$

Zusätzlich werden noch Mechanismen zur unmittelbaren Traversierung des Zeigergeflechtes bereitgestellt.

Prinzipiell wird auf die einzelnen Matrixelemente mit Hilfe der Indizes zugegriffen. Der überladene Operator `()` erlaubt den Zugriff über Referenzen von Indizes oder den Namen der Indizes (Zeichenketten). Es sind also die Ausdrücke `mat(idxZ, idxS)` oder `mat("...", "...")` erlaubt. Der Operator gibt die Referenz auf ein Matrixelement zurück, also ein `lvalue`. Somit darf der Ausdruck auch auf der linken Seite des Gleichheitszeichens stehen und dazu benutzt werden, dem Matrixelement einen Wert zuzuweisen.

Die Anweisung

```
mat(idxZ, idxS) = g
```

bewirkt im Falle der Existenz des Matrixelements, daß die Größe mit `g` überschrieben wird, andernfalls wird ein Matrixelement mit dieser Größe angelegt und durch eine Methode von `MAT` in die Matrix eingefügt. Dabei stellt `idxZ` ein Indexobjekt der Zeilenindexmenge und `idxS` ein solches der Spaltenindexmenge dar.

Für die Zuweisung eines Objekts der Klasse `MAT` gelten ähnliche Überlegungen wie bei `VEK`. Wird einem Objekt eine Matrix durch den Zuweisungsoperator zugewiesen, so werden zwei Fälle unterschieden. Sind die Indexmengen der auf der rechten Seite stehenden Matrix Teilmengen der Indexmengen des Objekts (links stehende Matrix), so werden alle Elemente des Objekts gelöscht und alle Elemente der rechts stehenden Matrix eingefügt. Das Objekt behält also die Indexmengen, aber es werden für alle Elemente, die die rechts stehende enthält, die Größen dieser zugewiesen. Dafür und für alle Funktionen, die alle Matrixelemente bearbeiten, ist eine besondere Konstruktion vorgesehen. Es existiert eine Methode namens `BesucheAlleElemente`, die als Parameter einen Zeiger auf eine Funktion enthält. Diese Methode übernimmt die Navigation durch die Matrix und ruft dann jeweils die Funktion auf, die die Bearbeitung übernehmen soll. Welche das ist, bestimmt sich aus der Parameterangabe beim Aufruf von `BesucheAlleElemente`.

Handelt es sich bei den Indexmengen der zugewiesenen Matrix nicht um Teilmengen der Indexmengen des Objekts, also der links stehenden Matrix, so wird es mit den Indexmengen der rechts stehenden Matrix neu angelegt und die Elemente hineinkopiert.

Matrizen können in arithmetischen Operationen mit Zahlen, Größen, Vektoren oder Matrizen verknüpft werden. Außerdem können Matrizen negiert und transponiert werden. Für alle zulässigen Operationen werden die notwendigen Operatoren implementiert. Z.B. bewirkt die Operation `mat += g`, daß alle Elemente der Matrix `mat` mit der Größe `g` addiert werden. Es sind Multiplikationen mit Vektoren möglich, wenn die Voraussetzungen für eine solche erfüllt sind.

Zu beachten ist, daß die arithmetischen Operationen zu Elementen führen können, deren Größe die Maßzahl 0 beinhaltet. Diese werden nicht entfernt, da im Zeigergeflecht, das ja nicht neu aufgebaut oder revidiert wird, Referenzen auf diese Elemente enthalten sind. Mit der Methode `EntferneNullen` können die Matrixelemente mit der Größe 0 aber wieder entfernt werden. Sie sorgt auch für die Revision der Referenzen.

Die in der Matrizenrechnung zulässigen Operationen wurden übertragen. Die Addition und Subtraktion ist nur zulässig, wenn die Indexmengen der Matrix, die zu dem Objekt addiert (subtrahiert) werden soll, Teilmengen der Indexmengen des Objekts sind. Die Größen der Elemente dieser Matrix werden zu den Größen der Elemente des Objekts addiert bzw. subtrahiert.

Die Matrizenmultiplikation gestaltet sich schwieriger. Der rein arithmetische Vorgang entspricht der Matrizenmultiplikation in der Mathematik. Zulässig ist die Matrizenmultiplikation dann, wenn für die Spaltenindexmenge der ersten Matrix `ixmS1` und die Zeilenindexmenge der zweiten Matrix `ixmZ2` gilt: `ixmS1`$\subseteq$`ixmZ2` oder `ixmZ2`$\subseteq$`ixmS1`. Für das Produkt wird das Grundgerüst einer neuen Matrix aufgebaut und zwar mit der Zeilenindexmenge der ersten Matrix und der Spaltenindexmenge der zweiten. Es wird die erste Matrix zeilenweise durchlaufen. In jeder Zeile wird für die Bildung eines Elements der neuen Matrix jeweils eine Spalte der zweiten Matrix herangezogen. Dabei werden die Indizes gesucht, die in beiden Indexmengen (Spaltenindexmenge der ersten und Zeilenindexmenge der zweiten) vorkommen, die Größen multipliziert und aufsummiert. Dabei muß der Fall geprüft werden, ob es sich um die erste Addition handelt, denn die Variable `gS`, die die Summe aufnehmen soll, kann nicht einfach mit 0 vorbelegt werden und dann auf sie aufsummiert werden, weil die Dimension erst durch die erste Multiplikation bekannt wird und diese dann auch für die Summe gilt. Wichtig ist, daß bei der Durchwanderung einer Zeile und Spalte die jeweils zusammengehörenden Elemente (also mit gleichem Index) gefunden werden. Ist die Maßzahl der Summe `gS` ungleich 0, so wird das neue Matrixelement gebildet und in die neue Matrix eingefügt.

Eine weitere Methode dient dazu, aus einer Matrix eine Teilmatrix (Einschränkung der Matrix) zu bilden. Für Teilmengen der Zeilen- bzw. Spaltenindexmengen werden die Elemente der ursprünglichen Matrix für die Indizes der Teilmengen übernommen.

Die Methode `vekZeile`, die mit einer Referenz auf ein Indexobjekt aufgerufen wird, erstellt aus der entsprechenden Zeile, die zu diesem Index gehört, einen Vektor. Dieser wird mit der Spaltenindexmenge konstruiert, und für jedes Matrixelement der Zeile wird ein Vektorelement erzeugt, das dieselbe Größe erhält und einen Zeiger auf das entprechende Indexobjekt der Spaltenindexmenge. Entsprechend gibt es eine Methode, die aus einer Spalte der Matrix einen Vektor bildet.

Im Kalkül ergibt sich oftmals die Notwendigkeit, in Anlehnung an die Matrizenrechnung einen Vektor formal in eine Matrix umzuwandeln, um für bestimmte Operationen auf die Methoden der Klasse `MAT` zurückgreifen zu können. Dazu muß eine „Dummy"-Indexmenge bestehen, die die zusätzliche Dimension darstellt. Diese wird durch den Aufruf des Konstruktors für eine Indexmenge mit einem Element erschaffen. Drei Funktionen, die nicht Methoden von `MAT` sind, stehen zur Verfügung, um einen Vektor in eine Matrix umzuwandeln. Damit können dann auf diese Methoden von `MAT` angewandt werden. Aus einem Vektor wird eine einzeilige Matrix durch die Funktion `matZeile`. Hierbei werden die statischen Elemente von `MAT` benötigt, um eine zusätzliche „Dimension" zu schaffen. Die statische Variable `MAT::ixmEins` ist eine Indexmenge, die als Indexobjekt die statische Variable `MAT::idxEins` enthält. Der Konstruktor für die neue Matrix wird aufgerufen mit der Indexmenge `ixmEins` für die Zeilenindexmenge und der Indexmenge des Vektors für die Spaltenindexmenge. Mit Hilfe des Iterators für Vektoren werden aus allen Vektorelementen Matrixelemente erzeugt und in die Matrix eingefügt. Auf die gleiche Art und Weise funktioniert `matSpalte`, wobei `ixmEins` zur Spaltenindexmenge wird. In der Anwendung werden diese Indexmenge `ixmEins` und der Index `idxEins` nicht offen in Erscheinung treten, da die so gebildeten Matrizen nur für arithmetische Operationen gebraucht werden und -bei sinnvoller Anwendung- nicht ein Ergebnis darstellen. Die Operationen führen dann wieder zum Verschwinden der Indexmenge.

Für einige Operationen, die im Modell durchführt werden, ist die Umwandlung eines Vektors in eine Diagonalmatrix notwendig. Die Vektorelemente bilden die Diagonale der Matrix, die sonst nur Nullen enthält. Dazu dient die Methode `matDiagonale`. Es wird eine neue Matrix erzeugt, deren Zeilen- und Spaltenindexmenge jeweils die Indexmenge des Vektors ist. Mit Hilfe des Iterators für Vektoren wird für jedes Indexobjekt der Indexmenge des Vektors ein Matrixelement mit der Größe des Vektorelements und dem Indexobjekt als Zeilen- und Spaltenindex in die Matrix eingefügt. Eine Belegung mit Nullen ist nicht notwendig, da diese Elemente üblicherweise nicht mit vorgehalten werden.

Für das Modell der Grenzplankostenrechnung werden Spaltensummen und Zeilensummen gebraucht. Deshalb werden zwei Methoden realisiert, die aus einer Matrix jeweils einen Vektor mit den entsprechenden Summen bilden. Dabei gelten wieder die schon geschilderten Überlegungen zur Vorbelegung der Summen.

Für die Matrizen stehen ebenfalls Iteratoren zur Verfügung. Das Makro `MAT_ZEILE` ermöglicht das Durchlaufen einer Zeile, wobei deren Index beim Aufruf angegeben wird. Desgleichen existiert ein Iterator für das Durchlaufen einer Spalte.

Eine Methode (Operator `|`) erlaubt die Bildung einer neuen Matrix aus dem Zusammenheften zweier anderer[32]. Es wird vorausgesetzt, daß beide Matrizen gleiche Spaltenindexmengen und disjunkte Zeilenindexmengen besitzen. Wie bei den Vektoren wird für die Vereinigung der beiden Zeilenindexmengen ein Objekt der Klasse `FIM`, also eine temporäre Indexmenge, erzeugt. Diese Methode ist besonders dann sinnvoll, wenn das Zusammenheften nur temporär erforderlich ist, also in einem arithmetischen Ausdruck

[32] Diese Operation wird z.B. für die Matrix der proportionalen Kostenstellenkosten pro Periode benötigt, siehe S. 32.

vorkommt. Sollte die Vereinigung der beiden Zeilenindexmengen schon bestehen, so kann das Zusammenheften auch dadurch erreicht werden, daß eine neue Matrix mit dieser Menge gebildet wird und durch die Addition der beiden Matrizen gefüllt wird.

In vielen Matrixoperationen wird die Transposition gebraucht. Diese wird in dieser Klasse durch den Operator ~ bewirkt. Über die oben bereits erwähnte Funktion `BesucheAlleElemente` wird eine Methode aufgerufen, die jeweils ein Matrixelement in die neue Matrix eingefügt, wobei einfach jeweils die beiden Zeilen- und Spaltenindizes vertauscht werden.

Bei den Klassen `MEL` und `MAT` werden wieder die unterschiedlichen Abstraktionsebenen implementiert. Dem Benutzer auf der obersten Ebene stehen alle notwendigen Matrizenoperationen mit Objekten zur Verfügung. Den inneren Aufbau der Matrix braucht er nicht zu kennen. Sollte für die Anwendung eine neue Operation gebraucht werden, so ist sie mittels der schon vorhandenen Methoden und der Iteratoren leicht realisierbar.

6.4.3 Klassen mit Methoden zur Lösung linearer Gleichungssysteme

Im Modell sind zwei Gleichungssysteme zu lösen. Also werden Funktionen gebraucht, die auch für objektindizierte Matrizen und Vektoren eine Lösung liefern.

Die Klasse `LOESVERFLINGLS`, im Programm mit `LGL` bezeichnet, enthält zwei Methoden zur Lösung linearer Gleichungssysteme. Die Klassenbildung dient in diesem Fall nur der Kapselung, es werden von ihr keine Objekte erzeugt.

Für den Fall, daß das Gleichungssystem in der Fixpunktform[33] $x = c + Ax$ vorliegt, wird mit Hilfe eines einfachen Iterationsverfahrens, nämlich nach der Methode der sukzessiven Substitution[34], der Vektor x ermittelt. Voraussetzung ist, daß der Vektor x mit Startwerten belegt wird. Dies kann nun nicht in der Funktion selbst erfolgen, da es sich um einen mit Größen, also Dimensionen, behafteten Vektor handelt. Deshalb muß der Anwender vor Aufruf der Funktion den Ergebnisvektor mit Vektorelementen vorbelegen, die die richtigen Dimensionen haben und einer als Startwert geeigneten Maßzahl, am besten der 1.

Für den Fall, daß ein Gleichungssystem in der Form $Ax + b$ vorliegt, wird ebenfalls eine Funktion zur Lösung bereitgestellt. Dabei wird das Verfahren von JACOBI benutzt[35]. Auch hier muß der Ergebnisvektor vorbelegt werden.

[33] Vgl. [Van78, S. 233].
[34] Vgl. [Van78, S. 232f].
[35] Vgl. [Ric83, S. 138] und [Van78, S. 215f].

Beide Verfahren lassen sich sehr einfach implementieren, weil sie die vorhandenen Methoden nutzen können. Für die Bestimmung der Norm eines Vektors wurde die Methode `gMaxNorm` geschaffen, die die Maximumnorm als Rückgabewert bereitstellt. Mit ihrer Hilfe wird der relative Fehler bei den Iterationen berechnet.

Die Methode `LoeseGLS` wird über den Klassennamen aufgerufen. Dabei werden als Parameter die Art des gewünschten Lösungsverfahrens (`Fixpunkt`, `Jacobi`), die Matrix A, der Vektor c und der Ergebnisvektor x übergeben. In Abhängigkeit von der Art wird die entsprechende Methode der Klasse aufgerufen. Als Klassenvariablen werden solche für die Vorgabe der maximalen Anzahl der Iterationen und für eine relative Fehlerschranke ε vereinbart und vorbelegt. Das Iterationsverfahren wird beendet, wenn der relative Fehler kleiner gleich ε ist oder die maximale Anzahl erreicht wird. Der Kundenprogrammierer kann —falls gewünscht— die voreingestellten Werte überschreiben, andernfalls braucht er sich nicht darum zu kümmern.

6.5 Die Verdichtung

Ein Erfordernis bei betrieblichen Anwendungen ist die Berechnung von verdichteten (aggregierten) Daten. Je nach Ziel einer Darstellung oder Auswertung sind die Daten in unterschiedlichen Aggregationsstufen zu bearbeiten und darzustellen. Das Konzept der Verdichtung wurde im Abschnitt 3.5 erläutert. Hier wird nun die Art der Implementierung und die Funktionsweise beschrieben.

Aus `IDX` wird die Klasse `AGG_INDEX` (kurz: `ADX`) abgeleitet. Ein Objekt dieser Klasse enthält eine Indexmenge, in der die zu aggregierenden Indexobjekte enthalten sind.

```
class IDX : public LEL {
  ...
 public:
   virtual PIXM Sub() { return 0; }
   virtual DruckeDenInhalt();
  ...
};

class ADX : public IDX {
  ...
 public:
   virtual PIXM Sub() { return &ixm; }
   virtual DruckeDenInhalt();
 public:
   IXM ixm;
  ...
};
```

Diese ADX-Objekte können wie normale Indexobjekte in Indexmengen eingebracht werden. VEK und MAT enthalten jeweils eine Methode, die Verdichtung der Daten, also i.d.R. die Summation, gemäß der in der Indexmenge enthaltenen ADX-Objekte durchzuführen. Alle anderen Methoden bleiben unberührt.

Das Verfahren soll an einem Beispiel verdeutlicht werden. Sei X $= \{\alpha, \beta, \gamma, \delta\}$ eine Indexmenge. Sollen Daten für die Indexobjekte β und δ zusammengefaßt werden, so werden diese in einem ADX integriert und eine neue Indexmenge AggX gebildet: AggX $= \{\alpha, \{\beta, \delta\}, \gamma\}$. Damit ist definiert, **wie** die Verdichtung zu bilden ist.

Die tatsächliche **Berechnung** der Verdichtung aus einem gegebenen auf X (z.B. die Primärkosten der Kostenstelle X) definierten Vektor vekX erfolgt durch die Methode

```
AggVekX = vekX.vekVerdichte(AggX);
```

Bei der Ausführung dieser Methode wird der neue Vektor mit den verdichteten Daten berechnet.

Die Methode der Aggregation wirkt dann wie folgt:

$$\begin{array}{lcccc}
 & \{\alpha, & \beta, & \gamma, & \delta\} \\
\texttt{vekX}: & \downarrow & \downarrow & \downarrow & \downarrow \\
 & o & p & q & r
\end{array}
\quad \longrightarrow \quad
\begin{array}{lccc}
 & \{\alpha, & \{\beta,\delta\}, & \gamma\} \\
\texttt{AggVekX}: & \downarrow & \downarrow & \downarrow \\
 & o & p+r & q
\end{array}$$

Dabei wird jedes Mitglied der Indexmenge AggX aufgefordert, die Methode Sub() auszuführen. Handelt es sich um ein IDX, so gibt die Methode eine 0 zurück, bei einem ADX einen Zeiger auf die Indexmenge der aggregierten Indizes. Diese wird dann bezüglich der Summation bearbeitet. Hier werden also die Möglichkeiten der Polymorphie in Form von virtuellen Funktionen voll ausgenutzt. Die Methode ist rekursiv angelegt und funktioniert deshalb auch ohne weiteres, wenn ein ADX wieder selbst ADX-Objekte enthält. Bei allen anderen Methoden verhalten sich die ADX-Objekte genauso wie die IDX-Objekte.

Die Vorteile diese Verfahrens können wie folgt zusammengefaßt werden.

- Die Funktionalität der Verdichtung ist ganz lokal implementiert, wirkt aber automatisch an allen Stellen, wo sie gewünscht wird.
- Die Festlegung der Aggregation und die Verdichtungsstufen sind vom Anwender auf leichte Art und Weise bestimmbar, frei wählbar und schnell zu ändern.
- Jederzeit ist abrufbar, welche Objekte aggregiert wurden.

— Das Verfahren der Verdichtung ist vom Kundenprogrammierer leicht änderbar. Statt einer Summation kann er z.B. auch eine Mittelwertbildung wählen.

6.6 Konformität zwischen Modell und Implementierung

OBAS ist so konzipiert, daß eine hohe Konformität zwischen dem Modell des Kundenprogrammierers und seiner Implementierung erreicht werden kann. Damit ist hier gemeint, daß der Zusammenhang zur ökonomischen Diskurswelt erhalten bleibt. Eine Überführung des ökonomischen Modells in ein mathematisches Modell ist nicht nötig. Dieses Prinzip soll an einen Beispiel aus dem Bereich der Kostenrechnung erläutert werden.

Zunächst wird ein Vektor in konventioneller Art dargestellt. Sei b_i die Bezugsgröße der sekundären Kostenstelle i, $i \in \mathcal{S} = \{1, \ldots, n\}$. Der Vektor, der die Bezugsgrößen aller sekundären Kostenstellen aufnimmt, läßt sich mathematisch als Abbildung von $\mathcal{S}$ in $\mathbb{R}$ darstellen:

$$\bigwedge_{i \in \mathcal{S}} i \mapsto b(i) = b_i \in \mathbb{R}$$

Im Programm wird üblicherweise die Datenstruktur `array` zur internen Speicherung des Vektors gewählt. In dieser Darstellung ist der Bezug zu den ökonomischen Größen und ihren Dimensionen verloren gegangen. Die Verarbeitungsprozesse erfolgen mittels der üblichen Arithmetik. Die Ergebnisse stehen als solche des mathematischen Modells zur Verfügung. Der Bezug zur Anwendung wird durch eine Rücküberführung in das ökonomische Modell hergestellt.

Der gleiche Sachverhalt in der objektorientierten Darstellung im Kontext der Klassenbibliothek läßt sich wie folgt darlegen.

Sei $\mathcal{S} = \{\text{Raumkostenstelle}, \text{Werkstatt}, \ldots\}$ die Menge der sekundären Kostenstellen. Der Vektor der Bezugsgrößen bildet direkt die sekundären Kostenstellen in die Größen ab:

$$\bigwedge_{s \in \mathcal{S}} s \mapsto b(s) = b_s \in G \subset \mathbb{R} \times D$$

s ist ein Objekt der Klasse `Index (IDX)` oder einer aus ihr abgeleiteten Klasse. Ein Index des Vektors b stellt also einen Gegenstand der ökonomischen Diskurswelt selbst dar. Der Wert des Vektorelements ist immer mit der zugehörigen Dimension versehen.

Das Design der Klassenbibliothek OBAS ist so konzipiert, daß nahezu eine 1:1 Abbildung zwischen der algorithmischen Darstellung des Modells und dem Programm möglich ist. Dadurch sind Modellvariationen und Simulationen unmittelbar zu realisieren. Z.B. läßt sich eine Primärkostenrechnung durch Nutzung der Bibliothek mittels eines Programms mit wenigen Zeilen Code durchführen.

Schon beim Beispiel aus Abschnitt 6.4.2.2 wurde ersichtlich, was unter dieser 1:1 Abbildung zu verstehen ist. Ein weiteres Beispiel soll zeigen, wie unmittelbar Operationen in der Kostenrechnung im Programm abgebildet werden können. Dabei tritt auch der Nutzen für den Kundenprogrammierer deutlich hervor, denn es ist unmittelbar ersichtlich, daß die in wenigen vom Kundenprogrammierer zu programmierenden Zeilen eine Funktionalität umfassen, die ohne die Nutzung von OBAS ein umfangreiches Programm erforderten.

Das Beispiel bezieht sich auf die innerbetriebliche Leistungsverrechnung[36].

r, das Tupel der Verrechnungspreise der sekundären Kostenstellen, ist zu bestimmen aus dem folgenden Gleichungssystem:

$$\bigwedge_{s\in\mathcal{S}} \mathbf{r}_s = \sum_{p\in\mathcal{P}} \frac{\mathbf{Q}_{ps}}{\mathbf{b}_s} + \sum_{i\in\mathcal{S}} \mathbf{r}_i \mathbf{V}_{is}$$

bzw.

$$\mathbf{r} = \left[(\mathbb{1}_{\mathcal{P}}^T \mathbf{Q}_{/\mathcal{P}\times\mathcal{S}})/\mathbf{b}_{/\mathcal{S}}\right]^T + \mathbf{V}_{/\mathcal{S}\times\mathcal{S}}^T \mathbf{r}$$

Dabei sind **b** die Bezugsgrößen, **Q** die Primärkosten und **V** die leistungsabhängigen Verbrauchsmengen der Kostenstellen (in Mengeneinheiten pro Bezugsgrößeneinheit). $\mathcal{P}$ stellen die primären Kostenarten und $\mathcal{S}$ die sekundären Kostenstellen dar.

Orientiert sich der Kundenprogrammierer an der oberen Darstellung, so enthält sein Programm für die Ausführung dieses Algorithmus vier Zeilen:

```
1 VEK PrimK_S = (Q.Teilmatrix(P, S)).SummeZ();
2 VEK c = PrimK_S / bs;
3 MAT AT = ~V.Teilmatrix(S, S);
4 LGL::LoeseGleichungssystem(AT, c, r);
```

1 Die Methode `Teilmatrix` schränkt die Matrix **Q** auf die angegebenen Indexmengen ein. Da von dieser Methode eine Referenz auf eine (temporäre) Matrix zurückgegeben wird, kann auf diese gleich die Methode `SummeZ` angewandt werden, die die Matrixelemente bezüglich der ersten Indexmenge, also $\mathcal{P}$, summiert, für das Ergebnis einen neuen

[36] Vgl. S. 22 und S. 32.

Vektor über S erzeugt und diesen zurückgibt. So einfach erhält man die primären Gesamtkosten der sekundären Kostenstellen.

2 Eine Überladung des Operators / führt zur Ausführung einer Methode von `VEK`, die den Ausdruck $\mathbf{x} \cdot \Delta\mathbf{y}^{-1}$ für zwei Vektoren $\mathbf{x}$ und $\mathbf{y}$ berechnet. Es entspricht der komponentenweise Division der jeweiligen Vektorelemente. Natürlich muß sichergestellt sein, daß zu jedem Vektorelement von $\mathbf{x}$ ein solches aus $\mathbf{y}$ mit einer Größe ungleich 0 existiert. Die Methode enthält eine ensprechene Prüfung.

3 Zur Transposition der Matrix $\mathbf{V}$ wird die Methode `operator ~()` aufgerufen.

4 Die Lösung des Gleichungssystems übernimmt eine Methode der Klasse `LGL`, an die die Matrix, der Konstantenvektor und der Ergebnisvektor übergeben werden.

Das Ergebnis in $\mathbf{r}$ enthält automatisch die richtigen Dimensionen (DM pro Bezugsgrößeneinheit).

Nimmt sich der Kundenprogrammierer die Matrizenschreibweise zum Vorbild, so lauten seine Anweisungszeilen:

```
VEK vek1(P) = 1;
VEK c = ~((vek1 * Q.Teilmatrix(P, S)) / bs);
MAT AT = ~V.Teilmatrix(S, S);
LGL::LoeseGleichungssystem(AT, c, r);
```

An diesem Beispiel wird deutlich, wie nah sich die Umsetzung in Code an der algorithmischen Beschreibung orientieren kann.

7 Die Anwendung von OBAS

7.1 Das Anwendungsspektrum

7.1.1 Das Grundprinzip

Die Existenz der anwendungsspezifischen Klassenbibliothek OBAS ermöglicht es, bausteinartig Programme zu modellieren, d.h. leicht änder- und erweiterbare Programme zu gestalten, und zwar wesentlich schneller und einfacher als mittels traditioneller Programmierung. Dem Kundenprogrammierer steht OBAS wie ein vollständiges Baukastensystem zur Verfügung, das äußerst einfach anzuwenden ist. Er benötigt nur die Kenntnis über die Schnittstellen, aber nicht über die interne Organisation der Daten, die Such- und Zugriffsverfahren oder wie die Verfahren und Operationen implementiert wurden. Er braucht sich nur darum zu kümmern, was er verarbeiten und darstellen will. Es steht die Modellierung im Vordergrund und nicht die Programmierung.

Durch Ableitungen aus den vorhandenen Klassen erreicht der Kundenprogrammierer die Adaption an das konkret umzusetzende Modell. Damit erhält man zusätzliche Klassen des konkreten Systems, und es wird die Begriffswelt sowie zusätzliche spezielle Funktionalität des Anwendungsbereichs eingebracht.

Die fachliche Klassenbibliothek OBAS bietet bereits in der Modellierungsphase eine wesentliche Unterstützung, weil sie konstruktive Muster für die Objektfindung liefert. Der Kundenprogrammierer sollte auch deshalb die Nutzung von OBAS bereits in der Analyse- und Designphase in Betracht ziehen, damit sie in das zu modellierende System von Klassen integriert wird. Für die meisten Anwendungssysteme gibt es mehrere Modellierungsmöglichkeiten bzw. Varianten, die die betriebliche Realität adäquat abbilden. Berücksichtigt man bei der Modellierung nicht bereits die vorhandene fachliche Klassenbibliothek, so besteht die Gefahr, daß die eigene Modellierung ihre Nutzung nicht zuläßt. Deshalb muß zunächst geprüft werden, inwieweit die der Klassenbibliothek zugrundeliegende Modellbildung für das zu entwickelnde Anwendungssystem in Betracht kommt. Danach sind die Modifikationen und Ergänzungen von Klassen, Attributen, Methoden und Nachrichtenverbindungen vorzunehmen.

OBAS wurde unter dem Leitbild entwickelt, alle Datenstrukturen und die Funktionalitäten zur Verfügung zu stellen, die eine unmittelbare Implementierung der Plankostenrechnung erlauben. Der Entwicklung von OBAS liegt damit zwar ein bestimmtes Grundkonzept betrieblicher Anwendungen zugrunde, aber dem Gedanken der domainübergreifenden Anwendbarkeit wurde durchgängig Rechnung getragen, d.h. die Plankostenrechnung war der gedankliche „Aufhänger" zur Freilegung allgemeingültiger Strukturen in betriebswirtschaftlichen Problembereichen. Die objektorientierte Analyse, das Design und die Architektur wurden unter diesem Gesichtspunkt durchgeführt. Insbesondere die generischen Klassen für fachliche Anwendungen dienen dabei als Ausgangsbasis für die Wiederverwendbarkeit in anderen Anwendungsbereichen.

Um die Verwendbarkeit von OBAS für ein neu zu entwickelndes Anwendungssystem zu prüfen, muß sich der Modellierer an der Logik und der prinzipiellen Funktions- und Verarbeitungsweise seiner Anwendung orientieren. Er versucht dieses Prinzip oder ein ähnliches in der Klassenbibliothek zu finden. Um diesen Prozeß zu erleichtern, werden im folgenden Konzepte von Anwendungen beschrieben, für die OBAS geeignet ist.

Es muß aufgezeigt werden, welche generellen Strukturen und Verhaltensmuster ein Anwendungsbereich aufweisen muß, damit OBAS effektiv genutzt werden kann. Es muß ein Schema oder ein Muster[1] für die Objekte, ihre Funktionsweise und ihre Interaktionen erkennbar sein. Dieses generelle Schema für den Anwendungsbereich ist zunächst auf auf hohem Abstraktionsniveau zu beschreiben. Daraus abgeleitet werden Grobstrukturen einzelner Anwendungen, die mit OBAS realisiert werden können. In exemplarischer Form werden in einer weiteren Konkretisierung Einzellösungen und ihre Implementierung mit OBAS vorgestellt. Aufgrund der generellen und dieser speziellen Beschreibungen kann der Modellierer den Bezug zu seiner eigenen Anwendung herstellen.

In allgemeinster Form kann die Formulierung des Grundmusters so lauten, daß die Klassenbibliothek die Realisierung eines Konzepts unterstützt, dem Objekte zugrundeliegen, deren Daten in batchartigen Prozessen zu verarbeiten sind. Diese Objekte lassen sich gruppieren, die Berechnungen sind für eine Gruppe insgesamt zu definieren. Zum Grundprinzip von OBAS gehört, daß die Grundelemente aller Operationen immer die Objekte selbst sind und damit der Bezug zur betrieblichen Realität erhalten bleibt. Sofern es sich bei den Daten um dimensionsbehaftete Größen handelt, werden alle Berechungsvorgänge mit Dimensionsrechnung durchgeführt.

Die Objekte, die den Verarbeitungsprozessen unterworfen werden, können von statischer oder dynamischer Natur sein. Statische Objekte haben Bestandscharakter, z.B. eine Kostenart. Dynamische Objekte sind solche, die Veränderungen unterworfen sind und in einem Prozeß verschiedene Zustände durchlaufen. Durch bestimmte Impulse (Eingaben, Ereignisse, Verarbeitungsprozesse, etc.) wechseln die Objekte von einem Zustand zum nächsten. Ihre Lebensdauer ist i.d.R. beschränkt.

[1] Diese Muster können als *Patterns* verstanden werden, vgl. auch [Gam95].

Die Daten werden entweder wie bei einem Konto direkt an das Objekt gekoppelt, oder können unter Beibehaltung der Verknüpfung zu dem Objekt, das Träger der Daten ist, in eigenen Datenstrukturen gespeichert werden.

Die Verarbeitungsprozesse sind ereignisgesteuert. Das auslösende Ereignis ist der Abschluß einer Periode, ein durch andere Prozesse ausgelöster Impuls, oder es wird von außen angesteuert.

Stimmt das Grundprinzip des konkreten Systems, für das OBAS eingesetzt werden soll, mit diesem allgemeinen Muster überein, so ist in der Analyse- und Designphase das logische Konzept von OBAS wie folgt zu berücksichtigen:

— Die statischen oder dynamischen Objekte, die selbst oder deren Daten zu verarbeiten sind, werden definiert. Sie bilden die Grundelemente des Anwendungssystems.

— Die Zusammenfassung von Objekten, die gleichen Vearbeitungsprozessen unterworfen sind, werden als Gruppen oder Mengen bestimmt.

— Die Art der Verknüpfung der Daten mit den Objekten ist zu modellieren. Die Daten können als Attribut des Objekts selbst vereinbart werden. Bei komplexeren Systemen werden aber viele Daten in unterschiedlichem Kontext für ein Grundelement anfallen. Dann sind die Daten in eigenen Datenstrukturen vorzuhalten. OBAS stellt die Verbindung zum statischen oder dynamischen Objekt, das Träger der Daten ist, automatisch und ständig sicher.

Wird die konkrete Anwendung nach diesen Regeln modelliert, sind die entsprechenden Klassen aus OBAS in den eigenen Entwurf der Anwendung in der folgenden Art und Weise zu integrieren.

Für die statischen oder dynamischen Objekte, die die Grundelemente des Anwendungssystems darstellen, wird die Klasse `INDEX` herangezogen. Reichen die in dieser Klasse definierten Attribute und Methoden für die konkrete Anwendung aus, so werden sie unmittelbar als Objekte der Klasse `INDEX` konstruiert. I.d.R. wird der Kundenprogrammierer die Realität in stärkerem Maße in der Implementierung der Objekte manifestieren wollen. Dann muß er `INDEX` als Basisklasse für seine Klassen mit der erweiterten Funktionalität oder den weiteren Attributen benutzen. Es reicht auch, wenn er diese Erweiterungen über eine Mehrfachvererbung einbezieht, d.h. seine Grundelemente werden als Objekte durch eine Klasse erzeugt, die von `INDEX` und einer vom Kundenprogrammierer definierten und implementierten Klasse abgeleitet wird.

Prinzipiell gilt, daß die Beziehung zur Klasse `INDEX` nur über die Vererbung aufgenommen werden darf, da nach der zugrundeliegenden Logik die Objekte selbst Gegenstand der Verarbeitungsprozesse sind. Es widerspricht dieser Logik, wenn ein Objekt der Klasse `INDEX` als Attribut in einer anderen definiert wird. Die Objekte, die Grundelemente des Anwendungssystems darstellen, haben durch die Vererbung alle Eigenschaften, die einem Objekt der Klasse `INDEX` zu eigen sind. Für sie wurde der Begriff *Indexobjekte* eingeführt.

Die Zusammenfassungen der Indexobjekte zu Gruppen oder Mengen erfolgt mit Hilfe der Container-Klasse `INDEXMENGE`. Alle Indexobjekte, für die der gleiche Verarbeitungsprozeß durchzuführen ist, werden in ein Objekt der Klasse `INDEXMENGE` eingefügt. Damit sind bereits die Grundstrukturen für die Organisation der Verarbeitungsvorgänge hinreichend definiert.

Die folgenden Verarbeitungsmöglichkeiten sind in OBAS realisiert worden.

— Arithmetische Operationen mit dimensionsbehafteten Maßzahlen.
Die dafür vorgesehene Klasse ist `GROESSE`.

— Verarbeitung von Größen für Indexobjekte, die in einer Indexmenge zusammengefaßt werden und gleichartigen Verarbeitungsprozessen unterzogen werden.
Dazu ist die Klasse `VEKTOR` heranzuziehen. Ein Objekt dieser Klasse bildet einen objektindizierten Vektor, der auf einer Indexmenge definiert wird und die Verknüpfung zwischen den Indexobjekten und den dimensionsbehafteten Größen darstellt. Die Grundelemente, auf die die Operationen angewandt werden, also die Indexobjekte, können von beliebiger Gestalt sein, solange sie nur einer aus `INDEX` abgeleiteten Klasse entstammen.

— Verarbeitung von Größen für Paare von Indexobjekten, die Elemente des Kreuzprodukts zweier Indexmengen darstellen.
Hierzu dient die Klasse `MATRIX`. Ein Objekt dieser Klasse wird auf zwei Indexmengen basierend erzeugt. Es verbindet jeweils Paare von Indexobjekten aus diesen Mengen mit einer Größe. Bezüglich der Indexobjekte gilt das gleiche wie bei den objektindizierten Vektoren.

— Verarbeitung von Daten für die Indexobjekte in verdichteter Form.
Z.B. sollen Vektorelemente der Objekte entsprechend frei definierbarer Gruppierungen summiert und dann weiteren Verarbeitungsprozessen unterworfen werden.
Dazu werden Objekte aus der Klasse `AGG_INDEX` oder einer aus ihr abgeleiteten Klasse gebildet.

— Zur Realisierung der Persistenz wird die Klasse `OBE` einbezogen.

Die o.a. Klassen bilden die grundlegenden Bausteine für die Nutzung von OBAS. Sofern das Prinzip der Anwendung dem geschilderten Schema entspricht, kann durch deren Einsatz ein wesentlicher Teil der Funktionalität des Anwendungssystems durch die Klassenbibliothek abgedeckt werden. Für Anwendungssysteme, die nur in Teilaspekten der Logik von OBAS entsprechen, können jeweils einzelne Bausteine zu deren Realisierung herangezogen werden.

7.1.2 Anwendungsmuster

Um die Suche der Klassen und deren Anwendung zu erleichtern, werden im folgenden genauer umrissene Anwendungsmuster aufgelistet. Diese Schemata können sich einzeln oder in Kombination in einer Applikation wiederfinden. Mit der folgenden Auflistung sind allerdings die möglichen Anwendungen nicht umfassend und erschöpfend dargestellt. Sie dient lediglich als Anleitung für das Erkennen von Struktur- und Verhaltensanalogien einer Anwendung mit den anwendungsbezogenen Bausteinen von OBAS.

Anwendungsmuster:

1. Zeitpunktbezogene Verarbeitungssprozesse für an Bestandsobjekte geknüpfte Datenstrukturen, die für einzelne oder Gruppen von Objekten auszuführen sind.

   Prinzip:

   Die Bestandsobjekte ändern sich durch den Verarbeitungsprozeß nicht, d.h. sie sind ausschließlich Träger von dauerhaften Informationen. Die Daten, die Input oder Ergebnisse von Verarbeitungsprozessen darstellen, sind in eigenen Datenstrukturen, wie z.B. objektindizierten Vektoren, abgelegt.

2. Zeitpunktbezogene Verarbeitungssprozesse für Attributwerte von Bestandsobjekten, die für einzelne oder Gruppen von Objekten auszuführen sind.

   Prinzip:

   Es existieren Bestandsobjekte, die Träger von Informationen darstellen, wie Konten, Anlagen, Mitarbeiter, etc. Zu einem bestimmten Zeitpunkt fallen Daten für diese Objekte an, und es sind gleichartige Verarbeitungsprozesse für zu Gruppen zusammengefaßten Objekten auszuführen. Die Bestandsobjekte verändern durch die Verarbeitung ihre Attributwerte.

3. Ereignisgesteuerte Verarbeitungsprozesse für dynamische Objekte.

   Prinzip:

   Ein bestimmtes Geschäftsereignis (z.B. Vertragsabschluß) veranlaßt einen Verarbeitungsprozeß für ein oder mehrere Objekte, deren Lebensdauer auf die Dauer des gesamten Vorgangs (z.B. bis zur Vertragserfüllung) beschränkt ist. Diese dynamischen Objekte verändern i.d.R. durch die Verarbeitung ihren Zustand, die Zustandsänderungen lösen eventuell weitere Ereignisse aus. Die Dynamik des Modells wird durch Ereignisse gesteuert.

4. Prozesse der Auflösung von Aggregatobjekten[2], das sind Objekte, die andere Objekte oder Elemente enthalten, in ihre Elemente. Prozesse zum Nachweis von Elementbeziehungen in Aggregatobjekten.

   Prinzip:

   Objekte enthalten andere Objekte oder Elemente und können selbst wiederum Bestandteile anderer Objekte sein. Die Objekte sollen in ihre Bestandteile bzw. ihre Elemente aufgelöst werden und die Elementbeziehung quantitativ bestimmt werden (z.B. Stücklistenauflösung). Andererseits ist zu ermitteln, in welchen anderen Objekten, also Aggregaten, ein Element oder ein Objekt enthalten ist (z.B. Teileverwendungsnachweis).

5. Getaktete oder ereignisgesteuerte Prozesse, die zur Bildung von Objekten führen, die eine Historie darstellen.

   Prinzip:

   Für ein Objekt ist ein Vorgang zu verbuchen und mit einer Zeitgröße versehen abzuspeichern (z.B. Transaktionen). Für den Objekttyp wird eine Klasse definiert, die aus der Klasse `ZEIT` abgeleitet wird. Zu jedem Vorgang wird ein Objekt dieser Klasse erzeugt. Diese Objekte können in chronologischer Reihenfolge verarbeitet werden.

6. Verarbeitungsprozesse zur Verdichtung von Daten.

   Prinzip:

   Daten, die für bestimmte Objekte gegeben sind, sollen in verdichteter Form dargestellt werden. Die Einzelinformationen für Objekte sollen dergestalt verdichtet werden, daß sie für zu einer Gruppe zusammengefaßte Objekte aufsummiert[3] und gegebenenfalls weiterverarbeitet werden. Die Art der Gruppenbildung ist frei wählbar.

Alle diese Anwendungen werden auf einem hohen Applikationsniveau unterstützt, d.h. es werden nicht nur –wie bei anwendungsunabhängigen Klassenbibliotheken– systemnahe Funktionen, wie der Aufbau verketterer Listen, unterstützt, sondern durch die Entwicklung der fachlichen Klassen auch anwendungsbezogene Bausteine zur Verfügung gestellt.

[2]Der Begriff „Aggregatobjekt“ ist hier nicht im Sinne eines Objekts der Klasse `AGG_INDEX` zu verstehen.

[3]Es können auch andere Verdichtungsformen gewählt werden, wie z.B. die Mittelwertbildung.

Neben diesen Mustern für Anwendungsbereiche lassen sich die folgenden speziellen Muster für einzelne Verarbeitungsvorgänge auflisten, für deren Implementierung OBAS auch auf niedrigerem Applikationsniveau effizient eingesetzt werden kann.

— Einsatz einer Größenarithmetik,
— Einsatz von Datenstrukturen für die interne Objektorganisation,
— Realisierung der Persistenz für Objekte beliebiger Klassen,
— Arithmetische Operationen der linearen Algebra,
— Optimierungsverfahren, die mit den Methoden der Linearen Programmierung durchzuführen sind[4].

Die Klassen von OBAS werden, wenn ihre grundsätzliche Verwendbarkeit gegeben ist, in den objektorientierten Analyse- und Designphasen systematisch mit einbezogen. Dann stellt sich heraus, ob die Klassen unmittelbar genutzt werden können, ober ob weitere Ableitungen nötig sind.

Im Abschnitt 7.3 wird gezeigt, wie die Klassenbibliothek OBAS im Bereich der Kostenrechnung zur Anwendung kommt. Im Abschnitt 7.4 werden für jeden oben aufgeführten Anwendungsbereich exemplarisch konkrete Konzepte und zum Teil Implementierungen von Anwendungen vorgestellt und die Modellierung mit Hilfe von OBAS vorgenommen. Dazu wird aufgeführt, welche Klassen in welcher Art und Weise zur Implementierung zu benutzen sind.

Da beide Abschnitte auch Implementierungsdetails und Hinweise zur Anwendung enthalten, werden zum besseren Verständnis im nächsten Abschnitt zunächst einige prinzipielle Hinweise zur Handhabung von OBAS gegeben. Weitere Einzelheiten zur Benutzung finden sich im Kapitel 8 und bei den Klassenbeschreibungen im Anhang.

7.2 Prinzip der Handhabung von OBAS

Für den Einsatz von OBAS bei der Entwicklung eines betrieblichen Anwendungssystems ist im ersten Schritt zu prüfen, welche Klassen die geeignete Struktur und die Funktionalität aufweisen, um effizient eingesetzt werden zu können. Es ist allerdings nicht sinnvoll, nach einzelnen Klassen zu suchen, denn die Klassen sind in eine Struktur eingebettet, innerhalb derer sie interagieren. Außerdem orientiert sich der Modellierer zunächst nicht an den fertigen konkreten Klassen, sondern an der Struktur und der Verarbeitungslogik seiner Anwendung. Deshalb ist die innere Logik der Bestandteile

[4]Die Methoden der linearen Programmierung wurden nicht implementiert. Auf der Basis der vorhandenen Klassen von OBAS birgt eine solche keine prinzipiellen Schwierigkeiten in sich.

des Systems und die Funktionalität das Suchkriterium, daran ändert auch der objektorientierte Ansatz nichts. Für die Nutzung wiederverwendbarer Software-Komponenten, „d.h. für Suche, Bewertung und Auswahl, wird die Beschreibung ihrer Eigenschaften benötigt"[5]. Um Bestandteile einer Klassenbibliothek benutzen zu können, muß man das logische Kriterium verstehen, durch das das System der Klassen definiert sind[6]. Es ist daher angebracht, die Unterstützung der Suche von vornherein nach diesem Kriterium auszurichten.

Zur Unterstützung dieser Phase der Orientierung wurden im vorigen Abschnitt die Anwendungsmuster beschrieben, die in den Abschnitten 7.3 und 7.4 noch ausführlicher und mit Beispielen versehen beschrieben werden. Dabei werden auch jeweils die benötigten Klassen aufgelistet und ihre Handhabung bei dem jeweiligen Muster erörtert. Dadurch werden die von STROUSTRUP geforderten logischen Kriterien für die Suche von Klassen deutlich. Sind die Klassen gefunden, so sind der Klassenbeschreibung alle zum Einsatz notwendigen Informationen zu entnehmen.

Die Nutzung von OBAS ist im Prinzip sehr einfach. Die Handhabung einer Klassenbibliothek verkompliziert sich aber zwangsläufig, wenn zusätzliche Klassen abzuleiten sind. Bei der Verwendung von OBAS sind in vielen Fällen, insbesondere bei kleineren Anwendungen, weitere Vererbungen überflüssig. Manchmal werden allerdings weitere Ableitungen sehr sinnvoll sein, und sei es nur für eigene Ausgabeprozeduren. Um den Aufwand für Vererbungen möglichst gering zu halten, wurde schon bei der Konzipierung von OBAS darauf geachtet, daß man mit sehr wenigen Ableitungen die eigene Diskurswelt voll darstellen und die Funktionalität von OBAS optimal nutzen kann.

Da für Vererbungen aus Klassen von OBAS mehr Informationen notwendig sind als für die einfache Anwendung, werden die Kundenprogrammierer, also die Nutzer von OBAS, in zwei Benutzergruppen unterschieden. Mit *Rahmenprogrammierer* wird im folgenden derjenige bezeichnet, der in erster Linie die Aufgabe hat, die Diskurswelt des Anwendungsgebietes in weiteren Klassen des konkreten Systems abzubilden, wobei es sich um zusätzliche oder aus OBAS abgeleitete Klassen handeln kann. Er hat dabei den Abstraktionsgrad zu wählen, der für das Anwendungsgebiet eine umfassende und flexible Gestaltung des Programms ermöglicht. Er stellt damit den Rahmen für weitere Anwendungsprogramme zur Verfügung. Bei den im Abschnitt 7.4 beschriebenen Anwendungsmustern finden sich spezielle Hinweise für die Rahmenprogrammierer.

[5] [Rie92, S. 31].
[6] Vgl. [Str92, S. 405].

Unter *Anwendungsprogrammierer* wird im folgenden derjenige verstanden, der ausschließlich die schon vorhanden Klassen in seine Implementierung einbezieht.

Diese Differenzierung hat den Vorteil, daß bei einem größeren Anwendungssystem nur ein „Experte" sich tiefer in die Nutzung von OBAS einarbeiten muß. Er stellt dann für einen oder mehrere Anwendungsprogrammierer das Rahmenprogramm zur Verfügung. Durch diese Rahmenprogrammierung wird außerdem eine Standardisierung der Anwendungsprogrammierung erleichtert. Natürlich kann eine Person beiden Benutzergruppen angehören.

7.3 Die Anwendung auf Modelle der Kostenrechnung

Das Paradigma der Plankostenrechnung liegt der Entwicklung von OBAS zugrunde. Für die Implementierung einer Plankostenrechnung eignet sich demnach naturgemäß die Klassenbibliothek in besonderem Maße. Diese dient quasi als Beispiel für das im letzten Kapitel beschriebenen Anwendungsmuster 1. Dieses bezieht sich auf zeitpunktbezogene Verarbeitungsprozesse für an Bestandsobjekte geknüpfte Datenstrukturen, wobei die Verarbeitungen jeweils für Gruppen von Objekten durchzuführen sind.

Die algorithmische Darstellung der Grenzplankostenrechnung erfolgte im Kapitel 3. Deshalb braucht das Konzept hier nicht erneut beschrieben zu werden.

Die für die Implementierung notwendigen Klassen sind bereits als solche des konkreten Systems in OBAS enthalten. Weitere Vererbungen sind für die Durchführung des in Kapitel 4 beschriebenen Algorithmus nicht nötig. Ausgehend von dem in der Analysephase entwickelten Modell kann der Kundenprogrammierer sein konkretes System zur Kostenrechnung modellieren. Weicht sein Modell von dem vorgegebenen in struktureller Hinsicht ab, so werden die Modifikationen vom Rahmenprogrammierer durch die Vererbung auf leichte Art und Weise vorgenommen.

Die Begriffswahl der algorithmischen Darstellung läßt die Zuordnung zu den Klassen unmittelbar erkennen. Es sind die folgenden Klassen zu verwenden:

```
KORE_ELEMENT
KOSTENART
KOSTENSTELLE
KOSTENTRAEGER
INDEXMENGE
VEKTOR
```

`MATRIX`

In allgemeiner Form läßt sich die Vorgehensweise bei der Implementierung wie folgt beschreiben:

* Die Bestandsobjekte (Kostenarten, -stellen, -träger, Indexmengen) werden als persistente Objekte definiert und in der Objektbeschreibungssprache formuliert[7] in einer Textdatei abgelegt.

* Die sich aus der Buchhaltung und der Planung ergebenden Daten, die Eingangsdaten für die Kostenrechnung darstellen, werden als Vektoren und Matrizen für die jeweiligen Indexmengen ebenfalls persistent abgelegt[8].

* Das **C++**-Programm des Anwendungsprogrammierers beginnt mit dem Einlesen der persistenten Objekte durch die zur Klasse `OBE` gehörende Methode `LiesAlles()`.

* In der weiteren Folge des Programms werden nach dem Ablauf, den der Algorithmus vorschreibt, die arithmetischen Operationen durch Aufruf der Methoden der tangierten Klassen realisiert. Wie in der Konzeption vorgesehen, erfolgt nahezu eine 1:1-Abbildung zwischen dem Algorithmus und dem Programm des Anwendungsprogrammierers.

  Es ist zu empfehlen, die Methoden der oberen Ebene zu verwenden, also diejenigen, die mit den Objekten selbst operieren[9].

* Die Ausgabe der Ergebnisse wird entweder mit den in OBAS implementierten Ausgabemethoden erzeugt, die diese in der Objektbeschreibungssprache formuliert in eine Textdatei schreiben und die damit für beliebige Weiterverarbeitung zur Verfügung stehen, oder durch eigene Prozeduren.

Die Programmierung des Modells ist völlig unabhängig davon, ob die Indexobjekte mit Hilfe einer verketteten Liste oder eines AVL-Baumes organisiert werden. Welche Organisationsform verwendet wird, hängt allein davon ab, welche Module eingebunden werden, also ob die `dynamic link library` `OBASL.DLL` oder `OBASW.DLL` gewählt wird. Im ersten Fall muß in den Quellcode des Anwenders `OBASL.HPP` und im zweiten Fall `OBASW.HPP` eingezogen werden.

---

[7]Vgl. S. 94.

[8]Da es sich bei den Dateien für die persistenten Objekte jeweils um Textdateien mit fest definiertem Aufbau handelt, können diese maschinell durch ein Schnittstellenprogramm erzeugt werden.

[9]siehe S. 115.

Das Programm zur Durchführung der Plankostenrechnung folgt unmittelbar der Darstellung des Modells. Diese Umsetzung des Modells, wie es in Kapitel 3 entwickelt wurde, wird im folgenden durch die Gegenüberstellung der Formeln des Modells[10] und dem Programmcode[11] illustriert. Einzelheiten zu den verwendeten Methoden der Klassen sind den Klassenbeschreibungen im Anhang zu entnehmen.

Die folgende Tabelle enthält die Bedeutung und Symbole der Indexmengen und der Ausgangsdaten des Systems[12] und die entsprechenden Bezeichner des Programms.

Materialeinzelkostenarten	$\mathcal{M}$	`ixmM`
Sondereinzelkosten der Fertigung	$\mathcal{O}$	`ixmO`
Sondereinzelkosten des Vertriebs	$\mathcal{B}$	`ixmB`
primäre Gemeinkostenarten	$\mathcal{P}$	`ixmP`
sekundäre Gemeinkostenarten	$\mathcal{S}$	`ixmS`
Kostenstellen	$\mathcal{L}$	`ixmL`
primäre Kostenstellen	$\mathcal{K}$	`ixmK`
Fertigungshauptkostenstellen	$\mathcal{F}$	`ixmF`
Materialkostenstellen	$\mathcal{R}$	`ixmR`
Verwaltungs- und Vertriebskostenstelle	$\mathcal{V}$	`ixmV`
sekundäre Kostenstellen	$\mathcal{S}$	`ixmS`
Kostenträger	$\mathcal{T}$	`ixmT`

Verbrauchsmengen der Kostenträger (Einzelkosten)	$\mathbf{B} \in M(\mathcal{E}, \mathcal{T})$	`matB`
Leistungsabhängige Verbrauchsmengen der Kostenstellen	$\mathbf{V} \in M(\mathcal{A}, \mathcal{L})$	`matV`
Leistungsunabhängige Verbrauchsmengen der Kostenstellen	$\mathbf{F} \in M(\mathcal{A}, \mathcal{L})$	`matF`
Bezugsgrößeninanspruchnahme der Fertigungshauptkostenstellen	$\mathbf{I} \in M(\mathcal{T}, \mathcal{F})$	`matI`
Anteilsmäßige Belastung der Materialkostenstellen	$\mathbf{Z} \in M(\mathcal{M}, \mathcal{R})$	`matZ`
Planpreise der Faktorgüter d. Einzelkostenarten	$\mathbf{e} \in V(\mathcal{E})$	`veke`
Planpreise d. Faktorgüter d. primären Gemeinkostenarten	$\mathbf{q} \in V(\mathcal{P})$	`vekq`
geplante Absatzmengen der Kostenträger	$\mathbf{x} \in V(\mathcal{T})$	`vekx`
geplante Absatzpreise der Kostenträger	$\mathbf{a} \in V(\mathcal{T})$	`veka`

[10] Vgl. Abschnitt 3.3.3.

[11] Zum besseren Verständnis der Programmbeispiele soll nochmals auf die Notation hingewiesen werden (vgl. auch S. 118). Insbesondere die Vereinbarung über `typedef` ist zu beachten. Z.B. bezeichnet `class VEK` die Klasse `VEKTOR` und es wird vereinbart:
```
typedef class VEK * PVEK, ** PPVEsK, & RVEK; // Praefix vek (VEKtor)
```

[12] Vgl. S. 19.

Vektor der Planbezugsgrößen, eingeschränkt auf die primären Kostenstellen: $\mathbf{b}_{/\mathcal{K}}$

Modell:

Vektor der Planbezugsgrößen, eingeschränkt auf die Fertigungshauptkostenstellen: $\mathbf{b}_{/\mathcal{F}}$:

$$\mathbf{b}_{/\mathcal{F}} = \left[\mathbf{x}^T\mathbf{I}\right]^T. \tag{1}$$

Dimensionen: Bezugsgrößeneinheiten pro Periode.

Vektor der Planbezugsgrößen, eingeschränkt auf die Material- sowie die Verwaltungs- und Vertriebskostenstellen: $\mathbf{b}_{/\mathcal{R}\cup\mathcal{V}}$

$$\mathbf{b}_{/\mathcal{R}\cup\mathcal{V}} = \mathbb{1}_{\mathcal{R}\cup\mathcal{V}}. \tag{2}$$

Dimension: keine, da die Bezugsgrößeneinheit die Periode ist.

Vektor der Planbezugsgrößen, eingeschränkt auf die primären Kostenstellen: $\mathbf{b}_{/\mathcal{K}}$

$$\mathbf{b}_{/\mathcal{K}} = \mathbf{b}_{/\mathcal{F}} \bowtie \mathbf{b}_{/\mathcal{R}\cup\mathcal{V}}. \tag{3}$$

Programm:

```
VEK vekbf = vekx * matI;
VEK vekbr(ixmR); vekbr = 1;
VEK vekbv(ixmV); vekbv = 1;
VEK vekbk(ixmK); vekbk = vekbf | vekr | vekbv;
```

Vektor der Planbezugsgrößen, eingeschränkt auf die sekundären Kostenstellen: $\mathbf{b}_{/\mathcal{S}}$

Modell:

Der Vektor ist zu bestimmen durch Lösung des Systems:

$$\mathbf{b}_{/\mathcal{S}} = \mathbf{F}_{/\mathcal{S}\times\mathcal{L}}\mathbb{1}_{\mathcal{L}} + \mathbf{V}_{/\mathcal{S}\times\mathcal{K}}\mathbf{b}_{/\mathcal{K}} + \mathbf{V}_{/\mathcal{S}\times\mathcal{S}}\mathbf{b}_{/\mathcal{S}}. \tag{4}$$

Dimension: Bezugsgrößeneinheiten pro Periode.

Programm:

```
MAT matA(matV, ixmS, ixmS); // Einschraenkung der Matrix V
                            // auf die sek.Kostenstellen
VEK vekc = matV.matTeilmatrix(ixmS, ixmK) * vekbk +
      (matF.matTeilmatrix(ixmS, ixmK)).vekSummeS() +
      (matF.matTeilmatrix(ixmS, ixmS)).vekSummeS();//Vektor der Konstanten
// Berechnung von vekbs aus vekbs = vekc + matA*vekbs:
LGL::LoeseGLS(LGL::Fixpunkt, matA, vekc, vekbs);
vekb = vekbk | vekbs; //Vektor d. Planbezugsgroessen aller Kostenstellen
```

Vektor der Planbezugsgrößen für alle Kostenstellen:b $\in V(\mathcal{L})$

Modell:

$$\mathbf{b} = \mathbf{b}_{/\mathcal{K}} \bowtie \mathbf{b}_{/\mathcal{S}}. \tag{5}$$

Programm:

```
VEK vekb = vekbk | vekbs;
```

Matrix der proportionalen, primären Kostenstellenkosten pro Periode: $\mathbf{Q} \in M(\mathcal{P}, \mathcal{L})$

Modell:

$$\mathbf{Q} = \Delta\mathbf{q}\mathbf{V}_{/\mathcal{P}\times\mathcal{L}}\Delta\mathbf{b}. \tag{6}$$

Dimension: DM pro Periode.

Programm:

```
MAT matQ = matDiagonale(vekq) * matV.matTeilmatrix(ixmP, ixmL) *
       matDiagonale(vekb);
```

Vektor der internen Verrechnungspreise: $\mathbf{r} \in V(\mathcal{S})$.

Modell:

Der Vektor ist zu bestimmen durch Lösung des Systems:

$$\mathbf{r} = \left[\mathbf{Q}_{/\mathcal{P}\times\mathcal{S}}/\mathbf{b}_{/\mathcal{S}}\right]^T + \mathbf{V}^T_{/\mathcal{S}\times\mathcal{S}}\mathbf{r}. \tag{7}$$

Dimension: DM pro Mengeneinheit der jeweiligen Bezugsgröße.

Vektor der Preise für alle Gemeinkostenarten: $\mathbf{p} \in V(\mathcal{A})$

$$\mathbf{p} = \mathbf{q} \bowtie \mathbf{r}. \tag{8}$$

Dimension: DM pro Mengeneinheit des Faktorgutes der jeweiligen Kostenart.

Programm:

```
VEK vekPrimK_S = (matQ.matTeilmatrix(ixmP, ixmS)).vekSummeZ();
VEK vekcc = vekPrimK_S / vekbs;
MAT matAT = ~matV.matTeilmatrix(ixmS, ixmS);
LGL::LoeseGleichungssystem(LGL::Fixpunkt, matAT, vekcc, vekr);
vekp = vekq | vekr;
```

Matrix der proportionalen Kostenstellenkosten pro Periode: $\mathbf{P} \in M(\mathcal{A}, \mathcal{L})$

Modell:

Matrix der proportionalen, sekundären Kostenstellenkosten pro Periode: $\mathbf{R} \in M(\mathcal{S}, \mathcal{L})$

$$\mathbf{R} = \Delta\mathbf{r}\mathbf{V}_{/\mathcal{S}\times\mathcal{L}}\Delta\mathbf{b}. \tag{9}$$

Dimension: DM pro Periode.

Matrix der proportionalen Kostenstellenkosten pro Periode: $\mathbf{P} \in M(\mathcal{A}, \mathcal{L})$

$$\mathbf{P} = \mathbf{Q} \bowtie \mathbf{R}. \tag{10}$$

Dimension: DM pro Periode.

Programm:

```
MAT matR = matDiagonale(vekr) * matV.matTeilmatrix(ixmS, ixmL) *
       matDiagonale(vekb);
matP = matQ | matR;
```

Vektor der gesamten, proportionalen Kosten für jede Kostenstelle: $\mathbf{k} \in V(\mathcal{L})$

Modell:

$$\mathbf{k} = \left[\mathbb{1}_{\mathcal{A}}^T \mathbf{P}\right]^T. \tag{11}$$

Dimension: DM pro Periode.

Programm:

```
VEK vekk = matP.vekSummeZ();
```

Vektor der Einzelkosten für jede Einzelkostenart: $\mathbf{f} \in V(\mathcal{E})$

Modell:

$$\mathbf{f} = \Delta\mathbf{e}\mathbf{B}\mathbf{x}. \tag{12}$$

Dimension: DM pro Periode.

Vektor der Einzelkosten für jede Materialeinzelkostenart: $\mathbf{g} \in V(\mathcal{M})$

$$\mathbf{g} = \mathbf{f}_{/\mathcal{M}}. \tag{13}$$

Dimension: DM pro Periode.

Programm:

```
VEK vekf = veke * (matB * vekx);
VEK vekg(vekf, ixmM);
```

Skalar der gesamten proportionalen Herstellkosten des Umsatzes: $\theta \in \mathbb{R} \times \mathbb{D}$

Modell:

$$\theta = \mathbb{1}^T_{\mathcal{M}\cup\mathcal{O}} \mathbf{f}_{/\mathcal{M}\cup\mathcal{O}} + \mathbb{1}_{\mathcal{R}\cup\mathcal{F}} \mathbf{k}_{/\mathcal{R}\cup\mathcal{F}}. \tag{14}$$

Dimension: DM pro Periode.

Programm:

```
VEK vekf_O(vekf, ixmO);
VEK vekf_B(vekf, ixmB);
gtheta = vekg.gSumme() + vekf_O.gSumme() +
     (vekk.vekTeilvektor(ixmR)).gSumme() +
     (vekk.vekTeilvektor(ixmF)).gSumme();
```

Vektor der Plankalkulationssätze für jede Fertigungshauptkostenstelle: $\mathbf{l} \in V(\mathcal{F})$

Modell:

$$\mathbf{l} = \left[\Delta \mathbf{b}_{/\mathcal{F}}\right]^{-1} \mathbf{k}_{/\mathcal{F}} = \mathbf{k}_{/\mathcal{F}} / \mathbf{b}_{/\mathcal{F}}. \tag{15}$$

oder:

$$\mathbf{l} = \left[\mathbf{p}^T \mathbf{V}_{/\mathcal{A}\times\mathcal{F}}\right]^T. \tag{16}$$

Dimension: DM pro Mengeneinheit der jeweiligen Bezugsgröße.

Programm:

```
VEK vekl(ixmF);
vekl = vekk.vekTeilvektor(ixmF) / vekb;
```

oder:

```
VEK vekl(ixmF);
MAT matV_F(matV, ixmA, ixmF);
vekl = vekp * matV_F;
```

Vektor der proportionalen Plan-Materialgemeinkosten-Verrechnungssätze der Einzelmaterialkosten: $\mathbf{m} \in V(\mathcal{M})$

Modell:

$$\mathbf{m} = [\Delta \mathbf{g}]^{-1} \mathbf{Z} \mathbf{k}_{/\mathcal{R}}. \tag{17}$$

Dimension: keine.

Programm:

```
VEK vekm(ixmM);
vekm = (matZ * vekk.vekTeilvektor(ixmR)) / vekg;
```

Vektor der Verrechnungssätze für die Verwaltungs- und Vertriebskostenstellen: $\mathbf{v} \in V(\mathcal{V})$

Modell:

$$\mathbf{v} = \frac{\mathbf{k}_{/\mathcal{V}}}{\theta}. \tag{18}$$

Dimension: keine.

Programm:

```
VEK vekv(ixmV);
vekv = vekk.vekTeilvektor(ixmV);
vekv /= gtheta;
```

Vektor der proportionalen Herstellkosten pro Kostenträgereinheit: $\mathbf{s} \in V(\mathcal{T})$

Modell:

$$\mathbf{s} = \left[(\mathbb{1}_{\mathcal{M}} + \mathbf{m})^T \Delta \mathbf{e}_{/\mathcal{M}} \mathbf{B}_{/\mathcal{M}\times\mathcal{T}}\right]^T + \mathbf{I} \cdot \mathbf{l} + \mathbf{e}_{/\mathcal{O}}^T \mathbf{B}_{/\mathcal{O}\times\mathcal{T}}. \tag{19}$$

Dimension: DM pro Mengeneinheit des Kostenträgers.

Programm:

```
VEK veks(ixmT);
VEK veke_M(veke, ixmM);
VEK veke_O(veke, ixmO);
MAT matB_M(matB, ixmM, ixmT);
MAT matB_O(matB, ixmO, ixmT);
VEK vekmTemp = vekm += 1;
veks = vekmTemp * veke_M * matB_M + matI * vekl + veke_O * matB_O;
```

Vektor der proportionalen Selbstkosten pro Mengeneinheit der Kostenträger: $\mathbf{t} \in V(\mathcal{T})$

Modell:

$$\mathbf{t} = \mathbf{s}(1 + \mathbb{1}_{\mathcal{V}}^T \mathbf{v}) + \mathbf{e}_{/\mathcal{B}}^T \mathbf{B}_{/\mathcal{B}\times\mathcal{T}}. \tag{20}$$

Dimension: DM pro Mengeneinheit des Kostenträgers.

Programm:

```
VEK vekt(ixmT);
G gTemp = 1 + vekv.gSumme();
VEK veke_B(veke, ixmB);
MAT matB_B(matB, ixmB, ixmT);
vekt = veks * gTemp + veke_B * matB_B;
```

Deckungsbeiträge:

Modell:

Vektor der Deckungsbeiträge pro Mengeneinheit des Kostenträgers: $\mathbf{d} \in V(\mathcal{T})$

$$\mathbf{d} = \mathbf{a} - \mathbf{t}. \tag{21}$$

Dimension: DM pro Mengeneinheit des Kostenträgers.

Skalar des Gesamtdeckungsbeitrags: $\delta \in \mathbb{R} \times \mathbb{D}$

$$\delta = \mathbf{d}^T \mathbf{x}. \tag{22}$$

Dimension: DM pro Periode.

Programm:

```
VEK vekd(ixmT);
vekd = veka - vekt;
G gdelta = vekd.gSkalarprodukt(vekx);
```

Fixkosten und Periodenerfolg:

Modell:

Skalar der gesamten Fixkosten: χ

$$\chi = \mathbf{p}^T \mathbf{F} \mathbb{1}_{\mathcal{L}}. \tag{23}$$

Dimension: DM pro Periode.

Skalar des geplante Periodenerfolgs: ε

$$\varepsilon = \delta - \chi. \tag{24}$$

Dimension: DM pro Periode.

Programm:

```
VEK vekd(ixmT);
vekd = veka - vekt;
G gdelta = vekd.gSkalarprodukt(vekx);
G gchi = (vekp * matF).gSumme();
G geps = gdelta - gchi;
```

Es folgt der Programmteil für die **Primärkostenrechnung**.

Modell:

Matrix der Primärkostenbestandteile der Verrechnungssätze der sekundären Kostenstellen: $\mathbf{D} \in M(\mathcal{P}, \mathcal{S})$

Die Matrix ist zeilenweise, d.h. für jede primäre Kostenart p, zu bestimmen durch Lösung der Systeme:

$$\bigwedge_{p \in \mathcal{P}} \mathbf{D}_{p\bullet} = \mathbf{q}_p \mathbf{V}_{p\bullet} + \left[\mathbf{D}_{p\bullet}^T \mathbf{V}_{/\mathcal{S}\times\mathcal{S}}\right]^T . \tag{25}$$

wobei $\mathbf{D}_{p\bullet} \in V(\mathcal{S})$ denjenigen Spaltenvektor bezeichnet, der der p-ten Zeile aus $\mathbf{D}$ entspricht und $\mathbf{V}_{p\bullet} \in V(\mathcal{S})$ denjenigen, der der p-ten Zeile aus $\mathbf{V}_{/\mathcal{P}\times\mathcal{S}}$ entspricht.

Dimension: DM pro Mengeneinheit der jeweiligen Bezugsgröße.

Matrix der Kosten der jeweiligen primären Kostenart pro Mengeneinheit der Bezugsgröße der jeweiligen primären Kostenstelle unter Berücksichtigung der internen Leistungsverrechnung $\mathbf{E} \in M(\mathcal{P}, \mathcal{K})$

$$\mathbf{E} = \Delta\mathbf{q}\mathbf{V}_{/\mathcal{P}\times\mathcal{K}} + \mathbf{D}\mathbf{V}_{/\mathcal{S}\times\mathcal{K}}. \tag{26}$$

Dimension: DM pro Mengeneinheit der jeweiligen Bezugsgröße.

Programm:

```
MAT matD(ixmP, ixmS);
IXM_VOR(ixmP, i)
   VEK vekpS = (matQ.matTeilmatrix(ixmP, ixmS)).vekZeile(i.idxCursor());
   if (vekpS.aVel()) {
      VEK vekc = vekpS / vekbs;
      MAT matAT = ~matV.matTeilmatrix(ixmS, ixmS);
      LGL::LoeseGLS(LGL::Fixpunkt, matAT, vekc, vekD);
      }
   else
      vekD *= 0;
   VEK_AUF(vekD)
      matD.FuegeEin((G)velCursor, i.idxCursor(), (IDX)velCursor);
   VEK_ENDE
IXM_ENDE
MAT matE = matDiagonale(vekq) * matV.matTeilmatrix(ixmP, ixmK) +
      matD * matV.matTeilmatrix(ixmS, ixmK);
```

7.4 Weitere Anwendungskonzepte und Realisierungen

7.4.1 Überblick

In diesem Kapitel werden für die in Abschnitt 7.1 aufgeführten Anwendungsmuster weitere konkrete Applikationen entwickelt. Diese weisen jeweils einen unterschiedlichen „Reifegrad" auf. Zum Teil sind sie vollständig modelliert und implementiert, weil die Implementierung besondere Facetten der Anwendung von OBAS verdeutlicht. Weitere Muster werden ausführlich und detailliert modelliert, aber nicht implementiert, weil darin kein weiterer Erkenntnisgewinn liegt. Für die restlichen Muster liegen nur grob modellierte Applikationen vor, weil sie variantenreich sind und eine präzisere Modellierung zu umfangreich wäre und nicht dem Ziel dieser Arbeit entspräche. Die Feinspezifikation und Implementierung lassen sich nach den bis dahin entwickelten Ausführungen analog realisieren.

Es wird zunächst mit einer vollständig implementierten Applikation begonnen, die eine Materialbedarfsermittlung auf der Basis einer Stücklistenauflösung unter Berücksichtigung der Vorlaufzeiten beinhaltet. Es ist eine Anwendung für das Muster 4 „Prozesse der Auflösung von Aggregatobjekten". Es dient auch als Beispiel für die Nutzung der Klasse ZEIT. Es folgen zwei implementierte Anwendungen zum Muster 6 „Verdichtung von Daten". Anschließend werden zwei Programme vorgestellt, die speziell die Größenarithmetik beinhalten, wobei das 1. den Umgang mit den Methoden zur Größenarithmetik illustriert und das zweite einer Losgrößenberechnung dient. Dabei werden auch andere Klassen von OBAS genutzt.

Für das Muster 3 „Ereignisgesteuerte Verarbeitungsprozesse für dynamische Objekte" wird als Anwendungsfall ein mit Klassen aus OBAS gebildetes Modell zur Auftragsbündelung ausführlich dargestellt. Es folgt ein Modell für ein Zeiterfassungssystem, das viele Varianten zuläßt, als Beispiel für „zeitpunktbezogene Verarbeitungsprozesse für Bestandsobjekte" (Muster 2).

Relativ grob modelliert wird eine Fakturierung als Anwendung für den Einsatz der Datenstrukturen für die interne Objektorganisation. Als letztes wird skizziert, wie ein Modell für die Historie (Muster 5) eines Projektverlaufs mit Hilfe von OBAS anzulegen ist.

7.4.2 Prozesse der Auflösung von Aggregatobjekten

7.4.2.1 Prinzip

Aggregatobjekte[13] enthalten andere Objekte oder Elemente als Bestandteile und können selbst wiederum Bestandteile anderer Objekte sein. Die Objekte sollen in ihre Bestandteile bzw. ihre Elemente aufgelöst werden und die Elementbeziehung quantitativ bestimmt werden (z.B. Stücklistenauflösung). Andererseits ist zu ermitteln, in welchen anderen Objekten, also Aggregaten, ein Element oder ein Objekt enthalten ist (z.B. Teileverwendungsnachweis).

Als Beispiel für dieses Prinzip dient ein Modell zur Materialbedarfsermittlung, dem im Rahmen der Produktionsplanung und -steuerung eine besondere Bedeutung zukommt.

7.4.2.2 Konzept einer Materialbedarfsermittlung

Da die Verfahren in der Literatur ausführlich dargestellt werden[14], wird hier auf eine genaue Darlegung verzichtet. Es werden nur die konzeptionellen Vorstellungen, die dem zu entwerfenden Modell zugrundeliegen, umrissen und gezeigt, wie die Datenstrukturen mit Hilfe von OBAS abgebildet und die Algorithmen mit der Arithmetik der entsprechenden Klassen ausgeführt werden können.

Die Materialbedarfsplanung geht i.d.R. von einer ABC-Klassifikation aus, bei der die Verbrauchsfaktoren entsprechend ihrer wertmäßigen Bedeutung beurteilt werden[15]. Für A-Teile erfolgt dann eine programmorientierte (bedarfsgesteuerte) Materialbedarfsplanung, für B-Teile wird ein verbrauchsorientiertes Verfahren angewandt, während die Beschaffung von C-Teilen nicht systematisch geplant zu werden braucht.

Die programmorientierte Bedarfsermittlung beruht auf der Planung des kurzfristigen Produktionsprogramms und der Erzeugnisstruktur, in der festgehalten wird, mit welchen Mengen Bau- und Einzelteile in ein Erzeugnis eingehen.

Der Erzeugniszusammenhang kann durch den Gozintographen dargestellt werden, der als gerichteter, bewerteter Graph die Erzeugnisstruktur dergestalt wiedergibt, daß ein Knoten ein Endprodukt, eine Baugruppe oder ein Einzelteil darstellt und die Kante die Input-Output-Beziehung.

---

[13] Es sei daran erinnert, daß der Begriff „Aggregatobjekt“ hier nicht im Sinne eines Objekts der Klasse `AGG_INDEX` zu verstehen ist.

[14] Vgl. z.B. [Tem92] und [Cor91].

[15] Vgl. [Tem92, S. 11f].

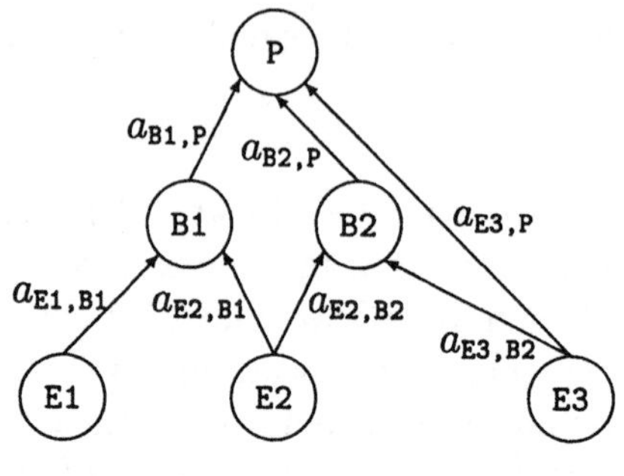

Beispiel: Gozintograph

Der Knoten, der Ausgangspunkt eines Pfeils ist, repräsentiert ein sog. untergeordnetes Teil, das in das Produkt (übergeordnetes Teil) eingeht, auf dessen Knoten der Pfeil zeigt. Die Bewertung der Kante gibt an, wie viele Einheiten des untergeordneten Teils für die Produktion einer Einheit des übergeordneten Erzeugnisses gebraucht werden. Diese Größe wird *Direktbedarfskoeffizient*($a_{X,Y}$) oder *Produktionskoeffizient*[16] genannt.

Die Erzeugnisstruktur läßt sich vollständig beschreiben, indem für jedes Paar von Knoten der Direktbedarfskoeffizient angegeben wird.

Aus den geplanten Produktionsmengen (*Primärbedarf*) und der Erzeugnisstruktur wird der Bruttobedarf der Verbrauchsfaktoren berechnet. Unter Beachtung der Vorlaufzeiten sind die Bedarfsmengen periodenweise zu spezifizieren.

Bei den verbrauchsorientierten Verfahren wird der Materialbedarf aufgrund von Vergangenheitswerten prognostiziert. Hier wird als Prognoseverfahren die exponentielle Glättung erster Ordnung gewählt.

Ausgangsbasis für die Bearbeitungsvorgänge sind die Daten über die Teile, über die Erzeugnisstrukturen mit den entsprechenden Bearbeitungszeiten, den Primärbedarf und über die Vergangenheitswerte. Als Ergebnis des Verfahrens ergeben sich die periodengerechten Bruttobedarfsmengen für alle Teile (Endprodukte, Baugruppen, Einzelteile). Die Nettobedarfsmengen werden durch Berücksichtigung der Lagerbestände ermittelt, die in diesem Modell aus Gründen der Abgrenzung nicht einbezogen werden sollen.

Es wird unterstellt, daß die Daten (Teilestamm, Erzeugnisstruktur, Verbrauchswerte) in einer Fertigungsdatenbank gespeichert werden. Der Teilestamm enthält als Attribute die Teilenummer, die Bezeichnung, die Mengen- oder Maßeinheit, die Kennung für Einzelteil (Fremdteil) oder Erzeugnis (Endprodukt oder Baugruppe), die Wertigkeit entsprechend der ABC-Analyse, die Beschaffungs- bzw. Bearbeitungsdauer, die Zeiteinheit, in der diese

[16] Vgl. [Tem92, S. 108].

gemessen wird, und weitere hier nicht zu berücksichtigende Attribute[17]. Des weiteren enthält die Datenbank für die Erzeugnisse die Primärbedarfsmengen mit den Attributen Teilenummer, Menge und Planungsperiode (geplante Fertigstellung).

Wie oben dargelegt, läßt sich die Erzeugnisstruktur eines Produkts vollständig beschreiben, indem für jedes Paar von Knoten ein Datensatz angelegt wird, der die Nummer des übergeordneten und des untergeordneten Teils sowie den Direktbedarfskoeffizient enthält. Erstellt man nach diesem Prinzip für jedes Endprodukt und jede Baugruppe eine Datenbank für den Erzeugniszusammenhang, so entstehen große Redundanzen, da die Erzeugnisstruktur für jede Baugruppe in einem übergeordneten Erzeugnis nochmals vollständig gespeichert wird. Um diese Redundanzen zu vermeiden, wird eine globale Erzeugnisstruktur zusammengestellt, die alle Endprodukte umfaßt und in der jedes Teil nur einmal vorkommt. Diese wird nach dem Relationenmodell so zerlegt, daß die Datensätze jeweils die Nummer eines untergeordneten Teils, eines übergeordneten Teils und den Direktbedarfskoeffizient enthalten[18].

Für die B-Teile müssen die Daten vorliegen, die für das exponentielle Glättungsverfahren gebraucht werden. Bei diesem werden aufgrund von vergangenen Verbrauchswerten der Teile ein Prognosewert (Schätzwert) für die nächste Planungsperiode ermittelt. Liegen bereits Schätzwerte für vergangene Perioden vor, so läßt sich aus dem Schätzwert (y^*_{t-1}) und dem tatsächlichen Verbrauchswert (y_{t-1}) der vergangenen Periode der Prognosewert für die darauf folgende Periode als gewichteter Mittelwert berechnen. Die Gewichtung wird durch den Glättungsparameter (α) bestimmt[19]:

$$y^*_t = \alpha \cdot y_{t-1} + (1-\alpha) y^*_{t-1}.$$

Es wird hier unterstellt, daß bereits frühere Schätzungen vorliegen und die Datenorganisation so vorgenommen wird, daß für jede Periode eine Datenbank existiert, in der für jedes B-Teil die Teilenummer, der Verbrauchswert und der Schätzwert, jeweils für diese Periode, in einem Datensatz abgespeichert sind. Eine weitere Datenbank enthält den zeitunabhängigen Glättungsparameter zu jeder Nummer eines B-Teils.

Ziel des zu implementierenden Anwendungssystems ist die Bestimmung des periodenbezogenen Bruttobedarfs aller Teile. Außerdem sollen für alle A-Teile alle Arten von Stücklisten abrufbar sein.

[17] Vgl. auch [Sch94c, S. 109f].

[18] Der Entwurf für diese Datenstrukturen ist ausführlich beschrieben in [Sch94c, S. 104ff].

[19] Vgl. [Tem92, S. 47ff].

Das Programmsystem wird angestoßen, wenn die kurzfristige Produktionsplanung abgeschlossen ist und der Primärbedarf für jedes Erzeugnis festliegt, oder wenn für eine neue Periode der verbrauchsorientierte Bedarf gedeckt werden soll.

Aufgabe des Anwendungssystems ist zum einen die Berechnung des Sekundärbedarfs, der sich für untergeordnete Teile —hervorgerufen durch den Primärbedarf— ergibt. Diese statische Ermittlung wird durch die Berücksichtigung der Vorlaufzeiten um die dynamischen Aspekte erweitert. Der entsprechende Algorithmus führt zur Matrix der *terminierten Produktionsmengen*, der die Gesamtbedarfsmenge für jedes Teil und jede Periode unter Berücksichtigung der Bearbeitungszeiten zu entnehmen ist. Zum anderen sind für die B-Teile die Prognosewerte für den Verbrauch der nächsten Periode zu berechnen und daraus eine neue Datenbank zu erstellen.

7.4.2.3 Modellierung der Materialbedarfsermittlung

Für diese Anwendung sind die Datenstrukturen besonders unter dem Aspekt der Effizienz zu modellieren, da sie von komplexer Natur sind, vielfältige Verknüpfungen vorliegen und die Matrizenoperationen relativ zeitaufwendig sind. Da die Datenstrukturen und Methoden in OBAS bezüglich der Laufzeit optimiert wurden, ist es anzustreben, einen möglichst großen Teil der komplexen Datenstrukturen und Operationen mit Klassen von OBAS abzubilden. Die Verwendung von OBAS bietet sich auch schon deshalb an, weil sie die Matrizenrechnung für Paare von Objekten beinhaltet. Dabei wird der Speicherbedarf klein gehalten, weil nur die Matrixelemente tatsächlich angelegt werden, deren Wert ungleich 0 ist. Die Datenstrukturen können mit Hilfe der Klassenbibliothek so abgebildet werden, daß sie leicht handhabbar sind.

Es wird angenommen, daß die relationalen Datenbanken in der oben beschriebenen Form vorliegen. Aus diesen sind die Objekte dergestalt zu bilden, daß eine einfache, effiziente und flexible Lösung für die definierte Aufgabenstellung entsteht. Hohe Effizienz erlaubt eine rasche Aktualisierung der Daten bei Änderungen im Produktionsprogramm.

Wichtig ist vor allem, wie die Objekte der Diskurswelt abzubilden sind, damit die Vorteile realisiert werden können. Es ist naheliegend, die Teile selbst als Indexobjekte zu definieren, also aus der Klasse `INDEX` eine Klasse für die Teile abzuleiten, weil sie bei der Bedarfsermittlung in gruppierter Form bearbeitet werden. Bei genauerer Betrachtung ist festzustellen, daß die aus `INDEX` abgeleitete Klasse `KOSTENTRAEGER` bereits einige Eigenschaften enthält, die auch Teile kennzeichnen. Deshalb wird von dieser ausgegangen und die Objekte der Klasse in diesem Zusammenhang als *Teileobjekte* bezeichnet. Für die Ergänzung von Attributen oder Methoden wird aus der Klasse KOSTENTRAEGER vererbt.

Die Teile sind nach der Beschaffungsart zu unterscheiden, die sich aus der Klassifikation durch die ABC-Analyse ergibt. Diese Unterscheidung führt zu weiteren Ableitungen, da sich die Methoden zur Bestimmung der Bedarfsmengen unterscheiden. Bei den bedarfsorientiert zu beschaffenden Teilen handelt es sich um Einzelteile oder Erzeugnisse (Baugruppen, Endprodukte). Die für diese Teileobjekte zu bildende und aus KOSTENTRAEGER abzuleitende Klasse wird A_TEIL genannt. Es ist nicht notwendig, für die Unterscheidung nach Einzelteil oder Erzeugnis eine weitere Ableitung zu realisieren (s.u.).

Die Erzeugnisstrukturen sind mit den zugehörigen Teileobjekten zu verknüpfen. Um Redundanzen zu vermeiden, werden für ein Teileobjekt, das ein Erzeugnis darstellt, nur die untergeordneten Teile erfaßt, die direkt in das Erzeugnis eingehen, aber nicht die, die indirekt, also für eine Baugruppe des Erzeugnisses, benötigt werden. Es handelt sich somit um eine einstufige Liste (Baukastenstückliste), für die sich unmittelbar die Klasse VEKTOR anbietet. Ein Objekt dieser Klasse erlaubt die Verknüpfung von Indexobjekten einer Indexmenge mit Größen. Die Indexobjekte stellen die Teile dar, die direkt in das Erzeugnis eingehen, die Größe gibt den Direktbedarfskoeffizienten wieder, der automatisch mit der jeweiligen Einheit, z.B. kg pro Stück, versehen wird.

Ein solches Vektorobjekt ist mit dem Erzeugnis, dessen Baukastenstückliste sie beschreibt, zu verknüpfen. Diese Verbindung soll durch einen Zeiger erfolgen, der beim Teil als Attribut vorzusehen ist. Da die Objekte selbst nicht persistent gespeichert werden, denn sie werden zur Laufzeit aus den Datenbanken aufgebaut, entstehen durch den Zeiger keine Probleme. Handelt es sich bei dem Teileobjekt um ein Einzelteil, dem also keine Struktur zuzuordnen ist, so wird der Zeigervariablen der Nullpointer zugewiesen. Es ergibt sich also nicht die Notwendigkeit einer weiteren Unterscheidung und damit einer Ableitung.

Wegen der einfacheren Datenstruktur und der anderen Beschaffungsart wird eine Klasse für die B-Teile (B_TEIL) vorgesehen, die ebenfalls aus der Klasse KOSTENTRAEGER abgeleitet wird. Da nach der Modellannahme der Bedarf für C-Teile nicht systematisch zu planen ist, werden diese nicht in das System aufgenommen.

Zur Berücksichtigung der Zeiten zur periodengerechten Bedarfsermittlung ist eine Datenstruktur für die Perioden einzuführen. Daten sind mehreren Perioden zuzuordnen und es bieten sich für ihre Verarbeitung wieder die Trägerklassen für die arithmetischen Operationen aus OBAS an, die auf

Indexobjekten beruhen. Deshalb werden die Perioden als Objekte der für diesen Zweck gedachten Klasse ZEIT modelliert. Bei dieser über N_INDEX aus INDEX abgeleiteten Klasse wird das Schlüsselfeld durch eine ganze Zahl belegt, die den Periodenwert darstellt. Als Attribut enthält ein Objekt dieser Klasse die Periode mit ihrer Einheit als Größe. Die Reihenfolge, wie die Indexobjekte der Indexmenge verarbeitet werden, bestimmt sich durch den numerischen Wert. Werden die Perioden einfach durchnumeriert, so kann diese Klasse unmittelbar für die Erzeugung von Periodenobjekten herangezogen werden. Möchte man eine „komfortablere" Periodenklasse, so ist dies durch Vererbung zu erreichen.

Es ist naheliegend, die Datenbank des Primärbedarfs, die zu jedem Datensatz die Teilenummer, Menge und Planungsperiode enthält, in ein Objekt der Klasse MATRIX zu überführen. Aus jeder Kombination von Teile- und Periodenobjekt wird ein Matrixelement gebildet, dessen Größe die Menge darstellt. Ausgehend von dieser Matrix ist dann die der terminierten Produktionsmengen zu erstellen.

Die auf dem Matrizenkalkül basierenden Verfahren zur statischen und dynamischen Bedarfsermittlung[20] werden durch die Methoden der Klasse VEKTOR und MATRIX sehr wirkungsvoll unterstützt. Zu überlegen ist, wie diese Berechnungsvorgänge in das Programmsystem zu integrieren sind. Bei strenger objektorientierter Sicht müßten sie als Methoden einer Klasse in Erscheinung treten. Dafür käme eine aus MATRIX abgeleitete oder eine eigene Methodenklasse in Betracht. Beide Lösungen wirken „verkrampft". Da C++ als C-Erweiterung die Implementierung globaler Funktionen zuläßt, soll dieser Weg hier beschritten werden und StatBedarfsermittlung und DynBedarfsermittlung als solche implementiert werden. Durch die Verfahren werden damit keine neuen Ableitungen erforderlich.

Von der Datenbank, die für die B-Teile die tatsächlichen und die geschätzten Verbrauchswerte der Vorperiode enthält, werden die Schätzwerte als Anfangswerte für den Prognosewert bei den Objekten der B-Teile eingetragen und die Verbrauchswerte in einem eigenen Vektor abgelegt. Das Objekt soll nur Daten für den geschätzen Bedarf aufnehmen. Der Verbrauchswert der Vergangenheit stellt dann kein sinnvolles Attribut dar. Die Glättungsparameter werden unmittelbar aus der Datenbank in die Objekte als Attributwert übernommen.

Das Subjekt, das also mit zwei neuen aus KOSTENTRAEGER abgeleiteten Klassen auskommt, erhält den Namen Bedarfsermittlung. Für die abgeleiteten Klassen sind die Attribute und Methoden zu bestimmen, wobei auf die Erwähnung der algorithmisch einfachen wieder verzichtet wird.

[20]Vgl. [Tem92, S. 133ff].

Die Klasse A_TEIL erhält als zusätzliche Attribute den Zeiger auf die Baukastenstückliste (ZeigerStkListe) und eine Größe namens BeDauer, die die Beschaffungs- oder Bearbeitungsdauer aufnimmt.

Für die Klasse B_TEIL werden als zusätzliche Attribute der Glättungsparameter (Alpha) und der Prognosewert (Schaetzwert) vorgesehen. Die Beschaffungsdauer geht in das Kalkül der reinen Bedarfsermittlung, in der es nicht um die Disposition geht, nicht ein und wird deshalb nicht als Attribut aufgenommen.

Als Methoden erhält die Klasse A_TEIL solche zur Erzeugung und Ausgabe der diversen Stücklisten (vgl. Abbildung 7.1). Außerdem wird eine Methode hinzugefügt, die zu einem gegebenen Bedarf für dieses Teil einen Vektor zurückgibt, der für alle in dieses Teil eingehenden Bau- oder Einzelteile die Mengen enthält, die für die Produktion des Bedarfs nötig sind. Diese Methode wird Mengenerfassung genannt.

Die Klasse B_TEIL wird mit zwei zusätzlichen Methoden versehen. Die Methode Schaetzung berechnet den Prognosewert für den Verbrauch, und die Methode Export schreibt die Teilenummer und den Prognosewert als Datensatz[21] in eine neue Datenbank.

Die komplexen Datenstrukturen erfordern eine über die in OBAS bereits implementierten Nachrichtenverbindungen hinausgehende. Ein Objekt der Klasse A_TEIL, das einen Zeiger auf ein Objekt der Klasse VEKTOR enthält, sendet an dieses Botschaften, um es zu Aktionen zu veranlassen.

Damit ist die Modellierung für das Subjekt Bedarfsermittlung abgeschlossen. Das Ergebnis ist der Abbildung 7.1 zu entnehmen.

Klassen aus OBAS*:*

ZEIT
Die Perioden werden als Objekte dieser Klasse erzeugt.

KOSTENTRAEGER
Sie dient als Basisklasse für die Teile.

INDEXMENGE
Mit Hilfe dieser Klasse können die Teile gruppiert werden, z.B. alle Teile, für die ein Primärbedarf vorliegt. Die Methoden unterstützen sowohl die serielle Abarbeitung der Teileobjekte als auch den direkten Zugriff.

GROESSE
Alle dimensionsbehafteten Maßzahlen werden als Objekte dieser Klas-

[21] Die Ergänzung des Datensatzes erfolgt durch den späteren Eintrag des tatsächlichen Verbrauchswertes, der durch die Methode mit 0 vorbelegt wird.

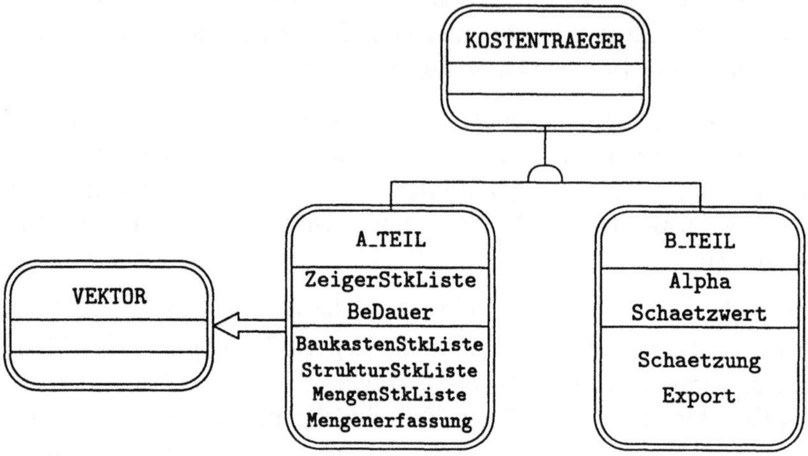

Abbildung 7.1: *Objektorientiertes Modell für die Bedarfsermittlung*

se implementiert.

`VEKTOR`
Objekte dieser Klasse verknüpfen die Teileobjekte, die in ein übergeordnetes Teil eingehen mit den Direktbedarfskoeffizienten. Vektorobjekte werden auch für den Einsatz der Algorithmen zur Bedarfsermittlung gebildet.
Ein Vektor wird außerdem zur Aufnahme der Verbrauchswerte der Vorperiode gebildet.

`MATRIX`
Sie liefert die Datenstrukturen für den periodengerechten Primärbedarf und für weitere im Rahmen der Bedarfsermittlung benötigte Matrizen. Mit den Methoden der Klasse lassen sich alle benötigten arithmetischen Operationen realisieren.

7.4.2.4 Vorgehensweise bei der Implementierung

Im folgenden wird die Vorgehensweise bei der Implementierung ausführlich beschrieben, denn es soll präzise aufgezeigt werden, inwieweit OBAS für das Anwendungssystem Bedarfsermittlung bereits die benötigte Funktionalität beinhaltet und inwieweit eine Neuentwicklung notwendig ist. Das höchste Maß an Verdeutlichung wird durch den C++-Code selbst erreicht. Deshalb wird dieser in die folgenden Erläuterungen über die Vorgehensweise bei der Implementierung eingefügt.

Der Rahmenprogrammierer entwickelt die Klassen für die Teile als Ableitung aus `KOSTENTRAEGER` und versieht sie mit den notwendigen Attributen und Methoden.

Die Klasse A_TEIL wird mit den Attributen ZeigerStkListe und Dauer definiert. Falls es sich um ein Erzeugnis handelt, z.B. das Bauteil B1, zeigt ZeigerStkListe auf ein Objekt der Klasse VEKTOR. Dieses besteht aus Vektorelementen, die ein Teileobjekt mit dem Direktbedarfskoeffizienten verknüpfen. Es enthält nur die Teileobjekte, die in B1 unmittelbar eingehen. Der Direktbedarfskoeffizient gibt die Menge des jeweiligen Teileobjekts an, die für eine Einheit von B1 benötigt wird. Bei Einzelteilen wird die Variable ZeigerStkListe auf 0 gesetzt. Dauer ist vom Typ GROESSE. Sie wird erzeugt aus der Angabe über die Bearbeitungs- bzw. Beschaffungsdauer und der in der Datenbank ebenfalls abgelegten Zeiteinheit.

Das Interface der Klasse A_TEIL könnte beispielsweise wie folgt aussehen, wobei die Klasse A_TEIL den Namen AT trägt[22]. Da die Klasse KTR (Kurzbezeichnung für KOSTENTRAEGER) als Attribut eine Gruppenzugehörigkeit vorsieht, wird dieses hier genutzt, um zu kennzeichnen, ob es sich um ein Bauteil oder ein Einzelteil handelt. Es wird nur für die Ausgabe genutzt, aber nicht für die Funktionalität gebraucht.

```
typedef class AT * PAT, & RAT;

class AT : public KTR {  // Klasse A_TEIL
 public:
   AT(N nNr, Z zBezeichnung, Z zGruppe, Z zME, M mDauer, Z zZE);
   AT(RAT);
   ~AT();
   RAT operator=(RAT);
   virtual PVOID pvoidKopie() { return new AT(*this);}
   PAT patKopie() { PAT pat=(PAT)pvoidKopie(); pat->pixm=0; return pat;}
   RAT atKopie() { return *patKopie(); }
   G gDieDauer() { return gDauer; }
   VOID BaukastenStkListe(ofstream&);
   VOID StrukturStkListe(ofstream&);
   VOID MengenStkListe(ofstream&);
   VEK Mengenerfassung(RIXM, G);
   virtual VOID Textausgabe(ofstream&);
 public:
   PVEK pvek;    //ZeigerStkListe
 protected:
   G gDauer;     //Bearbeitungs- bzw. Beschaffungsdauer
};

inline ofstream& operator<<(ofstream& of, PAT pat) {
                 pat->Textausgabe(of); return of;}
inline ofstream& operator<<(ofstream& of, RAT at) {
                 at.Textausgabe(of); return of;}
```

[22]Die Zuordnung der Klassennamen in der Implementierung zu denen der Analyse und des Designs ergeben sich aus der Tabelle in A.

Die Methoden BaukastenStkListe, StrukturStkListe, MengenStkListe sind zu implementieren.

Die Methode BaukastenStkListe ist sehr einfach, da sie nur die Teile enthält, die direkt in das Teileobjekt eingehen, über das diese Methode aufgerufen wird. Mittels Vektoriterator wird der Vektor, auf den ZeigerStkListe zeigt, durchlaufen, und die Vektorelemente werden ausgegeben:

```
VOID AT::BaukastenStkListe(ofstream &of) {
   if (!pvek) return; // Ist die Bedingung erfuellt, ist es ein Element
   of << "\nBaukastenstueckliste fuer " << zDieBezeichnung() << " Nummer:"
      << zDerName() << "\n  Typ  Nr  Bezeichnung  Menge ";
   VEK_AUF(*pvek)   // Beginn der Iteration des Vektors
     RAT at = (RAT)velCursor.idx();
     of  << "\n    " << at.zDieGruppe() << "    " << at.zDerName()
     << "        " << at.zDieBezeichnung() << "       ";
     (velCursor.gDerWert()).Ausgabe(of);
   VEK_ENDE
   }
```

Die Ausgabe erscheint beispielsweise wie folgt:

```
Baukastenstueckliste fuer B1
 Nummer: 11
  Typ  Nr  Bezeichnung  Menge
   B   12      B2       2[m B2/kg B1]
   E   21      E1       6[Stk E1/kg B1]
   E   22      E2       3[kg E2/kg B1]
```

Die Methode StrukturStkListe hat die Aufgabe, für das Teileobjekt eine Tabelle auszugeben, in der alle untergeordneten Teile (Fertigungsstufe 1) aufgeführt werden. Handelt es sich bei diesen wiederum um Baugruppen, so werden deren Bestandteile (Fertigungsstufe 2) mit den Direktbedarfsmengen angegeben. Die Stufung geht bis zur Auflösung in die Einzelteile.

Zur Erstellung dieser Liste wird der zum Teil gehörende Vektor durchlaufen und bei jedem Vektorelement geprüft, ob es sich bei dem zugehörigen Indexobjekt um ein Erzeugnis oder ein Einzelteil handelt. Im Falle eines Erzeugnisses muß dessen Baukastenstückliste durchlaufen werden und diese eventuell wieder weiter aufgelöst werden. Dazu werden —beim Erzeugnis beginnend, dessen Strukturstückliste zu erstellen ist— die Knoten des Gozintographen systematisch über die Tiefensuche besucht[23] und die Fertigungsstufe sowie die Eigenschaften des entsprechenden Teils (Nummer, Bezeichnung, Menge, die für die Herstellung einer Mengeneinheit des übergeordneten Teils benötigt wird) ausgegeben. Begünstigt durch die Form der gewählten Datenstrukturen ist dieser Ablauf durch ein rekursives Verfahren[24] einfach und effizient zu implementieren.

[23] Vgl. [OW93, S. 602].
[24] Vgl. [KLT91, S. 390].

Im folgenden wird im Pseudocode die von der Methode `StrukturStkListe` aufgerufene rekursive Funktion `Traversiere` formuliert und anschließend der Code aufgelistet. Dabei sei $\mathcal{A}$ die Indexmenge der A-Teile und $\mathbf{v} \in V(\mathcal{A})$ der zu dem Teileobjekt a gehörende Vektor mit den Direktbedarfskoeffizienten für die direkt untergeordneten Teile.

procedure *Traversiere(a, Stufennummer)*
begin
  for all *Vektorelemente aus* **v** **do**
    begin
      write *Stufennummer;*
      write *Typ, Teilenummer, Bezeichnung*
            des zum Vektorelement gehörenden Indexobjekts a';
      write *Größe des Vektorelements;*
      if *ZeigerStkListe von a'* $\neq$ *0*
        then call *Traversiere(a', Stufennummer + 1)*
    end
end

Die Methode `StrukturStkListe` wurde wie folgt implementiert:

```
VOID AT::StrukturStkListe(ofstream &of) {
   if (!pvek) return;
   of << "\nStrukturstueckliste fuer " << zDieBezeichnung() << " Nummer:"
      << zDerName() << "\n  Stufe  Typ  Nr  Bezeichnung  Menge ";
   Traversiere(of, this, 0);
   }
```

Die Funktion `Traversiere` wurde —entsprechend dem Pseudocode— folgendermaßen in C++ umgesetzt:

```
VOID Traversiere(ofstream &of, PAT pat, N nStufe) {
   I i;
   N nMaxStufe = 8;  // Beschraenkung nur aus Gruenden der Formatierung
   VEK_AUF(*(pat->pvek))
     RAT at = (RAT)velCursor.idx();
     of  << endl;
     for( i = 0; i < nStufe - 1; i++) of << ".";
     of << nStufe;
     for (i = 0; i < nMaxStufe - nStufe; i++) of << " ";
     of << at.zDieGruppe() << "    " << at.zDerName() << "        "
        << at.zDieBezeichnung() << "        ";
     (velCursor.gDerWert()).Ausgabe(of);
     if (at.pvek) Traversiere(of, &at, nStufe + 1);
   VEK_ENDE
   }
```

Es wird beispielsweise ausgegeben:

```
Strukturstueckliste fuer P2
 Nummer: 2
  Stufe  Typ  Nr  Bezeichnung  Menge
  1       B   11      B1       3[kg B1/Stk P2]
  .2      B   12      B2       2[m B2/kg B1]
  ..3     E   22      E2       5[kg E2/m B2]
  ..3     E   23      E3       1[Stk E3/m B2]
  .2      E   21      E1       6[Stk E1/kg B1]
  .2      E   22      E2       3[kg E2/kg B1]
  1       B   12      B2       1[m B2/Stk P2]
  .2      E   22      E2       5[kg E2/m B2]
  .2      E   23      E3       1[Stk E3/m B2]
  1       E   23      E3       4[Stk E3/Stk P2]
```

Die Mengenstückliste zeigt an, welche Teile in welcher Menge auf direktem oder indirektem Weg in ein Teileobjekt eingehen. Aus ihr ist der Gesamtbedarf aller Teile zu entnehmen, die für die Produktion einer Einheit des Erzeugnisses nötig sind.

In der Methode `MengenStkListe` ist ein Vektor $\mathbf{m} \in V(\mathcal{A})$ zu definieren, der für jedes Teil, das in ein Bauteil a direkt oder indirekt eingeht, die Summe der Mengeneinheiten aufnimmt, mit der dieses in eine Mengeneinheit von a eingeht. Für die Ermittlung dieser Mengen wird das im folgenden Pseudocode dargestellte Verfahren gewählt. Beim Traversieren des Gozintographen sind die Multipliktoren zu ermitteln, mit denen die Mengen der Teile aufgrund der Direktbedarfskoeffizienten zu multiplizieren sind, die indirekt in das Erzeugnis eingehen. Für jedes Teil werden diese Produkte ermittelt und —falls das Teil über mehrere Wege in das Erzeugnis eingeht— aufaddiert.

$\mathbf{v} \in V(\mathcal{A})$ sei wieder der zu a gehörende Vektor mit den direkt untergeordneten Teilen, a' ein zu einem Vektorelement gehörendes Teileobjekt und $v_{a'}$ die Größe dieses Vektorelements.

procedure *Traversiere(a, Multiplikator,* **m***)*
begin
  for all *Vektorelemente aus* **v** **do**
    begin
      if *für a′ des Vektorelements existiert bereits ein Vektorelement in* **m**
        erhöhe die Größe dieses Vektorelements um *Multiplikator* $*\mathbf{v}_{a'}$
      else
        begin
          erzeuge für a′ ein Vektorelement in **m***;*
          $\mathbf{m}_{a'} := Multiplikator *\mathbf{v}_{a'};$
        end
      if *ZeigerStkListe von a′* $\neq 0$
        then
          begin
            Multipliziere Multiplikator mit $\mathbf{v}_{a'}$*;*
            call *Traversiere(a′, Multiplikator,* **m***);*
            Teile Multiplikator durch $\mathbf{v}_{a'}$
          end
    end
end

Es folgen Implementierungen der Methode `MengenStkListe` und der Funktion `Traversiere`, die von der Methode aufgerufen wird.

```
VOID AT::MengenStkListe(ofstream &of) {
   if (!pvek) return;
   // Indexmenge fuer die Teile, die in "this" eingehen:
   IXM ixmA(MAXLAENGE, "A-Teile");
   VEK vekM(ixmA);            // Vektor fuer die Mengen
   of << "\n\nMengenuebersichtsstueckliste fuer " << zDieBezeichnung();
   of << "\n Nummer: " << zDerName() << "\n  Typ Nr  Bezeichnung  Menge ";
   Traversiere(this, &vekM, G(1, this->zDieDimension())); //Der Multipli-
      // kator muss mit der passenden Dimension ausgestattet sein, damit
      // die Mengen addiert werden koennen
   vekM /= G(1, this->zDieDimension()); // fuer die Ausgabe
   VEK_AUF(vekM)
     RAT at = (RAT)velCursor.idx();
     of << endl << at.zDieGruppe() << "   " << at.zDerName()
        << "       " << at.zDieBezeichnung() << "        ";
     (velCursor.gDerWert()).Ausgabe(of);
   VEK_ENDE
   }
```

```
VOID Traversiere(PAT pat, G gMulti, PVEK pvekM) {
   VEK_AUF(*(pat->pvek))
     RAT at = (RAT)velCursor.idx();
     if (pvekM->ixm().fElementExistiert(&at))
        (*pvekM)[at] += gMulti * velCursor.gDerWert();
     else {
        pvekM->ixm() += at;
        (*pvekM)[at] = gMulti * velCursor.gDerWert();
        }
    if (at.pvek) {
       gMulti *= velCursor.gDerWert();
       Traversiere(&at, gMulti, pvekM);
       gMulti /= velCursor.gDerWert();
       }
   VEK_ENDE
   }
```

```
Mengenuebersichtsstueckliste fuer P2
 Nummer: 2
  Typ Nr  Bezeichnung  Menge
   B  11      B1       3[kg B1/Stk P2]
   B  12      B2       7[m B2/Stk P2]
   E  21      E1       18[Stk E1/Stk P2]
   E  22      E2       44[kg E2/Stk P2]
   E  23      E3       11[Stk E3/Stk P2]
```

Die Klasse B_TEIL wird mit den Attributen Alpha (Glättungsparameter) und Schaetzwert, der vom Typ GROESSE ist, definiert.

Die Methode Schaetzung ist sehr einfach. Sie wird mit einem Parameter aufgerufen, der den Verbrauchswert der Vorperiode (VW) darstellt[25]. Das Attribut Schaetzwert beinhaltet den Prognosewert der Vorperiode. Dieser wird ersetzt durch den neuen Prognosewert, der aus

```
Schaetzwert = Alpha * VW + ( 1 - Alpha) * Schaetzwert
```

berechnet wird. Es ist zu beachten, daß durch diese Methode das Objekt seinen Zustand verändert. Für die gleiche Periode darf Schaetzung nicht zweimal aufgerufen werden. Möchte man sicherheitshalber verhindern, daß dies geschieht, so ist die Klasse mit einem weiteren Attribut auszustatten, das den Zustand anzeigt. Bei Durchführung der Methode Schaetzung wird dieses mit einem entsprechenden Statuswert belegt.

Die Methode Export hat die Aufgabe, für jedes B-Teil einen neuen Datensatz zu erstellen, in den die Teilenummer, der Prognosewert und der Verbrauchswert mit dem Wert 0, der später durch den aktuellen ersetzt wird, eingetragen werden. Die Formatierung hängt vom Format des Datenbanksystems ab. Es kann natürlich auch eine Schnittstellendatei erstellt

[25] Diese Werte wurden in einem Vektor abgelegt, s.o.

werden, die über die Importfunktion des Datenbankmanagementsystems gelesen werden kann.

Die Implementierung für die B-Teile kann beispielsweise wie folgt aussehen:

```
typedef class BT * PBT, & RBT;

class BT : public KTR {  // Klasse B_TEIL
 public:
   BT(N nNr, Z zBezeichnung, Z zGruppe, Z zME);
   BT(RBT);
   ~BT();
   RBT operator=(RBT);
   virtual PVOID pvoidKopie() { return new BT(*this);}
   PBT pbtKopie() { PBT pbt=(PBT)pvoidKopie(); pbt->pixm=0; return pbt;}
   RBT btKopie() { return *pbtKopie(); }
   G gDerSchaetzwert() { return gSchaetzwert; }
   VOID Belege(M m) { mAlpha = m; }
   VOID Belege(G g) { gSchaetzwert = g; }
   VOID Schaetzung(G);
   VOID Export(ofstream&);
   virtual VOID Textausgabe(ofstream&);
 public:
   M mAlpha;
   G gSchaetzwert;
};

inline ofstream& operator<<(ofstream& of, PBT pbt) {
                 pbt->Textausgabe(of); return of; }
inline ofstream& operator<<(ofstream& of, RBT bt) {
                 bt.Textausgabe(of); return of; }

VOID BT::Schaetzung(G g) {
   gSchaetzwert = mAlpha * g + ( 1 - mAlpha) * gSchaetzwert;
   }

VOID BT::Export(ofstream &of) {
   // abhaengig vom Format der Schnittstellendatei
   }
```

Die weiteren Aufgaben bestehen in der Entwicklung der im folgenden beschriebenen globalen Funktionen und der Steuerung.

Es ist eine Prozedur zu schreiben, die die Überführung der Datenbanken in Objekte übernimmt. Dabei ist zum sachgerechten Aufbau der gewählten Datenstrukturen auf die richtige Reihenfolge zu achten.

Zu Beginn der Prozedur werden zwei Indexmengen erzeugt, die jeweils die A- bzw. die B-Teile aufnehmen sollen.

Zuerst wird die Datenbank, die den Teilestamm enthält, satzweise eingelesen. Für jedes Teil wird gemäß dem Wert aufgrund der ABC-Analyse ein

Objekt der Klasse A_TEIL oder B_TEIL erzeugt, wobei die in den Klassen definierten Attribute mit den im Datensatz enthaltenen Werten belegt werden. Schlüsselfeld wird die Teilenummer, die als Zeichenkette behandelt wird. Bei den A-Teilen erhält das Attribut ZeigerStkListe den Wert 0. Bei den B-Teilen wird Alpha mit 0 und Schaetzwert mit einer Größe, deren Maßzahl 0 ist und deren Dimension der des Objekts entspricht, also der Einheit des B-Teils, vorbelegt.

Diese Objekte werden in die jeweiligen anfangs erzeugten Indexmengen eingefügt. C-Teile werden ignoriert.

Die Datenbank mit den Glättungsparametern für die B-Teile wird gelesen und die Werte bei den Objekten eingetragen.

Anschließend wird die Datenbank mit der Erzeugnisstruktur eingelesen, deren Datensätze jeweils die Nummer eines übergeordneten Teils, eines untergeordneten Teils und den Direktbedarfskoeffizienten enthalten. Daraus werden die Vektoren für die Objekte der Klasse A_TEIL aufgebaut, die Bauteile darstellen. Ein Datensatz wird dergestalt verarbeitet, daß ein Vektorelement des Vektors für das übergeordnete Teil belegt wird. Das Indexobjekt des Vektorelements stellt das untergeordnete Teil dar, der Wert des Vektorelements den Direktbedarfskoeffizienten. Sind alle Datensätze verarbeitet, enthalten die Vektoren zu jedem A-Teil alle direkt untergeordneten Teile mit dem Direktbedarfskoeffizienten. Nach der Erzeugung eines Vektors wird ein Zeiger auf diesen bei dem Attribut ZeigerStkListe des A-Teils, zu dem der Vektor gehören soll, eingetragen. Wie in der Datenbank entstehen dabei keine Redundanzen.

Es folgt die Aufnahme der Datenbank des Primärbedarfs, deren Datensätze die Teilenummer, die Bedarfsmenge und die Planungsperiode enthalten. Jede Planungsperiode wird als Objekt der Klasse ZEIT erzeugt und in die vorher zu bildende Indexmenge der Perioden eingefügt. Zur Aufnahme der Daten wird eine Matrix $\mathbf{G} \in M(\mathcal{P}, \mathcal{T})$ zu der Indexmenge $\mathcal{P}$ der Erzeugnisse (Produkte, Baugruppen)[26] und zu der der Perioden ($\mathcal{T}$) definiert. Aus jedem Datensatz wird ein Matrixelement konstruiert, dessen Zeilenindexobjekt das Erzeugnis, das Spaltenindexobjekt die Periode und deren Wert die Bedarfsmenge (in der jeweiligen Einheit) darstellen. Diese Matrix wird *Primärbedarfsmatrix* genannt.

Nun ist nur noch die Datenbank mit den Verbrauchs- und Schätzwerten der B-Teile der Vorperiode zu bearbeiten. Die Schätzwerte werden bei den Objekten eingetragen und aus den Verbrauchswerten wird ein Vektor, der auf der Indexmenge der B-Teile definiert ist, aufgebaut.

[26]Erzeugnisse sind jetzt und im folgenden diejenigen Teileobjekte der Klasse A_TEIL, für die ein Primärbedarf vorliegt.

Durch diese Prozedur werden die Datensätze aller Datenbanken in Objekte überführt und stehen für alle Verfahren zur Verfügung. Sie wird als globale Funktion vereinbart.

Des weiteren sind die globalen Funktionen `StatBedarfsermittlung` und `DynBedarfsermittlung` zu realisieren. Diese Methoden haben die Aufgabe, den gesamten Bedarf (Primär- und Sekundärbedarf) für alle Erzeugnisse statisch bzw. periodengerecht zu ermitteln.

Für diese Verfahren ist zunächst die *Verflechtungssbedarfsmatrix*[27] aufzubauen. Ein Matrixelement dieser Matrix für das Zeilenobjekt `T1` und das Spaltenobjekt `T2` gibt an, wie viele Einheiten des Teileobjekts `T1` zur Produktion einer Einheit des Teileobjekts `T2` benötigt werden. Die Diagonale der Verflechtungssbedarfmatrix wird mit Einsen belegt. Zur Berechnung dieser Matrix wird meistens ein Lösungsverfahren für lineare Gleichungssysteme sowie eine Matrizeninversion verwandt[28]. Schon bei der Erstellung der Mengenstückliste werden aber genau die Werte ermittelt, die in die Verflechtungsbedarfmatrix eingehen. Wendet man das oben beschriebene rekursive Verfahren zur Ermittlung der Mengenstückliste auf alle Erzeugnisse an, so erhält man auch ohne Lösung eines Gleichungssystems und Invertierung einer Matrix die benötigten Matrixelemente[29].

In der Funktion `StatBedarfsermittlung` werden aus der Verflechtungsmatrix und einem gegebenen Vektor von Primärbedarfsmengen der Gesamtbedarf (Primär- und Sekundärbedarf) berechnet, indem die Matrix mit dem Vektor multipliziert wird. Als Ergebnis erhält man den Vektor des statischen Gesamtbedarfs.

[27] Vgl. [Tem92, S. 135].

[28] siehe [Tem92, S. 133ff].

[29] Auch TEMPELMEIER verweist auf diese graphentheoretischen Verfahren, siehe [Tem92, S. 137].

Die Funktion kann beispielsweise folgendes Aussehen haben:

```
VEK StatBedarfsermittlung(VEK vekPrimBedarf) {
  RIXM ixmP = vekPrimBedarf.ixm();
  MAT matVf(ixmP, ixmP);  // Verflechtungsbedarfmatrix
  IXM_AUF(ixmP)
     matVf(idxCursor, idxCursor) = G(1); // Belegung der Hauptdiagonalen
  IXM_ENDE
  VEK_VOR(vekPrimBedarf, j)   // Iterator fuer Vektor des Primaerbedarfs
     // at: Teileobjekt des laufenden Vektorelements:
     RAT at = (RAT)velCursor.idx();
 // Indexmenge fuer Bau- u. Einzelteile von at:
     IXM ixm(MAXLAENGE, "TeileInErz");
 // Ermittlung der benoetigten Mengen fuer 1 Einheit von at:
     VEK vek =at.Mengenerfassung(ixm, G(1));
     // Iterator fuer den Vektor, der diese Mengen enthaelt:
     VEK_VOR(vek, i)
        // Belegung der Matrixspalte:
        matVf(velCursor.idx(), at) = velCursor.gDerWert();
     VEK_ENDE
  VEK_ENDE
  VEK vekGesBedarf = matVf * vekPrimBedarf;
  return vekGesBedarf;
```

Der Methode `Mengenerfassung` der Klasse `A_TEIL` wird eine leere Indexmenge und eine Größe übergeben. Die Indexmenge soll alle Teile aufnehmen, die zur Produktion des Teileobjekts benötigt werden. Die Größe gibt die Produktionsmenge des Teileobjekts an. Es wird ein Vektor zurückgegeben, der für diese Produktionsmenge die Mengen aller benötigten Bau- und Einzelteile enthält. Sie wurde wie folgt implementiert:

```
VEK AT::Mengenerfassung(RIXM ixmA, G g) {
  VEK vekM(ixmA);
  if (!pvek) {  // es handelt sich um ein Einzelteil
     ixmA += *this;
     vekM[*this] = g;
     return vekM;
     }
  Traversiere(this, g, &vekM);
  return vekM;
  }
```

Von komplexerer Natur ist die Funktion `DynBedarfsermittlung`, die die Aufgabe hat, ausgehend vom periodenbezogenen Primärbedarf für alle Produkte die zu produzierenden Mengen für jede Periode zu ermitteln. Das Ergebnis der Berechnungen ist die *Matrix der terminierten Produktionsmengen*[30].

Ausgangsbasis für das Verfahren ist die Verflechtungsmatrix und die Primärbedarfsmatrix, deren Produkt die Matrix des Gesamtbedarfs aller Perioden

[30]Vgl. [Tem92, S. 142].

darstellt. Nun gilt es, die Vorlaufzeiten zu berücksichtigen, die durch die Fertigungs- bzw. Beschaffungszeiten bedingt sind. Es wird unterstellt, daß keine Losbildung über mehrere Perioden erfolgt, keine Ressourcenknappheit besteht und die zu fertigenden Mengeneinheiten nacheinander produziert werden.

Die Beschreibung eines Algorithmus für die Berechnung der Matrix der terminierten Produktionsmengen findet sich bei TEMPELMEIER[31], dem hier nur bis zur Ermittlung der Matrix der Vorlaufzeiten gefolgt wird.

Seien
$\mathcal{P}$ die Indexmenge der Erzeugnisse,
$\mathcal{T}$ die Indexmenge der Perioden,
$\mathbf{G} \in M(\mathcal{P}, \mathcal{T})$ die Matrix des perioden- und produktbezogenen Gesamtbedarfs (Primärbedarfsmatrix) und
$\mathbf{V} \in M(\mathcal{P}, \mathcal{T})$ die Matrix der Vorlaufzeiten. $\mathbf{V}_{pt}$ gibt die Anzahl der Zeiteinheiten an, die unter Berücksichtigung der Produktions- oder Beschaffungsdauer der einzelnen Bau- und Einzelteile für die Fertigung des in t bestehenden Gesamtbedarfs des Produkts p benötigt werden.

Die Matrix der Vorlaufzeiten $\mathbf{V}$ ergibt sich aus folgenden Berechnungen. Es ist die Matrix der Bearbeitungszeiten $\mathbf{B} \in M(\mathcal{P}, \mathcal{P})$ dergestalt zu bilden, daß sie in der Hauptdiagonalen die Bearbeitungszeiten für eine Einheit des jeweiligen Erzeugnisses enthält. Anschließend wird die Matrix der Arbeitsvolumina $\mathbf{A} \in M(\mathcal{P}, \mathcal{T})$ berechnet: $\mathbf{A} = \mathbf{B} * \mathbf{G}$. Aus ihr ist zu entnehmen, wie viele Perioden zur Herstellung des jeweiligen Gesamtbedarfs benötigt werden.

Nun sind noch die Vorlaufverschiebungen zu berücksichtigen, die sich dadurch ergeben, daß die Produktion eines Bau- oder Einzelteils schon abgeschlossen sein muß, wenn mit der Herstellung des übergeordneten Erzeugnisses begonnen werden soll. Dazu wird die Vorrangmatrix $\mathbf{R} \in M(\mathcal{P}, \mathcal{P})$ gebildet, deren Elemente sich durch die Elemente der Verflechtungsbedarfsmatrix $\mathbf{F}$ folgendermaßen bestimmen[32]:

$$\bigwedge_{p \in \mathcal{P}} \bigwedge_{p' \in \mathcal{P}} \mathbf{R}_{pp'} = \begin{cases} 1 & \text{falls} \quad \mathbf{F}_{pp'} > 0 \\ 0 & \text{falls} \quad \mathbf{F}_{pp'} = 0 \end{cases} .$$

Um die Matrix der Vorlaufzeiten der Produkte in den einzelnen Perioden ($\mathbf{V} \in M(\mathcal{P}, \mathcal{T})$) zu erhalten, wird gebildet: $\mathbf{V} = \mathbf{R} * \mathbf{A}$. Die Werte der Elemente werden nach oben aufgerundet, um auf ganze Periodenwerte zu kommen.

---

[31] [Tem92, S. 139ff].

[32] Vgl. [Tem92, S. 139].

Das im folgenden beschriebene Verfahren zur Bestimmung der terminierten Produktionsmengen ist einfacher als der Algorithmus von TEMPELMEIER.

Es wird angenommen, daß die erste Periode, in der produziert werden kann, die mit der Nummer 1 ist. Ergibt die Vorlaufverschiebung, daß in einer früheren Periode begonnen werden müßte, so ist eine Fehlerbehandlung durchzuführen.

Zu Beginn des Verfahrens wird die (leere) Matrix der terminierten Produktionsmengen $\mathbf{M} \in M(\mathcal{P}, \mathcal{T})$ erzeugt, deren Matrixelemente sich wie folgt bestimmen lassen:

for all $p \in \mathcal{P}$ **do**
  for all $t \in \mathcal{T}$ **do**
    begin
      $n = t - \mathbf{V}_{pt}$;
      if $(n < 1)$
        then *Keine termingerechte Bereitstellung möglich.*;
      if ($\mathbf{M}_{pn}$ *existiert*)
        then *erhöhe* $\mathbf{M}_{pn}$ *um* $\mathbf{G}_{pt}$
        else
          begin
            erzeuge Matrixelement $\mathbf{M}_{pn}$;
            $\mathbf{M}_{pn} = \mathbf{G}_{pt}$
          end
    end

Die Funktion DynBedarfsermittlung läßt sich wie folgt implementieren:

```
MAT DynBedarfsermittlung(MAT matPrimBedarf) {
  RIXM ixmP = matPrimBedarf.ixmZeilen();  // Indexmenge der Erzeugnisse
  RIXM ixmT = matPrimBedarf.ixmSpalten(); // Indexmenge der Perioden
  MAT matVf(ixmP, ixmP);                  // Verflechtungsbedarfmatrix
  // Aufbau der Verflechtungsbedarfmatrix (vgl.o.):
  IXM_VOR(ixmP, i)
     RAT at = (RAT)idxCursor;
     matVf(at, at) = G(1);
     IXM ixm(MAXLANEGE, "");
     VEK vek =at.Mengenerfassung(ixm, G(1));
     VEK_VOR(vek, j)
        matVf(velCursor.idx(), at) = velCursor.gDerWert();
     VEK_ENDE
  IXM_ENDE
  MAT matGesBedarf(ixmP, ixmT);
  // Berechnung der Matrix des Gesamtbedarfs:
  matGesBedarf = matVf * matPrimBedarf;
```

```
// Matrix der Bearbeitungszeiten:
MAT matBearbZeit(ixmP, ixmP);
IXM_AUF(ixmP)
   RAT at = (RAT)idxCursor;
   matBearbZeit(at, at) = at.gDieDauer(); // Zeit fuer die Erstellung
IXM_ENDE                                  // einer Einheit von at
MAT matArbVol(ixmP, ixmT);                // Matrix der Arbeitsvolumina
matArbVol = matBearbZeit * matGesBedarf;
MAT matVorrang(ixmP, ixmP);               // Vorrangmatrix
IXM_VOR(ixmP, i)
   MAT_ZEILE(matVf, idxCursor)            // Zeileniterator der Matrix
     // Belegung mit 1, sofern Matrixelement in matVf existiert:
     matVorrang(idxCursor, melZeile.idxSpalte()) = G(1);
   MAT_ENDE
IXM_ENDE
MAT matVorlauf(ixmP, ixmT);         // Matrix der Vorlaufzeiten
matVorlauf = matVorrang * matArbVol;
IXM_VOR(ixmP, i)                    // Durchlaufen der Matrix zum Runden
   MAT_ZEILE(matVorlauf, idxCursor)
  M m = (melZeile.gDerWert()).mMasszahl();
  if ( ((N)(m*10) % 10) != 0) melZeile = G(melZeile, (N)(m + 1));
   MAT_ENDE
IXM_ENDE
MAT matTermProd(ixmP, ixmT);// Matrix d. terminierten Produktionsmengen
// Verfahren entsprechend dem obigen Pseudocode:
IXM_VOR(ixmP, i)
  MAT_ZEILE(matVorlauf, idxCursor)
  G g = melZeile.gDerWert();
  N nPer = ((PNDX)melZeile.pidxCol)->nDieId() - (N)g.mMasszahl();
  // Exception-Handling:
  if (nPer < 1)
     EXCEP(Keine termingerechte Materialbereitstellung moeglich);
  if (matTermProd.fMelExistiert(idxCursor, nPer))
     matTermProd(idxCursor, nPer) +=
        matGesBedarf(idxCursor, *melZeile.pidxCol);
  else
     matTermProd(idxCursor, nPer) =
        matGesBedarf(idxCursor, *melZeile.pidxCol);
   MAT_ENDE
IXM_ENDE
return matTermProd;
}
```

Damit sind alle Verfahren zur Stücklistenerstellung und Bedarfsermittllung für A-Teile implementiert.

Eine globale Funktion für die Ermittlung der Prognosewerte für die B-Teile ist in wenigen Zeilen zu realisieren. Der Vektor der Verbrauchswerte der Vorperiode steht zur Verfügung. Er wird mittels Iterator durchlaufen und jedes Indexobjekt eines Vektorelements zur Ausführung der Methode Schaetzung veranlaßt. Es sei nochmals darauf hingewiesen, daß dadurch die Objekte ihren Zustand verändern. Der alte Schätzwert steht dadurch nicht mehr zur Verfügung. Werden diese aber nach wie vor gebraucht —z.B. um erneute Schätzungen mit einem neuen Glättungsparameter durchzuführen oder zu Vergleichszwecken— so werden von den Objekten vor der Schätzung Kopien gemacht und diese für die Methodenausführung herangezogen.

Während dieser Iteration kann die neue Datenbank erstellt werden, indem für jedes Indexobjekt auch die Methode `Export` aufgerufen wird.

Der Anwendungsprogrammierer hat nun nur noch die Aufgabe, die Dialog- und Steuerungskomponenten zu programmieren. Dem Benutzer wird die Möglichkeit eingeräumt, die Ausgabe der verschiedenen Stücklisten für diverse Teile abzurufen oder Bedarfsmengen (statisch oder dynamisch) ausgeben zu lassen.

7.4.3 Verarbeitungsprozesse zur Verdichtung von Daten

Prinzip:

Viele betriebliche Applikationen haben ein Auswertungs- und Berichtssystem zum Inhalt. Dazu gehört auch, daß Daten verdichtet werden, also für eine übergeordnete Gruppe zusammengefaßt werden. Durch Verdichtungen auf verschiedenen Stufen entstehen Berichtshierarchien. Diese Verdichtungen werden den Entscheidungs- und Verantwortungsstrukturen im Unternehmen angepaßt[33], sie müssen also wahlfrei und beliebig zu bestimmen sein.

MERTENS/GRIESE sprechen von Verdichtung vom Typ I, wenn „die Einzelinformation einer Verdichtungsstufe gleich der Summeninformation der untergeordneten Verdichtungsstufe ist“[34]. Wenn die Summeninformation einer Verdichtungsstufe erst nach einem Verarbeitungsvorgang zur Einzelinformation der übergeordneten Stufe wird, so bezeichnen MERTENS/GRIESE eine solche als Verdichtung vom Typ II.

Die Bildung von Verdichtungen mit beliebiger Stufung wird als ein wesentliches Element betrieblicher Anwendungen von OBAS unmittelbar unterstützt. Es wird das Prinzip verfolgt, daß zunächst losgelöst von den Daten festzulegen ist, welche Objekte zu übergeordneten Einheiten zusammengefaßt werden sollen[35]. Die Einzelinformationen der untersten Stufe liegen für Objekte der Klasse `INDEX` oder einer aus ihr abgeleiteten Klasse vor. Einheiten höherer Stufen, deren Einzelinformationen sich aus Verdichtungen untergeordneter Stufen ergeben, werden als Objekte der Klasse

[33] Vgl. [MG93b, S. 47].
[34] [MG93b, S. 47].
[35] Vgl. Abschnitt 3.5.

`AGG_INDEX` erzeugt. Diese enthalten als Attribut eine Indexmenge (`ixm`), in der die Indexobjekte enthalten sind, deren Daten zusammengefaßt werden sollen. Diese können wiederum solche der Klasse `AGG_INDEX` sein, die für eine tiefere Verdichtungsstufe weitere Indexobjekte in ihre Indexmenge aufgenommen haben.

Die Abbildung 7.2 zeigt ein Beispiel für eine Verdichtungshierarchie. Dabei werden Objekte der Klasse `INDEX` oder einer aus ihr abgeleiteten Klasse mit `idx1, idx2,...` und solche der Klasse `AGG_INDEX` mit `adx1, adx2,...` bezeichnet.

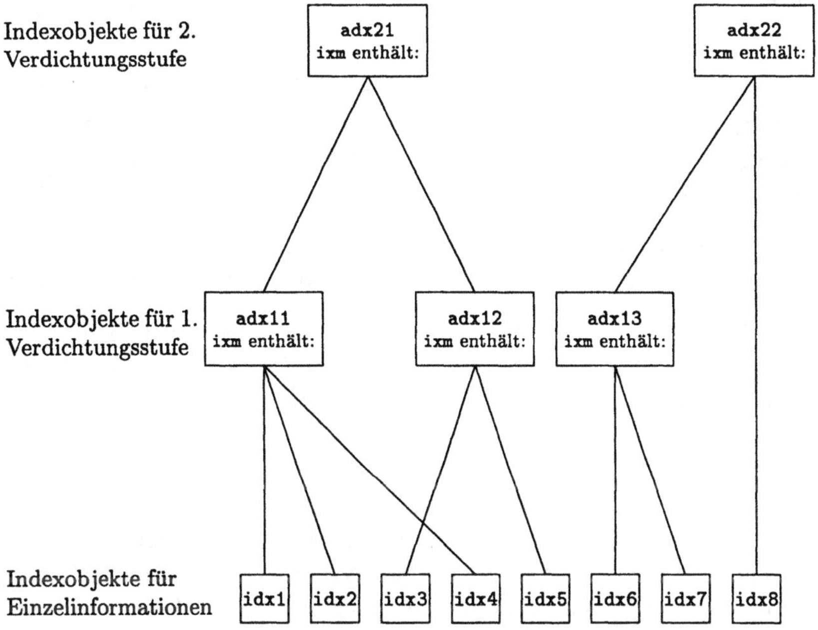

Abbildung 7.2: *Beispiel für eine Verdichtungshierarchie*

Auf jeder Verdichtungsstufe werden die Indexobjekte, deren Daten Einzelinformationen dieser Stufe darstellen, zu einer Indexmenge zusammengefaßt. Durch diese Bildung der Objekte und der Indexmengen wird die Struktur der Verdichtung definiert.

Die Einzelinformationen der untersten Stufe werden in einem Vektor gesammelt, der auf der Indexmenge definiert ist, die nur noch Objekte der Klasse `INDEX` enthält.

Jede Verdichtung erhält man durch Aufruf der Methode `vekVerdichte` der Klasse `VEKTOR`. Sei `ixm0` die Indexmenge, die die Objekte der Klasse `INDEX`, und `ixm1` diejenige, die die Objekte der Klasse `AGG_INDEX` der 1. Verdichtungsstufe enthalte und vek0 der Vektor, der die Einzelinformationen der untersten Stufe beinhalte und auf ixm0 definiert sei. Der Aufruf zur Erstellung des Vektors vek1 mit den verdichteten Daten der 1. Verdichtungsstufe lautet dann

```
VEK vek1 = vek0.vekVerdichte(ixm1)
```

Für die weitere Verdichtung in höhere Stufen ist nach der gleichen Art zu verfahren.

Für neue oder andere Daten, die in der gleichen Art verdichtet werden sollen, kann direkt die Methode vekVerdichte auf den neuen Vektor angewandt werden.

Die Form der Verdichtung kann auch neu definiert werden. Soll z.B. unter Verdichtung nicht die Summenbildung, sondern die Durchschnittsbildung verstanden werden, so braucht nur die Klasse VEKTOR —oder eine aus ihr abgeleitete— mit einer entsprechenden Methode versehen zu werden.

Im folgenden Beispiel wird gezeigt, wie mittels OBAS die Berichtshierarchien zu realisieren sind, die MERTENS/GRIESE beispielhaft skizziert haben[36].

Die Implementierung mit OBAS wird im Detail beschrieben, um die verschiedenen Möglichkeiten zu illustrieren, Verdichtung zu vereinbaren und durchzuführen.

Konzept eines Anwendungsfalls:

In einem Unternehmen werden Projekte abgewickelt, wobei diese in Arbeitsaufträge untergliedert werden, die jeweils einer Aktivität im Netzplan entsprechen sollen. Das Personalzeitwirtschaftssystem erfaßt für jeden Mitarbeiter die Arbeitszeit, während derer er mit einem Arbeitsauftrag eines Projekts beschäftigt war, und stellt beim Monatsabschluß diese Daten für weitere Auswertungen in Form einer Schnittstellendatei zur Verfügung. Diese Datei enthält für jeden Beschäftigten die Anzahl der Arbeitsstunden, die für einen Arbeitsauftrag aufgewandt wurden, genauer formuliert enthält sie jeweils satzweise die Personalnummer, die identifzierende Projektbezeichnung, die eindeutige Bezeichnung des Arbeitsauftrags und die Stundenzahl.

Die Stundenzahl (h) ist also bestimmt durch die Personalnummer des Mitarbeiters ($m \in M$), die Projektbezeichnung ($p \in P$) und die Bezeichnung des Arbeitsauftrags ($a \in A$): h_{mpa}.

Aus diesen Daten sind die folgenden Berichtshierarchien aufzubauen:

Fall 1: Für jedes Projekt ist die Zeit, die für jeden Arbeitsauftrag verwandt

[36] [MG93b, S. 66].

wurde, zu bestimmen:

$$\bigwedge_{p \in P} \bigwedge_{a \in A} h_{pa} = \sum_{m \in M} h_{mpa}.$$

Für das gesamte Unternehmen ist der Zeitaufwand für jedes Projekt auszuweisen (Verdichtung vom Typ I):

$$\bigwedge_{p \in P} h_p = \sum_{a \in A} h_{pa}.$$

Fall 2: Für jeden Mitarbeiter ist die Zeit, die er für jedes Projekt gebraucht hat, zu bestimmen:

$$\bigwedge_{m \in M} \bigwedge_{p \in P} h_{mp} = \sum_{a \in A} h_{mpa}.$$

Für jede Abteilung ($b \in B$) des Unternehmens ist auszuwerten, wieviel Zeit in der Abteilung für jedes Projekt aufgewandt wurde (Verdichtung vom Typ II):

$$\bigwedge_{b \in B} \bigwedge_{p \in P} h_{bp} = \sum_{m \in b} h_{mp}.$$

Modellierung:

Für die Diskurswelt ergeben sich als notwendige Klassen solche für Mitarbeiter, Projekte, Arbeitsaufträge und Abteilungen. Die Aufgabenstellung beschränkt sich rein auf die Bildung der Verdichtung von Daten, weitere Informationen zu den Objekten sind nicht erforderlich. Die Datenstrukturen und die Funktionalität für diese Aufgabe sind vollständig in OBAS abgebildet. Es muß nur eine Überführung der Diskurswelt in die richtigen Klassen erfolgen. Eine Vererbung ist nicht notwendig.

Beim vorliegenden Beispiel wird davon ausgegangen, daß jedes Projekt persistent ist und die Arbeitsaufträge bekannt und aus den persistenten Daten abrufbar sind. Auch für die Abteilungen und die zugehörigen Mitarbeiter werden persistente Objekte angelegt, aus denen sich die Zugehörigkeit ergibt. Diese Datei wird im folgenden *Objektdatei* genannt. Andererseits sei für einen Mitarbeiter nicht a priori festgeschrieben, welche Arbeitsaufträge an welchem Projekt er ausführt, d.h. das ergibt sich erst aus den aktuellen Daten, die in der Schnittstellendatei enthalten sind.

Modellierung Fall 1:

Zunächst wird die Verdichtung vom Typ I betrachtet. Es sind die folgenden Summen zu berechnen:

$$\bigwedge_{p\in P}\bigwedge_{a\in A} h_{pa} = \sum_{m\in M} h_{mpa},$$

$$\bigwedge_{p\in P} h_p = \sum_{a\in A} h_{pa}.$$

Von mehreren Modellierungsmöglichkeiten mit Hilfe von OBAS wird hier die folgende gewählt. Projekte werden als Objekte der Klasse AGG_INDEX modelliert. Die als Attribut enthaltene Indexmenge beinhaltet als Indexobjekte die zum jeweiligen Projekt gehörenden Arbeitsaufträge. Alle Projekte werden in einer Indexmenge zusammengefaßt. Nach Voraussetzung sind die Projekte und die Arbeitsaufträge —in der Objektbeschreibungssprache[37] formuliert— persistent abgelegt, z.B. wie folgt:

```
IXM<ixmP1> {IDX<P1A1>{} IDX<P1A2>{} IDX<P1A3>{}   }
IXM<ixmP2> {IDX<P2A1>{} IDX<P2A2>{} }
IXM<ixmP3> {IDX<P3A1>{} IDX<P3A2>{} IDX<P3A3>{} IDX<P3A4>{}  }
IXM<ixmP> { ADX<P1>{ IXM<ixmP1>{} }
        ADX<P2>{ IXM<ixmP2>{} }
        ADX<P3>{ IXM<ixmP3>{} } }
```

Dabei ist z.B. IDX<P1A1> das Indexobjekt für den ersten Arbeitsauftrag für das Projekt P1. Das Schlüsselfeld des Indexobjekts besteht also aus einer Kombination der Projektbezeichnung und der des Arbeitsauftrags. Aus den Arbeitsaufträgen eines Projekts wird eine Indexmenge gebildet, z.B. IXM<P1> und diese als Attribut beim entsprechenden Projekt ADX<P1> vereinbart. ixmP ist die Indexmenge der Projekte.

Da bezüglich der Mitarbeiter keine Daten auszuweisen sind, brauchen in diesem Fall für sie keine Objekte gebildet zu werden. Damit ist die Modellierung bereits abgeschlossen.

Klassen aus OBAS*:*

INDEX
Sie dient als Klasse für die Objekte, für die Einzelinformationen der untersten Stufe vorliegen. Als Schlüsselfeld wird eine Zeichenkette gewählt, die sich aus Projekt- und Arbeitsauftragsbezeichnung zusammensetzt.

AGG_INDEX
Die Projekte bilden Objekte dieser Klasse. Als Schlüsselfeld fungiert die Projektbezeichnung. Die als Attribut enthaltene Indexmenge nimmt alle Indexobjekte für Arbeitsaufträge dieses Projekts auf.

[37]siehe 5.4.3.

`INDEXMENGE`
Für jedes Projekt existiert eine Indexmenge, in der die Objekte für die zugehörigen Arbeitsaufträge enthalten sind. Außerdem wird eine Indexmenge erzeugt, die alle Projekte aufnimmt.

`VEKTOR`
Die Einzelinformationen und die verdichteten Daten werden in Vektoren gespeichert und weiterverarbeitet.

`GROESSE`
Die geleisteten Stunden sind Objekte dieser Klasse.

Vorgehensweise bei der Implementierung im Fall 1:

Aus der Objektdatei werden die persistenten Objekte eingelesen, und damit steht die Indexmenge `ixmP` automatisch zur Verfügung. Aus ihr wird durch folgende Anweisungen, durch die per Iterator die Indexmenge `ixmP` und wiederum die Indexmengen aller Projekte durchlaufen werden, die Indexmenge `ixmPA` aufgebaut, die als Indexobjekte alle Arbeitsaufträge aller Projekte enthält[38].

```
// Iteration der Projekte:
IXM_VOR(ixmP, iv) // iv = Objekt der Iteratorklasse fuer IXM
   // Iteration der Arbeitsauftraege eines Projekts:
   IXM_VOR(((ADX)idxCursor).ixm, ivv)
      ixmPA += idxCursor; // Arbeitsauftrag wird eingefuegt
   IXM_ENDE
IXM_ENDE
```

Für diese Indexmenge wird ein Vektor definiert:

```
VEK vekPA(ixmPA);
```

Dessen Vektorelemente werden mit Größen mit der Maßzahl 0 und der Einheit `"Std"` vorbelegt.

Die Schnittstellendatei mit den aktuellen Zeitwerten der letzten Periode wird eingelesen und satzweise verarbeitet. Dabei wird aus den Bezeichnungen für das Projekt und den Arbeitsauftrag eine Zeichenkette (`cPA`) gebildet, die gleich dem Schlüsselfeld der Indexobjekte für Arbeitsaufträge ist (s.o.) und durch die Anweisung

```
vekPA[cPA] += G(rStd, "Std");
```

die Stundenzahl (`rStd`) verarbeitet.

[38] `ixmPA` kann persistent abgespeichert werden und steht dann für weitere oder die nächste Auswertung unmittelbar zur Verfügung.

Der Vektor vekPA enthält nach Verarbeitung aller Sätze die Stundenzahlen, die für jeden Arbeitsauftrag eines jeden Projekts angefallen sind. Die Ordnungsrelation wird durch das Schlüsselfeld der Indexobjekte bestimmt, d.h. in diesem Fall ist der Vektor nach Projektbezeichnungen und innerhalb dieser nach Arbeitsaufträgen sortiert.

Damit liegt die Einzelinformation für die Verdichtung zur Stufe 1 vor. Zur Erlangung der Summeninformation muß für jedes Projekt über die Stundenzahl der zugehörigen Aufträge summiert werden. Diese Summierung wird durch die einzige Anweisung

```
VEK vekP = vekPA.vekVerdichte(ixmP);
```

bewirkt. Denn ixmP enthält durch die Definition der Indexobjekte vom Typ AGG_INDEX die Struktur für die Verdichtung. Die Vektorelemente von vekP beinhalten dann jeweils für ein Indexobjekt „Projekt" die dafür angefallenden Stunden. Die Ordnung nach Projekten ergibt sich automatisch.

Dieses für den Fall 1 geschilderte Vorgehen weist den kleinen „Schönheitsfehler" auf, daß der Vektor vekPA vorbelegt werden muß und damit immer voll besetzt ist. Die Vorbelegung ist notwendig, weil bei den Indexobjekten der Indexmenge ixmP alle Arbeitsaufträge in ihre Indexmengen aufgenommen wurden. Wird auf die Vorbelegung verzichtet, und sind für einen Auftrag keine Stunden angefallen, so wird in vekPA kein Vektorelement angelegt. Die Methode vekVerdichte kann dann bei der Summierung für einen Auftrag kein Vektorelement finden und erzeugt eine Fehlermeldung.

Möchte man dies vermeiden, so wird die Indexmenge ixmP erst bei der Abarbeitung der Datei erzeugt und dabei nur für die Arbeitsaufträge ein Indexobjekt angelegt, für die tatsächlich Stunden angefallen sind. Dieses Prinzip wird beim Fall 2 deutlich.

Modellierung Fall 2:

Für das Beispiel zur Verdichtung vom Typ II sind folgende Summen zu bilden:

$$\bigwedge_{m \in M} \bigwedge_{p \in P} h_{mp} = \sum_{a \in A} h_{mpa},$$

$$\bigwedge_{b \in B} \bigwedge_{p \in P} h_{bp} = \sum_{m \in b} h_{mp}.$$

Es wird wieder vorausgesetzt, daß die Projekte und die Arbeitsaufträge persistent auf die gleiche Art in der Objektdatei abgelegt werden. In Erweiterung des ersten Falles werden jetzt auch für die Mitarbeiter Objekte erzeugt, die ebenfalls persistent sind. Die Mitarbeiter werden durch dreistellige Nummern identifiziert, aus denen die Abteilungszugehörigkeit nicht erkennbar ist. Es wird eine Indexmenge `ixmB` persistent gehalten, die als Indexobjekte solche der Klasse `AGG_INDEX` enthält, die die Abteilungen darstellen. Deren als Attribut vereinbarte Indexmenge beinhalten die jeweils zur Abteilung gehörenden Mitarbeiter.

In der Objektbeschreibungssprache formuliert ergibt sich:

```
IXM<ixmB1> { IDX<100>{} IDX<109>{}   }
IXM<ixmB2> { IDX<101>{} IDX<122>{}   }
IXM<ixmB> {
  ADX<B1>{IXM<ixmB1>{}}
  ADX<B2>{IXM<ixmB2>{}}
  }
```

Es ist im Vorfeld nicht bekannt, welche Mitarbeiter an welchen Projekten arbeiten, bzw. mit welchen Arbeitsaufträgen sie beschäftigt sind. Diese Informationen ergeben sich erst aus den aktuellen Daten der Schnittstellendatei.

Die benötigten Einzelinformationen der Stufe 1 (Stunden je Abteilungen und je Projekt) werden am besten in einer Matrix dargestellt.

Klassen aus OBAS*:*

`INDEX`
Sie dient als Klasse für die Objekte, für die Einzelinformationen der untersten Stufe vorliegen. Als Schlüsselfeld wird eine Zeichenkette gewählt, die sich aus den Nummern für Mitarbeiter, Projekt und Arbeitsauftrag zusammensetzt.

`AGG_INDEX`
Die Abteilungen bilden Objekte dieser Klasse, wobei das Schlüsselfeld deren Bezeichnung darstellt. Die jeweils zugehörige Indexmenge enthält die Objekte der Mitarbeiter.

`INDEXMENGE`
Für jede Abteilung existiert eine Indexmenge, in der die Objekte der zugehörigen Mitarbeiter enthalten sind. Die Abteilungen bilden die Elemente einer weiteren Indexmenge.

`VEKTOR`
Die Einzelinformationen und die verdichteten Daten werden in Vektoren gespeichert und weiterverarbeitet.

`MATRIX`
Für die Darstellung der Einzelinformationen der Stufe 1, also die Stunden für jede Abteilung und jedes Projekt, wird ein Objekt der Klasse

MATRIX erzeugt.

GROESSE
Die geleisteten Stunden sind Objekte dieser Klasse.

Vorgehensweise bei der Implementierung Fall 2:

Zunächst sind die Einzelinformationen, d.h. die Stunden pro Auftrag für jeden Mitarbeiter zu sammeln. Es wird unterstellt, daß das vorgelagerte Programm die Daten so aufbereitet hat, daß für einen Mitarbeiter die pro Arbeitsauftrag eines Projekts geleisteten Stunden aufsummiert wurden. Diese Einzelinformation ist also unmittelbar der Schnittstellendatei zu entnehmen und soll in dem Vektor (vekMPA) aufgenommen werden. Dafür wird eine Indexmenge ixmMPA erzeugt, deren Indexobjekte als Schlüsselfeld eine Zeichenfolge erhalten, die sich aus der Mitarbeiternummer, der Projekt- und der Arbeitsauftragsbezeichnung zusammensetzt, z.B. "122P1A2". Ein Vektorelement von vekMPA enthält als Größe die zugehörige Stundenzahl.

Eine Einzelinformation der Stufe 1 bezieht sich auf ein Projekt in einer Abteilung. Dafür werden Objekte der Klasse AGG_INDEX erzeugt. Sie erhalten als Schlüsselfeld eine Zeichenfolge, die sich aus der Abteilungs- und der Projektbezeichnung zusammensetzt, z.B. "B2P1". Die als Attribut vereinbarte Indexmenge enthält diejenigen Elemente aus ixmMPA, für die gilt, daß der Mitarbeiter zu dieser Abteilung gehört und am Projekt mit dieser Bezeichnung arbeitet, also z.B. das Indexobjekt mit dem Schlüsselfeld "122P1A2". Die Objekte der Klasse AGG_INDEX werden in eine Indexmenge namens ixmBP eingefügt. Bezüglich ixmBP wird dann vekMPA aggregiert. Der neu entstandene Vektor vekAbtP enthält dann für jedes Indexobjekt der Indexmenge ixmBP die Stunden, die für eine Abteilung und ein Projekt angefallen ist, also die Einzelinformationen der Verdichtungsstufe 1.

Überführt man diesen Vektor in eine Matrix, deren Zeilenindexmenge ixmB (Abteilungen) und deren Spaltenindexmenge ixmP (Projekte) bilden, so kann man durch Zeilen- bzw. Spaltensummenbildung jeweils einen Vektor erhalten, der zum einen die für jedes Projekt im Unternehmen angefallenen Stunden angibt und zum anderen die in jeder Abteilung erarbeiteten Stunden ausweist.

Für die nicht bereits persistent vorliegenden Objekte von Containerklassen gilt, daß nur dann Indexobjekte angelegt werden, wenn für diese auch Daten vorliegen.

Da OBAS für alle benötigten Arbeitsschritte passende Methoden enthält, ist die Implementierung in einem sehr kurzen Programm zu realisieren, dessen Abfolge im folgenden beschrieben wird.

Aus der Indexmenge ixmB werden Indexobjekte für die Mitarbeiter extrahiert und in die neue Indexmenge `ixmM` eingefügt:

```
IXM_VOR(ixmB, iv)
   IXM_VOR(((ADX)idxCursor).ixm, ivv)
  ixmM += idxCursor;
   IXM_ENDE
IXM_ENDE
```

Aus den persistenten Daten steht die Indexmenge der Projekte (`ixmP`) zur Verfügung (siehe Fall 1).

Zum Aufbau der Indexmenge `ixmMPA`, des Vektors `vekMPA` und der Indexmenge `ixmAbtP` wird die Schnittstellendatei, die für jeden Mitarbeiter, jedes Projekt, jeden Auftrag die Arbeitsstunden enthält, satzweise verarbeitet. Dabei sind jeweils die folgenden Schritte auszuführen:

1. Aus der Mitarbeiternummer sowie den Bezeichnungen für das Projekt und Arbeitsauftrag wird eine Zeichenkette (`cMPA`) gebildet. Durch die folgenden Anweisungen wird während der Satzverarbeitung das entsprechende Indexobjekt erzeugt und das zugehörige Vektorelement mit der Stundenzahl belegt.

   ```
   // Erzeugung eines Indexobjekts aus der Zeichenkette:
   PIDX pidx = new IDX(cMPA);
   // Einfuegung dieses Indexobjekts in die Indexmenge:
   ixmMPA += *pidx;
   // das entsprechende Vektorelement wird belegt:
   vekMPA[cMPA] = G(rStd, "Std");
   ```

2. Im nächsten Schritt wird aus der Liste der persistenten Objekte dasjenige für den Mitarbeiter mit dieser Nummer (`cNr`) herausgegriffen:

   ```
   RIDX idxM = IDX::idxGib(obe, cNr);
   ```

   Dieses enthält einen Zeiger auf die zugehörige Indexmenge, d.h. also die Abteilung des Mitarbeiters. Damit ist der Name der Abteilung bekannt und aus diesem und der Projektbezeichnung wird die Zeichenkette `cBP` gebildet. Sie dient als Schlüsselfeld für ein neues Objekt der Klasse `AGG_INDEX`. Es folgt die Anweisung zur Einfügung dieses Objekts in die Indexmenge `ixmBP`, falls es noch nicht enthalten ist. Anschließend wird in seine als Attribut vereinbarte Indexmenge, die die Objekte enthält, für die die Einzelinformationen der Stufe 0 vorliegen, das Indexobjekt eingefügt, das im vorigen Schritt aus der Zeichenkette `cMPA` gebildet wurde.

```
// aus z.B. "B2P1" wird ein neues Objekt:
padx = new ADX(IXM(MAXLAENGE,""),cABP);
// falls noch nicht enthalten, Einfuegung
// in die Indexmenge (Abteilung/Projekt):
if (!ixmBP.fElementExistiert(padx))
    ixmBP += *padx;
// z.B. "122P1A2" wird in die Indexmenge von "Abt2P1" eingefuegt:
((ADX)ixmBP[cBP]).ixm += *pidx;
```

In der Satzverarbeitung werden also die Indexmengen `ixmMPA` und `ixmBP` sowie der Vektor `vekMPA` aufgebaut. Nach der Dateiverarbeitung liegen die Einzelinformationen der Stufe 0 im Vektor `vekMPA` vor und zwar in der Ordnung: Mitarbeiternummer, Projektbezeichnung, Auftragsbezeichnung.

Zu den gewünschten Verdichtungsdaten, nämlich den pro Abteilung für jedes Projekt aufgewandten Zeiten, gelangt man durch die Anweisung

```
VEK vekBP = vekMPA.vekVerdichte(ixmBP);
```

Der Vektor `vekBP` enthält diese in der Reihenfolge der Abteilungen und innerhalb dieser nach der Projektbezeichnung.

Nach dieser hier geschilderten Vorgehensweise wird die zweifache Verdichtung, nämlich einmal Mitarbeiter zu Abteilungen und Arbeitsaufträge zu Projekten, in einem Schritt vollzogen. Es wäre auch möglich gewesen, zwei Verdichtungsstufen zu bilden, nämlich erst die Daten zu Projekten zu verdichten und anschließend zu Abteilungen. Dann wäre in einem Zwischenschritt eine Indexmenge `ixmMP` gebildet worden, deren Indexobjekte der Klasse `AGG_INDEX` als Schlüsselfeld eine Kombination aus Mitarbeiternummer und Projektbezeichnung enthielten und in ihren Indexmengen die Indexobjekte mit den zugehörigen Arbeitsaufträgen.

Bei dieser Verdichtung der Daten bietet sich als Darstellungsform und als Datenstruktur für die Weiterverarbeitung eine Matrixdarstellung an. Eine Überführung des Vektors in eine Matrix ist leicht zu bewerkstelligen. Die Matrix wird für die Indexmengen `ixmB`, die die Abteilungen als Elemente enthält, und `ixmP` (Projekte) definiert. Aus den Vektorelementen von `vekBP`, deren Schlüsselfeld als eine Kombination der Abteilungs- und der Projektbezeichnung gebildet wurde, werden Matrixelemente gebildet, indem aus dieser Zeichenkette wieder die einzelnen Bezeichnungen extrahiert werden, die jeweils ein Indexobjekt aus den Indexmengen `ixmB` und `ixmP` darstellen. Diesem Matrixelement wird die Größe des entsprechenden Vektorelements zugeordnet. Die entsprechenden Anweisungen lauten:

```
MAT matBP(ixmB, ixmP);
VEK_AUF(vekBP) // Iteration des Vektors
   // Zerlegung des Schluesselfeldes des Indexobjekts von vekBP
   // in die Abteilungsbezeichnung (Element von ixmB) und die
   // Projektbezeichnung (Element von ixmP):
   memcpy(cBP, pvelCursor->pidx->zDerName(), 6); // z.B. "B2P1"
   for (i = 0; i < 4; i++) cB[i] = cBP[i];
   cB[4] = 0;
   cP[0] = cBP[4]; cP[1] = cBP[5]; cP[2]=0;
   // Bildung des Matrixelements:
   matBP(cB,cP) = (G)velCursor;
VEK_ENDE
```

Die Spalten- und Zeilensummen werden durch die Anweisungen:

```
matAbtP.vekSummeS();
matAbtP.vekSummeZ();
```

erzeugt.

7.4.4 Einsatz einer Größenarithmetik

Prinzip:

Der Verarbeitungsprozeß beinhaltet arithmetische Operationen mit Größen, das sind mit Einheiten versehene Maßzahlen.

In fast allen betrieblichen Anwendungen wird mit Maßzahlen operiert, die in bestimmten Einheiten gemessen werden. I.d.R. werden die Maßzahl und die Einheit getrennt verwaltet und die arithmetischen Operationen mit ganzen oder reellen Zahlen vorgenommen. Diese Trennung ist bei Verwendung der Größenarithmetik, wie sie in OBAS realisiert ist, nicht erforderlich. Dadurch ergeben sich die folgenden Vorteile.

- Die Trennung und Zusammenführung von Maßzahl und Einheit entfällt. Die Ergebnisse beliebiger zulässiger Operationen werden automatisch in der richtigen Dimension angegeben.
- Es kann ständig überprüft werden, ob die eingegebenen Daten die richtige Dimension haben.
- Die in einer Größenarithmetik unzulässigen Operationen (z.B. Addition von Maßzahlen mit verschiedenen Einheiten) werden erkannt und gemeldet.
- Umrechnungen in andere Maßeinheiten werden unterstützt. Dabei bleibt der Programmcode unabhängig von der gewählten Einheit.
- Ergebnisse mit unsinnigen Dimensionsangaben weisen auf falsche Operationen oder falsche Einheitenangabe hin.

Die Klassenbibliothek OBAS ist so konzipiert, daß die Größenarithmetik völlig isoliert benutzt werden kann, d.h. wann immer in einer Applikation mit Einheiten versehene Maßzahlen auftreten, können diese als Objekte der Klasse `GROESSE` definiert werden, wodurch automatisch die vollständige Arithmetik zur Verfügung steht.

Fall 1

Ein einfaches Beispiel soll zunächst den Umgang mit der Größenarithmetik illustrieren, wenn es darum geht, eine Größe in eine andere Einheit umzurechnen.

Das Programm habe die Aufgabe, aus den Größen Kraft, Weg und Zeit die Leistung (als physikalische Größe) zu berechnen und diese in die früher häufig verwendete Einheit Pferdestärken (*PS*) umzurechnen[39].

Aus der Eingabe über die aufgewandte Kraft (F), die zurückgelegte Wegstrecke (s) und die dafür benötigte Zeit (t) werden jeweils Größen mit den eingegebenen Einheiten gebildet. Bei richtiger Eingabe erhält die Kraft z.B. die Einheit N (Newton), die Wegstrecke die Einheit m (Meter) und die Zeit die Einheit s (Sekunden). Die Leistung (P) wird berechnet aus $P = \frac{Fs}{t}$. Zur Umrechnung in *PS* existiert die Einheitengleichung:

$$1PS = 735,49875\frac{Nm}{s}.$$

Teilt man diese Gleichung durch die Einheit `PS`, so erhält man auf der rechten Seite einen Ausdruck für die Zahl 1. Belegt man mit diesem Ausdruck eine Größe, so kann man sie zur Umrechnung benutzen, indem man die Größe P durch sie teilt. Dank der Größenarithmetik, die für eine Kürzung der Einheiten sorgt, erhält das Ergebnis dieser Operation die Einheit `PS`. Wurden bei der Eingabe falsche Einheiten angegeben, so erscheint das Ergebnis mit unsinnigen Dimensionsangaben.

Auf ähnliche Weise kann vorgegangen werden, wenn bei einem Erzeugnis verschiedene Gebindeformen möglich sind. Die Klasse `ERZEUGNIS` wird dann mit einem Attribut ausgestattet, das als Größe den Umrechnungsfaktor in der eben geschilderten Art und Weise repräsentiert. Werden z.B. Lagerabgänge mit unterschiedlichen Einheiten an das Objekt gemeldet, so werden automatisch Umrechnungen auf eine einheitliche Einheit vorgenommen.

Fall 2

In diesem ausführlich dargestellten Beispiel für eine betriebliche Anwendung wird die Realisierung einer Methode zur Losgrößenbestimmung konzipiert,

[39] Vgl. [Hö90, S. 112f] und [Lan45, S. 21].

die die Nutzung der Größenarithmetik im Zusammenhang mit der Vektorrechnung zeigt.

Konzept für die Losgrößenbestimmung:

Zur Losgrößenberechnung für die Bedarfsplanung eines Teils soll das Verfahren „Gleitende Wirtschaftliche Losgröße“ eingesetzt werden[40]. Ausgehend von den Nettobedarfsmengen für mehrere Perioden ($h = 1, \ldots, n$) ist zu bestimmen, für wie viele Perioden der Bedarf zu einen Los zusammenzufassen ist, so daß die Stückkosten minimal werden.

Basis für die Berechnungen sind die Angaben über die Nettobedarfsmengen des jeweiligen Teils für die Perioden (B_h), die Höhe der bestell- bzw. auflagenfixen Kosten (A) und der Lagerkostensatz (l)[41]. Seien i die Periode, in der das Los aufgelegt wird, und k_{ij} die Stückkosten eines Loses, das die Bedarfe von Periode i bis j umfaßt. Diese Stückkosten berechnen sich aus der Formel[42]

$$k_{ij} = \frac{A + l \sum_{h=i}^{j} B_h (h - i)}{\sum_{h=i}^{j} B_h}.$$

k_{ij} wird für $i = 1$ und $j = i, \ldots, n$ berechnet, und es wird die Periode j^* bestimmt, für die gilt:

$$j^* = \{j / k_{ij} = \min_{l} k_{il}\}.$$

Die optimale Losgröße ist $\sum_{h=i}^{j^*} B_h$. Dann wird $i = j^* + 1$ gesetzt, und die Berechnungen werden wiederholt bis zur Periode n.

Die Losgrößenoptimierung ist für mehrere Teile durchzuführen.

Modellierung:

Ein Teil, für das die optimalen Losgrößen zu bestimmen sind, stellt ein Objekt dar. Für diese ist eine Klasse (`TEIL`) zu bilden, die aus `INDEX` abzuleiten ist, denn die Objekte müssen für die Vektor- und Matrizenrechnung als Indexobjekte vorliegen. Es ist sinnvoll, die Klasse so anzulegen, daß Persistenz gewährleistet ist.

Da es sich um zeitabhängige Daten handelt, wird außerdem auf die in OBAS enthaltene Klasse `ZEIT`, die für die Bildung von Periodenobjekten vorgesehen ist, zurückgegriffen. Im Rahmen der skizzierten Aufgabenstellung treten keine weiteren Objekte auf.

[40]Vgl. [Sch94c, S. 142ff].

[41]Lagerkosten für eine Periode bezogen auf eine Mengeneinheit des Teils.

[42]Vgl. [Sch94c, S. 144].

Die Klasse TEIL erhält als Schlüsselfeld die Bezeichnung des Teils und als Attribute die Mengeneinheit, die bestell- bzw. auflagenfixen Kosten (A) und den Lagerkostensatz (I). Die Mengeneinheit ist eine Zeichenkette, die beiden anderen Attribute sind als Objekte der Klasse GROESSE zu vereinbaren. Dabei ist natürlich auf die richtige Dimension zu achten. Die Größe A wird bei allen Teilen in Geldeinheiten gemessen. I erhält dagegen als Dimension diejenige, die sich als Quotient aus der Geldeinheit und der Mengeneinheit dieses Teils ergibt. Die Berechnung der optimalen Losgrößen für alle Planungsperioden (BerechneLosgroessen) wird als Methode der Klasse TEIL vorgesehen.

Klassen aus OBAS*:*

INDEX
Sie dient als Basisklasse für die Teile. Als Schlüsselfeld wird eine Zeichenkette gewählt, die der Teilebezeichnung oder Teilenummer entspricht.

ZEIT
Sie dient der Bildung der Periodenobjekte.

INDEXMENGE
Sie dient zur Organisation der Teile und Perioden.

GROESSE
Bei den Daten handelt es sich um dimensionsbehaftete Maßzahlen. Sie werden also als Objekte dieser Klasse konstruiert.

VEKTOR
Vektoren werden für die arithmetischen Operationen eingesetzt.

MATRIX
In einer Matrix werden die Bedarfsmengen für alle Teile und alle Perioden erfaßt.

Vorgehensweise und Implementierung:

Der Rahmenprogrammierer entwickelt die Klasse TEIL (kurz: TL) als Ableitung aus INDEX. Es sind die Attribute zu ergänzen und die Methode BerechneLosgroessen zu entwickeln. Diese Methode erhält als Parameter den Vektor mit den Bedarfsmengen des Teils (vekB), aus dem die Indexmengeder Perioden (ixmP) zu entnehmen ist. Die Methode wird rekursiv implementiert, denn nachdem für einen Teil der Planungsperioden die Bedarfsmengen zum optimalen Los zusammengefaßt wurdne, ist für die restlichen Perioden nochmals die gleiche Berechnung durchzuführen, solange bis die Bedarfsmengen aller Planungsperioden berücksichtigt wurden.

Die Methode ist entsprechend dem o.a. Algorithmus zu implementieren. Betrachtet man die Formel für die Stückkosten, so ist leicht erkennbar, daß für die Periode $j = i$ der Zähler den Wert A und der Nenner den Wert B_i annimmt. Bei der Berechnung für die folgende Periode $j = i + 1$ wird der Zähler um $lB_j(j - i)$ erhöht und der Nenner um B_j, und so fort. So erfolgen in der Prozedur die Berechnungen der Stückkosten für alle Perioden. Anschließend wird das minimale Vektorelement bestimmt. Das entsprechende Indexobjekt gibt die Periode an, bis zu der die Bedarfsmengen in einem Los zusammengefaßt werden. Das Los wird berechnet. Die Ergebnisse werden in eine Datei ausgegeben. Aus den folgenden Perioden wird eine neue Indexmenge gebildet, für die die Prozedur erneut aufgerufen wird. Ist diese Indexmenge leer, so wird die Rekursion beendet.

Der Ablauf zur Bestimmung der optimalen Losgröße für alle Teile ist wie folgt zu implementieren: Für alle Perioden werden Periodenobjekte erzeugt und in der Indexmenge `ixmP` zusammengefaßt. Aus den persistenten Daten über die Teile werden die Objekte aufgebaut und ebenfalls in eine Indexmenge eingefügt. Die Ausgangsdaten für die Berechnungen (die Bedarfsmengen für alle Teile und Perioden) werden gelesen und eine Matrix, die auf den beiden Indexmengen definiert ist, mit den Größen gefüllt, deren Dimension der jeweiligen Mengeneinheit eines Teils entspricht.

Mittels Iterator wird die Indexmenge der Teile durchlaufen und aus der zugehörigen Zeile der Matrix der Bedarfsmengen der Vektor (`vekB`) gebildet. Die Methode `BerechneLosgroessen` des laufenden Teils wird aufgerufen.

Diese Methode `BerechneLosgroessen` wird im folgenden im C++-Code wiedergegeben, um zu zeigen, daß OBAS über die Methodenaufrufe und Iteratoren das gesamte Instrumentarium für die Durchführung des Algorithmus zur Verfügung stellt. Vorab stehen die zum Verständnis notwendigen Typdefinitionen und die Deklaration der Klasse TL.

```
typedef class IXM * PIXM, & RIXM;  // Praefix ixm (IndeXMenge)
typedef class G * PG,  & RG;       // Praefix g (Groesse)
typedef class VEK * PVEK, & RVEK;  // Praefix vek (VEKtor)
typedef class T * PT, & RT;        // Praefix t
typedef class TL * PTL, & RTL;      // Praefix tl
class TL : public IDX {
 protected:
   Z zME;   // Mengeneinheit
   G gA;    // Auflagenfixe Kosten
   G gl;    // Lagerkostensatz
 public:
   TL(Z zBezeichnung, Z zME, G gA, R r);
   TL(RTL); ~TL(); RTL operator=(RTL);
   virtual PVOID pvoidKopie() { return new TL(*this);}
   virtual VOID Textausgabe(ofstream&);
   VOID BerechneLosgroessen(RVEK vekB);
};
```

```
inline ofstream& operator<<(ofstream& of, PTL ptl) {
   ptl->Textausgabe(of); return of; }
inline ofstream& operator<<(ofstream& of, RTL tl) {
   tl.Textausgabe(of); return of; }

ofstream ofAus;

TL::BerechneLosgroessen(RVEK vekB) {
  IXM ixmP = vekB.ixm();             // Indexmenge der Perioden
  VEK vekSK(ixmP);                   // Vektor der Stueckkosten
  RT tErster = (RT)ixmP.idxErster();// Bestimmung d. 1.Periodenobjekts(=i)
  G gFirst = tErster.gDiePeriode(); // Bestimmung des Periodenwertes
  G gZ = gA;            // Anfangsbelegung des Zaehlers mit dem Wert A
  G gN = vekB[tErster];//Anfangsbelegung d.Nenners mit der 1. Bedarfsmenge
  vekSK[tErster] = gZ/gN; // Belegung des ersten Vektorelements,
                          // Zulaessigkeitspruefung erfolgt durch OBAS
  if (!ixmP.fLetzter(tErster)) {//mehr als ein Indexobjekt in Indexmenge?
  // Iterator, beginnend mit dem 2. Periodenelement:
     IXM_VORIDX(ixmP, ixmP.idxNachfolger(tErster), iP)
    RT t = (RT)idxCursor;
    // Berechnung des Zaehlers:
    gZ += gl * vekB[t]/G(1,"Periode") * ( t.gDiePeriode() - gFirst) ;
     // Berechnung des Nenners:
    gN += vekB[t];
    vekSK[t] = gZ/gN;  // Berechnung der Stueckkosten,
               // Zulaessigkeitspruefung erfolgt durch OBAS
     IXM_ENDE
     }
  RT tMin = (RT)vekSK.idxMin(); // Bestimmung des Minimums
// Berechnung der Losgroesse:
  G gMenge = G(0, zME);
  IXM_RUECKIDX(ixmP, tMin, i)  // Iterator rueckwaerts ab Periode tMin
     gMenge += vekB[idxCursor];
  IXM_ENDE
// Ergebnisausgabe:
  ofAus << "\n Losgroessenbestimmung fuer Periode " << tErster
    << "\n Loesgroesse: " << gMenge << "\n Stueckkosten: " << vekSK[tMin];
// Erzeugung der neuen Indexmenge mit den folgenden Perioden:
  IXM ixmTP(MAXLAENGE, "Restperioden");
  if (!ixmP.fLetzter(ixmP[tMin])) {
     IXM_VORIDX(ixmP, ixmP.idxNachfolger(ixmP[tMin]), iv)
        ixmTP += (RT)idxCursor;
     IXM_ENDE
     } // war tMin die letzte Periode, bleibt ixmTP leer
  if (!ixmTP.fixmLeer()) // Rekursiver Aufruf, falls ixmTP nicht leer ist
     BerechneLosgroessen(vekB);
  return;
  }
```

Die Ergebnisse erhalten automatisch die richtige Dimension, die Stückkosten werden also in Geldeinheiten pro jeweiliger Mengeneinheit und die Mengen mit der entsprechenden Einheit ausgegeben.

Auch hier wird ein Fehler im Algorithmus oder der Implementierung durch das Größenkalkül i.d.R. erkannt, da ein solcher mit großer Wahrscheinlichkeit zu unzulässigen Operationen oder unsinnigen Dimensionen führt.

7.4.5 Ereignisgesteuerte Verarbeitungsprozesse für dynamische Objekte

Prinzip:

Ein bestimmtes Geschäftsereignis veranlaßt einen Verarbeitungsprozeß für ein oder mehrere Objekte, deren Lebensdauer auf die Dauer des gesamten Vorgangs beschränkt ist. Diese dynamischen Objekte verändern i.d.R. durch die Verarbeitung ihren Zustand, die Zustandsänderungen lösen eventuell weitere Ereignisse aus. Die Dynamik des Modells wird durch Ereignisse gesteuert.

Als Beispiel kann ein Modell aus einem Teilbereich der Fertigungssteuerung dienen.

Konzept des Anwendungsfalls:

Im Rahmen einer Auftragsfertigung werden für die jeweiligen Erzeugnisse Kundenaufträge zu Fertigungsaufträgen gebündelt. Ein Fertigungsauftrag wird zur Produktion freigegeben, wenn ein bestimmtes Auftragsvolumen überschritten wird oder, wenn seit dem ersten Kundenauftrag eine festgelegte Zeit verstrichen ist. Eilaufträge führen immer zu einer Freigabe des Fertigungsauftrags. Auf die Verfügbarkeitsprüfung wird in diesem Beispiel verzichtet.

Ein Kundenauftrag ist ein von außen angestoßener Geschäftsvorfall. Der Auftrag besteht aus einer oder mehreren Positionen, die sich jeweils auf ein bestimmtes Erzeugnis beziehen. Jede Position kann einen neuen Fertigungsauftrag nach sich ziehen oder bei einem schon bestehenden das Auftragsvolumen erhöhen. Ein Fertigungsauftrag wird freigegeben, d.h. die Produktion veranlaßt, wenn eine der o.a. Bedingungen erfüllt ist. Eine Rückmeldung aus der Fertigung signalisiert die Fertigstellung des Produkts. Dieses Ereignis führt zu einer Erhöhung der Lagermenge dieses Erzeugnisses. Auch bei den Auftragspositionen ist die Bereitstellung zu vermerken. Der Fertigungsauftrag ist erledigt und kann gelöscht werden[43]. Der Geschäftsvorfall ist abgeschlossen, wenn für alle Auftragspositionen die Fertigmeldung, die hier gleichbedeutend mit der Lieferbereitschaft sein soll, vorliegt. Die Daten werden an den Vertrieb bzw. die Buchhaltung weitergegeben, und der Auftrag kann gelöscht (oder archiviert) werden. Der Stand der Auftragsbearbeitung soll jederzeit abfragbar sein.

[43] Ungeachtet der Tatsache, daß vorher noch Daten an andere Stellen gesandt werden.

Modellierung:

Klassen sind zu bilden für den Kundenauftrag (KDAUFTRAG), die Auftragsposition (APOS), den Fertigungsauftrag (FERTAUFTRAG) und für das zu fertigende Erzeugnis (ERZ), von dem ein Objekt der Klasse FERTAUFTRAG Informationen benötigt. Alle Klassen sind als persistente Klassen anzulegen. Auch wenn alle Objekte, mit Ausnahme derjenigen der Klasse ERZ, einen begrenzten Lebenszyklus aufweisen, so geht dieser doch über die Programmlaufzeit hinaus.

Es werden im folgenden die Klassen mit ihren Strukturen, Attribute, Methoden und Nachrichtenverbindungen modelliert.

Ein Kundenauftrag umfaßt eine variable Anzahl von Auftragspositionen, weshalb eine Ganzes-/Teile-Struktur aufgebaut wird. Die Auftragspositionen bilden aber auch die Elemente eines Fertigungsauftrags. Also stehen Fertigungsauftrag und Auftragspositionen ebenfalls in einer Ganzes-/Teile-Struktur zueinander. Die Klasse APOS wird deshalb aus INDEX abgeleitet, für die Klassen KDAUFTRAG und FERTAUFTRAG wird INDEXMENGE als Basisklasse bestimmt. Im Prinzip sind keine weiteren Vererbungsbeziehungen nötig. Es könnten aber im konkreten Fall Ableitungen aus FERTAUFTRAG erforderlich werden, wenn die Fertigungsaufträge verschiedene Attribute oder differenziertes Verhalten aufweisen. Eine solche Modifikation ist leicht einzuführen.

Innerhalb des Gesamtsystems sind auch die Kunden- und Fertigungsaufträge zu organisieren, wenn z.B. alle Fertigungsaufträge, die in Bearbeitung sind, aufgelistet werden sollen, oder wenn nach einem bestimmten zu suchen ist. Zu diesem Zweck werden auch sie in einer Indexmenge zusammengefaßt. Dazu bedarf es keiner weiteren Ableitung. Da KDAUFTRAG und FERTAUFTRAG aus INDEXMENGE abgeleitet wurden und INDEXMENGE selbst abgeleitete Klasse von INDEX ist, so stellen Objekte der Klassen KDAUFTRAG und FERTAUFTRAG automatisch Indexobjekte dar. Sie können also einfach über den Operator + in eine Indexmenge eingefügt werden.

Für die Klasse ERZ gibt es im Zusammenhang mit dieser Anwendung keine Notwendigkeit für Vererbungen oder Aggregationen.

Die vier Klassen der Anwendung werden als Subjekt Auftragsbündelung zusammengefaßt.

Die Klasse KDAUFTRAG wird mit den Attributen Kundendaten und Datum ausgestattet. Die Nummer des Kundenauftrags (Ident-Nummer) dient zur Bezeichnung der Indexmenge. Damit wird diese Ident-Nummer gleichzeitig das Schlüsselfeld für die Eigenschaft des Kundenauftrags als Indexobjekt.

APOS erhält für seine Eigenschaft als Indexobjekt als Schlüsselfeld das Attribut Teilenummer. Weitere Attribute sind Menge[44], ein Kennzeichen für den Bearbeitungszustand (ArbZustand) und eins (EilAuftrag), aus dem zu ersehen ist, ob es sich um einen Eilauftrag handelt.

Wie oben dargelegt, wird FERTAUFTRAG aus INDEXMENGE abgeleitet. Ein Objekt dieser Klasse dient als Container für die Auftragspositionen eines Fertigungsauftrags. Zur Identifizierung eines Fertigungsauftrags reicht die Teilenummer nicht aus, da es mehrere Aufträge zu einem Erzeugnis geben kann. Es wird deshalb eine Ident-Nummer gebildet, die sich aus der Teilenummer und einer laufenden Nummer für alle Fertigungsaufträge zusammensetzt. Diese laufende Nummer wird als Klassenvariable namens LaufNummer definiert, d.h. sie bildet kein Attribut der einzelnen Objekte, sondern der Klasse selbst. Sie wird bei Erzeugung eines neuen Objekts inkrementiert und geht in die Ident-Nummer ein. Sie wird dann als Bezeichnung für die Indexmenge gewählt. Die Objekte der Klasse FERTAUFTRAG erhalten die Attribute Datum (des ersten Auftrags), Auftragsmenge und eins zur Kennzeichnung des Bearbeitungszustands (ArbZustand).

Die Klasse ERZ erhält hier nur die Attribute, die im Zusammenhang mit dieser Anwendung relevant sind. Dazu zählt die Teilenummer, die Mindestauftragsmenge (MinMenge), bei deren Überschreitung die Freigabe des Fertigungsauftrags veranlaßt wird, die Frist, die maximal zwischen Auftragseingang und Freigabe verstreichen darf (Frist) und Lagermenge.

Ereignisse, die Zustandsänderungen hervorrufen, sind als Methoden zu implementieren[45]. Die Reaktion eines Objekts auf eine Nachricht hängt vom Ereignis und vom Zustand des Objekts ab. Um einen besseren Überblick über die benötigten Methoden und die Zuordnung zu den Klassen zu bekommen, werden für die Klassen, die über Zustandsattribute verfügen, Überlegungen angestellt, welche Ereignisse oder Aktionen zu welchen neuen Zuständen führen. Anschließend werden sie in *Zustandsübergangsdiagrammen* dargestellt.

Ein Teil der Objekte des hier zu entwickelnden Modells ist durch — wie RUMBAUGH es ausdrückt — *one-shot life cycles* gekennzeichnet, d.h. die Objekte haben einen Anfangszustand und steuern auf einen Endzustand hin. Der Startzustand eines Objekts ist der bei seiner Erzeugung. Mit Erreichen des Endzustands wird das Objekt gelöscht.

Ein Objekt der Klasse KDAUFTRAG besitzt einen Lebenszyklus, ändert aber seinen Zustand nicht, d.h. es wird erzeugt und bei Fertigstellung aller Auftragspositionen wieder gelöscht. Ein Zustandsübergangsdiagramm erübrigt sich damit.

[44]Es handelt sich um ein Objekt der Klasse GROESSE.

[45]Vgl. [Rum91, S. 229].

Eine Auftragposition wird im Zusammenhang mit dem Aufbau eines Kundenauftrags erzeugt und erhält den Zustand „offen“. Gleichzeitig wird geprüft, ob bereits ein Fertigungsauftrag für dieses Erzeugnis vorliegt. Ist das nicht der Fall, wird ein neuer angelegt und die Variable Auftragsmenge mit dem Wert Menge belegt sowie das Datum des Kundenauftrags eingetragen. Handelt es sich um einen Eilauftrag, erhält der Fertigungsauftrag direkt den Zustand „freigegeben“, ansonsten wird er mit dem Zustand „nicht freigegeben“ erzeugt. Existiert bereits ein Fertigungsauftrag mit dieser Teilenummer, so hängt die Reaktion auf die an ihn geschickte Botschaft von seinem Zustand ab. Ist der Fertigungsauftrag im Zustand „nicht freigegeben“, so wird der Wert von Auftragsmenge erhöht, andernfalls muß jedoch nach einem weiteren Fertigungsauftrag gesucht werden, da ein bereits freigegebener keine weiteren Aufträge annehmen kann. Falls kein weiterer im Zustand „nicht freigegeben“ gefunden wird, ist ein neuer anzulegen.

Eine Zustandsänderung des Fertigungsauftrags von „nicht freigegeben“ zu „freigegeben“ wird bewirkt, wenn durch eine Auftragsposition die beim Erzeugnis abzurufende Mindestauftragsmenge überschritten wird. Durch einen zeitabhängigen Steuerungsmechanismus ist außerdem sicherzustellen, daß der Fertigungsauftrag bei Fristüberschreitung freigegeben wird.

Eine Auftragsposition verbleibt in dem Zustand „offen“, bis sie vom Fertigungsauftrag die Nachricht über die Auftragsfreigabe erhält. Die Auftragsposition wechselt dann zum Zustand „in Bearbeitung“.

Aus der Fertigung wird an den Fertigungsauftrag die Rückmeldung über die Fertigstellung gesandt. Der Fertigungsauftrag sendet eine entsprechende Meldung an alle Auftragspositionen, die zu diesem Fertigungsauftrag geführt haben, erhöht die Lagermenge des Erzeugnisses, sendet evtl. Daten an weitere Stellen und wird gelöscht. Die Positionen verändern ihren Zustand in „lieferbereit“. In diesem verbleiben sie, bis alle Positionen eines Kundenauftrags in diesem Zustand sind. Dann werden sie gelöscht.

In der Notation von RUMBAUGH ET AL.[46], auf die hier zurückgegriffen wird, werden Zustände als Knoten eines Graphen in Form eines gerundeten Rechtecks und Übergänge zu neuen Zuständen als gerichtete Kanten (Pfeil) dargestellt. Die Pfeile werden mit dem Ereignis bezeichnet, das die Zustandsänderung bewirkt. Für *one-shot life cycles* wird zur Kennzeichnung des Starts ein dicker Punkt und für den Endzustand ein solcher von einem Kreis umgeben vorgesehen.

Abbildung 7.3 zeigt die beiden Zustandsübergangsgraphen für Auftragspositionen und Fertigungsaufträge.

[46][Rum91, S. 89ff].

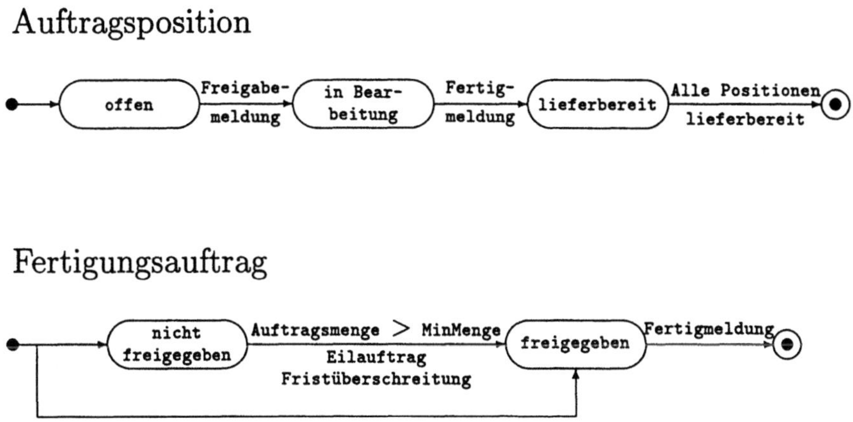

Abbildung 7.3: *Zustandsdiagramme für Auftragspositionen und Fertigungsaufträge*

Aus obigen Überlegungen im Zusammenhang mit dieser Abbildung lassen sich die benötigten Methoden ableiten.

Es wird unterstellt, daß die Daten für einen Kundenauftrag über eine Datenbank oder eine Schnittstellendatei in das System eingebracht werden und daraus die Objekte der Klasse `KDAUFTRAG` zusammen mit denen der Klasse `APOS` erzeugt werden.

`APOS` erhält eine Methode zum Suchen bzw. Erzeugen eines Fertigungsauftrags[47] und zur Erteilung des Auftrags. Diese wird `FAuftErteilung` genannt. Wechselt eine Auftragsposition in den Zustand „lieferbereit", so ist die zugehörige Indexmenge, also der Kundenauftrag, zu durchlaufen, um zu prüfen, ob alle Auftragspositionen in diesem Zustand sind. Es handelt sich also um eine Methode von `KDAUFTRAG`, die mit `Pruefung` bezeichnet werden soll. Ist das der Fall, so ist eine Methode der Klasse `KDAUFTRAG` auszulösen, die für die Abwicklung des Kundenauftrags und die Löschung der Positionen zuständig ist. Sie wird `Abwicklung` genannt. Des weiteren erhält diese Klasse eine Methode zur Abfrage des Zustands der Auftragspositionen (`Zustandsabfrage`).

Die Klasse `FERTAUFTRAG` muß auf die Auftragserteilung durch ein Objekt der Klasse `APOS` reagieren (Erhöhung der Auftragsmenge, evtl. Auslösung der Fertigung) und erhält dafür die Methode `AuftAnnahme`. Wechselt ein Fertigungsauftrag in den Zustand „freigegeben", so ist eine entsprechende Nachricht an die Auftragspositionen zu übersenden (`Freigabemeldung`), und es sind Aktionen bei der Fertigungssteuerung mittels der Methode

[47] Faßt man alle nicht freigegebenen Fertigungsaufträge in einer Indexmenge zusammen, so braucht diese nur durchsucht zu werden.

FertAusloesung auszulösen. Umgekehrt erreicht den Fertigungsauftrag die Fertigmeldung, die über die Methode Fertigmeldung von FERTAUFTRAG an die Auftragspositionen weitergegeben wird.

Die Klasse ERZ erhält eine Methode, über die bei Fertigstellung die Lagermenge des Erzeugnisses erhöht wird (ErhLagermenge).

Die Ergebnisse dieser Modellierung werden in der Abbildung 7.4 wiedergegeben.

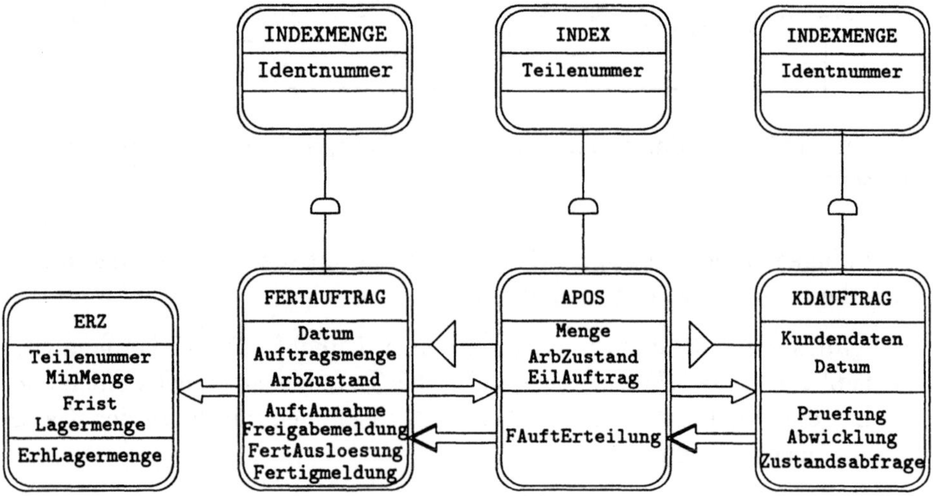

Abbildung 7.4: *Objektorientiertes Modell für die Auftragsbündelung*

Klassen aus OBAS*:*

INDEX
Sie dient als Basisklasse für die Auftragspositionen. Als Schlüsselfeld wird die Teilenummer gewählt.

INDEXMENGE
Sie dient als Basiklasse für die Klassen KDAUFTRAG und FERTAUFTRAG.

GROESSE
Alle Mengen bilden Objekte dieser Klasse.

Vorgehensweise und Implementierung:

Der Rahmenprogrammierer implementiert die neuen Klassen des Subjekts Auftragsbündelung, wobei für alle Klassen bei den Konstruktoren die Persistenz vorzusehen ist. Über eine Schnittstellendatei wird dafür Sorge getragen, daß die Daten für die Erzeugnisse in der durch die Objektbeschreibungssprache definierten Syntax zur Verfügung stehen. Die anderen Objekte haben dynamischen Charakter, verfügen aber über eine über die Laufzeit des Programms hinausgehende Lebensdauer, die eine Speicherung notwendig machen. Die Datei mit diesen dynamischen Objekten wird durch jeden Geschäftsvorfall und jede Zustandsänderung verändert. Ein neuer Geschäftsvorfall in Form eines Kundenauftrags wird von außen in das System eingespeist. Weitere Daten, die importiert werden, sind die der Rückmeldung aus der Fertigung.

Die Dynamik des Systems wird durch die Interaktion der Objekte im Zusammenhang mit den Zuständen und deren Änderungen automatisch gesteuert. Für die Prüfung auf Fristüberschreitung ist eine Taktung des Programmsystems erforderlich, die dadurch erreicht wird, daß täglich ein Verarbeitungsprozeß angestoßen wird.

Nach dem Einlesen der Datei mit den aktuellen Bestandsobjekten werden im ersten Schritt dieses täglichen Programmlaufs die neu hinzugekommenen Kundenaufträge eingelesen und die Objekte der Klasse `KDAUFTRAG` mit den zugehörigen Objekten der Klasse `APOS` erzeugt, die weitere Aktionen bei den Fertigungsaufträgen veranlassen.

Die Rückmeldungen der Fertigung werden verarbeitet und führen zu Zustandsänderungen bei Fertigungsaufträgen und Auftragspositionen.

Die Fertigungsaufträge sind daraufhin zu untersuchen, ob die Frist, die maximal zwischen dem ersten Auftragsdatum eines Fertigungsauftrags und der Freigabe liegen darf, überschritten wird. Ist das der Fall, ist die Freigabe zu veranlassen.

Weitere Steuerungen müssen nicht mehr berücksichtigt werden. Die übrigen Aktionen, wie z.B. die Abwicklung eines Kundenauftrags, werden automatisch durch die Zustandsänderungen und die damit verbundenen Methodenaufrufe ausgeführt.

7.4.6 Zeitpunktbezogene Verarbeitungssprozesse für Bestandsobjekte

Ein weiteres Anwendungsmuster betrifft zeitpunktbezogene Verarbeitungssprozesse auf Attributen von Bestandsobjekten, die für einzelne oder Gruppen von Objekten auszuführen sind.

Prinzip:

Es existieren Bestandsobjekte, die Träger von Informationen darstellen, wie Konten, Anlagen, Mitarbeiter, etc. Zu einem bestimmten Zeitpunkt sind die in der letzten Periode angefallenen Daten für diese Objekte zu verarbeiten. Dieser Vorgang besteht aus gleichartigen Verarbeitungsprozessen für zu Gruppen zusammengefaßte Objekte. Die Bestandsobjekte verändern durch die Verarbeitung ihre Attributwerte.

Als Beispiel für ein Anwendungssystem, das diesem Prinzip entspricht, dient der Entwurf eines Abrechnungssystems von Zeitkonten für Mitarbeiter.

Konzept des Anwendungsfalls:

Es ist ein Anwendungssystem zu erstellen, das die Rohdaten von Zeiterfassungsterminals erfaßt und weiterverarbeitet, so daß für jeden Mitarbeiter die Arbeitszeiten erfaßt, nach Lohnarten (Normalzeit, Überstunden, Nachtarbeit, Krankheit etc.) verteilt und an ein Lohn- und Gehaltsprogramm weitergegeben werden. OBAS soll die gesamte Ablaufsteuerung der Verarbeitung unterstützen.

Die Zeiterfassungsterminals liefern täglich die Kommt- und Geht-Zeiten der Mitarbeiter. Für die nicht anwesenden Beschäftigten werden die Fehlzeitgründe im Dialogverfahren erfaßt. Diese Daten werden auf Zeitkonten der Mitarbeiter verbucht. Am Monatsende sind die Zeitkonten abzurechnen und die Schnittstellendatei für das Lohn- und Gehaltsprogramm zu erstellen. Die Spezifikation des Anwendungssystems sieht vor, daß die monatlichen Arbeitszeiten für Angestellte, Arbeiter und Auszubildende auf unterschiedliche Art zu verarbeiten sind.

Für die Angestellten existieren verschiedene Arbeitszeitmodelle, durch die sich die Sollarbeitszeit und die Zuordnung zu den Lohnarten ergibt. Jedem Angestellten ist ein bestimmtes Zeitmodell zugeordnet. Zeitdefizite und -guthaben können auf den nächsten Monat übertragen werden. Die Arbeiter haben feste Arbeitszeiten. Es können Überstunden und Nachtarbeit anfallen. Die Zuordnung zu den Lohnarten ist nach einer festen Regel vorgeschrieben. Auszubildende dürfen keine Nachtarbeit und keine Überstunden leisten. Sie werden nach festen Sätzen vergütet. Die Zeiterfassung dient ausschließlich der Kontrolle.

Die Ergebnisse des Verarbeitungsprozesses werden im vorgeschriebenen Format in die Schnittstellendatei für das Lohn- und Gehaltsprogramm geschrieben, in der für jeden Mitarbeiter die Anzahl der Arbeitsstunden für jede Lohnart aufgeführt ist. Daneben sind Auswertungen der Zeitdaten vorzusehen.

Das Anwendungssystem besteht somit aus zwei Programmen. Eins dient der täglichen Zeitbuchung und das andere der Monatsabrechnung mit den damit verbundenen Auswertungen.

Auf eine detailliertere Spezifikation wird hier verzichtet, da aus dem Basismodell Variationen und Ergänzungen abgeleitet werden können.

Modellierung:

Wie immer sind zunächst die Klassen und Strukturen zu identifizieren. Ausgangspunkt für die Modellierung sind die Zeitkonten, die für alle Mitarbeiter existieren. Die Abfrage der von den Terminals gelieferten Zeitdaten und die Erfassung der Fehlzeitgründe sind für alle Mitarbeiter gleich. Erst für die Weiterverarbeitung ist eine Differenzierung nach Status notwendig. Deshalb wird eine Klasse ZEITKONTO eingeführt, aus der durch Spezialisierung die Klassen ZK_ANGESTELLTER, ZK_ARBEITER und ZK_AZUBI hervorgehen. Für die verschiedenen Arbeitszeitmodelle wird eine eigene Klasse namens AZMODELL modelliert. Durch Vererbung aus AZMODELL werden die Varianten realisiert.

Die Zeitkonten unterliegen in ihrer Gesamtheit den Verarbeitungsprozessen. Entsprechend der Philosophie von OBAS bilden sie also Indexobjekte und werden deshalb aus der Klasse INDEX abgeleitet.

Diese Klassen der Anwendung bilden ein eigenes Subjekt, das Zeitwirtschaft benannt wird. Es folgt die Bestimmung der Attribute und Methoden.

Die Klasse ZEITKONTO wird mit den Attributen Personalnummer, Name und Kostenstelle ausgestattet. Des weiteren benötigt sie als Attribut einen array, der für jede Lohnart die bereits angefallenen Stunden festhält. Dieser array wird bei der täglichen Zeitverbuchung aktualisiert. Er erhält den Namen ArrayZeiten. Die Zeiten selbst sind Größen mit der Dimension Std.

Zu überlegen ist, ob die Klasse ZK_ANGESTELLTER als Attribut ein Objekt der Klasse AZMODELL erhalten sollte, was zunächst als naheliegende Lösung erscheint, um die Zuordnung zum jeweiligen Arbeitszeitmodell herzustellen. Geht man von der realistischen Annahme aus, daß es wenige Arbeitszeitmodelle und viele Mitarbeiter gibt, so ist es effizienter, wenn für jedes Arbeitszeitmodell ein Objekt konstruiert wird und diese in einem array verwaltet werden. Ein Objekt der Klasse ZK_ANGESTELLTER erhält als Attribut den Index seines Arbeitszeitmodells in diesem array[48]. Über ein weiteres Attribut wird in der Klasse ZK_ANGESTELLTER der Saldo des Zeitkontos nach der Monatsabrechnung festgehalten.

In den Klassen ZK_ARBEITER und ZK_AZUBI werden jeweils die feste Arbeitszeit (SollZeit) als Attribut vereinbart.

Die Klasse AZMODELL wird in diesem exemplarischen Modell vereinfacht modelliert. Ein Objekt dieser Klasse enthalte die Sollarbeitszeit pro Monat und

[48]Es empfiehlt sich, in diesem Fall nicht mit Zeigern zu arbeiten, weil die Objekte der Klasse ZK_ANGESTELLTER i.d.R. persistenter Natur sein werden und die Zeiger zur Laufzeit neu aufgebaut werden müßten.

die Zahl der maximalen Werte für Zeitdefizite und -guthaben. Die Bezeichnungen sind der Abbildung 7.5 zu entnehmen.

Die Klasse ZEITKONTO ist mit einer Methode auszustatten, die die tägliche Zeiterfassung auf der Grundlage der von den Terminals übersandten Daten durchführt (Zeiterfassung). Die Verbuchung der Zeiten nach Lohnarten hängt aber vom Status des Mitarbeiters ab. Deshalb erhält jede der abgeleiteten Klassen die Methode Buchung. Das gleiche gilt für die Methode Monatsabrechnung. Es wird angenommen, daß die Formatierung der Schnittstellendatei für das Lohn- und Gehaltsprogramm unabhängig vom Status des Mitarbeiters ist. Die Methode zur Erzeugung eines Eintrags in diese Datei wird deshalb bei der Klasse ZEITKONTO angesiedelt (Export).

Die Klasse AZMODELL bzw. die abgeleiteten Klassen erhalten eine Methode, die Überschreitungen der Grenzwerte prüft und gegebenenfalls entsprechend reagiert.

Es wird noch eine Nachrichtenverbindung benötigt, nämlich die von einem Objekt der Klasse ZK_ANGESTELLTER zu der Klasse AZMODELL. Über diese wird ein Objekt der letztgenannten Klasse veranlaßt, eine Prüfung auf Überschreitung der Zeiten durchzuführen. Sie wird außerdem zur Abfrage von Sollwerten bei der Monatsabrechnung aufgebaut.

Alle Klassen des Subjekts Zeitwirtschaft müssen in der Lage sein, persistente Objekte zu bilden. Die Abbildung 7.5 veranschaulicht das Ergebnis der Modellierung.

Klassen aus OBAS*:*

INDEX
Sie dient als Basisklasse für die Zeitkonten.

INDEXMENGE
Mit Hilfe dieser Klasse können die Zeitkonten gruppiert werden. So werden z.B. alle Objekte der Klasse ZK_ARBEITER in einer Indexmenge organisiert.

GROESSE
Alle Zeitangaben sind dimensionsbehaftete Maßzahlen und werden als Objekte dieser Klasse erzeugt.

Vorgehensweise und Implementierung:

Der Rahmenprogrammierer entwickelt die Klasse ZEITKONTO über die Vererbung aus INDEX und verwendet diese wiederum als Basisklasse für die weiteren Zeitkonten. Außerdem realisiert er die nicht in Vererbungsbeziehung zu OBAS stehende Klasse AZMODELL mit ihren Ableitungen.

Die Bestandsobjekte dieser neuen Klassen werden definiert, mit Anfangs-

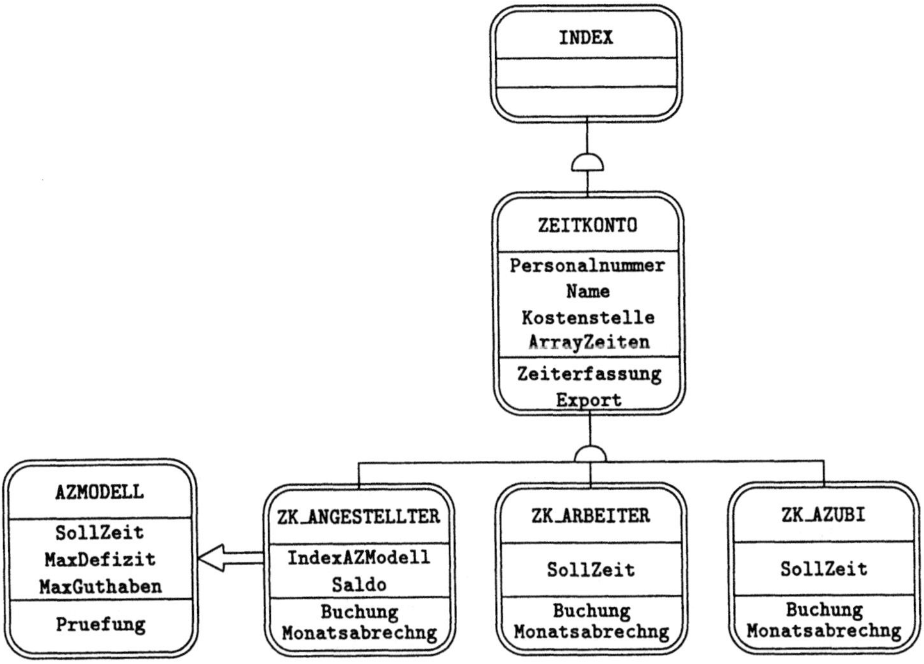

Abbildung 7.5: *Objektorientiertes Basismodell für ein Zeiterfassungssystem*

werten belegt und —in der Objektbeschreibungssprache formuliert— in einer Textdatei abgespeichert.

Das Programm für die tägliche Verbuchung regelt die Übernahme der Zeitdaten von den Zeiterfassungsterminals und die Dialogverarbeitung für die Eingabe der Fehlzeitengründe. Dabei wird die Klassenbibliothek OBAS insoweit eingesetzt, als alle Zeitkonten als Indexobjekte in eine Indexmenge eingebracht werden und die Iteratoren benutzt werden. Das gilt auch für die Buchung, die aus Steuerungssicht sehr einfach gehalten sein kann, da bei der Ablaufsteuerung die Unterschiede in den Verbuchungen nicht berücksichtigt werden müssen. Denn dafür sind die Objekte selbst zuständig und deren eigene Methode wird veranlaßt, diese auszuführen.

Auch das Programm zur Monatsabrechnung stützt sich auf die in OBAS hinterlegte Funktionalität zur Abarbeitung von Gruppen von Objekten. Alle Objekte werden in eine Indexmenge eingebracht und per Iterator dazu veranlaßt, ihre Monatsabrechnung vorzunehmen. Es erübrigen sich wieder die Fallunterscheidungen, da die Objekte jeweils selbst „wissen", wie sie ihre Monatsabrechnung vorzunehmen haben.

Für die Auswertungen, die sinnvollerweise nach Statusgruppen getrennt vorgenommen werden, sind für jede Statusgruppe Indexmengen zu bilden, und die Indexobjekte werden direkt mit ihren Attributwerten verarbeitet.

Es kann auch eine Bewertung der geleisteten Arbeit vorgenommen werden. Dazu werden die Zeitkonten um das Attribut WertDerArbeitsstunde ergänzt, das eine Größe mit der Dimension `DM/Std` darstellt.

Bei der Entwicklung dieses Modells wird deutlich, daß eine Trennung der Daten in Stamm- und Bewegungsdaten nicht nötig ist. Alle zusammengehörenden Daten werden auch gemeinsam vorgehalten.

7.4.7 Einsatz der Datenstrukturen für die interne Objektorganisation

Prinzip:

Objekte sind in dynamischen Datenstrukturen zu organisieren und Verarbeitungsprozessen zu unterziehen.

Die bereits angeführten Beispiele enthalten Anwendungen für diese Funktionalität, die aber auch ganz isoliert benutzt werden kann. Als Beispiel wird ein Modell für die Fakturierung entwickelt, wobei sich die Nutzung derKlassenbibliothek OBAS im wesentlichen auf die Funktionalität der internen Objektorganisation bezieht.

Konzept des Anwendungsfalls:

Die Fakturierung hat die Aufgabe, auf der Basis von Lieferscheinen (Nachfakturierung) oder Auftragsdaten (Vorfakturierung) die Rechnungen zu erstellen und die damit verbundenen Buchungsaufgaben vorzunehmen[49]. Das im folgenden entwickelte Modell beruht auf dem Verfahren der Nachfakturierung.

Aus der Versandabteilung werden die Daten der Lieferscheine an die Buchhaltung gesandt, die in einer Datei für die Weiterverarbeitung bereit gehalten werden. Die Datei enthalte als Datensätze die Lieferscheinpositionen, die aus den Feldern für das Datum, die Kundennummer, die Teilenummer und die gelieferte Menge bestehen. Eine Rechnungsschreibung für einen Kunden wird aufgrund einer oder mehrerer Lieferungen veranlaßt. Eine Rechnung besteht aus einem Rechnungskopf (Adresse des Kunden etc.) und den durchnumerierten Rechnungspositionen für die gelieferten Teile. Das Programm zur Fakturierung muß also auf den Kunden- und den Teilestamm zurückgreifen. Es wird angenommen, daß eine Rechnung nur für einen Kunden ausgestellt wird und daß dieser mit dem Auftraggeber übereinstimmt.

Auf der Basis der Lieferscheinpositionen, die zu einem Kunden gehören, ist

[49] Vgl. auch [MG93a, S. 231f].

eine Rechnung zusammenzustellen. Existieren dabei für ein Datum und eine Teilenummer mehrere Lieferpositionen, so sollen sie zu einer Rechnungsposition zusammengefaßt werden. Die Rechnung ist auszudrucken, und die Daten sind in aufbereiteter Form an die Sach- und Debitorenbuchhaltung weiterzugeben.

Modellierung:

Ein vereinfachtes Modell für eine Rechnungserstellung ist bei COAD/NICOLA[50] zu finden. Ähnlich sollen die Klassen auch hier aufgebaut, das Modell aber erweitert werden. Im Mittelpunkt steht die Klasse `RECHNUNG`, die mit der Klasse der Rechnungsposition (`REPOS`) eine Ganzes-/Teile-Struktur bildet. Es wird angenommen, daß die Kunden- und Teiledaten durch einen direkten Zugriff auf die Stammdatenbank zur Verfügung stehen. Da sowohl vom Kunden als auch von einem Teil nur Daten benötigt werden, diese aber nicht über Methoden verfügen müssen, werden für sie keine Klassen vorgesehen. Die Lieferscheinpositionen sollen als Objekte der Klasse `LIPOS` organisiert werden.

Diese Klassen des konkreten Systems sind mit den Klassen von OBAS zur internen Objektorganisation zu verknüpfen. Wird `RECHNUNG` aus `INDEXMENGE` und `REPOS` aus `N_INDEX` abgeleitet, so erreicht man eine adäquate und effiziente Realisierung der Ganzes-/Teile-Struktur.

Die Lieferscheinpositionen, die der Datei zu entnehmen sind, sind so zu ordnen, daß sich die Reihenfolge nach der Kundennummer, der Teilenummer und dem Datum bestimmt. Da sich als Containerklasse für diese Objekte der Klasse `LIPOS` `INDEXMENGE` anbietet, werden sie durch Ableitung zu Indexobjekten gemacht. Damit beim Aufbau automatisch die richtige Reihenfolge erzeugt wird, wird das Schlüsselfeld als Zeichenkette deklariert, die aus Kunden-, Teilenummer und Datum gebildet wird. `LIPOS` wird demnach aus `INDEX` abgeleitet.

Die Klassen bilden gemeinsam das Subjekt Faktura.

`RECHNUNG` wird mit den Attributen Rechnungsnummer, Kundennummer, Datum und ReSumme ausgestattet. Die Klasse `REPOS` braucht die Attribute Teilenummer und Menge. In der Klasse `LIPOS` werden Kundennummer, Datum, Teilenummer und Menge als Attribut vereinbart.

Nur die Klassen `RECHNUNG` und `REPOS` sind mit Methoden zu versehen, die über die algorithmisch einfachen hinausgehen. `RECHNUNG` erhält eine Methode namens `ReErstellung`, die die Zusammenstellung und das Drucken der Rechnung übernimmt. Dabei wird zunächst ein Kopf mit Rechnungsnummer und Datum aufgebaut und dann über die Kundennummer die Daten

[50] Vgl. [CN93, S. 227ff].

des Kunden abgefragt und ausgegeben. Die Indexobjekte des Rechnungsobjekts werden dann sequentiell[51] zur Ausgabe der Positionszeile veranlaßt. Dafür ist bei der Klasse REPOS die Methode `PosErstellung` zu implementieren. Diese ruft über die Teilenummer in der Datenbank den Preis und die Bezeichnung ab, berechnet den Betrag der Position, druckt diesen mit der Bezeichnung aus und gibt den Positionsbetrag an das Rechnungsobjekt zurück, damit dieses die Rechnungssumme entsprechend erhöht. Die Methode `Export` der Klasse RECHNUNG hat die Aufgabe, die Rechnungssumme an die Sach- und Debitorenbuchhaltung weiterzugeben.

Die Abbildung 7.6 zeigt das Modell in der Notation von COAD/YOURDON.

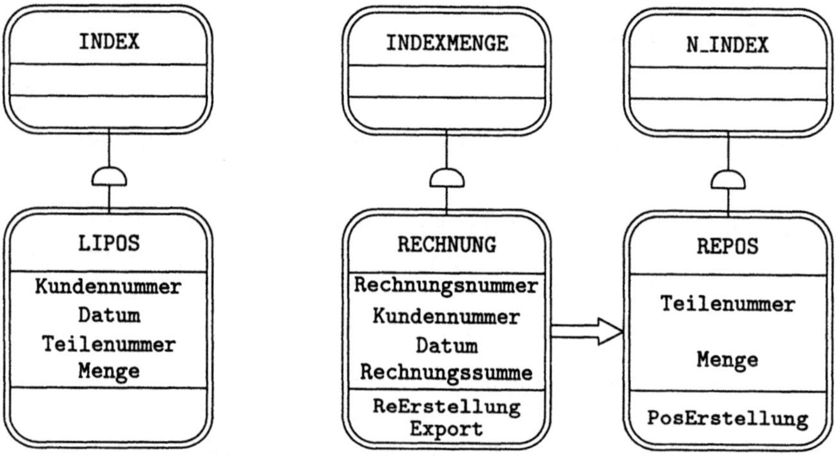

Abbildung 7.6: *Objektorientiertes Modell für die Fakturierung*

Klassen aus OBAS*:*

INDEX
Sie dient als Basisklasse für die Lieferpositionen. Als Schlüsselfeld wird eine Zeichenkette gewählt, die sich aus Kundennummer, Teilenummer und Datum (in dieser Reihenfolge!) zusammensetzt.

N_INDEX
Sie wird als Basisklasse für die Rechnungspositionen gewählt. Die Id-Nummer wird eine laufende Nummer.

INDEXMENGE
Sie dient zum einen als Basisklasse für die Klasse RECHNUNG. Zum anderen wird sie als Containerklasse für die Lieferpositionen herangezogen.

[51]Die richtige Reihenfolge ergibt sich durch das Schlüsselfeld, das die Positionsnummer darstellt.

`GROESSE`
Preise, Mengen und Beträge werden Objekte dieser Klasse.

Vorgehensweise und Implementierung:

Dem Rahmenprogrammierer obliegt es, die drei neuen Klassen des Subjekts Faktura zu implementieren. Der Aufwand ist relativ gering, weil insgesamt neben den algorithmisch einfachen nur drei Methoden zu realisieren sind, und auch diese weisen keinen komplexen Charakter auf.

Die Methode `PosErstellung` der Klasse `REPOS` berechnet für eine Position den Rechnungsbetrag. Dazu wird in der Datenbank beim entsprechenden Teil die Bezeichnung und der Preis abgefragt. Es wird der Betrag berechnet und die Positionszeile ausgedruckt. Der Betrag wird als Rückgabewert vereinbart.

Die Methode `ReErstellung` hat die Aufgabe, alle Daten für die Rechnungserstellung zusammenzustellen und auszudrucken. Zunächst wird über die Kundennummer in der Datenbank der Name und die Adresse des Kunden angefordert. Das Datum und weitere allgemeine Angaben werden ausgedruckt. Das Rechnungsobjekt hat als Indexmenge, in die die Rechnungspositionen als Indexobjekte eingefügt wurden (s.u.), Zugriff auf diese. Mittels Iterator werden alle dazu veranlaßt, die Methode `PosErstellung` auszuführen, deren Rückgabewert (Rechnungsbetrag der Position) zur Erhöhung der Rechnungssumme verwandt wird. Abschließend wird die Rechnungssumme ausgedruckt, der Rabattsatz dem Kundenstammsatz entnommen, der Rabatt, die Mehrwertsteuer und die Endsumme ausgerechnet und ausgegeben.

Die Methode `Export` liefert für die Sach- und Debitorenbuchhaltung die benötigten Daten. Ihre Ausgestaltung hängt von deren Anforderungen ab.

Das Programm wird zur Ausführung veranlaßt, wenn die Datei mit den Lieferpositionen für die Buchhaltung freigegeben wird. Die Datei wird eingelesen und aus jedem Datensatz ein Objekt der Klasse `LIPOS` erzeugt und in eine Indexmenge eingefügt. Existiert bereits ein Indexobjekt mit dem gleichen Schlüsselfeld, d.h. es erfolgten an den gleichen Kunden an einem Tag mehr als eine Lieferung eines bestimmten Teils, wird das bereits eingefügte Indexobjekt dergestalt modifiziert, daß die Liefermenge der neuen Position bei der Variablen Menge aufaddiert wird.

Die Reihenfolge der Objekte in der Indexmenge bestimmt sich durch das Schlüsselfeld (s.o.).

Mittels Iterator wird die Indexmenge durchlaufen. Alle Lieferpositionen, die zu einer Kundennummer gehören, werden zu einer Rechnung verarbeitet. Zu Beginn einer Sequenz von Lieferpositionen mit gleicher Kundennummer wird ein Rechnungsobjekt erzeugt, wobei eine Rechnungsnummer vergeben wird sowie die Attribute Kundennummer und Datum belegt werden. Die Rechnungssumme wird mit der Größe `0 DM` vorbelegt.

Diejenigen Lieferpositionen aus der Indexmenge, die demselben Kunden zuzuordnen sind, werden wie folgt verarbeitet. Es wird ein Objekt der Klasse `REPOS` erzeugt, wobei dem Konstruktor eine bezüglich der aktuellen Rechnung laufende Positionsnummer, die Schlüsselfeld der Basisklasse wird, und die Menge übergeben werden. Dieses Objekt wird in das Rechnungsobjekt, das den Charakter einer Indexmenge hat, eingefügt. Die Positionsnummer bestimmt die Reihenfolge.

Erscheint bei der Iteration der Indexmenge der Lieferpositionen eine solche mit einer neuen Kundennummer, so ist mit der vorhergehenden die Sequenz der Lieferpositionen zu einer Kundennummer beendet. Dann wird das Rechnungsobjekt veranlaßt, die Methoden `ReErstellung` und `Export` auszuführen.

7.4.8 Historie

Gegeben seien getaktete oder ereignisgesteuerte Prozesse. Für jeden Prozeßschritt wird ein Objekt gebildet. Die zeitliche Anordnung der Objekte im Prozeßverlauf stellt eine Historie dar.

Prinzip:

Für Objekte gleichen Typs ist ein Vorgang zu verbuchen und mit einem Zeitpunkt versehen abzuspeichern. Für den Objekttyp wird eine Klasse definiert, die aus der Klasse `ZEIT` abgeleitet wird. Zu jedem Vorgang wird ein Objekt dieser Klasse erzeugt. Diese Objekte können in chronologischer Reihenfolge verarbeitet werden.

Konzept des Anwendungsfalls:

Ein Projektverlauf sei mit seinen Meilensteinergebnissen zu protokollieren. Es wird angenommen, daß das Projekt nach dem klassischen Phasenmodell abgewickelt wird, d.h. es werden die Phasen Analyse, Design, Implementierung und Test durchlaufen. Das Projekt ist durch eine Reihe von allgemeinen Attributen und Methoden (z.B. Verbuchung der Einzelkosten) gekennzeichnet und solchen, die nur in bestimmten Phasen relevant sind (z.B. Prüfvermerke). Eine Phase, oder auch Teilphase, wird zu einem bestimmten Termin mit Meilensteinergebnissen abgeschlossen. Der jeweilige Projektstand ist festzuhalten und in einer Historie abzulegen, so daß zu einem späteren Zeitpunkt der gesamte Projektverlauf zu rekonstruieren ist.

Das gleiche Konzept ist gültig für einen Fertigungsprozeß, bei dem verschiedene Produktionsstufen zu durchlaufen sind und der Fertigungsverlauf festzuhalten ist.

Modellierung:

Für die Projekte wird eine abstrakte Basisklasse (PROJEKT) geschaffen, in der die allgemeinen Attribute und Methoden vereinbart werden. Aus dieser Klasse werden für jede Phase abgeleitete Klassen (ANALYSE, DESIGN, IMPLEMENTIERUNG, TEST) gebildet, die jeweils phasenspezifische Attribute und Methoden enthalten. Objekte dieser Klassen beinhalten den Projektstand zu einem bestimmten Zeitpunkt. Damit sie in eine Historie eingeordnet werden können, werden die Klassen für jede Phase auch aus der Klasse ZEIT abgeleitet. Die Objekte der phasenspezifischen Klassen können dann in eine Indexmenge eingeordnet werden. Das Schlüsselfeld für diese Indexobjekte wird durch den Zeitpunkt bestimmt. Dadurch erhalten sie automatisch eine chronologische Ordnung. Für die Objekte ist Persistenz vorzusehen.

Das Modell muß nun nur noch um die Attribute und Methoden des konkreten Anwendungsbereichs ergänzt werden. In dieser allgemeinen Form der Modellierung kann nur bestimmt werden, daß eine virtuelle Funktion für die Ausgabe des Projektstandes und die Eingabe der Attributwerte oder für Verarbeitungsvorgänge vorzusehen ist.

Die Klassen und ihre Vererbungsbeziehung werden in der Abbildung 7.7 wiedergegeben.

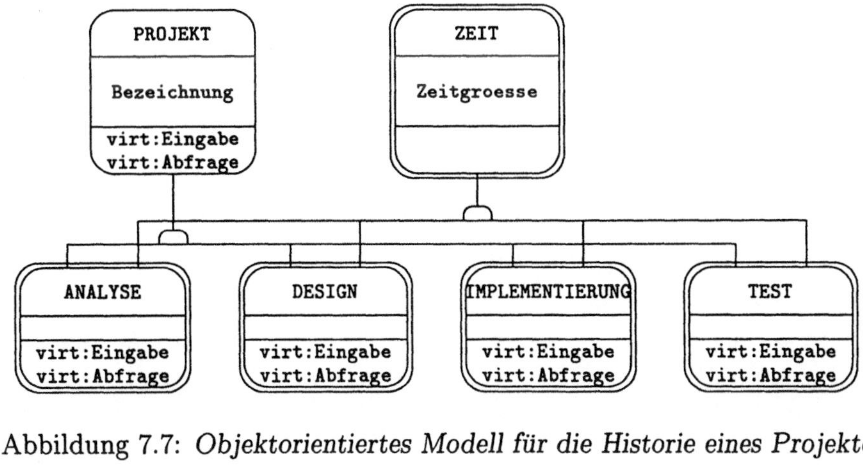

Abbildung 7.7: *Objektorientiertes Modell für die Historie eines Projektes*

Klassen aus OBAS:

ZEIT
Aus ihr werden die phasenspezifischen Klassen abgeleitet. Das Schlüs-

selfeld wird aus dem Datum gebildet.

`INDEXMENGE`
Sie dient als Containerklasse für die Objekte eines Projekts in den verschiedenen Phasen zu einem bestimmten Termin.

Vorgehensweise und Implementierung:

Der Rahmenprogrammierer implementiert die abstrakte Basisklasse `PROJEKT` und leitet aus ihr die phasenspezifischen Klassen ab, die gleichzeitig auch aus `ZEIT` abgeleitet werden. Die Klassen sind nach den vorgegebenen Regeln so auszustatten, daß die Persistenz der Objekte möglich ist.

Zu Projektbeginn wird das erste Objekt und die Indexmenge für die Aufnahme der historischen Objekte erzeugt. Bei jedem Abschluß einer Teilphase wird ein neues Objekt gebildet, das die Meilensteinergebnisse und weitere Daten zum Projektstand enthält und in die Indexmenge eingeordnet. Die Reihenfolge der Objekte in der Indexmenge wird durch den Zeitpunkt bestimmt.

Mittels Iterator kann die Indexmenge jederzeit durchlaufen werden und die Projektstände im historischen Verlauf mittels der virtuellen Funktion `Abfrage` auf einfache Art und Weise abgefragt werden.

8 Die Nutzung der Klassen von OBAS

8.1 Prinzip der Dokumentation

Der Nutzen einer Klassenbibliothek hängt zu einem ganz wesentlichen Grade nicht nur von ihrer Architektur, ihrer Funktionalität, ihrer Effizienz, etc. ab, sondern von der zugehörigen Dokumentation und den Suchhilfen.

Das wesentliche Ziel der Dokumentation ist eine Bedienungsanleitung, die

— das Konzept der Anwendung, das in den Klassen manifestiert wurde, deutlich werden läßt,

— ein zielgerichtetes, schnelles Auffinden der Klassen ermöglicht,

— die Funktionalität der Klassen verdeutlicht, ohne daß der Quellcode betrachtet werden muß,

— ein rasches Einarbeiten in die Notation erlaubt,

— die Schnittstellenbeschreibung schematisiert, so daß schnell und übersichtlich Attribute, Methoden und Nachrichtenverbindungen erkennbar werden,

— ein Prinzip oder Schema für die Ableitungen vorgegeben wird.

Das Suchverfahren mittels Browser, z.B. bei SMALLTALK, beruht darauf, die Klassen gemäß ihrer Hierarchie durchzublättern. Dabei kann eine Auflistung der jeweiligen Methoden und deren Code angefordert werden. Nach den Namen und der Beschreibung der jeweiligen Klasse sind diejenigen zu finden, die für die eigene Aufgabenstellung gewünschte oder eine ähnliche Funktionalität bieten. Ausgangspunkt für den Browser sind also die einzelnen Klassen. Bei einer fachlichen Klassenbibliothek sucht man aber nicht unbedingt ganz bestimmte Klassen, sondern —wie bereits im Abschnitt 7.2 dargelegt wurde— eine Übereinstimmung der Strukturen und Verarbeitungsmethoden der Klassenbibliothek mit dem Anwendungssystem. Deshalb enthält OBAS keinen Browser, sondern eine Beschreibung der Anwendungsmuster (vgl. Abschnitt 7.3 und 7.4) zur Unterstützung der Suche nach Klassen. Diese Beschreibungen bilden einen wesentlichen Bestandteil der Dokumentation.

Einen weiteren Teil der Dokumentation bildet die im nächsten Abschnitt enthaltene „Bedienungsanleitung für Kundenprogrammierer" zusammen mit den Klassenbeschreibungen. Sie dient sowohl dem Rahmenprogrammierer wie dem Anwendungsprogrammierer. Der Rahmenprogrammierer zieht zusätzlich die im Abschnitt 8.3 wiedergegebene „Spezielle Bedienungsanleitung für den Rahmenprogrammierer" zu Rate, die Anweisungen und Schemata für die Ableitungen enthält. Er erweitert durch seine neuen Klassen des konkreten Systems die bestehende Klassenbibliothek, denn diese können unmittelbar durch Aufnahme in die implementierte library integriert werden. Nur die Dokumentation muß ergänzt werden. Damit vermehrt sich der Nutzen der Klassenbibliothek für weitere Anwendungssysteme.

8.2 Die Nutzung durch den Kundenprogrammierer

8.2.1 Allgemeine Regeln

Sowohl der Rahmenprogrammierer als auch der Anwendungsprogrammierer benötigen für die Nutzung von OBAS die Beschreibung der Funktionalität und der Schnittstellen der Klassen. Es wird davon ausgegangen, daß der Anwendungsprogrammierer die Klassen gemäß seiner Anwendung durch Abgleich mit den Anwendungsmustern gefunden hat, und diese ohne weitere Ableitung in seine Implementierung einbauen will. Hat die Suchphase ergeben, daß eine Vererbung erforderlich oder erwünscht ist, so findet der Rahmenprogrammierer die dafür notwendigen Informationen im Abschnitt 8.3.

Vorausgesetzt wird, daß OBAS als für die eingesetzte Hardware und das Betriebssystem gültige libraries, die alle Objektdateien enthalten, und die Header-Dateien, die der Kundenprogrammierer in seinen Quellcode einziehen muß, zur Verfügung steht. Er kann wählen, ob er mit der Klassenbibliothek arbeiten will, bei der eine Indexmenge als verkettete Liste und Hashtabelle organisiert ist oder als Wörterbuch auf der Basis von AVL-Bäumen. Im ersten Fall wählt er die library `OBASL.LIB` und die Header-Datei `OBASL.HPP`, im zweiten Fall die library `OBASW.LIB` und die Header-Datei `OBASW.HPP`. Die Anwendung der Klassen `INDEX` und `INDEXMENGE` ist in beiden Fällen völlig gleich, weil die jeweiligen Implementierungen der beiden Klassen mit identischem Interface ausgestattet wurden.

Die Entscheidung, welche Organisationsform zu wählen ist, hängt davon ab, welche Datenstrukturen am besten in das Anwendungssystem einzupassen sind. Ist die Anzahl der Indexobjekte nicht abschätzbar, so ist die Baumstruktur vorzuziehen, weil sie sich bei Bedarf automatisch vergrößert, während die Größe der Hashtabelle bei der Erzeugung feststeht. Da die Baumstruktur ohne Zeigersystem arbeitet, ist sie besser zur dauerhaften Speicherung geeignet als die Liste.

8.2.2 Das Schema für die Klassenbeschreibung

Jede Klasse wird nach einem festen Schema beschrieben, damit sich der Anwendungsprogrammierer schnell orientieren kann. Es ist das Ziel, die Eigenschaften und die Schnittstelle einer Klasse nur insoweit zu beschreiben, als es für den Anwendungsprogrammierer notwendig ist, also nicht die

Details, die nur innerhalb der Klassenbibliothek oder für die Ableitung von Bedeutung sind[1].

Zur Einordnung der Klasse in OBAS erscheint zu Beginn eine graphische Darstellung der Vererbungshierarchie, in die die Klasse eingebunden ist. Es folgt ein Verweis auf ähnliche Klassen, die evtl. als Alternative in Frage kommen.

Die Deklaration der Klasse, die gleichzeitig das Interface für den Kundenprogrammierer darstellt, wird zur Übersicht an den Anfang der Detailbeschreibung positioniert. Für alle Attribute und Methoden wird durch sie die Zugriffsberechtigung ersichtlich.

Aus ihr sind zunächst einmal die Konstruktoren, Destruktoren und kopierenden Operatoren[2] zu entnehmen. Von diesen werden die Konstruktoren —mit Ausnahme desjenigen für den Aufbau persistenter Objekte[3]— im weiteren Verlauf der Beschreibung nochmals ausführlicher dargestellt.

Außerdem sind der Deklaration die weiteren algorithmisch einfachen Methoden zu entnehmen, die keines weiteren Kommentars bedürfen.

Das Interface enthält auch die Methoden für die Persistenz. Dazu gehören jeweils ein Konstruktor und die Methode `xxGib` zum Zugriff auf ein persistentes Objekt in der Objektstreuungstabelle, wobei `xx` hier stellvertretend für den Klassennamen steht. Die Methode `Textausgabe` dient der Ausgabe eines persistenten Objekts in der Objektbeschreibungssprache. Der überladene Operator << zur Ausgabe des Inhalts eines Objekts auf eine Datei gehört als globale Funktion nicht zur Deklaration der Klasse. Die Nutzung dieser Methoden zur Persistenz ist für jede Klasse gleich und wird in 8.2.3 ausführlich erläutert, so daß es keiner weiteren Darstellung in den Klassenbeschreibungen mehr bedarf. Allerdings erscheint in jeder Klassenbeschreibung die Syntaxregel für die Beschreibung eines Objekts dieser Klasse in der Objektbeschreibungssprache, da diese von der Struktur der Klasse abhängt.

Bei der Implementierung wurde bereits an die unterschiedlichen Benutzergruppen gedacht. Wie in 6.1 erwähnt, sind die für den Kundenprogrammierer relevanten Methoden zweimal implementiert. Einmal ist der Rückgabewert vom Typ Zeiger, im anderen Fall handelt es sich um eine Referenz. Für den Anwendungsprogrammierer ist die zweite Form gedacht. Er kann das von einer Methode zurückgegebene Objekt direkt benutzen, ohne

[1] Vgl. auch die Spezifikation der Software-ICs in [CN91, S. 217ff].

[2] Vgl. [Str92, S. 408].

[3] Diese Konstruktoren werden nach festem Schema aufgebaut. Dieses wird im Abschnitt 8.3 ausführlich beschrieben.

daß er in seinem Programm mit Zeigern operieren muß. Um die Schnittstellenbeschreibung einfach und übersichtlich zu halten, sind bei den Klassenbeschreibungen nur die Methoden, die Referenzen auf Objekte zurückgegeben, aufgeführt.

Auch die Attribute und Methoden, die nur für die interne Verarbeitung, also innerhalb von OBAS, gebraucht werden, werden in der Schnittstellenbeschreibung nicht aufgeführt, um diese für den Anwendungsprogrammierer übersichtlich zu halten.

Sollen die nicht in die Schnittstellenbeschreibung aufgenommenen Methoden benutzt werden, was wohl in erster Linie für den Rahmenprogrammierer gilt, so sind sie unmittelbar den Header-Dateien `OBASL.HPP` bzw. `OBASW.HPP` zu entnehmen.

Die komplexeren Methoden werden wie auch die friend-Funktionen en détail im weiteren Teil der Klassenbeschreibung erläutert.

Für einige Klassen sind Makros entwickelt worden, die insbesondere die Iteration erleichtern. Sie werden ebenfalls beschrieben.

Außerdem enthält die Klassenbeschreibung Verweise auf die Basisklassen, in denen Attribute und Methoden enthalten sind, die durch die Ableitung auch in dieser Klasse verfügbar sind. Damit wird eine umständliche Suche entlang der Ableitungsketten vermieden.

Das genaue Schema für die Klassenbeschreibungen ist der folgenden Tabelle zu entnehmen.

Nach diesem Schema werden alle diejenigen Klassen beschrieben, die der Anwendungsprogrammierer zur Nutzung und Integration in seine Anwendung auswählen kann.

Begonnen wird mit den Klassen des konkreten Systems, die auf das Anwendungsgebiet der Kostenrechnung ausgerichtet sind. Es folgen die generischen Klassen der fachlichen Anwendung, die auch unmittelbar ohne Vererbung genutzt werden können. Die Klassen des Kerns werden nicht beschrieben, da ihnen nur innerhalb von OBAS Bedeutung zukommt, und der Kundenprogrammierer i.d.R. die abgeleiteten Klassen einsetzt.

Durch die innere Logik der Klassenbibliothek OBAS wird das Ziel erreicht, daß der Kundenprogrammierer wirklich nur die Klassen betrachten muß, die er unmittelbar benutzt, aber nicht diejenigen, die zur Funktionsfähigkeit dieser Klassen beitragen. Dadurch wird der Aufwand für die Einarbeitung und Programmierung minimiert.

Die Klassenbeschreibungen sind, da sie den Charakter eines Referenzhandbuches haben, im Anhang A ausgeführt.

	Klassenname
Beschreibung:	Beschreibung der Bedeutung und Funktionalität der Klasse
Einbindung in OBAS:	Darstellung aller unmittelbaren Beziehungen mit anderen Klassen innerhalb der Klassenhierarchie in der Notation von COAD/YOURDON
ähnliche Klassen:	Verweis
impl. Klassenname:	Klassenname in der Implementierung von OBAS
Deklaration:	Der für den Anwendungsprogrammierer relevante Teil der Deklaration
Statische Variable:	Variable, die nur einmal vorkommen, also zur Klasse gehörig sind und nicht zu den Objekten
Variable:	Variable, die nicht statischer Natur sind
Konstruktoren:	Methoden zur Erzeugung eines Objekts mit Ausnahme desjenigen zum Aufbau eines persistenten Objekts
Operatoren:	Auflistung der Methoden, die Operatoren überladen
Methoden:	Auflistung der Methoden mit ihrem Interface, ihrer Funktionalität und ihrem Rückgabewert, sofern sie nicht nur die Rückgabe einer Variablen beinhalten[a] oder der Persistenz dienen[b]
friend-Funktionen:	Sie haben Zugriff auf die privaten Elemente eines Objekts
Makros:	Benutzerhinweise für die bei der Klasse implementierten Makros
Attributverweis:	Verweis zu den Attributen in den Basisklassen
Methodenverweis:	Verweis zu den Methoden in den Basisklassen
Syntax für Persistenz:	Regeln für die Beschreibung eines Objekts dieser Klasse in der Objektbeschreibungssprache

[a]Diese Methoden sind unmittelbar der Deklaration zu entnehmen.
[b]Vgl. den Abschnitt 8.2.3.

8.2.3 Regeln zur Nutzung der Persistenz durch den Anwendungsprogrammierer

Das Prinzip, nach dem die Persistenz in OBAS implementiert ist, wurde ausführlich im Abschnitt 5.4.3 erläutert. Für alle den Kundenprogrammierer interessierende Klassen können persistente Objekte gebildet werden, denn die entsprechenden Konstruktoren sind bereits implementiert. Ausgenommen sind nur die Klassen, die ausschließlich zur internen Organisation dienen, wie z.B. `STRTABELLE`.

Es folgen die exakten Anweisungen für die Nutzung der Persistenz. Die Daten für die zu erzeugenden Objekte werden in eine Textdatei unter Beachtung der sehr einfachen Syntax der Objektbeschreibungssprache zeilenorientiert geschrieben. Die Daten für ein Objekt werden nach der Regel

```
Klassenname<Objektname>{Objektinhalt}
```

beschrieben. Der Objektname ist frei wählbar. Er darf aus Buchstaben oder Ziffern bestehen, aber keine Sonderzeichen und kein Leerzeichen enthalten.

Der Objektinhalt kann aus Objekten, Zeichenketten, ganzen oder Fließkommazahlen (Dezimalkomma, optional vorzeichenbehaftet) bestehen. Wie der Objektinhalt zu beschreiben ist, richtet sich nach der Klasse. Die Klassenbeschreibungen enthalten jeweils die Syntaxregel für ein persistentes Objekt der Klasse.

Die Objekte werden nacheinander in die Datei geschrieben. Dazwischen sind Zeilenvorschübe oder Kommentare zugelassen. Kommentare beginnen mit ! oder // und gehen bis zum Zeilenende. Kommentare können auch an beliebiger Stelle innerhalb der Objektbeschreibung erfolgen. Sie werden dann durch /* begonnen und mit */ beendet.

Alle Klassen enthalten jeweils die Methode Textausgabe, deren Aufruf bewirkt, daß die Daten eines Objekts — in der Objektbeschreibungssprache formuliert — in eine Ausgabedatei geschrieben werden.

Das Konzept basiert darauf, daß der Kundenprogrammierer für die Dateienverarbeitung die Standard-Stream-I/O-Bibliothek von C++ einsetzt. Für eine Eingabedatei ist ein Objekt der Klasse ifstream zu kreieren, das als Parameter dem Konstruktor der Klasse OBE übergeben wird[4].

Für die Ausgabedatei wird ein Objekt der Klasse ofstream deklariert, mit deren Referenz die Methode Textausgabe über das Objekt aufgerufen wird, dessen Inhalt ausgeben werden soll. Damit der Kundenprogrammierer auf eine ihm bekannte Schreibweise zurückgreifen kann, wurde der für die Klasse ofstream implementierte Operator << überladen, so daß er die Ausgabe eines Objekts auf die Ausgabedatei einfach durch die Anweisung

```
ofAus << persObjName
```

erreichen kann. Dabei sei ofAus ein Objekt der Klasse ofstream und persObjName als Bezeichner für ein Objekt einer Klasse, für die Persistenz implementiert ist.

[4]Dieses OBE-Objekt wird den Konstruktoren, für die persistente Objekte erzeugt werden sollen mittels der Objektaufbaufunktion übergeben. Darum muß sich aber der Kundenprogrammierer nicht kümmern.

Im Abschnitt 5.4.3 wurde dargelegt, daß ein Verfahren zum Lesen der Textdatei die Kopplung des Programmablaufs an die Reihenfolge der Eingabedaten vorsieht. Für diese einfache Nutzung der Persistenz ist nur zu beachten, daß die Konstruktoren für persistente Objekte, die zu jeder Klasse existieren, in der richtigen Reihenfolge, das heißt der richtige Konstruktor für das jeweilige Objekt, aufgerufen werden.

Ein sehr einfaches Beispiel (ohne Fehlerbehandlung) stellt das folgende Programm dar. Angenommen die Datei `ein.obe` habe den Inhalt[5]:

```
// Die Kostenart:
KA<MatArtEins>{3401,"EKMatArt eins","Materialeinzelkosten","Mat 1","kg"}
// Die Kostenstelle:
KST<12>{12,"PKW-Dienst","Hilfskostenstelle","Fahrleistung", "km"}
```

Der Objektname `MatArtEins` bzw. `12` wird Schlüsselfeld für das Indexobjekt. Im Programm, dessen Quellcode unten wiedergegeben ist, wird zunächst der Konstruktor für `KA` aufgerufen, der für den Aufbau persistenter Objekte zuständig ist. Danach steht das Objekt unter dem Variablennamen ka zur Verfügung. Anschließend erfolgt der Aufruf des entsprechenden Konstruktors für die Kostenstelle. Die Reihenfolge wird durch die Eingabedatei bedingt. Entspricht die erste Zeichenkette nicht dem Namen der Klasse, deren Konstruktor aufgerufen wurde, erfolgt eine Fehlermeldung.

Die Aufrufe `ofAus << ka` und `ofAus << kst` bewirken die Ausgabe auf die Datei `aus.obe`. Sie hat dann das gleiche Aussehen wie die Eingabedatei mit Ausnahme der Kommentare.

```
#include "obasl.hpp"
ifstream ifEin;
ofstream ofAus;

int main() {
  ifEin.open("ein.obe", ios::in|ios::nocreate);
  ofAus.open("aus.obe");
  OBE obe(ifEin);
  KA ka = KA(obe);
  ofAus << ka;
  KST kst = KST(obe);
  ofAus << kst;
  return 0;
  }
```

Im Abschnitt über die Persistenz wurde das erweiterte Konzept beschrieben, das eine Entkopplung der Leseprozedur von der Reihenfolge der Objekte in der Eingabedatei erlaubt. Dafür ist die Klasse `OBE` mit einer Methode namens `LiesAlles` versehen, deren Aufruf bewirkt, daß alle Objekte aus der Datei eingelesen werden, automatisch der jeweils richtige Konstruktor

[5] Zur Syntax für die Beschreibung einer Kostenart bzw. Kostenstelle vgl. Anhang A.

zur Erzeugung des Objekts aufgerufen wird und Objektnamen und Zeiger auf alle persistenten Objekte in die Objektstreuungstabelle des Objekts der Klasse `OBE` eingefügt werden. Alle persistenten Objekte stehen jetzt zwar zur Verfügung, müssen aber zur Verarbeitung noch mit Variablen gekoppelt werden. Dazu läßt man sich aus der Tabelle eine Referenz auf ein Objekt zurückgeben und weist es einer Variablen zu. Der Zugriff in die Tabelle erfolgt über den Objektnamen. Für diesen Vorgang sind die Klassen, für die persistente Objekte erstellt werden, mit der statischen Methode `xxGib(ROBE obe, Z zObjName)` ausgestattet. `xx` bezeichnet den jeweiligen Klassennamen. Sie gibt eine Referenz auf das Objekt mit diesem Namen zurück. Dieses Verfahren setzt allerdings voraus, daß das Programm die Klassennamen kennt und die entsprechende Objektaufbaufunktion aufrufen kann. Deshalb muß erst ein Objekt der Klasse `CST` (Klassenstreuungstabelle) erzeugt werden, dessen Streuungselemente den Klassennamen und einen Zeiger auf die Objektaufbaufunktion enthalten.

Arbeitet man nach diesem Verfahren, so ist das obige Programm bei gleicher Ein- und Ausgabedatei wie folgt abzufassen:

```
#include "obasl.hpp"
ifstream ifEin;
ofstream ofAus;
// Zeiger auf die Objektaufbaufunktion der Klasse Kostenart:
IMPORT POBF pobfKA;
// Zeiger auf die Objektaufbaufunktion der Klasse Kostenstelle:
IMPORT POBF pobfKST;
IMPORT CST cst; // wurde als statisches Objekt in der library erzeugt

int main() {
  // Einfuegen des Elements fuer die Klasse "KA"
  // in die Klassenstreuungstabelle:
  cst.FuegeEin("KA", pobfKA);
  // damit ist der Klassenname bekannt und mit dem Zeiger fuer die
  // Objektaufbaufunktion verknuepft
  // desgleichen fuer die Klasse KST:
  cst.FuegeEin("KST", pobfKST);
  ifEin.open("ein.obe", ios::in|ios::nocreate);
  ofAus.open("aus.obe");
  OBE obe(ifEin);
  obe.LiesAlles();  // Die gesamte Datei wird gelesen
  RKST kst = KST::kstGib(obe, "11");
  RKA ka = KA::kaGib(obe, "3401");
  ofAus << ka; ofAus << kst;
  return 0;
  }
```

Die Reihenfolge der Aufrufe von `kstGib` und `kaGib` ist nicht vorgegeben, da über den Objektnamen beliebig auf die Objekte in der Tabelle zurückgegriffen werden kann.

8.3 Spezielle Beschreibung für den Rahmenprogrammierer

In diesem Abschnitt werden die Regeln für die Ableitungen aus Klassen von OBAS angeführt. Als „Andockstelle" für die Bildung von Klassen des konkreten Systems dient in erster Linie die Klasse `IDX`[6]. Aus dieser oder aus ihr abgeleiteten Klassen wird der Rahmenprogrammierer ableiten, um die Objekte seiner Diskurswelt einzubringen.

Um zu vermeiden, daß der Compiler die Default-Funktionen verwendet, muß bei jeder Klasse zumindest der Copy-Konstruktor und der Assign-Operator definiert werden, damit der Benutzer der Klasse nicht unbeabsichtigt und mit unvorhergesehenen Folgen die defaultmäßige „memberwise copy"-Methode hervorruft[7].

Die Konstruktoren müssen wie folgt aufgebaut werden, wobei `KN` den Namen der abgeleiteten Klasse bezeichnet und statt `IDX` auch eine aus ihr abgeleitete Klasse stehen kann[8].

```
KN::KN(Z zSchluessel, ... ) : IDX(zSchluessel) { ... }

KN::KN(ROBE obe, Z zKlasse) : IDX("dummy") {// fuer persistente Objekte
   C vcKlasse[OBE::ACSYMMAX], vcObjekt[OBE::ACSYMMAX];
   C vcString[OBE::ACSTRMAX]; N nInt; R rReal;
   if(zKlasse) obe.ZerlegeDasObjekt(vcObjekt);
   else {
     obe.ZerlegeDenAnfang(vcKlasse, vcObjekt);
     if (strcmp(vcKlasse, "KN")) EXCEP(Klassenname nicht KA);
     }
   delete z; // z: Variable fuer Schluessel in IDX
   int ac = 1+strlen(vcObjekt); z = new char[ac];memcpy(z,vcObjekt,ac);
   // je nach Objektinhalt:
   obe.ExtrahiereGanzeZahl(nInt);
   obe.ExtrahiereFliesskommazahl(rReal);
   obe.ExtrahiereZeichenkette(vcString);
   // bei Objekten als Objektinhalt:
   obe.fAmSymbolanfang(); obe.ExtrahiereSymbol(vcKlasse);
   // Aufruf der Objektaufbaufunktion fuer das Objekt im Inhalt:
   O* po = (O*)(*(cst.pobf(vcKlasse)))(obe); // O sei der Klassenname
   ...
   obe.PassiereDasEnde(); // Scannen, bis zum Abschlusszeichen }
   // Einfuegung in Objektstreuungstabelle:
   obe.ost.FuegeEin("KA", vcObjekt, this);
   ...
   }
```

[6] siehe auch Abbildung 6.1.

[7] Vgl. [MSH92, S. 32]

[8] Bezüglich der Typvereinbarungen siehe Klassenbeschreibung im Anhang A.

```
KN::KN(KN& kn) : IDX(kn) { // Copy-Konstruktor ... }
```

Der Assign-Operator ist wie üblich in der folgenden Art zu implementieren:

```
KN& KN::operator=(KN& kn) { // Assign-Operator
   ...
   return *this;
   }
```

Bei bestimmten Containerklassen legt die Methode zur Einfügung von Elementen Kopien derselben an. Dafür sind in der Klasse LEL und WEL jeweils die virtuellen Funktionen pvoidKopie() implementiert. Damit die Kopie tatsächlich von einem Indexobjekt der abgeleiteten Klasse erstellt wird, muß diese virtuelle Funktion auch dort implementiert werden. Nur durch diese Konstruktion war es möglich, die Verarbeitung beliebiger Indexobjekte zu ermöglichen. Die Funktion pvoidKopie() ist sehr einfach und kann als inline-Funktion realisiert werden.

```
virtual void* pvoidKopie() { return new KN(*this);}
```

Für die Persistenz ist die Objektaufbaufunktion zu realisieren:

```
PVOID obfKN(OBE& obe) { return new KN(obe, "KN");}
```

Um ein persistentes Objekt der Objektstreuungstabelle entnehmen zu können, muß eine entsprechende Zugriffsmethode implementiert werden[9], die als static deklariert werden muß. Sie hat für eine Klasse KN das Aussehen:

```
static KN& knGib(OBE& obe, Z zObjektName) {
 return *((KN*)obe.ost.pvoid("KN", zObjektName));
     }
```

Entsprechend der Philosophie von OBAS ist es angebracht, auch eine entsprechende Zugriffsmethode zu implementieren, die einen Zeiger auf das Objekt zurückgibt:

```
static KN* pknGib(OBE& obe, Z zObjektName) {
 return (KN*)obe.ost.pvoid("KN", zObjektName);
 }
```

Die virtuelle Funktion Textausgabe(ofstream&) dient der Ausgabe des Objekts in der Objektbeschreibungssprache. Der Rahmenprogrammierer muß sich an die oben definierte Syntax halten. Dann kann ein solcherart erzeugtes persistentes Objekt auf die beschriebene Art wieder eingelesen werden. Für den Anwendungsprogrammierer wird das Schreiben auf die Datei besonders komfortabel, wenn der Rahmenprogrammierer den Operator << wie folgt überlädt:

```
ofstream& operator<<(ofstream &of, KN& kn){kn.Textausgabe(of);return of;}
```

[9] Siehe auch das Beispiel im vorigen Abschnitt.

Diese Regeln gelten nicht nur für die Ableitung aus der Klasse IDX, sondern auch für solche aus den Basisklassen von IDX, also LEL (Listenelement) bzw. WEL (Wörterbuchelement) und für Ableitungen aus den Klassen VEL (Vektorelement) und MEL (Matrixelement), wobei die Notwendigkeit für Ableitungen aus den zuletzt genannten beiden Klassen relativ selten gegeben sein dürfte.

Für Ableitungen aus Klassen, die von IDX abgeleitet wurden, gibt es nur wenige Modifikationen zu beachten. Sie lassen sich am besten durch ein Beispiel für den Konstruktor deutlich machen. Es sei wieder KN der Name der Klasse, die der Rahmenprogrammierer als Ableitung vorgesehen hat.

Der Schlüssel für die Einordnung ist ganzzahlig:

```
KN::KN(N IDNummer, ... ) : NDX(IDNummer) { ... }
```

KN soll aus der Klasse ZEIT abgeleitet werden:

```
// zE: Zeiteinheit, nt: Masszahl fuer die Zeit
KN::KN(N nt, Z zE, ...) : T(nt, zE) { ... }
```

KN soll aus AGG_INDEX abgeleitet werden:

```
// ixm: Indexmenge, die die Indexobjekte enthaelt,
// fuer die Daten aggregiert werden sollen
KN::KN(IXM& ixm, Z zSchluessel, ...) : ADX(ixm, zSchluessel) { ... }
```

Auch aus den bereits in OBAS vorhandenen Klassen des konkreten Systems kann abgeleitet werden. Sie enthalten zusätzliche Attribute, die beim Konstruktor angegeben werden müssen. Beispielsweise hat der Konstruktor für die aus KTR (Kostenträger) abgeleitete Klasse KN das Aussehen:

```
KN::KN(N nNr, Z zBezeichnung, Z zGruppe, Z zME, ...) :
    KTR(nNr, zBezeichnung, zGruppe, zME) { ... }
```

Weitere Einzelheiten zu diesen Klassen sind den Klassenbeschreibungen im Anhang zu entnehmen.

Ableitungen aus der Klasse G (Größe) sind i.d.R. nicht sinnvoll. Es wird jedoch häufig angebracht sein, ein Objekt der Klasse G als Attribut zu vereinbaren. Dabei ist zu beachten, daß vor der Erzeugung des ersten Objekts die Dimension der Größe durch `G::InstalliereEinheit("DM", eiDM);` der Klasse bekannt gemacht werden muß[10], wobei DM als Beispiel für eine Dimension steht. Der Konstruktor für eine Klasse, die ein Objekt der Klasse G als Variable enthält, hat dann beispielsweise die folgende Form, wobei gWert der Bezeichner für die Größe sei:

```
KN::KN(N nMasszahl, Z zEinheit, ...) : gWert(nMasszahl, zEinheit) { ... }
```

[10]Siehe auch Klassenbeschreibung von G im Anhang A.

Der Rahmenprogrammierer hat auch die Möglichkeit, aus den Klassen `IXM` (Indexmenge), `VEK` (Vektor) und `MAT` (Matrix) abzuleiten, auch wenn sich nur selten die Notwendigkeit dafür ergeben dürfte. Im Prinzip gelten dafür die gleichen Regeln, wie für die Ableitung aus `IDX`. Es entfällt nur die virtuelle Funktion `pvoidKopie()`.

9 Ausblick

Die Klassenbibliothek OBAS stellt in generischer Form ein Baukastensystem wiederverwendbarer Software-Bausteine für betriebliche Anwendungssysteme zur Verfügung. Wie gezeigt wurde, können zahlreiche betriebliche Applikationen mit Hilfe dieser Klassen einfach und schnell erstellt werden. Die Wiederverwendbarkeit der einmal entwickelten Software konnte damit unter Beweis gestellt werden. Auf gleiche Art und Weise lassen sich weitere Muster betrieblicher Anwendungen finden, für die OBAS sinnvoll eingesetzt werden kann. OBAS ermöglicht außerdem ein rasches Prototyping, da durch den gezielten Einsatz von ausgewählten Klassen isoliert ein Aspekt eines Anwendungsbereiches in Form eines lauffähigen Systems realisiert werden kann.

Aus der Entwicklung von OBAS ist das Fazit zu ziehen, daß die objektorientierte Softwaretechnologie ein mächtiges Instrumentarium zur kohärenten Abbildung von Struktur und Verhalten betrieblicher Anwendungssysteme in Klassen eines objektorientierten Programms bietet.

Im Zuge des Ausbaus wird angestrebt, OBAS durch neue Klassen für konkrete Geschäftsobjekte wie Konto, Auftrag, etc. zu ergänzen. Sinnvoll ist außerdem eine Weiterentwicklung in Richtung auf eine Unterstützung der Durchführung von Geschäftsprozessen. Eine Verknüpfung mit Klassen zur Erstellung von Benutzungsoberflächen wie z.B. solchen der Foundation Library (MFC) von Microsoft kann die für betriebswirtschaftliche Applikationen notwendige Mensch-Maschine-Interaktions-Komponente liefern. Weiterhin kann OBAS mit einer Schnittstelle zu einem objektorientierten Datenbanksystem versehen werden, falls die Persistenz anders als in OBAS vorgesehen gelöst werden soll.

Die Entwicklung von OBAS hat gezeigt, daß neben dem Ziel der Wiederverwendbarkeit auch weitere Qualitätsanforderungen durch den objektorientierten Ansatz besser erfüllt werden können als bei traditionellen Herstellungsverfahren von Software. Die Programme zeichnen sich durch höhere Qualität aus, da die Korrektheit des Systems durch die Verwendung intensiv getesteter und folglich fehlerfreier Bausteine gefördert wird. Auch die Robustheit, d.h. „die Fähigkeit auch unter außergewöhnlichen Bedingungen zu funktionieren“[1], wird verbessert, da durch das Prinzip der Kapselung in Verbindung mit dem Exception Handling diese Ausnahmefälle besser lokalisiert und abgefangen werden können.

Deutlich erkennbar sind die Vorteile bei den Qualitätskriterien „Erweiterbarkeit“ und „Änderbarkeit“. Sie werden durch die Möglichkeiten der Verer-

[1] [Mey90, S. 3]

bung und der Polymorphie in besonderem Maß unterstützt. Die Klassen von OBAS können dadurch auf vielfältige Weise ergänzt oder in ihrer Funktionalität modifiziert werden, ohne daß in die vorhandenen Klassen eingegriffen werden muß. Dabei benötigt der Kundenprogrammierer nur die Kenntnis über die Schnittstellen, aber nicht über die interne Organisation der Objekte und Daten, die Such- und Zugriffsverfahren oder wie die Verfahren und Operationen implementiert wurden. Durch die Prinzipien der Kapselung und der Lokalität, wie sie auch in OBAS verwirklicht wurden, steht auch nicht zu befürchten, daß Änderungen in einem Bereich zu unvorhersehbaren Fehlern in anderen Teilen des Programms führen.

Durch die Realisierung dieser Vorteile lassen sich die Entwicklungszeiten und -kosten erheblich reduzieren. Wenn auch entsprechende Untersuchungen für OBAS noch nicht vorliegen, so sei auf die Ergebnisse von KILBERTH, GRYCZAN und ZÜLLIGHOVEN verwiesen, die bei ihrer objektorientierten Entwicklung langfristig von einer jährlichen Einsparung von über 30% des Entwicklungs- und Wartungsaufwands ausgehen[2].

Diese Vorteile können aber nur dann erreicht werden, wenn die Zielsetzungen in allen Phasen der objektorientierten Entwicklung konsequent berücksichtigt werden. So stellen auch JACOBSON et al. fest: ...„the big benefits of object orientation can be gained only by the consistent use of the object orientation thoughout all steps in the development process“[3].

Diese Maxime wurde beim Aufbau von OBAS konsequent beachtet. Die Einführung dieser Vorgehensweise bedeutet allerdings eine grundlegende Änderungen des Herstellungsprozesses betrieblicher Software, denn die objektorientierte Vorgehensweise läßt sich nur bedingt in die bisherige Softwareentwicklung integrieren. Eine Lösung der Probleme der Alt-Lasten ist durch sie kaum möglich. Die Einführung erfordert umfangreiche Ausbildung und Entwicklungszeit im Vorfeld. Existiert aber einmal die anwendungsspezifische Klassenbibliothek, kann man mit ihren Bausteinen Programme modellieren, d.h. leicht änder- und erweiterbare Programme gestalten, und zwar wesentlich schneller und einfacher als mittels traditioneller Programmierung.

Es erhebt sich die Frage, ob sich diese Umstellung für die Erstellung von betriebswirtschaftlicher Standardsoftware lohnt. Es existieren bereits für nahezu alle betrieblichen Bereiche Lösungen durch Standardsoftware, die meistens auf Datenbanksystemen basieren. Die Anpassung an die Anforderungen der Kunden erfolgt über Parameterlisten oder Tabellen. Dieses Customizing hat allerdings bei einigen Systemen ein Ausmaß angenommen,

---

[2] Vgl. [KGZ93, S. 203]
[3] [Jac92, S. X]

das die Handhabung außerordentlich aufwendig macht. Standardprogramme, bei denen Änderungen und Erweiterungen durch Änderung des Codes realisiert werden, weisen einen hohen Pflege- und Wartungsaufwand auf. Es besteht die Gefahr von hohen Fehlerquoten. Versionswechsel bergen besondere Probleme in sich. Angesichts der stark zunehmenden Komplexität dieser Systeme stellt sich die Frage, ob diese Art der Datenbankapplikationen an den Rand ihrer Leistungsfähigkeit geraten.

Bei einer objektorientierten Lösung erfolgt eine Anpassung an Kundenanforderungen durch neue Klassen bzw. Ableitung, ohne Eingriff in das bisherige Programmsystem. Auch kann man Teile des Programmsystems herauslösen, um nur die tatsächlich benötigte Funktionalität bereitzustellen. Im Idealfall kann das gesamte Programmsystem aus Bausteinen zusammengesetzt werden. Das System hat dann nur die Größe, die es wirklich benötigt. Man erhält „schlanke“ Programme, die faktisch maßgeschneidert sein können. Durch objektorientierte Softwaresysteme wird also eine wesentlich größere Flexibilitität und bessere Anpassung an die Bedürfnisse des Anwenders erreicht.

Ein Grundstock von Klassenbibliotheken muß allerdings erst einmal aufgebaut werden. So stellen auch KILBERTH, GRYCZAN und ZÜLLIGHOVEN fest: „Die Entwicklung von anwendungsspezifischen Klassenbibliotheken ist aus Sicht vieler Autoren eine vorrangige Aufgabe einer anwendungsnah arbeitenden Entwicklerorganisation, die damit einen entscheidenen Schritt zur vollen Ausnutzung des Potentials der objektorientierten Methode machen kann.“[4]

Zur Erfüllung dieser Aufgabe soll die Entwicklung der Klassenbibliothek OBAS einen Beitrag leisten.

[4] [KGZ93, S.126]

A Die Beschreibung der Klassen zur Bedienungsanleitung

A.1 Generelle Vereinbarungen

Die Beschreibungen des Prinzips und des Schemas für die Klassenbeschreibung finden sich in 8.2.

Die folgenden Vereinbarungen gelten generell.

```
#define VOID void;
typedef VOID * PVOID;
typedef char   C, *PC, &RC; // Praefix c
typedef PC     Z, *PZ, &RZ; // Praefix z  ("..." aus C)
typedef int    N, *PN, &RN; // Praefix n, allg. fuer ganze Zahl
typedef int    I, *PI, &RI; // Praefix i, allg. fuer Index
typedef FLAG   F, *PF, &RF; // Praefix f, allg. fuer BOOLsche Variable
typedef int    A, *PA, &RA; // Praefix a, allg. fuer Anzahl (0 <= a)
typedef double R, *PR, &RR; // Praefix r, doppelt genaue Fliesspunktzahl
```

Ein Teil der Typvereinbarungen bezieht sich jeweils auf die Klassen und ist in deren Deklarationsteil zu finden.

Um die Übersicht zu verbessern, werden im Interface und bei der Beschreibung nur die Variablen und Methoden dargestellt, die für den Anwendungsprogrammierer von Belang sind.

Für alle Klassen ist ein Copy-constructor implementiert worden. Er wird bei der Beschreibung der Konstruktoren nicht gesondert kommentiert.

Alle Klassen, für die persistente Objekte gebildet werden können, sind mit einem entsprechenden Konstruktor versehen. In den folgenden Klassenbeschreibungen werden diese Konstruktoren nicht noch einmal explizit erläutert, weil ihr prinzipieller Aufbau ausführlich in den Abschnitten 8.2.3 und 8.3 beschrieben wurde.

Persistente Objekte werden in der Objektbeschreibungssprache in eine Datei geschrieben. Die allgemeine Syntax lautet:

```
Klassenname<Objektname>{Objektinhalt}
```

Der Objektname ist frei wählbar, muß aber eindeutig sein. Er wird nicht in Anführungsstriche gesetzt. Er darf aus Ziffern oder Buchstaben bestehen, aber nicht aus Sonderzeichen oder Leerzeichen.

Bei Indexobjekten stellt der Objektname gleichzeitig das Schlüsselfeld dar und bestimmt damit die Reihenfolge der Verarbeitung der Indexobjekte in der Indexmenge.

Die Syntax für den Objektinhalt ist klassenabhängig und bei der jeweiligen Klasse beschrieben.

Für alle Klassen, für die persistente Objekte erzeugt werden sollen, ist die Methode

`Textausgabe(ofstream&)`

implementiert, die das Objekt —in der Objektbeschreibungssprache formuliert— in die Datei schreibt. Einfacher ist es, direkt durch die Anweisung

`ofAus << persObjName`

die Ausgabe zu veranlassen. Dabei bezeichnet `ofAus` ein Objekt der Klasse `ofstream` und `persObjName` der Bezeichner für ein Objekt. Die so erzeugte Datei kann mit den vorgesehenen Methoden[1] wieder gelesen und mit Hilfe der entsprechenden Konstruktoren die persistenen Objekte erneut aufgebaut werden.

Die Überlagerungen des Operators << wird jeweils durch globale Funktionen realisiert. Sie erscheinen deshalb nicht in der Schnittstellenbeschreibung.

[1] Siehe Abschnitte 6.3.2 und 8.2.3.

A.2 Namen der Klassen

Klassen des konkreten Systems:

Langbezeichnung	Name in der Implementierung
KOSTENART	KA
KOSTENSTELLE	KST
KOSTENTRAEGER	KTR
AGG_KORE_ELEMENT	AK

Generische Klassen der fachlichen Anwendung:

Langbezeichnung	Name in der Implementierung
INDEX	IDX
AGG_INDEX	ADX
N_INDEX	NDX
ZEIT	T
INDEXMENGE	IXM
GROESSE	G
VEKTORELEMENT	VEL
VEKTOR	VEK
MATRIXELEMENT	MEL
MATRIX	MAT
LOESVERFLINGLS	LGL

Klassen des Kerns:

Die Klassen des Kerns werden in die folgende Klassenbeschreibung nicht mit aufgenommen, weil der Kundenprogrammierer i.d.R. diese nicht direkt benutzt.

Langbezeichnung	Name in der Implementierung
KLASTREL	CSI
OBJSTREL	OSI
KLASTRAB	CST
OBJSTRAB	OST
OBE	OBE
ZEM	ZEM
STRELEMENT	SEL
STRTABELLE	STT
LISTENELEMENT	LEL
ORDLISTE	GOL
TREE	TREE
WOBELEMENT	WEL
WOB	WOB

A.3 Klassen des konkreten Systems

KOSTENART

Beschreibung:

Sie gehört zu den Bestandsklassen. Ein Objekt dieser Klasse nimmt die Charakteristiken für eine Kostenart auf. Es ist gleichzeitig Indexobjekt für die Trägerklassen für die arithmetischen Operationen. Dazu muß das Objekt in eine Indexmenge eingefügt werden.

Einbindung in OBAS:

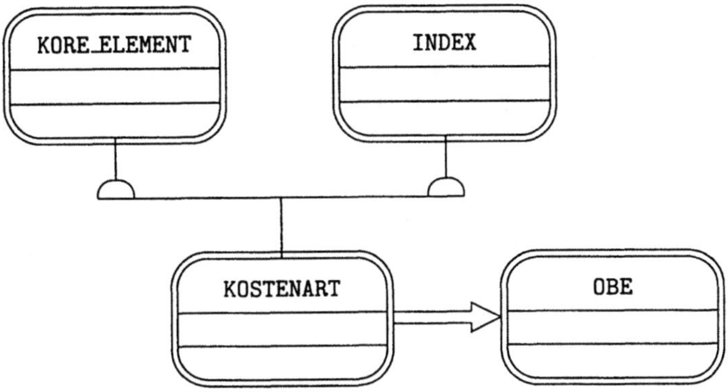

ähnliche Klassen:

KOSTENSTELLE, KOSTENTRAEGER, AGG_KORE_ELEMENT

implementierter Klassenname:

KA

Deklaration:

```
typedef class KA * PKA, & RKA;

class KA : public STREL, public IDX {
 public:
   KA(N nNr, Z zBezeichnung, Z zGruppe, Z zFaktorgut, Z zDimFG);
   KA(Z zBezeichnung, N nNr, Z zGruppe, Z zFaktorgut, Z zDimFG);
   KA(ROBE obe, Z zKlasse = 0);
   KA(RKA);
   ~KA();
   RKA operator=(RKA);
   RKA kaKopie();
```

```
    static RKA kaGib(ROBE obe, Z zObjName);
    Z zDasFaktorgut() {return zFaktorgut; };
    Z zDieDimension() {return zDimFG; };
    virtual VOID Textausgabe(ofstream&);
  protected:
    Z zFaktorgut;
    Z zDimFG;
};
```

Variable:

`zFaktorgut`	Bezeichnung des Faktorgutes
`zDimFG`	Dimension des Faktorgutes

Konstruktoren:

Aufruf:
`KA Bezeichner(nNr, zBezeichnung, zGruppe, zFaktorgut, zDimFG)`
Die Nummer der Kostenart (`nNr`) wird als Schlüsselfeld für das Indexobjekt verwandt.

Aufruf:
`KA Bezeichner(zBezeichnung, nNr, zGruppe, zFaktorgut, zDimFG)`
Die Bezeichnung der Kostenart wird als Schlüsselfeld für das Indexobjekt verwandt.

Operatoren:

Zuweisungsoperator =

Methoden:

Deklaration:	`RKA astKopie()`
Erklärung:	siehe `idxKopie()` in `INDEX`

Attributverweis:

`nNr`	`KORE_ELEMENT`
`zBezeichnung`	`KORE_ELEMENT`
`zGruppe`	`KORE_ELEMENT`
`zBezeichnung`	`LISTENELEMENT bzw. WOBELEMENT`

Methodenverweis:

`ixm()` `INDEX`

Syntax für Persistenz:

```
KA<Schluesselfeld>{Nr,"Bezeichnung","Gruppe",
                   "Faktorgut","Dimension"}
```

Das Schlüsselfeld ist bei Einhaltung der Syntaxregeln beliebig wählbar.

KOSTENSTELLE

Beschreibung:

Sie gehört zu den Bestandsklassen. Ein Objekt dieser Klasse nimmt die Charakteristiken für eine Kostenstelle auf. Es ist gleichzeitig Indexobjekt für die Trägerklassen für die arithmetischen Operationen. Dazu muß das Objekt in eine Indexmenge eingefügt werden.

Einbindung in OBAS:

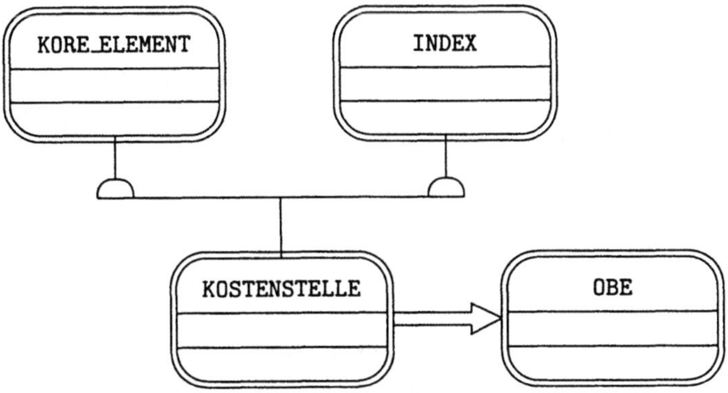

ähnliche Klassen:

KOSTENART, KOSTENTRAEGER, AGG_KORE_ELEMENT

implementierter Klassenname:

KST

Deklaration:

```
typedef class KST * PKST, & RKST;

class KST : public STREL, public IDX {
 public:
   KST(N nNr, Z zBezeichnung, Z zGruppe, Z zBezugsgroesse, Z zDimBG);
   KST(Z zBezeichnung, N nNr, Z zGruppe, Z zBezugsgroesse, Z zDimBG);
   KST(ROBE obe, Z zKlasse = 0);
   KST(RKST);
   ~KST();
   RKST operator=(RKST);
   RKST kstKopie();
   static RKST kstGib(ROBE obe, Z zObjName);
   Z zDieBezugsgroesse() {return zBezugsgroesse; };
   Z zDieDimension() {return zDimBG; };
   virtual VOID Textausgabe(ofstream&);
 protected:
   Z zBezugsgroesse;
   Z zDimBG;
};
```

Variable:

`zBezugsgroesse`	Bezeichnung der Bezugsgröße
`zDimBG`	Dimension der Bezugsgröße

Konstruktoren:

Aufruf:
`KST Bezeichner(nNr,zBezeichnung,zGruppe,zBezugsgroesse,zDimBG)`
Die Nummer der Kostenstelle (`nNr`) wird als Schlüsselfeld für das Indexobjekt verwandt. Das Schlüsselfeld bestimmt die Reihenfolge der Indexobjekte in der Indexmenge.

Aufruf:
`KST Bezeichner(zBezeichnung,nNr,zGruppe,zBezugsgroesse,zDimBG)`
Die Bezeichnung der Kostenstelle wird als Schlüsselfeld für das Indexobjekt verwandt.

Operatoren:

Zuweisungsoperator `=`

Methoden:

Deklaration:	`RKST kstKopie()`
Erklärung:	siehe `idxKopie()` in `INDEX`

Attributverweis:

`nNr`	`KORE_ELEMENT`
`zBezeichnung`	`KORE_ELEMENT`
`zGruppe`	`KORE_ELEMENT`
`zBezeichnung`	`LISTENELEMENT bzw. WOBELEMENT`

Methodenverweis:

`ixm()` `INDEX`

Syntax für Persistenz:

```
KST<Schluesselfeld>{Nr,"Bezeichnung","Gruppe",
                    "Bezugsgroesse","Dimension"}
```

Das Schlüsselfeld ist bei Einhaltung der Syntaxregeln beliebig wählbar.

KOSTENTRAEGER

Beschreibung:

Sie gehört zu den Bestandsklassen. Ein Objekt dieser Klasse nimmt die Charakteristiken für einen Kostenträger auf. Es ist gleichzeitig Indexobjekt für die Trägerklassen für die arithmetischen Operationen. Dazu muß das Objekt in eine Indexmenge eingefügt werden.

Einbindung in OBAS:

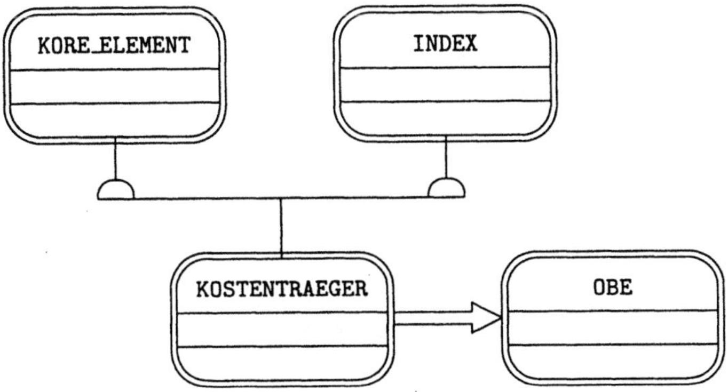

ähnliche Klassen:

KOSTENART, KOSTENSTELLE, AGG_KORE_ELEMENT

implementierter Klassenname:

KTR

Deklaration:

```
typedef class KTR * PKTR, & RKTR;

class KTR : public STREL, public IDX {
 public:
   KTR(N nNr, Z zBezeichnung, Z zGruppe, Z zME);
   KTR(Z zBezeichnung, N nNr, Z zGruppe, Z zME);
   KTR(ROBE obe, Z zKlasse = 0);
   KTR(RKTR);
   ~KTR();
   RKTR operator=(RKTR);
   RKTR ktrKopie();
   static RKTR ktrGib(ROBE obe, Z zObjName);
   Z zDieDimension() {return zME; };
   virtual VOID Textausgabe(ofstream&);
  protected:
   Z zME;
};
```

Variable:

`zME` Dimension des Kostenträgers

Konstruktoren:

Aufruf:
`KTR Bezeichner(nNr, zBezeichnung, zGruppe, zME)`
Die Nummer des Kostenträgers (`nNr`) wird als Schlüsselfeld für das Indexobjekt verwandt.

Aufruf:
`KTR Bezeichner(zBezeichnung, nNr, zGruppe, zME)`
Die Bezeichnung des Kostenträgers wird als Schlüsselfeld für das Indexobjekt verwandt.

Operatoren:

Zuweisungsoperator =

Methoden:

Deklaration:	`RKTR ktrKopie()`
Erklärung:	siehe `idxKopie()` in `INDEX`

Attributverweis:

`nNr`	`KORE_ELEMENT`
`zBezeichnung`	`KORE_ELEMENT`
`zGruppe`	`KORE_ELEMENT`
`zBezeichnung`	`LISTENELEMENT bzw. WOBELEMENT`

Methodenverweis:

`ixm()` `INDEX`

Syntax für Persistenz:

`KTR<Schluesselfeld>{Nr,"Bezeichnung","Gruppe","Dimension"}`
Das Schlüsselfeld ist bei Einhaltung der Syntaxregeln beliebig wählbar.

AGG_KORE_ELEMENT

Beschreibung:

Sie gehört zu den Bestandsklassen. Ein Objekt dieser Klasse dient dazu, die Strukturelemente zusammenzufassen, für die Daten in aggregierter Form dargestellt werden sollen. Das Objekt beinhaltet eine Indexmenge, die die Objekte enthält, deren Daten aggregiert werden. Die Objekte in der Indexmenge müssen solche der Klasse INDEX oder aus ihr abgeleiteten Klassen sein. Ein Objekt dieser Klasse ist gleichzeitig Indexobjekt für die Trägerklassen für die arithmetischen Operationen. Dazu muß das Objekt in eine Indexmenge eingefügt werden. Es wird dort wie alle anderen Indexobjekte behandelt.

Einbindung in OBAS:

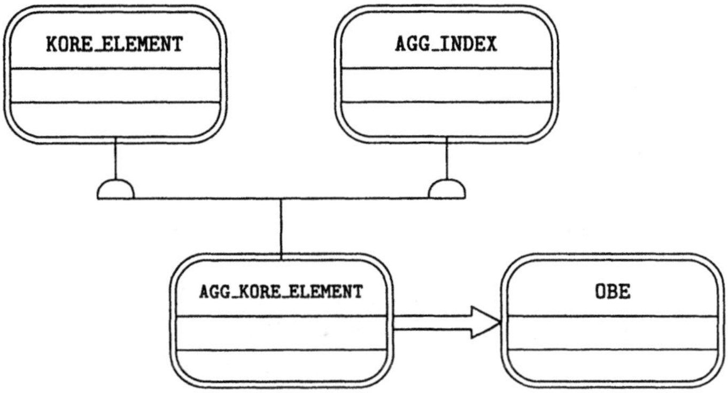

ähnliche Klassen:

KOSTENART, KOSTENSTELLE, KOSTENTRAEGER

implementierter Klassenname:

AST

Deklaration:

```
typedef class AST * PAST, & RAST;

class AST : public STR, public ADX {
 public:
   AST(N nNr, Z zBezeichnung, Z zGruppe, RIXM ixm);
   AST(Z zBezeichnung, N nNr, Z zGruppe, RIXM ixm);
   AST(ROBE obe, Z zKlasse = 0);
   AST(RAST);
   ~AST();
```

```
    RAST operator=(RAST);
    RAST astKopie();
    VOID Uebernehme(RIDX idx);
    static RAST astGib(ROBE obe, Z zObjName);
    virtual VOID Textausgabe(ofstream&);
};
```

Konstruktoren:

Aufruf:
`AST Bezeichner(nNr, zBezeichnung, zGruppe, ixm)`
Die Nummer (`nNr`) wird als Schlüsselfeld für das Indexobjekt verwandt. Die Indexmenge `ixm` enthält als Indexobjekte diejenigen, deren Daten aggregiert werden sollen.

Aufruf:
`KA Bezeichner(zBezeichnung, nNr, zGruppe, ixm)`
Die Bezeichnung wird als Schlüsselfeld für das Indexobjekt verwandt.

Operatoren:

Zuweisungsoperator =

Methoden:

Deklaration: `RAST astKopie()`
Erklärung: siehe `idxKopie()` in `INDEX`

Deklaration: `VOID Uebernehme(RIDX idx)`
Erklärung: Die Methode fügt `idx` in die zu dem Objekt gehörende Indexmenge ein. Sollte das Indexobjekt aus einer abgeleiteten Klasse stammen, so wird dem automatisch Rechnung getragen. Praktisch ist die Methode vor allem im Zusammenhang mit dem Iterator für Indexmenge. Es können so aus einer anderen Indexmenge bestimmte Indexobjekte übernommen werden.
Beispiel:
```
AST ast("Personalkosten", 4000, "Primaere GK",
        IXM(10,"PK"));
IXM_VOR(ixmA,i)
if (((RKA)idxCursor).nDieGruppe()
      == "Personalkosten")
   ast.Uebernehme(idxCursor);
IXM_ENDE
```
Es werden ein aggregiertes Strukturelement mit einer leeren Indexmenge angelegt und aus der Indexmenge `ixmA` alle Kostenarten in die eigene Indexmenge übernommen, die zur der Gruppe `Personalkosten` gehören.
Verweis: Objekte können auch mit dem Operator `+=` der Indexmenge hinzugefügt werden. Z.B. `ast.ixm += ka;`

Attributverweis:

`nNr`	`KORE_ELEMENT`
`zBezeichnung`	`KORE_ELEMENT`
`zGruppe`	`KORE_ELEMENT`
`zBezeichnung`	`LISTENELEMENT bzw. WOBELEMENT`

Methodenverweis:

`ixm()` `INDEX`

Syntax für Persistenz:

```
KA<Schluesselfeld>{Nr,"Bezeichnung","Gruppe",
                  IXM<ObjName>{Inhalt} }
```

Die Indexmenge muß bereits als persistentes Objekt in der Objektstreuungstabelle unter dem Namen `ObjName` eingefügt worden sein, sie ist also in der Datei bereits vorher zu beschreiben. Sie darf auch leer sein, was nur sinnvoll ist, wenn im Programm die Indexobjekte eingefügt werden.

A.4 Generische Klassen der fachlichen Anwendung

INDEX

Beschreibung:

Sie gehört zu den Bestandsklassen. Ein Objekt dieser Klasse verfügt über alle Eigenschaften, um als Indexobjekt in eine Indexmenge eingefügt zu werden. Damit ist es auch Indexobjekt für die Trägerklassen für die arithmetischen Operationen.
Diese Klasse bildet den wesentlichen Anknüpfungspunkt für die Entwicklungen mit OBAS. Die Klassen der konkreten Anwendung werden i.d.R. aus **INDEX** oder einer ihrer erbenden Klassen abgeleitet.
Die Klasse **INDEX** ist zweimal implementiert, einmal als Listenelement für die Einfügung in eine verkettete Liste und eine Hashtabelle und einmal als Wörterbuchelement zur Einfügung in ein Wörterbuch auf der Basis von AVL-Bäumen. Die Auswahl der jeweiligen Implementierung erfolgt durch die Bestimmung der Header-Datei (**OBASL.HPP** für Liste und **OBASW.HPP** für Wörterbuch) und der Bibliothek (OBASL.LIB oder OBASW.LIB)[2].

Einbindung in OBAS:

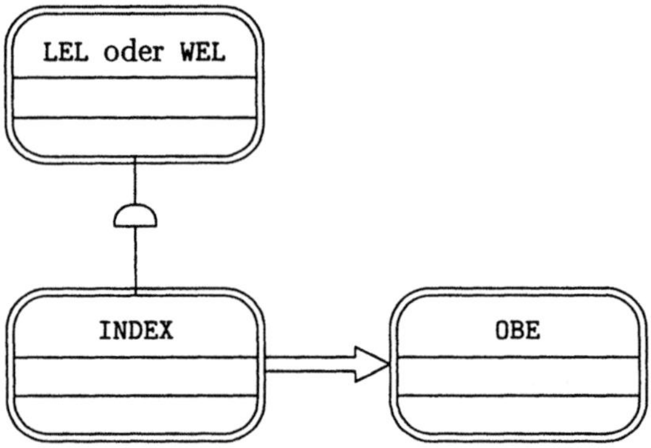

LEL = LISTENELEMENT
WEL = WOBELEMENT

ähnliche Klassen:

AGG_INDEX, N_INDEX, ZEIT

implementierter Klassenname:

IDX

[2]Vgl. auch Abschnitt 8.2.

Deklaration:

```
typedef class IDX * PIDX, ** PPIDX, & RIDX;

class IDX : public LEL {
 public:
   IDX(Z);
   IDX(ROBE, Z zKlasse = 0);
   IDX(RIDX);
   ~IDX();
   RIDX operator=(RIDX);
   RIDX idxKopie();
   static RIDX idxGib(ROBE obe, Z zObjName);
   virtual VOID Textausgabe(ofstream&);
   Z zDieMenge(){if (pixm) return pixm->zName(); else return ""; }
   Z zDerName() { return z; }
   RIXM ixm() { return *pixm; }
 public:
   PIXM pixm;
 };
```

Alternative Schnittstelle:

`class IDX : public WEL {...}`

Variable:

`pixm` Zeiger auf die Indexmenge, in der das Indexobjekt enthalten ist.

Konstruktoren:

Aufruf:
`IDX Bezeichner(zBezeichnung)`
`zBezeichnung` wird als Schlüsselfeld für das Indexobjekt verwandt.

Operatoren:

Zuweisungsoperator =

Methoden:

Deklaration	`RIDX idxKopie()`
Erklärung	Die Methode erstellt eine Kopie des Objektes, über das sie aufgerufen wird. Bei der Kopie wird aber `pixm` mit 0 überschrieben. Damit kann dieses neue Indexobjekt in eine Indexmenge eingefügt werden.
Rückgabewert	Referenz auf das neue Objekt
Beispiel	`ixmB += ixmA["XYZ"].idxKopie()` Es wird eine Kopie des in `ixmA` enthaltenen Indexobjekts mit dem Schlüsselfeld `XYZ` in `ixmB` eingefügt. Eine Kopie ist notwendig, weil jedes Objekt der Klasse `IDX` nur in einer Indexmenge sein darf.
Verweis	Ein bisher nicht in eine Indexmenge eingefügtes Indexobjekt kann direkt mit dem Operator `+=` der Indexmenge hinzugefügt werden. Z.B. `ixm += idx;`.

Attributverweis:

`zBezeichnung` `LISTENELEMENT bzw. WOBELEMENT`

Methodenverweis:

`Vergleichsoperatoren` `LISTENELEMENT bzw. WOBELEMENT`

Syntax für Persistenz:

`IDX<Schluesselfeld>{}`
Mit `Schluesselfeld` wird die Variable `zBezeichnung` beim Listenelement belegt.

AGG_INDEX

Beschreibung:

Sie gehört zu den Bestandsklassen. Ein Objekt dieser Klasse verfügt über alle Eigenschaften, um als Indexobjekt in eine Indexmenge eingefügt zu werden und dient als Objekt zur Speicherung von Objekten, deren Daten verdichtet werden. Es enthält als Attribut eine Indexmenge, in die alle Objekte eingefügt werden, für die Daten summiert und weiterverarbeitet werden sollen.

Einbindung in OBAS:

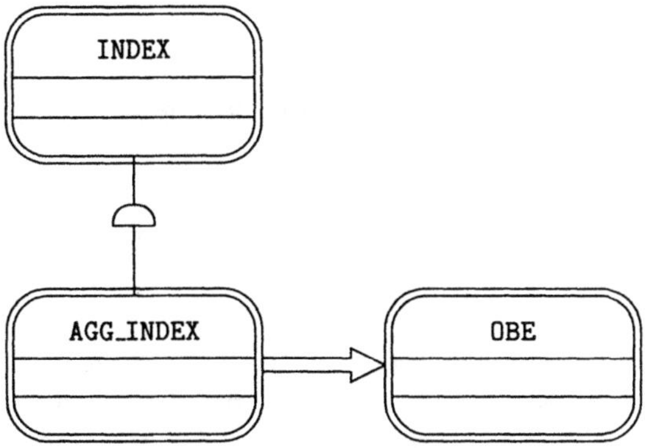

ähnliche Klassen: AGG_KORE_ELEMENT

implementierter Klassenname: ADX

Deklaration:

```
typedef class ADX * PADX, ** PPADX, & RADX;

class ADX : public IDX {
 public:
   ADX(RIXM ixm, Z z) : IDX(z), ixm(ixm) {}
   ADX(RADX adx) : IDX(adx), ixm(adx.ixm) {}
   ADX(ROBE, Z zKlasse = 0);
   ~ADX() {}
   RADX operator=(RADX);
   RADX adxKopie();
   virtual PIXM pixmSub() { return &ixm; }
   static RADX adxGib(ROBE obe, Z zObjName);
   virtual VOID Textausgabe(ofstream&);
 public:
   IXM ixm;
 };
```

Variable:

ixm Indexmenge, in der die Indexobjekte eingefügt werden, deren Daten summiert werden sollen.

Konstruktoren:

Aufruf:
ADX Bezeichner(ixm, zBezeichnung)
zBezeichnung wird als Schlüsselfeld für das Indexobjekt verwandt.
Von ixm wird eine Kopie angelegt und die Variable ixm damit belegt.

Operatoren:

Zuweisungsoperator =

Methoden:

Deklaration:	RADX adxKopie()
Erklärung:	siehe idxKopie() in INDEX

Attributverweis:

zBezeichnung LISTENELEMENT bzw. WOBELEMENT

Methodenverweis:

Vergleichsoperatoren LISTENELEMENT bzw. WOBELEMENT

Syntax für Persistenz:

```
ADX<Schluesselfeld>{IXM<ixmBezeichner>{Objektinhalt}}
```

Mit Schluesselfeld wird die Variable zBezeichnung beim Listenelement belegt. ixmBezeichner wird der Name der Indexmenge. Der Objektinhalt wird entsprechend den Syntaxregeln für eine Indexmenge formuliert. Er kann auch leer sein.

N_INDEX

Beschreibung:

Sie gehört zu den Bestandsklassen. Sie unterscheidet sich nur insoweit von `INDEX`, als es sich bei dem Schlüsselfeld nicht um eine Zeichenkette, sondern um eine ganze Zahl handelt. Damit wird eine numerische Ordnungsrelation hergestellt.

Einbindung in OBAS:

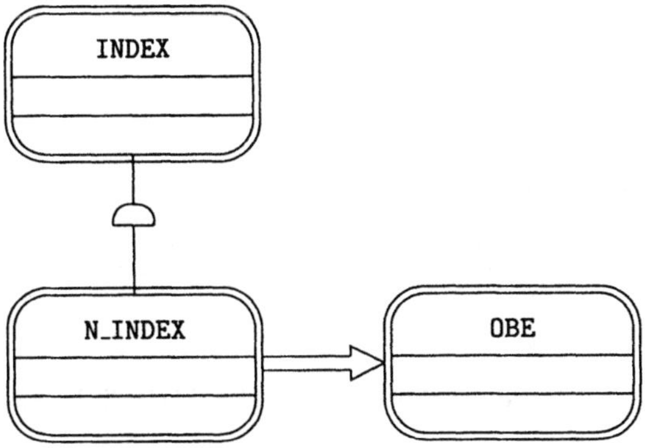

ähnliche Klassen: `ZEIT`

implementierter Klassenname: `NDX`

Deklaration:

```
typedef class NDX * PNDX, & RNDX;

class IMPORT NDX : public IDX {
 public:
   NDX(N nId);
   NDX(ROBE, Z zKlasse = 0);
   NDX(RNDX);
   ~NDX();
   RNDX operator=(RNDX);
   RNDX ndxKopie();
   static RNDX ndxGib(ROBE obe, N n);
   N nDieId() { return nId; }
   virtual VOID Textausgabe(ofstream&);
 protected:
   N nId;
 };
```

Variable:

`nId` Schlüssel als ganze Zahl. Sie darf aus maximal 8 Ziffern bestehen.

Konstruktoren:

Aufruf:
NDX(nId)
nId wird als Schlüsselfeld für das Indexobjekt verwandt.
Die Basisklasse LISTENELEMENT bzw. WOBELEMENT verwendet allerdings Zeichenketten für die Schlüsselfelder. Deshalb wird die Zahl in eine Zeichenkette umgewandelt und mit dieser der Konstruktor von INDEX aufgerufen. Damit die numerische Ordnung hergestellt wird, werden führende Leerstellen eingefügt.

Operatoren:

Zuweisungsoperator =

Methoden:

Deklaration:	RNDX ndxKopie()
Erklärung:	siehe idxKopie() in INDEX

Attributverweis:

zBezeichnung LISTENELEMENT bzw. WOBELEMENT

Methodenverweis:

Vergleichsoperatoren LISTENELEMENT bzw. WOBELEMENT

Syntax für Persistenz:

NDX<Schluessel>{}
Bei Schluessel muß es sich um eine Folge von maximal 8 Ziffern handeln.

ZEIT

Beschreibung:

Sie gehört zu den Bestandsklassen. Ein Objekt dieser Klasse verfügt über alle Eigenschaften, um als Indexobjekt in eine Indexmenge eingefügt zu werden und dient in erster Linie als Klasse für Perioden bzw. Zeitgrößen. Sie enthält als Attribut eine Größe, die den Zeitwert (ganze Zahl) mit der Zeiteinheit darstellt. Das Schlüsselfeld zur Einordnung in eine Indexmenge wird der Zeitwert. Bei der Größe muß es sich nicht um eine Zeitgröße handeln, sie kann auch eine andere Bedeutung haben.

Einbindung in OBAS:

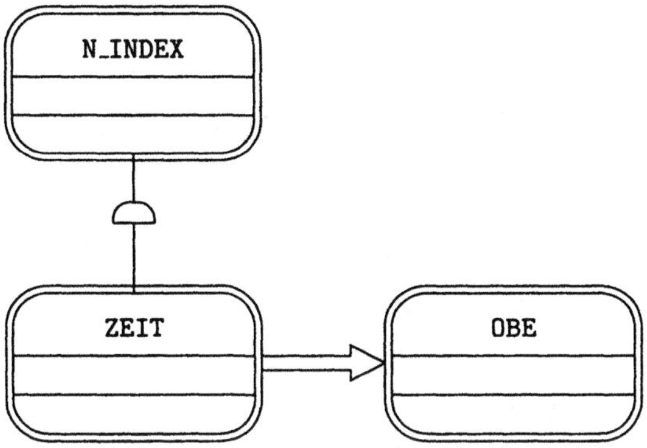

implementierter Klassenname: T

Deklaration:

```
typedef class T * PT, & RT;

class IMPORT T : public NDX {
 public:
   T(N nt, Z zE);
   T(ROBE, Z zKlasse = 0);
   T(RT);
   ~T();
   RT operator=(RT);
   RT tKopie();
   static RT tGib(ROBE obe, N n);
   static RT tGib(ROBE obe, G g);
   G gDiePeriode() { return gt; }
   M mDieZahl() { return gt.mMasszahl(); }
   virtual VOID Textausgabe(ofstream&);
 protected:
   G gt;
 };
```

Variable:

gt Zeitgröße

Konstruktoren:

Aufruf:
`T(nt, zE)`
`nt` wird als Schlüssel für das Indexobjekt verwandt.
`zE` ist eine Zeichenkette, die die Einheitenbezeichnung enthält (vgl. Klasse `GROESSE`).

Operatoren:

Zuweisungsoperator `=`

Methoden:

Deklaration:	`RT tKopie()`
Erklärung:	siehe `idxKopie()` in `INDEX`

Attributverweis:

`zBezeichnung` `LISTENELEMENT bzw. WOBELEMENT`

Methodenverweis:

`Vergleichsoperatoren` `LISTENELEMENT bzw. WOBELEMENT`

Syntax für Persistenz:

`T<Schluessel>{"Zeiteinheit"}`
Der `Schluessel` stellt der Zeitwert dar. Das Objekt wird mit `nt = Schluessel` und `zE = "Zeiteinheit"` gebildet.

INDEXMENGE

Beschreibung:

Sie gehört zu den Bestandsklassen. Ein Objekt dieser Klasse dient als Container für Indexobjekte, d.h. für alle Objekte der Klasse INDEX oder einer aus ihr abgeleiteten Klasse. Eine Indexmenge hat auch alle Eigenschaften eines Indexobjekts und kann deshalb wiederum in eine Indexmenge eingefügt werden. Indexobjekte werden in der Indexmenge in geordneter Form gemäß dem Schlüssel organisiert. Indexmengen dienen als Definitionsmengen für Vektoren und Matrizen.

Einbindung in OBAS:

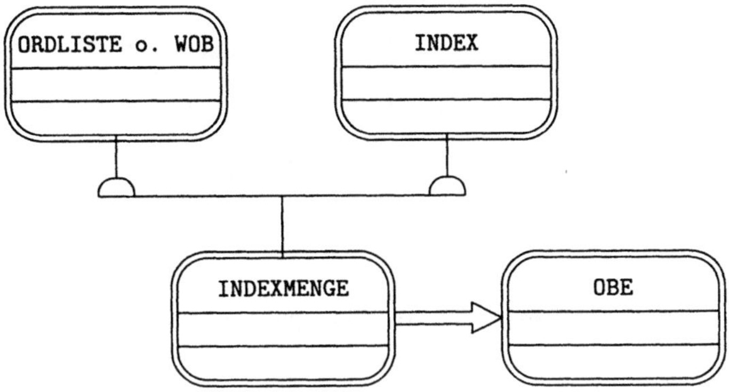

implementierter Klassenname: IXM

Deklaration:

```
typedef class IXM * PIXM, & RIXM;

class IXM : public GOL, public IDX {
 public:
   enum { aidxDef = 100 };
   IXM(A aidxMax, Z zName);
   IXM(ROBE, Z zKlasse = 0, A aidxMax = aidxDef);
   IXM(RIXM);
   IXM(RIXM, RIXM);  // Vereinigung zweier Indexmengen
   // Vereinigung zweier Indexmengen mit neuem Namen:
   IXM(Z zName, RIXM, RIXM);
   IXM(Z zName, RIXM, RIXM, RIXM); // Vereinigung dreier
   ~IXM();
   RIXM operator=(RIXM);
   VOID operator+=(RIDX);
   VOID operator+=(RIXM);
   RIDX operator[](RIDX);
   RIDX operator[](N);
   RIDX operator[](Z);
   F fIstAggregiertAus(RIXM);
   F fixmLeer();
```

```
    RIDX idxErster();
    RIDX idxLetzter();
    RIDX idxNachfolger(RIDX);
    RIDX idxVorgaenger(RIDX);
    F fErster(RIDX);
    F fLetzter(RIDX);
    Z zName() { return z; }
    static RIXM ixmGib(ROBE obe, Z zObjName);
    virtual VOID Textausgabe(ofstream&);
    virtual Z zDieKlasse();
  protected:
    Z z;
  };

inline IXM operator|(RIXM ixmA, RIXM ixmB) {
          return IXM(ixmA, ixmB); }
inline F operator==(RIXM ixmA, RIXM ixmB) {
          return ixmA.fIstGleich(ixmB); }
inline F operator!=(RIXM ixmA, RIXM ixmB) {
          return (F)!(ixmA == ixmB); }
inline F operator<=(RIXM ixmA, RIXM ixmB) {
          return ixmA.fIstTeilmenge(ixmB);}
```

Alternative Schnittstelle:
`class IXM : public WOB, public IDX {...}`

Variable:

z Bezeichnung der Indexmenge

Konstruktoren:

Aufruf:
`IXM(aidxMax, zName)`
`aidxMax` ist die maximale Länge der Indexmenge
`zName` ist Bezeichnung der Indexmenge

Operatoren:

Zuweisungsoperator: `=`
Hinzufügung eines Indexobjekts: `+= idx`
Hinzufügung der Elemente einer anderen Indexmenge: `+= ixm`
Zugriff auf ein Indexobjekt über eine Referenz: `[idx]`
Zugriff auf ein Indexobjekt über die Bezeichnung: `[z]`
Zugriff auf ein Objekt der Klasse `N_INDEX` über die ganze Zahl: `[nId]`

Vereinigung zweier Indexmengen: `|`
z.B. `ixmC = ixmA | ixmB;`

Prüfung auf Gleichheit bzw. Ungleichheit zweier Indexmengen: == bzw. !=
z.B. `if(ixmA == ixmB) ...`
Prüfung, ob `ixmA` Teilmenge von `ixmB` ist: <=
z.B. `if (ixmA <= ixmB) ...`

Methoden:

Deklaration:	`fIstAggregiertAus(RIXM ixm)`
Erklärung:	Die Methode prüft, ob das Objekt als Aggregation von Elementen der Menge `ixm` darstellbar ist
Rückgabewert:	`true` oder `false`
Deklaration:	`F fixmLeer()`
Erklärung:	Die Methode prüft, ob die Indexmenge Indexobjekte enthält.
Rückgabewert:	`true` oder `false`
Deklaration:	`RIDX idxErster()`
Erklärung:	Die Methode sucht das erste Indexobjekt in der Indexmenge.
Rückgabewert:	Referenz auf das Indexobjekt
Deklaration:	`RIDX idxLetzter()`
Erklärung:	Die Methode sucht das letzte Indexobjekt in der Indexmenge.
Rückgabewert:	Referenz auf das Indexobjekt
Deklaration:	`idxNachfolger()`
Erklärung:	Die Methode sucht das nächste Indexobjekt in der Indexmenge.
Rückgabewert:	Referenz auf das Indexobjekt
Deklaration:	`idxVorgaenger()`
Erklärung:	Die Methode sucht das vorige Indexobjekt in der Indexmenge.
Rückgabewert:	Referenz auf das Indexobjekt
Deklaration:	`F fErster(RIDX)`
Erklärung:	Die Methode prüft, ob das als Parameter übergebene Indexobjekt das erste ist.
Rückgabewert:	`true` oder `false`
Deklaration:	`F fLetzter(RIDX)`
Erklärung:	Die Methode prüft, ob das als Parameter übergebene Indexobjekt das letzte ist.
Rückgabewert:	`true` oder `false`

Makros:

Iteratoren:

```
#define IXM_AUF(ixm)\
 {PIDX pidxCursor;PLEL plel;\
 (ixm).CursorAnDenAnfang();\
 while((ixm)(&plel)){\
 pidxCursor=(PIDX)plel; RIDX idxCursor=*pidxCursor;
#define IXM_AB(ixm)\
 {PIDX pidxCursor;PLEL plel;\
 (ixm).CursorAnDasEnde();\
 while((ixm)(&pidxCursor,0)){\
 pidxCursor=(PIDX)plel; RIDX idxCursor=*pidxCursor;
#define IXM_ENDE }}
```

Syntax für Persistenz:

```
IXM<Bezeichnung>{IDX<Schluessel1>{} IDX<Schluessel2>{} ... }
```

Statt Objekte der Klasse `IDX` sind auch solche aus abgeleiteten Klassen zulässig. Z.B.:

```
IXM<Bezeichnung>{NDX<Zahl1>{}
    ADX<Schluessel>{IXM<BezAggMenge>{IDX<S1>{} ... }} ... }
```

Iteratorklassen für INDEXMENGE

Beschreibung:

Zur Iteration von Indexmengen gibt es zusätzlich zu den Makros (s.o.) auch noch zwei Iteratorklassen, eine für die Vorwärtsiteration, eine für die Rückwärtsiteration[3]. Ein Objekt verwaltet einen Cursor (laufendes Element) für die Indexmenge, zu der es gehört.

Einbindung in OBAS:

Basisklassen

ähnliche Klassen:

Iteratorklassen für `ORDLISTE` und `WOB`

implementierte Klassennamen:

`IVIXM` und `IRIXM`

Deklaration:

```
class IVIXM { // Iterator Vorwaerts fuer IXM
 public:
   IVIXM(RIXM);
 public:
   F operator()() { return ixm.fIteriere(&pidxCurs); }
 public:
   PIDX pidxCursor() { return pidxCurs;  }
   RIDX idxCursor()  { return *pidxCurs; }
 private:
   RIXM ixm;
   PIDX pidxCurs;
 };

class IRIXM { // Iterator Rueckwaerts fuer IXM
 public:
   IRIXM(RIXM);
 public:
   F operator()() { return ixm.fIteriere(&pidxCurs, 0); }
 public:
   PIDX pidxCursor() { return pidxCurs;  }
   RIDX idxCursor()  { return *pidxCurs; }
 private:
   RIXM ixm;
   PIDX pidxCurs;
 };
```

Variable:

`ixm`	zugehörige Indexmenge
`pidxCurs`	Zeiger auf das laufende Indexobjekt (Cursor)

[3]siehe auch S. 116.

Konstruktoren:

Aufruf:
`IVIXM(ixm)` bzw. `IRIXM(ixm)`
Das Objekt wird als Iterator für die Indexmenge `ixm` erzeugt und der Cursor an den Anfang bzw. an das Ende gesetzt.

Aufruf:
`IVIXM(ixm, idx)` bzw. `IRIXM(ixm, idx)`
Das Objekt wird als Iterator für die Indexmenge `ixm` erzeugt. Der Cursor weist auf das Element `IDX`.

Operatoren:

Funktionsoperator: `ivixm()` bzw. `irixm()`
Eine Iteration wird durchgeführt. Es wird `false` zurückgegeben, falls die Indexmenge leer ist, oder der Cursor bereits auf das letzte bzw. erste Indexobjekt zeigte. Andernfalls wird `true` zurückgegeben.

Methoden:

Es gibt nur algorithmisch einfache Methoden (s.o.).

Makros:

```
#define IXM_VOR(ixm, ivixm)\
  {IVIXM ivixm(ixm);PIDX pidxCursor;\
  while(ivixm()){\
  pidxCursor=ivixm.pidxCursor(); RIDX idxCursor=*pidxCursor;

#define IXM_RUECK(ixm, irixm)\
  {IRIXM irixm(ixm);PIDX pidxCursor;\
  while(irixm()){\
  pidxCursor=irixm.pidxCursor(); RIDX idxCursor=*pidxCursor;

#define IXM_VORIDX(ixm, idx, ivixm)\
  {IVIXM ivixm(ixm, idx); PIDX pidxCursor;\
   while(ivixm()){\
   pidxCursor=ivixm.pidxCursor(); RIDX idxCursor=*pidxCursor;

#define IXM_RUECKIDX(ixm, idx, irixm)\
  {IRIXM irixm(ixm, idx); PIDX pidxCursor;\
   while(irixm()){\
   pidxCursor=irixm.pidxCursor(); RIDX idxCursor=*pidxCursor;

#define IXM_VONBIS(ixm, idxA, idxE, ivixm)\
  {IVIXM ivixm(ixm, idxA); PIDX pidxCursor=0;\
   while(ivixm()){\
   if(pidxCursor==&idxE) break; pidxCursor=ivixm.pidxCursor();\
   RIDX idxCursor=*pidxCursor;
```

GROESSE

Beschreibung:

Sie stellt die Klasse für Größen, d.h. mit Einheiten behaftete Maßzahlen, dar. Sie beinhaltet eine vollständige Größenarithmetik, die es erlaubt, alle arithmetischen Operationen mit und zwischen Größen, ganzen Zahlen und Fließkommazahlen vorzunehmen.

Einbindung in OBAS:

Basisklasse

implementierter Klassenname:

G

Deklaration:

```
// Masszahl:
typedef double      M,  * PM,  ** PPM,  & RM;  // Praefix m
// Exponent:
typedef signed char EX, * PEX, ** PPEX, & REX; // Praefix ex
// Einheitenindex:
typedef I           EI, * PEI, ** PPEI, & REI; // Praefix ei
// Einheitenbezeichnung:
typedef Z           E,  * PE,  ** PPE,  & RE;  // Praefix e

typedef class G * PG, ** PPG, & RG; // Praefix g (Groesse)

class G {
   friend G operator+(RG, RG);
   friend G operator-(RG, RG);
   friend G operator*(RG, RG);
   friend G operator/(RG, RG);
   friend G operator*(RG, N);
   friend G operator*(N, RG);
   friend G operator/(RG, N);
   friend G operator/(N, RG);
   friend G operator*(RG, M);
   friend G operator*(M, RG);
   friend G operator/(RG, M);
   friend G operator/(M, RG);
   friend G operator+(RG);
   friend G operator-(RG);
   friend F operator==(RG, RG);
   friend F operator!=(RG, RG);
   friend F operator<=(RG, RG);
   friend F operator>=(RG, RG);
   friend F operator<(RG, RG);
   friend F operator>(RG, RG);
   friend F fGleicheEinheiten(RG, RG);
```

```
public:
  G(M);
  G(M, E, EX = 1);
  G(M, EI, EX = 1);
  G(M, E, EX, E, EX);
  G(M, E, EX, E, EX, E, EX);
  G(M, EI, EX, EI, EX);
  G(RG);
  G(RG, M);
  G(ROBE);
public:
  RG operator=(RG);
  RG operator+=(RG);
  RG operator-=(RG);
  RG operator*=(RG);
  RG operator/=(RG);
  RG operator*=(N n) { m *= n; return *this; }
  RG operator/=(N n) { m /= n; return *this; }
  RG operator*=(M m) { G::m *= m; return *this; }
  RG operator/=(M m) { G::m /= m; return *this; }
  RG operator++()    { m++; return *this; }
  RG operator--()    { m--; return *this; }
  F fMasszahlIstNull() { return (F)(m == 0); }
  VOID LoescheMasszahl() { m = 0;  }
  VOID NegiereMasszahl() { m = -m; }
  VOID MachePositiv();
  VOID InvertiereEinheiten();
  M mMasszahl() { return m; }
  Z zDieDimension();
  VOID Texterzeugung(Z);
  virtual VOID Textausgabe(ofstream&);
  static VOID InstalliereEinheit(E, REI);
protected:
  I ieExtrahiereEinheit(ROBE);
private:
  enum { MAXEINHEITEN = 24 };
protected:
  M  m;
  EX vex[MAXEINHEITEN];
private:
  static E ve[MAXEINHEITEN];
};
```

Statische Variable:

ve	Array mit den Einheitenbezeichnungen

Variable:

m	Maßzahl
vex	Array mit den Exponenten für jede in ve abgelegte Einheit

Konstruktoren:

Aufruf:
`G(m)`
Konstruktor für eine Größe ohne Einheit mit der Maßzahl `m`.

Aufruf:
`G(m, e)` bzw. `G(m, e, ex)`

`m`	Maßzahl der Größe,
`e`	Einheitenbezeichnung,
`ex`	Exponent der Einheit (Default-Wert = 1).

Z.B.: wird die Größe `3,5 DM` durch `G(3.5, "DM")` erzeugt.
Hinweis: Bevor eine Einheit benutzt werden kann, muß sie durch die statische Methode `InstalliereEinheit` (s.u.) der Klasse bekannntgemacht werden.

Aufruf:
`G(m, ei)` bzw. `G(m, ei, ex)`

`m`	Maßzahl der Größe,
`ei`	Einheitenindex, der durch die Methode `InstalliereEinheit` bestimmt und als Parameter übergeben wurde.
`ex`	Exponent der Einheit (Default-Wert = 1).

Aufruf:
`G(m, e1, ex1, e2, ex2)`
Dieser Konstruktor ist für Größen vorgesehen, deren Dimension sich aus zwei Einheiten zusammensetzt.

`m`	Maßzahl der Größe,
`e1`	Einheitenbezeichnung der ersten Einheit,
`ex1`	Exponent der ersten Einheit
`e2`	Einheitenbezeichnung der zweiten Einheit,
`ex2`	Exponent der zweiten Einheit

Z.B.: wird die Größe `3,5 DM/kg` durch `G(3.5, "DM", 1, "kg", -1)` erzeugt.

Aufruf:
`G(m, ei1, ex1, ei2, ex2)`
Dieser Aufruf ist ebenfalls für Größen vorgesehen, deren Dimension sich aus zwei Einheiten zusammensetzt. Statt der Einheitenbezeichnung wird der Einheitenindex angegeben.

Operatoren:

Zuweisungsoperator: `=`
zum Objekt wird eine Größe addiert: `+= g`
vom Objekt wird eine Größe subtrahiert: `-= g`
das Objekt wird mit einer Größe multipliziert: `*= g`
das Objekt wird durch eine Größe dividiert: `/= g`
das Objekt wird mit einer natürlichen Zahl multipliziert: `*= m`
das Objekt wird durch eine natürliche Zahl dividiert: `/= m`

das Objekt wird mit einer Maßzahl multipliziert: `*= m`
das Objekt wird durch eine Maßzahl dividiert: `/= m`
die Maßzahl des Objekts wird inkrementiert: `g++`
die Maßzahl des Objekts wird dekrementiert: `g--`

unäre Operatoren: `+g` bzw. `-g`
Addition zweier Größen: `g1 + g2`
Subtraktion zweier Größen: `g1 - g2`
Multiplikationen:
Größe mit Größe: `g1 * g2`
Größe mit natürlicher Zahl: `g * n`
natürliche Zahl mit Größe: `n * g`
Größe mit Maßzahl: `g * m`
Maßzahl mit Größe: `m * g`
Divisionen:
Größe durch Größe: `g1 / g2`
Größe durch natürlicher Zahl: `g / n`
natürliche Zahl durch Größe: `n / g`
Größe durch Maßzahl: `g / m`
Maßzahl durch Größe: `m / g`
Vergleichsoperatoren: `== != <= >= < >`

Methoden:

Deklaration:	`VOID InstalliereEinheit(E e, REI ei)`
Erklärung:	Diese statische Methode macht der Klasse eine Einheit bekannt. Der Parameter `e` enthält als Zeichenkette die Einheitenbezeichnung, die im array `ve` an die nächste freie Stelle (Einheitenindex `ei`) eingetragen wird. Die aufrufende Funktion kann dann die Erzeugung von Größen wahlweise mittels der Einheitenbezeichnung oder des Einheitenindex veranlassen.
Deklaration:	`VOID InvertiereEinheiten()`
Erklärung:	Die Methode bildet den Kehrwert der Dimension des Objekts
Deklaration:	`VOID Texterzeugung(Z)`
Erklärung:	Die Methode bildet aus der Maßzahl und der Dimension des Objekts eine Zeichenkette (`Z`)
Deklaration:	`Z zDimension()`
Erklärung:	Die Methode schreibt die Dimension der Größe in eine Zeichenkette (`Z`)
Rückgabewert:	Zeiger auf die Zeichenkette

friend-Funktionen:

Operatoren (s.o.)

Deklaration:	`F fGleicheEinheiten(RG, RG)`
Erklärung:	Die Methode prüft, ob die beiden Größen die gleichen Einheiten bzw. Dimension haben
Rückgabewert:	`true` oder `false`

Syntax für Persistenz:

`G<Bezeichnung> { Masszahl [Dimension]}`
Die Dimension besteht aus einer Einheit oder aus einer Verknüpfung mehrerer [4]. Die Syntax für den Ausdruck in `[]` ist wie folgt gegeben:

Seien `e1, e2, ...` Einheitenbezeichner und `ex1, ex2, ...` die zugehörigen Exponenten. Als Verknüpfer sind die Zeichen `*` und `/` zugelassen. Ersteres dient nur der optischen Trennung. Das Zeichen `/` bewirkt, daß bei der nächstfolgenden Einheit der Exponent negiert wird. Die Dimension wird dann folgendermaßen dargestellt:

`e1[^ex1]` Verknüpfer `e2[^ex2]` Verknüpfer `e3[^ex3] ...`

Beispiel: `G<Preis> {3.5 [DM/kg]}`

[4]Siehe Abschnitt 3.4.

VEKTORELEMENT

Beschreibung:

Sie gehört zu den Trägerklassen für die arithmetischen Operationen. Ein Objekt dieser Klasse stellt eine Größe für ein Indexobjekt dar und ist Element eines Vektors. Vektorelemente können nur zusammen mit dem zugehörigen Vektor existieren. Deswegen dürfen sie auch nicht als einzelne persistente Objekte außerhalb eines Vektors vereinbart werden. Sie werden nicht als selbständige Objekte in der Objektstreuungstabelle verwaltet.

Einbindung in OBAS:

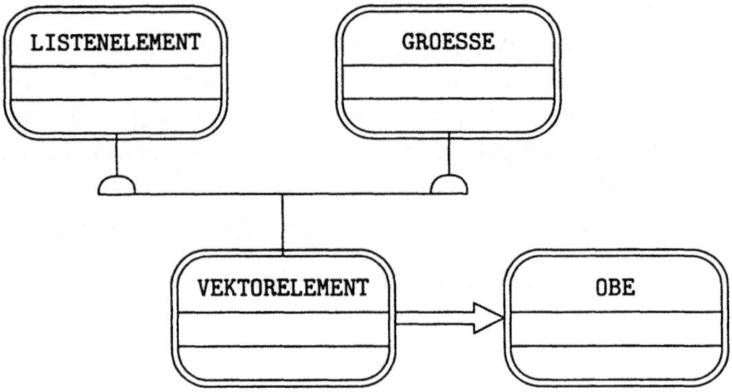

ähnliche Klassen:

MATRIXELEMENT

implementierter Klassenname:

VEL

Deklaration:

```
typedef class VEL * PVEL, ** PPVEL, & RVEL;  // Praefix vel

class VEL : public LEL, public G {
 public:
   VEL(RG, RIDX);
   VEL(RVEL);
   VEL(ROBE, Z zKlasse = 0);
 public:
   VOID operator=(RVEL);
   VOID operator=(RG g);
   VOID operator=(M m);
   Z zDieMenge() { return pidx->zDieMenge(); }
   Z zDerIndex() { return pidx->zDerName();  }
   G gDerWert()  { return *(PG)this;         }
```

```
    RIDX idx() { return *pidx;       }
    RIXM ixm() { return pidx->ixm(); }
    virtual VOID Textausgabe(ofstream&);
  public:
    PIDX pidx;
  };
```

Variable:

`pidx` Zeiger auf das zugehörige Indexobjekt

Konstruktoren:

Aufruf:
`VEL(g, idx)`
Durch diesen Konstruktor wird ein Vektorelement erzeugt, das dem Indexobjekt `idx` die Größe `g` zuordnet. `zBezeichnung` des Indexobjekts wird auch `zBezeichnung` des Vektorelements in seiner Eigenschaft als Listenelement.

Operatoren:

Zuweisungsoperator: `vel = vel1`
Zuweisungsoperator: `vel = g`
Zuweisungsoperator: `vel = m` (`m` wird zu einer dimensionslosen Größe)

Methoden:

`VEL` benötigt nur algorithmisch einfache Methoden (s.o.).

Methodenverweis:

`Operatoren` `GROESSE`

Syntax für Persistenz:

Innerhalb eines persistenten Vektors (s.u.) wird ein Vektorelement wie folgt vereinbart:
`VEL<>{ IDX<Bezeichnung>{} G<>{Masszahl[Dimension]} }`
Statt Objekte der Klasse `IDX` sind auch solche aus abgeleiteten Klassen zulässig. Z.B.: `VEL<>{ NDX<1>{} G<>{11[DM]} }`

VEKTOR

Beschreibung:

Sie gehört zu den Trägerklassen für die arithmetischen Operationen. Ein Objekt dieser Klasse bildet Indexobjekte in Größen ab. Es kann als Container für Objekte der Klasse VEKTORELEMENT angesehen werden.

Einbindung in OBAS:

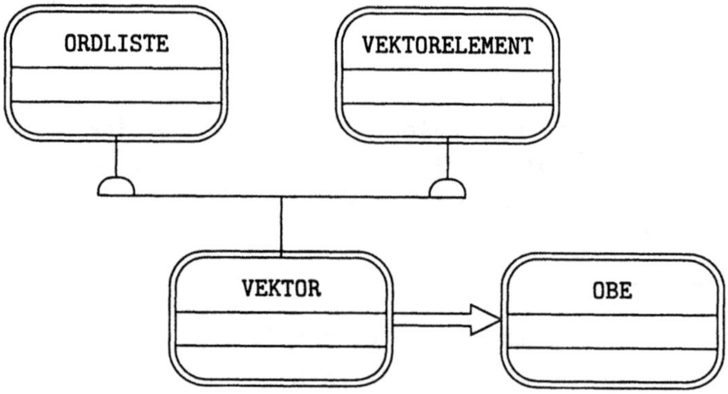

ähnliche Klassen:

MATRIX

implementierter Klassenname:

VEK

Deklaration:

```
typedef class VEK * PVEK, ** PPVEK, & RVEK;  // Praefix vek

class VEK : public GOL, public VEL { // VEKtor
   friend G   gSkalarprodukt(RVEK, RVEK);
   friend VEK operator|(RVEK, RVEK); // Zusammenheften beider Vektoren
 public:
   VEK(RIXM);
   VEK(RIXM, RG);
   VEK(RIXM, M);
   VEK(RIXM, PIDX vpidx[], G vg[], A apidx = 0);
   VEK(RIXM, Z vzIndexnamen[], G vg[], A az = 0);
   VEK(RVEK);
   VEK(RVEK, RIXM); // Teilvektor
   VEK(ROBE, Z zKlasse = 0, A avelMax = avelDef);
   ~VEK();
```

```
public:
  RVEK operator=(RVEK);
  RVEK operator=(RG);
  RVEK operator=(M m);
  F operator==(RVEK);
  F operator!=(RVEK);
  RVEL operator[](RIDX);
  RVEL operator[](Z);
  RVEL operator[](N);
  VEK operator-();
  VEK operator+(RVEK);
  VEK operator-(RVEK);
  VEK operator*(RVEK);
  VEK operator/(RVEK);
  RVEK operator+=(RVEK);
  RVEK operator-=(RVEK);
  RVEK operator*=(RVEK);
  RVEK operator/=(RVEK);
  RVEK operator+=(RG);
  RVEK operator-=(RG);
  RVEK operator*=(RG);
  RVEK operator/=(RG);
  VEK operator+(RG);
  VEK operator-(RG);
  VEK operator*(RG);
  VEK operator/(RG);
  VEK operator+(M m) { return *this + G(m); }
  VEK operator-(M m) { return *this - G(m); }
  VEK operator*(M m) { return *this * G(m); }
  VEK operator/(M m) { return *this / G(m); }
  RVEK operator+=(M m) { return *this += G(m); }
  RVEK operator-=(M m) { return *this -= G(m); }
  RVEK operator*=(M m) { return *this *= G(m); }
  RVEK operator/=(M m) { return *this /= G(m); }
  VEK vekSchraenkeEin(RIXM);
  VEK vekVerdichte(RIXM);
  G gSkalarprodukt(RVEK);
  G gSumme();
  A aDim() { return pixm->aElementeanzahl(); }
  A aVel() { return aElementeanzahl(); }
  RIXM ixm() { return *pixm; }
  Z zIndexmenge() { return pixm->zName(); }
  Z zVektorname() { return zName; }
  VOID operator+=(PVEL);
  VOID operator+=(RVEL vel) { *this += &vel; }
public:
  static RVEK vekGib(ROBE obe, Z zObjName);
  virtual VOID Textausgabe(ofstream&);
protected:
  PIXM pixm;
  Z zName;
};
```

```
inline VEK operator+(RG g, RVEK vek) { return vek + g;  }
inline VEK operator-(RG g, RVEK vek) { return -vek + g; }
inline VEK operator*(RG g, RVEK vek) { return vek * g;  }
inline VEK operator+(RM m, RVEK vek) { return vek + m;  }
inline VEK operator-(RM m, RVEK vek) { return -vek + m; }
inline VEK operator*(RM m, RVEK vek) { return vek * m;  }
```

Variable:

`pixm`	Zeiger auf die zugehörige Indexmenge
`zName`	Name des Vektors

Konstruktoren:

Aufruf:
`VEK(ixm)`
Durch diesen Konstruktor wird ein Vektor erzeugt, dessen Definitionsmenge `ixm` ist. Das Objekt enthält noch keine Vektorelemente.

Aufruf:
`VEK(ixm, g)`
Durch diesen Konstruktor wird ein Vektor erzeugt, dessen Definitionsmenge `ixm` ist. Für jedes Indexobjekt wird ein Vektorelement mit der Größe `g` erzeugt und in den Vektor eingefügt.

Aufruf:
`VEK(ixm, m)`
Durch diesen Konstruktor wird ein Vektor erzeugt, dessen Definitionsmenge `ixm` ist. Für jedes Indexobjekt wird ein Vektorelement mit der Größe, die aus der Maßzahl `m` gebildet wird, erzeugt und in den Vektor eingefügt.

Aufruf:
`VEK(ixm, vpidx[], vg[], apidx)`
Durch diesen Konstruktor wird ein Vektor erzeugt, dessen Definitionsmenge `ixm` ist. Der array `vpidx[]` enthält Indexobjekte, für die Vektorelemente gebildet werden und zwar mit den Größen, die an der entsprechenden Stelle im array `vg[]` enthalten sind. Die Indexobjekte müssen Elemente der Indexmenge `ixm` sein. `apidx` enthält die Anzahl der einzufügenden Elemente. Wird der Parameter weggelassen, werden alle Elemente übernommen.

Aufruf:
`VEK(vek, ixm)`
Dieser neben dem standardmäßigen Copy-constructor implementierte kopiert den Vektor `vek` nur für die Indexmenge `ixm`, die eine Teilmenge der zu `vek` gehörenden Indexmenge darstellt.

Operatoren:

Zuweisungsoperator: `vek = vek1`
Zuweisungsoperator: `vek = g` (für alle Indexobjekte wird ein Vektorelement mit der Größe `g` gebildet)
Zuweisungsoperator: `vek = m` (für alle Indexobjekte wird ein Vektor-

element mit der aus `m` erzeugten Größe gebildet)
Zugriff auf ein Vektorelement über eine Referenz auf das Indexobjekt: `[idx]`
Zugriff auf ein Vektorelement über die Bezeichnung des Indexobjekts: `[z]`
Zugriff auf ein Vektorelement über die ganze Zahl des Objekts der Klasse `N_INDEX`: `[nId]`
Erzeugen einer negativen Kopie: `-vek`
Zum Objekt wird ein Vektor addiert: `+= vek`
Vom Objekt wird ein Vektor subtrahiert: `-= vek`
Die Vektorelemente des Objekts werden komponentenweise mit denen eines Vektors multipliziert: `*= vek`
Die Vektorelemente des Objekts werden komponentenweise durch die von Null verschiedenen Elemente eines Vektors subtrahiert: `/= vek`
Zu allen Vektorelementen wird eine Größe (Maßzahl) addiert (subtrahiert, multipliziert, dividiert): `("+="|"-="|"*="|"/=")(g|m)` Für arithmetische Ausdrücke:
Vom Objekt wird eine Kopie angelegt, die Operation mit dem Operanden ausgeführt und der Ergebnisvektor zurückgegeben:
`("+"|"-"|"*"|"/")(vek|g|m)`
`(g|m)("+"|"-"|"*")vek`

Methoden:

Deklaration:	`VEK vekSchraenkeEin(RIXM);`
Erklärung:	Für die als Parameter übergebene Indexmenge, die eine Teilmenge der zum Objekt gehörenden Indexmenge sein muß, wird ein neuer Vektor gebildet, der mit den Vektorelementen gefüllt wird, deren Indexobjekte zu der Teilmenge gehören.
Rückgabewert:	Der neue Vektor für die Teilmenge

Deklaration:	`VEK vekVerdichte(RIXM);`
Erklärung:	Die Methode dient der Verdichtung. Die als Parameter übergebene Indexmenge enthält Objekte der Klasse `AGG_INDEX`, die in einer Indexmenge diejenigen Indexobjekte abgespeichert haben, bezüglich derer die Daten des Objekts summiert werden sollen. Die Indexobjekte müssen in der Indexmenge des Objekts enthalten sein.
Rückgabewert:	Vektor mit den verdichteten Daten

Deklaration:	`G gSkalarprodukt(RVEK);`
Erklärung:	Aus dem Objekt und dem als Parameter übergebenen Vektor wird das Skalarprodukt gebildet.
Rückgabewert:	Die Größe, die das Skalarprodukt bildet

Deklaration:	`gSumme();`
Erklärung:	Es wird die Summe der Vektorelemente des Objekts gebildet.
Rückgabewert:	Größe, die die Summe darstellt

friend-Funktionen:

Deklaration:	`G gSkalarprodukt(RVEK, RVEK);`
Erklärung:	Es wird aus den beiden als Parameter übergebenen Vektoren das Skalarprodukt gebildet.
Rückgabewert:	Die Größe, die das Skalarprodukt bildet

Deklaration:	`operator|(RVEK, RVEK);`
Erklärung:	Die beiden als Parameter übergebenen Vektoren werden zusammengeheftet, d.h. daß ihre Indexmengen vereinigt und die zugehörigen Vektorelemente den jeweiligen Vektoren entnommen werden. In der Analyse wurde sie als Methode `FuegeZus` modelliert.
Rückgabewert:	Der als Zusammensetzung sich ergebende Vektor

Makros:

Iteratoren:

```
#define VEK_AUF(vek)\
 {PVEL pvelCursor;PLEL plel;\
  (vek).CursorAnDenAnfang();\
 while((vek)(&plel)){\
    pvelCursor=(PVEL)plel; RVEL velCursor=*pvelCursor;
#define VEK_AB(vek)\
 {PVEL pvelCursor;PLEL plel;\
  (vek).CursorAnDasEnde();\
 while((vek)(&plel,0)){\
    pvelCursor=(PVEL)plel; RVEL velCursor=*pvelCursor;
#define VEK_ENDE }}
```

Hinweis: Die Reihenfolge richtet sich nach `zBezeichnung` des zugehörigen Indexobjekts.

Syntax für Persistenz:

```
VEK<BezVek>{ IXM<BezIxm>{}
            VEL<>{ IDX<BezIdx>{} G<>{Masszahl[Dimension]}}...}
```

Statt Objekte der Klasse `IDX` sind auch solche aus abgeleiteten Klassen zulässig.

Iteratorklassen für VEKTOR

Beschreibung:

Zur Iteration von Vektoren gibt es zusätzlich zu den Makros (s.o.) auch noch zwei Iteratorklassen, eine für die Vorwärtsiteration, eine für die Rückwärtsiteration[5]. Ein Objekt verwaltet einen Cursor (laufendes Element) für die Indexmenge, zu der er gehört. Die Iteration erfolgt gemäß der Reihenfolge der Indexobjekte in der Indexmenge, d.h. nach ihrer Bezeichnung.

Einbindung in OBAS:

Basisklassen

ähnliche Klassen:

Iteratorklassen für `INDEXMENGE`

implementierte Klassennamen:

`IVVEK` und `IRVEK`

Deklaration:

```
class IVVEK { // Iterator Vorwaerts fuer VEK
 public:
   IVVEK(RVEK);
 public:
   F operator()() { return vek.fIteriere(&pvelCurs); }
 public:
   PVEL pvelCursor() { return pvelCurs;  }
   RVEL velCursor()  { return *pvelCurs; }
 private:
   RVEK vek;
   PVEL pvelCurs;
 };

class IRVEK { // Iterator Rueckwaerts fuer VEK
 public:
   IRVEK(RVEK);
 public:
   F operator()() { return vek.fIteriere(&pvelCurs, 0); }
 public:
   PVEL pvelCursor() { return pvelCurs;  }
   RVEL velCursor()  { return *pvelCurs; }
 private:
   RVEK vek;
   PVEL pvelCurs;
 };
```

[5]siehe auch S. 116.

Variable:

`vek`	zugehöriger Vektor
`pvelCurs`	Zeiger auf das laufende Vektorelement (Cursor)

Konstruktoren:

Aufruf:
`IVVEK(vek)` bzw. `IRVEK(vek)`
Das Objekt wird als Iterator für den Vektor `vek` erzeugt und der Cursor an den Anfang bzw. an das Ende gesetzt.

Operatoren:

Funktionsoperator: `ivvek()` bzw. `irvek()`
Eine Iteration wird durchgeführt. Es wird `false` zurückgegeben, falls die Indexmenge leer ist, oder der Cursor bereits auf das letzte bzw. erste Indexobjekt zeigte. Andernfalls wird `true` zurückgegeben.

Methoden:

Es gibt nur algorithmisch einfache Methoden (s.o.).

Makros:

```
#define VEK_VOR(vek, ivvek)\
 {IVVEK ivvek(vek); PVEL pvelCursor;\
  while(ivvek()){\
     pvelCursor=ivvek.pvelCursor(); RVEL velCursor=*pvelCursor;

#define VEK_RUECK(vek, irvek)\
 {IRVEK irvek(vek); PVEL pvelCursor;\
  while(irvek()){\
     pvelCursor=irvek.pvelCursor(); RVEL velCursor=*pvelCursor;
```

MATRIXELEMENT

Beschreibung:

Sie gehört zu den Trägerklassen für die arithmetischen Operationen. Ein Objekt dieser Klasse stellt eine Größe für ein Indexobjekt dar und ist Element einer Matrix. Matrixelemente können nur zusammen mit der zugehörigen Matrix existieren. Deswegen dürfen sie auch nicht als einzelne persistente Objekte außerhalb einer Matrix vereinbart werden. Sie werden nicht als selbständige Objekte in der Objektstreuungstabelle verwaltet.

Einbindung in OBAS:

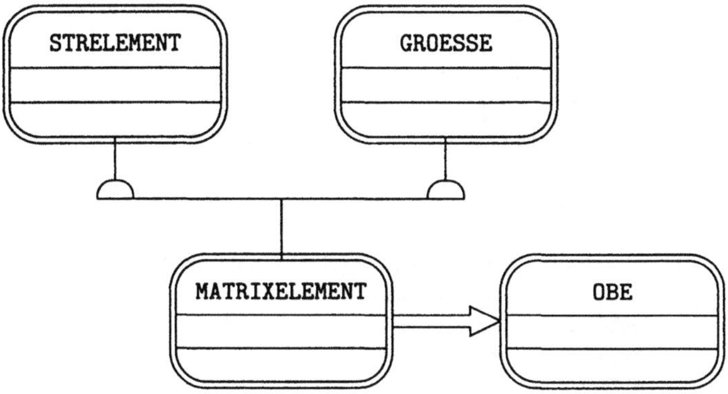

ähnliche Klassen:

VEKTORELEMENT

implementierter Klassenname:

MEL

Deklaration:

```
typedef class MEL * PMEL, ** PPMEL, & RMEL;  // Praefix mel

class MEL : public SEL, public G { // MatrixELement
 public:
   Z zZeilenindex()  { return idxZeile().zDerName();  }
   Z zSpaltenindex() { return idxSpalte().zDerName(); }
 public:
   G gDerWert() { return *(PG)this; }
 public:
   VOID operator=(RG g) { *(PG)this = g; }
   VOID operator=(RMEL mel) { *(PG)this = (RG)mel; }
   VOID operator=(M m) { G g = m;  *(PG)this = g; }
```

```
protected:
  MEL(RG, RIDX idxZ, RIDX idxS);
  MEL(RMEL);
  MEL(ROBE, Z zKlasse = 0);
  MEL();
protected:
  virtual N nSignatur();
  virtual F fIstGleich(PSEL);
  virtual Z zLabel() { return ""; }
public:
  RIDX idxZeile()  { return *pidxRow; }
  RIDX idxSpalte() { return *pidxCol; }
public:
  PIDX pidxRow;
  PIDX pidxCol;
  PMEL pmelLeft;
  PMEL pmelRight;
  PMEL pmelUp;
  PMEL pmelDown;
protected:
  Z zName;
public:
  virtual VOID Textausgabe(ofstream&);
  virtual VOID Identifikation();
public:
friend class MAT;
};
```

Variable:

`pidxRow`	Zeiger auf das zugehörige Indexobjekt der Zeilenindexmenge
`pidxCol`	Zeiger auf das zugehörige Indexobjekt der Spaltenindexmenge
`pmelLeft`	Zeiger auf das vorhergehende Matrixelement (bezüglich Zeilenindexmenge)
`pmelRight`	Zeiger auf das nachfolgende Matrixelement (bezüglich Zeilenindexmenge)
`pmelUp`	Zeiger auf das vorhergehende Matrixelement (bezüglich Spaltenindexmenge)
`pmelDown`	Zeiger auf das nachfolgende Matrixelement (bezüglich Spaltenindexmenge)
`zName`	Bezeichnung für persistentes Objekt.

Konstruktoren:

Die Konstruktoren sind `protected`, um zu garantieren, daß diese nur in Matrizen vorkommen können. Die Klasse `MATRIX` ist als `friend` deklariert.
Aufruf:
`MEL(g, idxZ, idxS)`
Durch diesen Konstruktor wird ein Matrixelement erzeugt. Dem Paar `idxZ`

(Element der Zeilenindexmenge) und `idxS` (Element der Spaltenindexmenge) wird die Größe `g` zuordnet.

Operatoren:

Zuweisungsoperator: `mel = mel1`
Zuweisungsoperator: `mel = g`
Zuweisungsoperator: `mel = m` (`m` wird zu einer dimensionslosen Größe)

Methoden:

`VEL` benötigt nur algorithmisch einfache Methoden (s.o.).

Methodenverweis:

`Vergleichsoperatoren   GROESSE`

Syntax für Persistenz:

Innerhalb einer persistenten Matrix (s.u.) wird ein Matrixelement wie folgt vereinbart:

```
MEL<Bezeichner>{ IDX<BezeichnerZeilenindex>{}
                 IDX<BezeichnerSpaltenindex>{}
                 G<>{Masszahl[Dimension]} }
```

Statt Objekte der Klasse `IDX` sind auch solche aus abgeleiteten Klassen zulässig.

MATRIX

Beschreibung:

Sie gehört zu den Trägerklassen für die arithmetischen Operationen. Ein Objekt dieser Klasse bildet Paare von Indexobjekten in Größen ab. Es kann als Container für Objekte der Klasse MATRIXELEMENT angesehen werden.

Einbindung in OBAS:

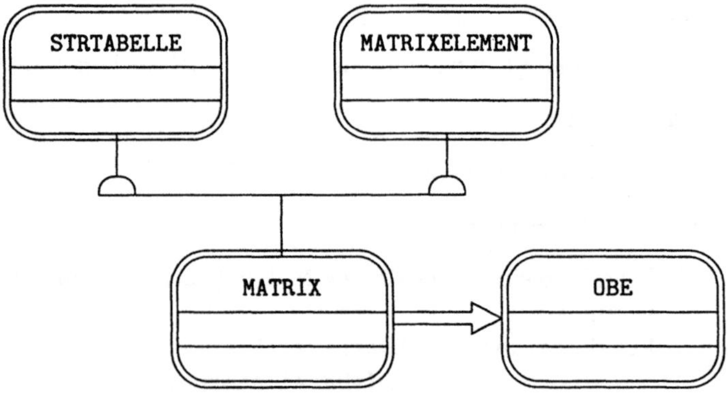

ähnliche Klassen:

VEKTOR

implementierter Klassenname:

MAT

Deklaration:

```
typedef class MAT * PMAT, ** PPMAT, & RMAT;  // Praefix mat (Matrix)

class MAT : public STT, public MEL {//Matrix
   friend MAT operator|(RMAT, RMAT);//Zusammenheften beider Matrizen
 public:
   MAT(RIXM ixmZ, RIXM ixmS);
   MAT(RMAT);
   MAT(RMAT, RIXM ixmZ, RIXM ixmS);
   MAT(ROBE, Z zKlasse = 0, A amelMax = amelDef);
   virtual ~MAT();
   A aDimZeile()  { return pixmRow->aElementeanzahl(); }
   A aDimSpalte() { return pixmCol->aElementeanzahl(); }
   Z zZeilenindexmenge()  { return pixmRow->zName(); }
   Z zSpaltenindexmenge() { return pixmCol->zName(); }
   RIXM ixmZeilen()  { return *pixmRow; }
   RIXM ixmSpalten() { return *pixmCol; }
   RMEL operator()(RIDX idxZ, RIDX idxS);
   RMEL operator()(Z, Z);
   RMEL operator()(RIDX, Z);
   RMEL operator()(RIDX, N);
```

```
    RMEL operator()(Z, RIDX);
    RMEL operator()(N, RIDX);
    RMEL operator()(Z, N);
    RMEL operator()(N, Z);
    RMEL operator()(N, N);
    RMAT operator=(RMAT);
    MAT operator-();
    MAT operator+(RG);
    MAT operator-(RG);
    MAT operator*(RG);
    MAT operator/(RG);
    MAT operator+(RM);
    MAT operator-(RM);
    MAT operator*(RM);
    MAT operator/(RM);
    RMAT operator+=(RG);
    RMAT operator-=(RG);
    RMAT operator*=(RG);
    RMAT operator/=(RG);
    RMAT operator+=(RM);
    RMAT operator-=(RM);
    RMAT operator*=(RM);
    RMAT operator/=(RM);
    VEK operator*(RVEK);
    MAT operator*(RMAT);
    MAT operator+(RMAT);
    MAT operator-(RMAT);
    RMAT operator+=(RMAT);
    RMAT operator-=(RMAT);
    MAT operator~();
    VEK vekZeile(RIDX);
    VEK vekSpalte(RIDX);
    VEK vekZeile(Z);
    VEK vekZeile(N);
    VEK vekSpalte(Z);
    VEK vekSpalte(N);
    VEK vekSummeZ();
    VEK vekSummeS();
    MAT matSchraenkeEin(RIXM, RIXM);
    MAT matVerdichte(RIXM, RIXM);
    virtual VOID Textausgabe(ofstream&);
    static RMAT matGib(ROBE obe, Z zObjName);
  protected:
    PIXM pixmRow;
    PIXM pixmCol;
  };

MAT matZeile(RVEK);
MAT matSpalte(RVEK);
MAT matDiagonale(RVEK);
```

```
inline VEK operator*(RVEK vek, RMAT mat) {
          return (matZeile(vek)*mat).vekZeile(MAT::idxEins); }
inline MAT operator+(RG g, RMAT mat) { return mat + g;  }
inline MAT operator-(RG g, RMAT mat) { return -mat + g; }
inline MAT operator*(RG g, RMAT mat) { return mat * g;  }
inline MAT operator+(RM m, RMAT mat) { return mat + m; }
inline MAT operator-(RM m, RMAT mat) { return mat - m; }
inline MAT operator*(RM m, RMAT mat) { return mat * m; }
```

Variable:

`pixmRow`	Zeiger auf die zugehörige Zeilenindexmenge
`pixmCol`	Zeiger auf die zugehörige Spaltenindexmenge

Konstruktoren:

Aufruf:
`MAT(ixmZ, ixmS)`
Durch diesen Konstruktor wird eine Matrix erzeugt, deren Zeilenindexmenge `ixmZ` und deren Spaltenindexmenge `ixmS` ist. Das Objekt enthält noch keine Matrixelemente.

Aufruf:
`MAT(mat, ixmZ, ixmS)`
Dieser neben dem standardmäßigen Copy-constructor implementierte kopiert die Matrix `mat` nur für die Indexmengen `ixmZ` und `ixmS`, die Teilmengen der zu `mat` gehörenden Indexmengen darstellen.

Operatoren:

Zuweisungsoperator: `mat = mat1`
Zugriff auf ein Matrixelement über Referenzen auf die Indexobjekte: `(idxZ, idxS)`
Zugriff auf ein Matrixelement über die Bezeichnungen der Indexobjekte: `(zZ, zS)`
Zugriff auf ein Matrixelement über die ganzen Zahlen der Objekte der Klasse `N_INDEX`: `(nZ, nS)`
Folgende Kombinationen von Zugriffen sind erlaubt: `(idxZ, zS)`, `(idxZ, nS)`, `(zZ, idxS)`, `(nZ, idxS)`, `(zZ, nS)`, `(nZ, zS)`
Erzeugen einer negativen Kopie: `-mat`
Das Objekt wird transponiert: `~mat`
Zum Objekt wird eine Matrix addiert: `+= mat`
Vom Objekt wird eine Matrix subtrahiert: `-= mat`
Zu allen Matrixelementen wird eine Größe (Maßzahl) addiert (subtrahiert, multipliziert, dividiert): `("+="|"-="|"*="|"/=")(g|m)`.
Für arithmetische Ausdrücke:
Vom Objekt werden eine Kopie angelegt, die Operation mit dem Operanden ausgeführt und die Ergebnismatrix bzw. der Ergebnisvektor zurückgegeben:
`("+"|"-"|"*"|"/")(g|m)`
`("+"|"-"|"*")mat`

```
*vek
vek*mat
(g|m)("+"|"-"|"*")mat
```

Methoden:

Deklaration: `VEK vekZeile(RIDX);`
`VEK vekZeile(Z);`
`VEK vekZeile(N);`
Erklärung: Es wird ein Zeilenvektor gebildet bezüglich des als Parameter übergebenen Indexobjekts, das ein Element der Zeilenindexmenge sein muß. Statt der Referenz kann auch die Bezeichnung bzw. die Zahl des Indexobjekts übergeben werden.
Rückgabewert: Der neue Vektor, dessen Indexmenge der Spaltenindexmenge des Objekts entspricht.

Deklaration: `VEK vekSpalte(RIDX);`
Erklärung: Es wird ein Spaltenvektor gebildet bezüglich des als Parameter übergebenen Indexobjekts, das ein Element der Spaltenindexmenge sein muß. Statt der Referenz kann auch die Bezeichnung bzw. die Zahl des Indexobjekts übergeben werden.
Rückgabewert: Der neue Vektor, dessen Indexmenge der Zeilenindexmenge des Objekts entspricht.

Deklaration: `VEK vekSummeZ();`
Erklärung: Es wird die Summe über die Vektorelemente der Zeilenindexmenge gebildet.
Rückgabewert: Vektor über der Spaltenindexmenge mit den aufsummierten Daten

Deklaration: `VEK vekSummeS();`
Erklärung: Es wird die Summe über die Vektorelemente der Spaltenindexmenge gebildet.
Rückgabewert: Vektor über der Zeilenindexmenge mit den aufsummierten Daten

Deklaration: `MAT matSchraenkeEin(RIXM, RIXM);`
Erklärung: Für die als Parameter übergebenen Indexmengen, die Teilmengen der zum Objekt gehörenden Indexmengen sein müssen, wird eine neue Matrix gebildet, die mit den Matrixelementen gefüllt wird, deren Indexobjekte zum Kreuzprodukt der Teilmengen gehören.
Rückgabewert: Die neue Matrix für die Teilmengen

Deklaration: `MAT matVerdichte(RIXM, RIXM);`
Erklärung: Die Methode dient der Verdichtung. Die als Parameter übergebenen Indexmengen enthalten Objekte der Klasse `AGG_INDEX`, die in einer Indexmenge diejenigen Indexobjekte abgespeichert haben, bezüglich derer die Daten des Objekts summiert werden sollen. Die Indexobjekte müssen in der Indexmenge des Objekts enthalten sein.
Rückgabewert: Matrix mit den verdichteten Daten

friend-Funktionen:

Deklaration: `operator|(RMAT, RMAT);`
Erklärung: Die beiden als Parameter übergebenen Matrizen werden zusammengeheftet, d.h. daß ihre jeweiligen Zeilen- und Spaltenindexmengen vereinigt und die zugehörigen Matrixelemente den jeweiligen Matrizen entnommen werden. In der Analyse wurde sie als Methode `FuegeZus` modelliert.
Rückgabewert: Die als Zusammensetzung sich ergebende Matrix

Makros:

Iteratoren:

```
#define MAT_ZEILE(mat,idx)\
 {PMEL pmelZeile;(mat).StarteZeilendurchlauf(idx);\
 while((mat)(&pmelZeile)){RMEL melZeile=*pmelZeile;
#define MAT_SPALTE(mat, idx)\
 {PMEL pmelSpalte;(mat).StarteSpaltendurchlauf(idx);\
 while((mat)(&pmelSpalte,0)){RMEL melSpalte=*pmelSpalte;
#define MAT_ENDE }}
```

Hinweis: Die Reihenfolge richtet sich nach `zBezeichnung` des zugehörigen Indexobjekts der Zeilen- bzw. Spaltenindexmenge.

Syntax für Persistenz:

```
MAT<BezMat>{ DimZeile DimSpalte
             IXM<BezIxmZeile>{} IXM<BezIxmSpalte>{}
             MEL<BezMel1>{ IDX<BezIdxZ1>{} IDX<BezIdxS1>{}
                           G<>{Masszahl[Dimension]}} ... }
```

Die Dimensionsangaben werden beim Lesen nicht ausgewertet. Sie werden aber beim Schreiben des persistenten Objekts als wichtige Information ausgegeben und müssen —damit die Eingabedatei dieselbe Form wie die Ausgabedatei besitzt— in der Eingabedatei erscheinen, auch wenn die Werte beliebig sind.
Statt Objekte der Klasse `IDX` sind auch solche aus abgeleiteten Klassen zulässig.

LOESVERFLINGLS

Beschreibung:

Die Klasse dient als Sammelung für die Methoden zur Lösung linearer Gleichungssysteme[6]. Es werden von ihre keine Objekte erzeugt. Es sind zwei Methoden zur Lösung vorgesehen. Zum einen wird das Gleichungssystem `Ax = b` mit Hilfe des Verfahrens nach JACOBI gelöst. Für den Fall, daß das Gleichungssystem in der Fixpunktform `x = c + Ax` vorliegt, wird nach der Methode der sukzessiven Substitution der Vektor x ermittelt.

Einbindung in OBAS:

Basisklasse

implementierter Klassenname:

LGL

Deklaration:

```
class LGL {
  public:
    enum ART {Jacobi, Fixpunkt};
  public:
    static VEK LoeseGLS(ART artV, RMAT matA, RVEK vekC, RVEK vekX);
    static VOID LoeseGleichungssystem(ART artV, RMAT matA,
                                      RVEK vekC, RVEK vekX);
  public:
    static M mEps;
    static A aIter;
    static M mFehler;
    static A aAnzahl;
};
```

Statische Variable:

mEps	Fehlerschranke für das Iterationsverfahren (default: 0.00000000001)
aIter	Maximale Anzahl der Iterationen (default: 500)
mFehler	tatsächlicher Fehler bei Beendigung des Iterationsverfahrens
aAnzahl	tatsächliche Anzahl der Iterationen

[6]Siehe Abschnitt 6.4.3.

Methoden:

Deklaration: `static VOID LoeseGLS(ART artV, RMAT matA, RVEK vekC, RVEK vekX);`

Erklärung: Diese Methode kann genutzt werden, um eine der beiden Verfahren zur Ausführung zu veranlassen. Mit dem Parameter `artV`, der die Ausprägung `Jacobi` oder `Fixpunkt` annehmen kann, wird das Verfahren bestimmt. Im ersten Fall wird das Gleichungssystem `matA * vekLoes = vekB` mit dem Verfahren von JACOBI gelöst. Im zweiten Fall wird das Gleichungssystem `vekX = vekC + matA * vekX` iterativ gelöst. In beiden Fällen muß der Ergebnisvektor `vekX` vor Aufruf der Funktion mit Startwerten belegt werden, die die richtigen Dimensionen haben und einer als Startwert geeigneten Maßzahl, am besten der 1.

Deklaration: `static VEK LoeseGleichungssystem(ART artV, RMAT matA, RVEK vekC, RVEK vekX);`

Erklärung: Diese Methode hat die gleiche Aufgabe wie `LoeseGLS`, jedoch wird der Vektor `vekX` nicht mit dem Lösungsvektor überschrieben, sondern als Rückgabewert festgelegt.

Rückgabewert: Der neue Vektor, der die Lösung des Gleichungssystems darstellt.

Literaturverzeichnis

[Ade90] M. Ader et al. The ITHAKA Technology. A Landscape for Object-Oriented Application Development. *Proceedings of ESPRIT*, Seiten 31–51, 1990.

[AHU74] A.V. Aho, J.E. Hopcroft und J.D. Ullman. *The Design and Analysis of Computer Algorithms*. Addison-Wesley, Reading, Massachusetts, 1974.

[Atk91] C. Atkinson. *Object-Oriented Software Reuse, Concurrency and Distribution*. Addison-Wesley, Reading, Massachusetts, 1991.

[Bai89] S.C. Bailin. An object-oriented requirements specification method. *Communications of the ACM*, 32(5):608–623, 1989.

[Bec92] H. Becker. Objektorientierte Software-Entwicklung. *Informationstechnik*, 34(2):92–101, 1992.

[Bec95] J. Becker. Strukturanalogien in Informationsmodellen. In W. König, Hrsg., *Wirtschaftsinformatik '95. Wettbewerbsfähigkeit, Innovation, Wirtschaftlichkeit*, Seiten 133–150, Heidelberg, 1995. Physica-Verlag.

[Beu89] K. Beutler. Auswertungen von quantitativen Ähnlichkeitsmaßen bei der Suche nach wiederverwendbarer Software. In W.R. Haas, Hrsg., *Softwaretechnik in Automatisierung und Kommunikation – Wiederverwendung von Software*, Seiten 173–184. ITG-Fachbericht 109 zur Fachtagung Ulm 1989, Berlin, Offenbach, 1989.

[BGZ92] U. Bürkle, G. Gryczan und H. Züllighoven. Erfahrungen mit der objektorientierten Vorgehensweise bei einem Bankenprojekt. *Informatik-Spektrum*, 15(5):273–281, 1992.

[BK92] F. Berghammer und W Kirchmann. Objektorientierte Methoden in Großprojekten. Auswirkungen auf Qualitätssicherung und Änderungskontrolle. *Informatik-Spektrum*, 15(5):287–292, 1992.

[Boo86] G. Booch. Object-Oriented Development. *IEEE Transactions on Software Engineering*, SE-12(2):211–221, 1986.

[Boo91] G. Booch. *Object-Oriented Design with Applications*. Benjamin/Cummings Publishing Company Inc., Redwood City, Cal., 1991.

[Bou68] N. Bourbaki. *Elements of Mathematics. Theory of Sets*. Addison-Wesley, Reading, Massachusetts, 1968.

[Bou92] J.R. Bourne. *Object-Oriented Engineering*. Addison-Wesley, Reading, Massachusetts, 1992.

[Bud91a] T. Budd. *An introduction to object-oriented programming.* Addison-Wesley, Reading, Massachusetts, 1991.

[Bud91b] R. Budde et al. Objektorientierter Entwurf benutzerorientierter Anwendersysteme. *Softwaretechnik-Trends*, 11(3):184, 1991.

[BW88] G. Barth und C. Welsch. Objektorientierte Programmierung. *Informationstechnik*, 30:404–421, 1988.

[CN91] B.J. Cox und A.J. Novobilski. *Object-Oriented Programming. An Evolutionary Approach.* Addison-Wesley, Reading, Massachusetts, 2. Auflage, 1991.

[CN93] P. Coad und J. Nicola. *Object-Oriented Programming.* Prentice-Hall, Englewood Cliffs, New Jersey, 1993.

[Cop92] J.O. Coplien. *Advanced C++ Programming Styles and Idioms.* Addison-Wesley, Reading, Massachusetts, 1992.

[Cor91] H. Corsten. *Produktionswirtschaft: Einführung in das industrielle Produktionsmanagement.* Oldenbourg, München, Wien, 2. durchges. Auflage, 1991.

[CY91a] P. Coad und E. Yourdon. *Object-Oriented Analysis.* Prentice-Hall, Englewood Cliffs, New Jersey, 2. Auflage, 1991.

[CY91b] P. Coad und E. Yourdon. *Object-Oriented Design.* Prentice-Hall, Englewood Cliffs, New Jersey, 1991.

[Den91] E. Denert. *Software-Engineering.* Springer-Verlag, Berlin, Heidelberg, New York, 1991.

[Dit90] K. Dittrich. Objektorientierte Datenmodelle als Basis komplexer Anwendungssysteme. *Wirtschaftsinformatik*, 32(3):228–237, 1990.

[End88] A. Endres. Software-Wiederverwendung: Ziele, Wege und Erfahrungen. *Informatik-Spektrum*, 11(1):85–95, 1988.

[ES90] M.A. Ellis und B. Stroustrup. *The Annotated C++ Reference Manual.* Addison-Wesley, Reading, Massachusetts, 1990.

[EU92] A. Endres und J. Uhl. Objektorientierte Software-Entwicklung. Eine Herausforderung für die Projektführung. *Informatik-Spektrum*, 15(5):255–263, 1992.

[FS88] K. Feldmann und B. Schmidt, Hrsg. *Simulation in der Fertigungstechnik.* Springer-Verlag, Berlin, Heidelberg, New York, 1988.

[FS90] O.K. Ferstl und E.J. Sinz. Objektmodellierung betrieblicher Informationssysteme im Semantischen Objektmodell (SOM). *Wirtschaftsinformatik*, 32(6):566–581, 1990.

[FS91a] O.K. Ferstl und E.J. Sinz. Ein Vorgehensmodell zur Objektmodellierung betrieblicher Informationssysteme im Semantischen Objektmodell (SOM). *Wirtschaftsinformatik*, 33(6):477–491, 1991.

[FS91b] O.K. Ferstl und E.J. Sinz. *Grundlagen der Wirtschaftsinformatik - Konzepte, Modelle und Methoden.* DeGruyter, Berlin, 1991.

[FS93] O.K. Ferstl und E.J. Sinz. Geschäftsprozeßmodellierung. *Wirtschaftsinformatik*, 35(6):589–592, 1993.

[GA89] S. Gossain und D.B. Anderson. Designing a Class Hierarchy for Domain Representation and Reusability. *Proceedings of TOOLS*, Seiten 201–210, 1989.

[Gam95] E. Gamma et al. *Design Patterns. Elements of Reusable Object-Oriented Software.* Addison-Wesley, Reading, Massachusetts, 1995.

[Gib90a] S. Gibbs. Querying Large Class Collections. In D. Tsichritzis, Hrsg., *Object Management.* Centre Universitaire d'Informatique, Université de Genève, 1990.

[Gib90b] S. Gibbs et al. Class management for software communities. *Communications of the ACM*, 33(9):90–103, 1990.

[Gol84] A. Goldberg. *Smalltalk-80: The Interactive Programming Environment.* Addison-Wesley, Reading, Massachusetts, 1984.

[GOP90] K.E. Gorlen, S.M. Orlow und P.S. Plexico. *Data abstraction and object-oriented programming in C++.* John Wiley & Sons, New York, 1990.

[Gra92] T. Grams. Denkfallen beim objektorientierten Programmieren. *Informationstechnik*, 34(2):102–112, 1992.

[Gra94] I. Graham. *Object Oriented Methods.* Addison-Wesley, Wokingham, England, et.al., 2. Auflage, 1994.

[GZ92] G. Gryczan und H. Züllighoven. Objektorientierte Systementwicklung. Leitbild und Entwicklungsdokumente. *Informatik-Spektrum*, 15(5):264–272, 1992.

[Hac93] W. Hackbusch. *Iterative Lösung großer schwachbesetzter Gleichungssysteme.* Teubner, Stuttgart, 2., überarb. und erw. Auflage, 1993.

[Hal59] M. Hall. *The Theory of Groups.* Macmillan Company, New York, 1959.

[Hel91] G. Held, Hrsg. *Objektorientierte Systementwicklung: Modellierung und Realisierung komplexer Systeme.* Siemens AG, Berlin, München, 1991.

[Heu92] A. Heuer. *Objektorientierte Datenbanken: Konzepte, Modelle, Systeme.* Addison-Wesley, Bonn, München, Paris u.a., 1992.

[Hö90] O. Höfling. *Physik – Lehrbuch für Unterricht und Selbststudium.* Dümmler, Bonn, 15., bearb. Auflage, 1990.

[HS92a] H. Heß und A.-W. Scheer. Methodenvergleich zum objektorientierten Design von Softwaresystemen. *HMD*, 29(165):117–137, 1992.

[HS92b] H. Heß und A.-W. Scheer. Retrieval wiederverwendbarer Softwarebausteine. *Wirtschaftsinformatik*, 34(2):190–200, 1992.

[HS93] H. Heß und A.-W. Scheer. Wiederverwendung bei der Softwareerstellung für betriebliche Informationssysteme. *Information Management*, (2):52–58, 1993.

[Huc90] E. Huckert. *Programmieren in C++: praxisorientierte Einführung anhand des Zortech-C++-Compilers 2.0.* Markt&Technik, Haar bei München, 1990.

[Hug92] J.G. Hughes. *Objektorientierte Datenbanken.* Hanser, München-Wien, 1992.

[Jac92] I. Jacobson et al. *Object-Oriented Software Engineering. A Use Case Driven Approach.* Addison-Wesley, Wokingham, England et.al., 1992.

[KGZ93] K. Kilberth, G. Gryczan und H. Züllighoven. *Objektorientierte Anwendungsentwicklung. Konzepte, Strategien, Erfahrungen.* Vieweg, Wiesbaden – Braunschweig, 1993.

[Kil93] W. Kilger. *Flexible Plankostenrechnung und Deckungsbeitragsrechnung.* Gabler, Wiesbaden, 10., vollst. überarb. und erw. Auflage, 1993.

[KL89] W. Kim und F.H. Lochovsky. *Object-oriented Concepts, Databases and Applications.* Addison-Wesley, Reading, Massachusetts, 1989.

[KLT91] R.L. Kruse, B.P. Leung und C.L. Tondo. *Data Structures and Program Design in C.* Prentice-Hall, London, 1991.

[Knu73] D.E. Knuth. *The Art of Computer Programming, Vol.3: Sorting and Searching.* Addison-Wesley, Reading, Massachusetts, 1973.

[Lac89] R. Lackes. *EDV-orientiertes Kosteninformationssystem. Flexible Plankostenrechnung und neue Technologien.* Gabler, Wiesbaden, 1989.

[Lan45] M. Landolt. *Größe, Maßzahl und Einheit.* Rascher Verlag, Zürich, 1945.

[Lan65] S. Lang. *Algebra*. Addison-Wesley, Reading, Massachusetts, 1965.

[Lip91] S.B. Lippmann. *C++ Primer*. Addison-Wesley, Reading, Massachusetts, 1991.

[Mey87] B. Meyer. Reusability: The Case for Object-Oriented Design. *IEEE Software*, 4(3):50–64, 1987.

[Mey90] B. Meyer. *Objektorientierte Softwareentwicklung*. Hanser, München, 1990.

[MG93a] P. Mertens und J. Griese. *Integrierte Informationsverarbeitung 1 – Administrations- und Dispositionssysteme in der Industrie*. Gabler, Wiesbaden, 9. Auflage, 1993.

[MG93b] P. Mertens und J. Griese. *Integrierte Informationsverarbeitung 2 – Planungs- und Kontrollsysteme in der Industrie*. Gabler, Wiesbaden, 7. Auflage, 1993.

[MHH93] G. Müller-Luschnat, W. Hesse und N. Heydenreich. Objektorientierte Analyse und Geschäftsvorfallmodellierung. In H.C. Mayr und R. Wagner, Hrsg., *Objektorientierte Methoden für Informationssysteme*, Seiten 74–90, Berlin, Heidelberg, New York, 1993. Fachtagung der GI-Fachgruppe EMISA 1993, Springer-Verlag.

[Mic88] J. Micallef. Encapsulation, Reusability and Extensibility in Object-Oriented Programming Languages. *Journal of object-oriented programming*, 1:12–34, 1988.

[MO92] J. Martin und J.J. Odell. *Object-Oriented Analysis & Design*. Prentice-Hall, Englewood Cliffs, 1992.

[MSH92] M. van Meegen und P. Schless (Hrsg.). Programmierkonventionen für C++. *Softwaretechnik-Trends*, 12(3):29–47, 1992.

[Mü80] H. Müller. Grundlagen und praktische Anwendung der Primärkostenrechnung. *Kostenrechnungspraxis*, (5):201–210, 1980.

[Mü93] K.-W. Müller. Strategien zur Entwicklung objektorientierter Branchenapplikationsrahmen bei Siemens Nixdorf. *HMD*, (170):55–63, 1993.

[Neu94] H.A. Neumann. *Objektorientierte Entwicklung von Software-Systemen*. Addison-Wesley, Bonn u.a., 1994.

[NH90] K.W. Neunast und J. von Helden. Objektorientierte Programmentwicklung mit C++ und OOPS. *Informationstechnik*, 32(4):225–265, 1990.

[Oes92] B. Oestereich. Objektorientierte Softwareentwicklung: Ideen und Ansätze für Analyse, Design und Realisierung. *Softwaretechnik-*

Trends, 12(4):49–59, 1992.

[OW93] T. Ottmann und P. Widmayer. *Algorithmen und Datenstrukturen.* BI-Wissenschaftsverlag, Mannheim, Leipzig, Wien, 2. Auflage, 1993.

[PF87] P. Prieto-Diaz und P. Freemann. Classifying Software for Reuseability. *IEEE Software*, 4(1):6–16, 1987.

[PW91] L.J. Pinson und R.S. Wiener. *Objective-C. Object-Oriented Programming Techniques.* Addison-Wesley, Reading, Massachusetts, 1991.

[Ric83] J.R. Rice. *Matrix Computations & Mathematical Software.* McGraw-Hill, Auckland u.a., 1983.

[Rie92] M. Riebisch. Halbformale Beschreibung von Softwarekomponenten zum Zweck ihrer Wiederverwendung. *Softwaretechnik-Trends*, 12(1):30–41, 1992.

[Rum91] J. Rumbaugh et al. *Object-oriented modeling and design.* Prentice-Hall, Englewood Cliffs, 1991.

[SA92] P. Stahlknecht und W. Appelfeller. Objektorientiertes Design (ooD). *Wirtschaftsinformatik*, 34(2):249–252, 1992.

[Sch90] P. Schlüter u.a. Objektorientierte Software-Entwicklung: Konzepte und Terminologie. *Softwaretechnik-Trends*, 10(2):22–44, 1990.

[Sch91] D. Schmidt. *Persistente Objekte und objektorientierte Datenbanken.* Hanser, München/Wien, 1991.

[Sch92a] A.-W. Scheer. *Architektur integrierter Informationssysteme – Grundlagen der Unternehmensmodellierung.* Springer-Verlag, Berlin, Heidelberg, New York, 2., verb. Auflage, 1992.

[Sch92b] A.-W. Scheer, Hrsg. *Grenzplankostenrechnung: Stand und aktuelle Probleme.* Gabler, Wiesbaden, 2., durchges. Auflage, 1992.

[Sch94a] M. Schader u.a. *Objektorientierte Systemanalyse.* Springer-Verlag, Berlin, Heidelberg, New York, 1994.

[Sch94b] S. Schäfer. *Objektorientierte Entwurfsmethoden.* Addison-Wesley, Bonn u.a., 1994.

[Sch94c] A.-W. Scheer. *Wirtschaftsinformatik – Referenzmodelle für industrielle Geschäftsprozesse.* Springer-Verlag, Berlin, Heidelberg, New York, 4. Auflage, 1994.

[SH91] C. Simonyi und M. Heller. The Hungarian Revolution. *Byte*, (August):131 ff, 1991.

[Sin91] E. Sinz. Objektorientierte Analyse (ooA). *Wirtschaftsinformatik*, 33(5):455–457, 1991.

[SM92] S. Shlaer und S. Mellor. *Object Lifecycles: Modeling the World in States.* Prentice Hall, Englewood Cliffs, New Jersey, 1992.

[SSB91] H. Schaschinger, H. Sikora und I. Bäuchler. Objektorientierte Analyse- und Designmethoden: Überblick und kritische Betrachtung. *Softwaretechnik-Trends*, 11(4):32–43, 1991.

[Ste92] A. Stevens. Persistent Objects in C++. *Dr. Dobbs's Journal*, (195):34–44, December 1992.

[Ste93] W. Stein. Objektorientierte Analysemethoden – ein Vergleich. *Informatik-Spektrum*, 16(6):317–332, 1993.

[Ste95] W. Stein. *Objektorientierte Analysemethoden. Vergleich, Bewertung, Auswahl.* BI-Wissenschaftsverlag, Mannheim, Leipzig, Wien, Zürich, 2., korr. Auflage, 1995.

[Str88] B. Stroustrup. What is "Object-Oriented Programming"? *IEEE Software*, 5(3):10–20, 1988.

[Str89] B. Stroustrup. Multiple Inheritance for C++. *Computing Systems*, 2(4):367–397, 1989.

[Str92] B. Stroustrup. *Die C++ Programmiersprache.* Addison-Wesley, Bonn, München, Paris (u.a.), 2., überarb. Auflage, 1992.

[Str94] B. Stroustrup. *Design und Entwicklung von C++.* Addison-Wesley, Bonn, Paris, Reading (Mass.) [u.a.], 1994.

[Tay92] D.A. Taylor. *Object-Oriented Information Systems. Planning and Implementation.* John Wiley & Sons, New York, 1992.

[Tem92] H. Tempelmeier. *Material-Logistik: Grundlagen der Bedarfs- und Losgrößenplanung in PPS-Systemen.* Springer-Verlag, Berlin, Heidelberg, New York, 1992.

[Van78] J.S. Vandergraft. *Introduction to Numerical Computations.* Academic Press, New York, San Francisco, London, 1978.

[Vet91] C. Vetterli. *OPUS: Entwurf und Realisierung eines erweiterbaren, objektorientierten Dokumentenverarbeitungssystems.* Verlag der Fachvereine, Zürich, 1991.

[Weg90] P. Wegner. Concepts and Paradigms of Object-Oriented Programming. *OOPS Messenger*, Seiten 8–87, 1990.

[Wir75] N. Wirth. *Algorithmen und Datenstrukturen.* Teubner Studienbücher: Informatik, Stuttgart, 1975.

[WJ90] R.J. Wirfs-Brock und R.E. Johnson. Surveying current research in

Object-Oriented Design. *Communications of the ACM*, 33(9):104, 1990.

[WPM89] A.I. Wassermann, P.A. Pircher und R.H. Muller. Concepts of Object-Oriented Structured Design. *American Programmer*, 2(7/8):84–98, 1989.

[WPM90] A.I. Wassermann, P.A. Pircher und R.H. Muller. The Object-Oriented Structured Design. Notation for Software Design Representation. *Computer*, 24(3):50–63, 1990.

[WWW90] R.J. Wirfs-Brock, B. Wilkerson und L. Wiener. *Designing Object-Oriented Software.* Prentice-Hall, Englewood Cliffs, 1990.

[WWW93] R.J. Wirfs-Brock, B. Wilkerson und L. Wiener. *Objektorientiertes Software Design.* Hanser, München, 1993.

[ZG94] A. Zendler und S. Gastinger. Werkzeuge zum Aufbau und Einsatz von Bibliotheken zur Software-Wiederverwendung: Kriterien und Anforderungen. Fast-Bericht Nr. 95-08, Forschungsinstitut für Angewandte Software-Technologie e.V., München, 1994.

[Zim90] P. von Zimmermann. Einsatz objektorientierter Softwaretechnologie im Rechnungswesen. In August-Wilhelm Scheer, Hrsg., *Rechnungswesen und EDV. Wandel der Kalkulationsobjekte*, Seiten 235–264, Heidelberg, 1990. 11. Saarbrücker Arbeitstagung 1990, Physica-Verlag.

GPSR Compliance

The European Union's (EU) General Product Safety Regulation (GPSR) is a set of rules that requires consumer products to be safe and our obligations to ensure this.

If you have any concerns about our products, you can contact us on ProductSafety@springernature.com

In case Publisher is established outside the EU, the EU authorized representative is:

Springer Nature Customer Service Center GmbH
Europaplatz 3
69115 Heidelberg, Germany

Batch number: 10815974

Printed by Printforce, the Netherlands